Lehr- und Handbücher der Betriebswirtschaftslehre

Herausgegeben von Universitätsprofessor Dr. habil. Hans Corsten

Bisher erschienene Werke:

Betsch · Groh · Schmidt, Gründungs- und Wachstumsfinanzierung innovativer Unternehmen
Bieg · Kußmaul, Externes Rechnungswesen, 2. Auflage
Bronner, Planung und Entscheidung, 3. Auflage
Bronner · Appel · Wiemann, Empirische Personal- und Organisationsforschung
Corsten (Hrg.), Lexikon der Betriebswirtschaftslehre, 4. Auflage
Corsten, Projektmanagement
Corsten, Unternehmungsnetzwerke
Corsten, Dienstleistungsmanagement, 4. Auflage
Corsten, Produktionswirtschaft, 9. Auflage
Corsten, Übungsbuch zur Produktionswirtschaft, 2. Auflage
Corsten · Gössinger, Einführung in das Supply Chain Management
Corsten · Reiß (Hrg.) mit *Becker · Grob · Kußmaul · Kutschker · Mattmüller · Meyer · Ossadnik · Reese · Schröder · Troßmann · Zelewski,* Betriebswirtschaftslehre, 3. Auflage
Corsten · Reiß (Hrg.), Übungsbuch zur Betriebswirtschaftslehre
Hildebrand, Informationsmanagement, 2. Auflage

Jokisch · Mayer, Grundlagen finanzwirtschaftlicher Entscheidungen
Klandt, Gründungsmanagement
Kußmaul, Betriebswirtschaftliche Steuerlehre, 2. Auflage
Kußmaul, Betriebswirtschaftslehre für Existenzgründer, 3. Auflage
Loitlsberger, Grundkonzepte der Betriebswirtschaftslehre
Matschke · Hering, Kommunale Finanzierung
Matschke · Olbrich, Internationale und Außenhandelsfinanzierung
Nebl, Produktionswirtschaft, 4. Auflage
Nolte, Organisation – Ressourcenorientierte Unternehmensgestaltung
Ossadnik, Controlling, 3. Auflage
Palupski, Marketing kommunaler Verwaltungen
Ringlstetter, Organisation von Unternehmen und Unternehmensverbindungen
Schiemenz · Schönert, Entscheidung und Produktion, 2. Auflage
Schulte, Kostenmanagement
Stölzle, Industrial Relationships
Wehling, Fallstudien zu Personal und Unternehmensführung

Entscheidung und Produktion

Von
Universitätsprofessor
Dr. Bernd Schiemenz
und
Dr. Olaf Schönert

2., überarbeitete und erweiterte Auflage

R. Oldenbourg Verlag München Wien

Die Deutsche Bibliothek - CIP-Einheitsaufnahme

Schiemenz, Bernd:
Entscheidung und Produktion / von Bernd Schiemenz und Olaf Schönert. –
2., überarb. und erw. Aufl.. – München ; Wien : Oldenbourg, 2003
  (Lehr- und Handbücher der Betriebswirtschaftslehre)
  ISBN 3-486-27270-5

© 2003 Oldenbourg Wissenschaftsverlag GmbH
Rosenheimer Straße 145, D-81671 München
Telefon: (089) 45051-0
www.oldenbourg-verlag.de

Das Werk einschließlich aller Abbildungen ist urheberrechtlich geschützt. Jede Verwertung außerhalb der Grenzen des Urheberrechtsgesetzes ist ohne Zustimmung des Verlages unzulässig und strafbar. Das gilt insbesondere für Vervielfältigungen, Übersetzungen, Mikroverfilmungen und die Einspeicherung und Bearbeitung in elektronischen Systemen.

Gedruckt auf säure- und chlorfreiem Papier
Druck: MB Verlagsdruck, Schrobenhausen
Bindung: R. Oldenbourg Graphische Betriebe Binderei GmbH

ISBN 3-486-27270-5

Vorwort zur 2. Auflage

Die erfreuliche Aufnahme des Werkes macht bereits nach zwei Jahren eine Neuauflage erforderlich. Dadurch können einige kleinere Mängel der ersten Auflage korrigiert und Ergänzungen vorgenommen werden. Bspw. wurde in Abschnitt 2.11.6 die, unseres Erachtens hierarchisch-rekursive, Beziehung zwischen Effizienz und Effektivität ergänzt. In Abschnitt 3.3 haben wir die Grundgedanken der Aktivitätsanalyse einschließlich deren Beziehungen zur Entscheidung bei mehrfacher Zielsetzung und zum Umweltproblem (sowie Übungsaufgabe 3 (4)) aufgenommen.

Die Änderungen resultieren zum Teil aus Vorschlägen von Herrn Prof. Dr. Dinkelbach und Herrn Prof. Dr. Müller-Merbach sowie einigen besonders aufmerksamen Studierenden. Ihnen wollen wir, neben den im Vorwort zur ersten Auflage genannten Personen, herzlich danken.

Marburg

Bernd Schiemenz
Olaf Schönert

Vorwort zur 1. Auflage

Zweck dieses Lehrbuches ist es, insbesondere Studierende der Wirtschaftswissenschaften an die Grundlagen der Entscheidungslehre und der Produktionswirtschaft heranzuführen. Diese beiden betriebswirtschaftlichen Teildisziplinen behandeln Kernbereiche des ökonomischen Denkens. Bei der Darstellung dieser grundlegenden ökonomischen Inhalte orientieren sich die Autoren weitgehend an einer entscheidungs- und systemorientierten Perspektive.

Schwerpunktmäßig werden im ersten Kapitel die wesentlichen Konzepte der Systemtheorie behandelt. Neben klassischen Themen, wie der Systemsichtweise, werden auch aktuelle Konzepte wie die der Hierarchie und Rekursion angesprochen.

Im zweiten Kapitel steht zu Beginn die Entscheidungsperspektive im Vordergrund. Die statische Sicht auf die Entscheidungssituation sowie die dynamische Sicht eines Entscheidungsprozesses werden anhand von Beispielen erläutert. Von den Bestandteilen der Entscheidungssituation werden vor allem die betrieblichen Ziele und Möglichkeiten zur Entwicklung alternativer Handlungsweisen näher betrachtet. Im Anschluß daran wird beschrieben, auf welche Weise diese Entscheidungsperspektive sich in typischen betriebswirtschaftlichen Modellen niederschlägt. Neben dem Regelkreismodell werden primär betriebswirtschaftliche Planungs- und Entscheidungsmodelle mit Hilfe der dynamischen Optimierung, den Entscheidungsbaumverfahren und der Netzplantechnik erstellt.

Die Ausführungen zur Produktion beginnen mit einer Darstellung der wesentlichen an der Produktion beteiligten Elemente: Produktionsfaktoren, Produktionsverfahren und Produkte. Danach gehen die Autoren auf die Grundlagen der Produktions- und

Kostentheorie ein. Im Anschluß daran werden aktuelle Entwicklungen der Fertigungsorganisation erörtert, die ansonsten in der betriebswirtschaftlichen Einführungsliteratur nur am Rande behandelt werden. Hervorzuheben sind sowohl technische Konzepte der Fertigungsorganisation als auch betriebswirtschaftlich-organisatorische Ansätze wie jener der Fertigungssegmentierung. Zum Abschluß des Kapitels wird vorwiegend die klassische Vorgehensweise der Produktionsplanung und -steuerung beschrieben.

Zu allen im Text behandelten Themen stehen jeweils zum Ende des Kapitels Übungsaufgaben bereit, die der Einübung dienen sollen. Am Schluß des Buches sind Lösungshinweise zur Kontrolle der selbsterstellten Lösungen verfügbar.

Danken möchten wir für wertvolle Verbesserungsvorschläge den Herren Dipl.-Kfm. Sven Spies, Prof. Dr. Thomas Schüßler und den Marburger Studierenden der Wirtschaftswissenschaften. Großer Dank gebührt Frau Elke Herrmann, die gewohnt zuverlässig durch das Zeichnen der Graphiken und Korrekturlesen an der Erstellung der druckfertigen Fassung beteiligt war.

Nicht zuletzt gilt unser Dank Herrn Prof. Dr. Hans Corsten für die freundliche Aufnahme in die Schriftenreihe „Lehr- und Handbücher der Betriebswirtschaftslehre" sowie Herrn Dipl.-Vwt. Martin Weigert vom Oldenbourg Verlag für die sehr gute Zusammenarbeit.

Marburg   Bernd Schiemenz
                                                                                                Olaf Schönert

Inhaltsverzeichnis

Abkürzungsverzeichnis... XI

1 Die Bedeutung von Entscheidung und Produktion für die Betriebswirtschaft 1

   1.1 Wissenserwerb 1

   1.2 Die Systemsicht..2

       1.2.1 Alternative Sichtweisen auf das gleiche Objekt 2

       1.2.2 Systembegriff und Systemschnitt 3

       1.2.3 Offenheit, Black Box, Hierarchie und Rekursion in der Systemsicht 4

   1.3 Der Betrieb als Produktionssystem 7

   1.4 Der Betrieb als sozio-technisches System...10

   1.5 Der Betrieb als wirtschaftendes System 13

       1.5.1 Wirtschaften als Bewältigung von Knappheit...................................13

       1.5.2 Das ökonomische Prinzip 15

       1.5.3 Maße der Einhaltung des ökonomischen Prinzips...........................16

            1.5.3.1 Produktivitätsgrade 16

            1.5.3.2 Wirtschaftlichkeitsgrade 18

            1.5.3.3 Rentabilitätsgrade 20

Literatur zu Kapitel 1 20

Übungsaufgaben zu Kapitel 1 22

2 Grundzüge der betriebswirtschaftlichen Entscheidungslehre 25

   2.1 Wirtschaften und betriebswirtschaftliche Forschungsansätze 25

   2.2 Arten betriebswirtschaftlicher Entscheidungen 26

   2.3 Elemente der Entscheidungssituation 28

   2.4 Formale Darstellung des Entscheidungsprozesses.................................30

   2.5 Ziele als Entscheidungskriterien..32

       2.5.1 Zieldimensionen und Zielbeziehungen 32

            2.5.1.1 Zieldimensionen und rationales Entscheiden...................32

            2.5.1.2 Zielbeziehungen 34

- 2.5.2 Ziele der betrieblichen Willensbildungszentren 38
  - 2.5.2.1 Ziele der Kapitaleigner 39
  - 2.5.2.2 Ziele der Mitarbeiter 39
  - 2.5.2.3 Ziele von Unternehmensführung/Management 40
- 2.5.3 Der betriebliche Zielbildungsprozeß 41
- 2.5.4 Das Zielsystem der Unternehmung 43

2.6 Die Ermittlung alternativer Handlungsweisen und ihrer Auswirkungen 45
- 2.6.1 Informationsbeschaffungsmöglichkeiten 45
- 2.6.2 Kreativitätstechniken 47

2.7 Die formale Struktur von Erklärungs- und Entscheidungsmodellen 49

2.8 Die Unsicherheitssituation betrieblicher Entscheidungen 52

2.9 Die Bedeutung der Rückinformation und das Modell des Regelkreises 56
- 2.9.1 Steuerung 56
- 2.9.2 Regelung 57
- 2.9.3 Erläuterung an einem Absatzbeispiel 58
- 2.9.4 Die Bedeutung des Regelungsprinzips für die betriebliche Praxis 59

2.10 Planung und Überwachung 61
- 2.10.1 Planung 61
- 2.10.2 Überwachung und Kontrolle 63

2.11 Grundzüge ausgewählter Planungs- und Entscheidungsmodelle 64
- 2.11.1 Das entscheidungstheoretische Grundmodell für Entscheidungen bei Sicherheit, Risiko und Ungewißheit 64
- 2.11.2 Grundmodelle der Spieltheorie 66
- 2.11.3 Lineare, nichtlineare und ganzzahlige Modelle der mathematischen Programmierung 67
- 2.11.4 Mehrstufige Entscheidungen, Entscheidungsbäume und dynamische Optimierung 68
  - 2.11.4.1 Mehrstufige Entscheidungen 68
  - 2.11.4.2 Dynamische Optimierung 68
  - 2.11.4.3 Sequentielle Entscheidungsprobleme als Entscheidungsbaumprobleme 70

2.11.5 Graphentheorie und Netzpläne 71
2.11.5.1 Graphentheorie 71
2.11.5.2 Netzplantechnik 72
2.11.6 Entscheidung bei Mehrfachzielen 74
Literatur zu Kapitel 2 79
Übungsaufgaben zu Kapitel 2 82

3 Grundzüge der Produktionswirtschaft 87

3.1 Zur Abhängigkeit von Produktion, Beschaffung und Absatz 87
3.2 Produktionsfaktoren, Produktionsverfahren und Produkte als Elemente betrieblicher Produktion 89
3.2.1 Die benötigten Produktionsfaktoren 89
3.2.1.1 Klassifikation nach Gutenberg 89
3.2.1.2 Andere Klassifikationen der Produktionsfaktoren 91
3.2.1.3 Repetierfaktoren versus Potentialfaktoren 93
3.2.2 Produktionsverfahren 94
3.2.3 Produkte 98
3.3 Gegenstand und Beziehungen von Produktions- und Kostentheorie 102
3.4 Grundzüge der Produktionstheorie 106
3.4.1 Produktionsfunktion vom Typ A 106
3.4.2 Produktionsfunktion vom Typ B 110
3.4.3 Grundgedanken der Produktionsfunktion vom Typ C 116
3.4.4 Grundgedanken der Produktionsfunktionen vom Typ D und E 119
3.5 Grundzüge der Kostentheorie 120
3.5.1 Minimalkostenkombination bei substitutionaler Produktion 120
3.5.2 Minimalkostenkombination bei limitationaler Produktion mit konstanten Produktionskoeffizienten 122
3.5.3 Die s-förmig geschwungene Kostenfunktion 123
3.5.4 Betriebliche Kosteneinflußgrößen 125
3.5.4.1 Auswirkungen des Beschäftigungsgrades und der Art der Anpassung an diesen (intensitätsmäßig, zeitlich, quantitativ) 126
3.5.4.2 Auswirkungen der Betriebsgröße sowie deren Variation 132
3.5.4.3 Auswirkungen von Faktorqualität und Faktorpreisen 136
3.5.4.4 Das Produktionsprogramm als Kosteneinflußgröße 138

3.6 Grundzüge der Fertigungsorganisation 139

    3.6.1 Fertigungssystem / Organisationstyp der Fertigung 139

    3.6.2 Technische Konzepte der Fertigungsorganisation 143

    3.6.3 Merkmale betriebswirtschaftlich-organisatorischer Konzepte der Fertigungsorganisation 146

        3.6.3.1 Fertigungssegmente und Gruppenfertigung 146

        3.6.3.2 Möglichst weitgehende Realisierung des Fließprinzips 150

        3.6.3.3 Das Just-in-time-Prinzip 153

        3.6.3.4 Neudefinition der Fertigungstiefe 154

        3.6.3.5 Produktionsnetzwerke 155

3.7 Grundzüge der Produktionsplanung und -steuerung 157

    3.7.1 Übersicht über den Gesamtprozeß der operativen Produktionsplanung 157

    3.7.2 Operative Produktionsprogrammplanung und Simplex-Verfahren 160

    3.7.3 Planung der Bereitstellung von Produktionsfaktoren 169

        3.7.3.1 Materialbedarfsplanung 169

        3.7.3.2 Bestellmengenplanung und Bestellpolitiken 175

    3.7.4 Produktionsprozeßplanung 181

        3.7.4.1 Losgrößenplanung 181

        3.7.4.2 Termin- und Kapazitätsplanung 184

        3.7.4.3 Maschinenbelegungsplanung 188

    3.7.5 Produktionssteuerung 193

Literatur zu Kapitel 3 194

Übungsaufgaben zu Kapitel 3 198

Lösungshinweise zu den Übungsaufgaben 205

Stichwortverzeichnis 248

Abkürzungsverzeichnis

Abb.	Abbildung
Abs.	Abschnitt
Aufl.	Auflage
BDE	Betriebsdatenerfassung
bspw.	beispielsweise
BWL	Betriebswirtschaftslehre
bzw.	beziehungsweise
ca.	circa
CPM	Critical Path Method
d.h.	das heißt
DIN	Deutsche Industrienorm
durchschnittl.	durchschnittlich
et al.	et alii (und andere)
etc.	et cetera (und so weiter)
evtl.	eventuell
f.	folgende
ff.	fortfolgende
GE	Geldeinheiten
ggf.	gegebenenfalls
h	Stunde(n)
Hrsg.	Herausgeber
i.d.R.	in der Regel
i.e.S.	im engeren Sinne
i.S.	im Sinne
i.w.S.	im weiteren Sinne
insb.	insbesondere
Kfz.	Kraftfahrzeug
kg	Kilogramm
km	Kilometer
km/h	Kilometer/Stunde
KOZ	Kürzeste Operationszeit
kum.	kumuliert

KVP	Kontinuierlicher Verbesserungsprozeß
LP	Lineare Planungsrechnung
max	maximal
ME	Mengeneinheit(en)
min	minimal
Mio.	Million
mm	Millimeter
MPM	Metra Potential Methode
NC	Numeric Control
p.a.	per annum
PC	Personal Computer
PERT	Program Evaluation and Review Technique
PPS	Produktionsplanung und -steuerung
RAM	Random Access Memory
S.	Seite
sog.	sogenannte
Sp.	Spalte
Std.	Stunden
t	Zeit, Tonne
u.a.	unter anderem, und andere
u.ä.	und ähnliche(s)
u.E.	unseres Erachtens
usw.	und so weiter
vgl.	vergleiche
Vol.	Volumen
WISU	Das Wirtschaftsstudium
z.B.	zum Beispiel
z.T.	zum Teil

1 Die Bedeutung von Entscheidung und Produktion für die Betriebswirtschaft

1.1 Wissenserwerb

Zwar erwirbt jede Person von Geburt an laufend neues Wissen. Dennoch scheint es nützlich, auf diesen Prozeß des Wissenserwerbs und seinen Inhalt Wissen hier kurz einzugehen.

Wissen verstehen wir als die komplexe Gesamtheit von Erfahrungen und Kenntnissen, die von Menschen als eine Vielzahl vernetzter Wissensbestandteile gespeichert wird. „Komplexität" soll darauf hinweisen, daß es sich um viele Wissenselemente handelt, die von einem Menschen gespeichert werden und wiederum in vielfältiger Form durch Verweise und Ähnlichkeiten vernetzt sind.

Beim Menschen erfolgt der Erwerb von Wissen mittels der 5 Sinne, insbesondere durch Hören und Sehen. In prozessualer Sicht gliedert sich der Wissenserwerb in die drei Phasen: (Steiner 1992, Sp. 1270)

– Verstehen,
– Abspeichern,
– Abrufen.

Die Phase des Verstehens besteht darin, das Gesehene oder Gehörte in die bestehenden semantischen Netzwerke einzuordnen, d.h. ihnen eine bestimmte Bedeutung zuzuordnen. Das ist nicht immer leicht, denn ein Mathematiker versteht beispielsweise unter einem Baum etwas anderes als ein Naturfreund, wie wir später sehen werden. Auch wenn man die Aussage hört „der gefangene floh", weiß man nicht recht, ob es heißen soll „der Gefangene floh" oder „der gefangene Floh".

Zur Speicherung erfolgt eine Reduktion der zu integrierenden Elemente durch Bildung von Aggregaten. Beispielsweise wird statt vieler Worte ein Satz bzw. nur ein Begriff gespeichert, mit dem eine bestimmte Semantik, eine bestimmte Bedeutung, verknüpft ist. Doch wird nicht nur das Bild, der Begriff, der Satz usw. gespeichert, sondern auch zahlreiche Verknüpfungen zu anderen Bildern, Sätzen, Begriffen usw.

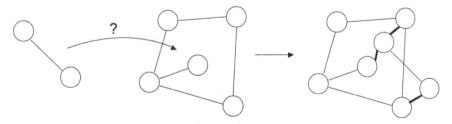

Abb. 1-1: Wissenserwerb als Integration neuer Wissenselemente in bestehende semantische Netze

Wegen dieser Vernetzung mit anderen Wissenselementen läßt sich das gespeicherte Wissen dann auch über Analogien, visuelle Vorstellungen, Schlüsselbegriffe usw. wieder abrufen. Wie das im Menschen konkret geschieht, ist noch wenig durchdrungen. Grundwissen darüber wird aber bereits genutzt, beispielsweise in Form der „Eselsbrücke".

Hinsichtlich der Wissensbestandteile kann man zwischen akkumulativem Wissen einerseits, strukturellem Wissen andererseits unterscheiden. Akkumulatives Wissen wird durch Speicherung sämtlicher Elemente eines Gebietes erworben. Ein Beispiel ist das kleine Einmaleins, das man in der Grundschule lernt. Wie man dagegen 6-stellige Zahlen multipliziert, wird man zweckmäßigerweise nicht auswendig lernen. Man löst das Problem aufgrund des strukturellen Wissens, wie multipliziert wird und des akkumulierten Wissens über das kleine Einmaleins. Das führt zu einer enormen Reduktion des erforderlichen Wissenserwerbs ohne Verlust an Problemlösungsfähigkeit.

Im folgenden werden wir uns insbesondere auf strukturelles Wissen konzentrieren, also auf die grundlegenden Strukturen innerhalb der Betriebswirtschaftslehre. Um diese aufzuzeigen, erscheint die systemtheoretische Sichtweise, die auf den Biologen Ludwig von Bertalanffy zurückgeht, die aber in viele verschiedene Wissenschaftsdisziplinen übernommen wurde, als besonders geeignet.

1.2 Die Systemsicht

1.2.1 Alternative Sichtweisen auf das gleiche Objekt

Das gleiche reale Objekt läßt sich schon von einer Person in einer kurzen Zeitspanne unterschiedlich sehen. Je nach Sichtweise erkennt man beispielsweise in der Figur der Abb. 1-2 eine junge elegante Frau oder eine zahnlose Alte.

Abb. 1-2: Elegante Frau oder zahnlose Alte? (Weinberg 1975, S. 53)

Mehr noch unterscheiden sich solche Sichtweisen des gleichen realen Objektes

- im Laufe der Zeit,
- zwischen Personen selbst ein und derselben sozialen Gruppe, beispielsweise Wissenschaftlern einer Wissenschaft,
- Personen verschiedener sozialer Gruppen, beispielsweise Wissenschaftlern verschiedener Wissenschaften.

Exemplarisch läßt sich ein Gefängnis sehen als

- eine Strafanstalt zur Bestrafung von Straftätern,
- eine Besserungsanstalt zur Besserung der Straftäter,
- eine Verwahranstalt zum Schutze der Gesellschaft vor Straftätern,
- eine Lehrinstitution zur Verbesserung der Fähigkeiten von Verbrechern,
- ein Produktionsbetrieb,
- ein Bereitsteller von Arbeitsplätzen,
- (häßliches) Architekturgebäude,
- Kunde für umliegende Handels- und Handwerksbetriebe etc.

Ähnlich läßt sich ein Industriebetrieb sehen als

- Produktionsbetrieb zur Erstellung von Sachgütern,
- Umweltverschmutzer,
- Bereitsteller von Arbeitsplätzen,
- Abnehmer von Leistungen aus der Region,
- Steuerzahler für die Gemeinde,
- Möglichkeit zur Gewinnerzielung etc.

In einer konkreten Problemstellung, beispielsweise der Errichtung eines Gefängnisses oder eines Industriebetriebes, werden i.d.R. viele solcher Sichtweisen relevant. Der Ansatz der Systembewegung ist deshalb, ein methodisches Instrumentarium zur (insbesondere auch interdisziplinären) Berücksichtigung verschiedener Sichtweisen bereitzustellen. Es umfaßt sowohl die systematischen Vorgehensweisen der Introspektion, Extraspektion und, als deren Synthese, der Konstruktion, als auch die Kontemplation als systemische Vorgehensweise (vgl. Müller-Merbach 1992).

1.2.2 Systembegriff und Systemschnitt

Charakteristisch für die in der westlichen Welt dominierende systematische Vorgehensweise ist die Analyse realer Tatbestände unter dem Gesichtspunkt der Teil-Ganzes-Problematik, d.h. der Zusammensetzung aus einzelnen Teilen und der Beziehung zwischen diesen Teilen. Ihm dient der Begriff „System" mit einem ganz spezifischen Inhalt.

Ein System in diesem Sinne ist demnach ein allgemeiner Modellrahmen, in den hinein die Realität abgebildet werden kann. Es besteht aus einer Menge von Elementen (Objekten, Systemen niedrigerer Ordnung, Subsystemen) mit Attributen und den zwischen diesen gegebenen Beziehungen.

Zugleich ist das System Bestandteil eines umfassenderen Systems (System höherer Ordnung, Supersystem), mit dem es interagiert. Sowohl die Elemente als auch das umfassendere System können wiederum als Systeme im definierten Sinne aufgefaßt werden.

Unserer Auffassung nach kann man nicht sagen: „Der Betrieb ist ein System." Denn jeder Ausschnitt der Real- oder Idealsphäre könnte unter diesem Begriff als System bezeichnet werden. Der Begriff würde nicht diskriminieren und wäre deshalb nutzlos.

Dagegen ist die hier gewählte Systemsicht hilfreich, weil sie

- die Bedeutung von Zerlegung und Verbindung hervorhebt,
- auf den Mehr-Ebenen-Charakter realer Probleme abstellt,
- die Bedeutung der Interdisziplinarität betont und Interdisziplinarität erleichtert.

Bei der Anwendung der Systemsicht im Zuge der Bildung von Systemmodellen ist eine Abgrenzung der zu untersuchenden Realitätsausschnitte erforderlich, die auch als Systemschnitt bezeichnet wird. Es erfolgt dann eine relative Isolation des Betrachtungsgegenstandes aus dem Gesamtzusammenhang, der es erst ermöglicht, den Gegenstand überhaupt studieren zu können. (siehe Abb. 1-3, in der die Zusammenfassung von Elementen zu Systemen durch strichlierte Linien angedeutet wurde)

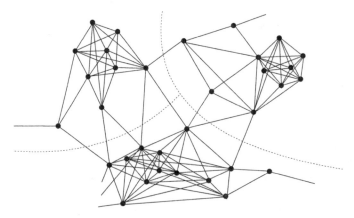

Abb. 1-3: Systemschnitte unter Berücksichtigung der Konnektivität

Bei der Lokalisierung des Systemschnitts ist die Konnektivität der Elemente das zentrale Beurteilungskriterium. Konnektivität wird gemessen anhand der Anzahl von Beziehungen zwischen den Elementen eines Systems. Elemente des zu untersuchenden Realitätsausschnittes sollten dann derart zu einem System zusammengefaßt werden, daß zwischen Elementen innerhalb des Systems relativ intensive Beziehungen bestehen, wohingegen zu Elementen außerhalb dieses Systems geringe Beziehungen bestehen sollten.

1.2.3 Offenheit, Black Box, Hierarchie und Rekursion in der Systemsicht

Im Rahmen des Systemschnittes faßt man Elemente bzw. Subsysteme mit hoher Konnektivität, also mit vielen Beziehungen, zu einem System zusammen. Dabei durchschneidet man die Beziehungen zu anderen Elementen bzw. Systemen. Im Rahmen der Systemsicht bleibt man sich dieses Tatbestandes und der Beziehung zu den anderen Systemen aber bewußt. Charakteristisch dafür ist der Begriff des „offenen Systems". Ein System ist offen, wenn es mit anderen Systemen, die als „Umsystem" zusammengefaßt werden können, in Materie-, Energie- oder Informationsaustausch steht.

Für viele Zwecke ist es sinnvoll, den so als offenes System abgegrenzten Realitätsausschnitt als „Black Box", als „schwarzen Kasten" zu betrachten. Man interessiert sich dann nicht mehr für die Einzelheiten dieses Realitätsausschnittes, also für dessen Elemente bzw. Subsysteme und deren Beziehungen. Man betrachtet nur das, was hineingeht, den sogenannten „Input" und das, was herausgeht, den sogenannten „Output".

Charakteristisch für diese Systemsicht ist auch, daß man das Ganze als einen Prozeß, als einen Vorgang in der Zeit betrachtet. Input und Output sind Funktionen der Zeit.

Auf welcher Aggregationsebene man die Black Box bildet, ist problemabhängig. Einen Investor in Aktien einer Aktienunternehmung interessiert beispielsweise, wann er welche Beträge investiert hat als Input und wie sich der Shareholder Value entwickelt hat und entwickeln wird. Den Bereichsleiter Pkw interessiert dagegen sehr wohl, wann welche Beträge in einen bestimmten Pkw-Typ investiert wurden, welcher Kapitalrückfluß sowie welche Rendite sich daraus ergaben und ergeben werden. Umgekehrt ist der Investor in einem Aktienfonds nur an den Konsequenzen dieses Investments interessiert. Unerheblich ist für ihn wann der Aktienfonds welche Aktien mit welcher Konsequenz gekauft hat.

Das Beispiel macht deutlich, daß schwarze Kästen je nach Problemstellung sinnvoll für verschiedene Aggregationsebenen gebildet werden können, als Summe vieler Aktienunternehmungen, als eine Aktienunternehmung oder als ein Teilbereich einer Aktienunternehmung. In Abb. 1-4 ist ein weiteres Beispiel für eine solche Mehrebenenbetrachtung enthalten.

Abb. 1-4 soll - auf verschiedenen Ebenen - Geschäftsprozesse darstellen. Geschäftsprozesse sind solche Prozesse, die unter betriebswirtschaftlichen Gesichtspunkten betrachtet werden. Ein Prozeß wiederum ist definiert als miteinander verbundene Aktivitäten oder Teilprozesse zur Bearbeitung einer Aufgabe, oder als eine einzelne Aktivität.

Die in Abb. 1-4 dargestellten Geschäftsprozesse betreffen die Vermarktung eines technischen Produktes, beispielsweise einer Werkzeugmaschine. Aktivität 1 besteht darin, in Beratungsgesprächen eines Außendienstmitarbeiters die genauen Kundenwünsche zu erheben und zu spezifizieren. Die Aktivitäten 2 und 3 liegen in der weitergehenden Spezifikation der technischen Realisierbarkeit und der betriebswirtschaftlichen Kalkulation. Im Zuge von Aktivität 4 werden diese Komponenten zu einem Angebot für den Kunden zusammengefaßt. Erfolgt die Auftragserteilung, ist in Aktivität 5 die Fertigung der Maschine durchzuführen. Als Aktivität 6 schließt sich der Versand an.

Aktivität 5 kann weiter differenziert werden in die Aktivitäten Produktionsplanung, Produktionssteuerung und Qualitätskontrolle (Aktivitäten 5.1, 5.3 und 5.4) sowie die Erstellung der technischen Dokumentation der Maschine (Aktivität 5.2). In ähnlicher Form kann die Aktivität 5.3 weiter aufgespalten werden.

Den Vorstand der Werkzeugmaschinenfabrik interessieren im wesentlichen nur Größen auf der Ebene n-1, beispielsweise Start und Ende des Projektes oder Kosten und Erlöse des Projektes. Den Projektleiter interessieren im wesentlichen die verschiedenen Subsysteme der Ebene n, also die verschiedenen Aktivitäten und ihre Beziehungen. Die Fertigungsleitung ist an den Unterteilungen der Aktivität 5, also der Ebene n+1 interessiert usw.

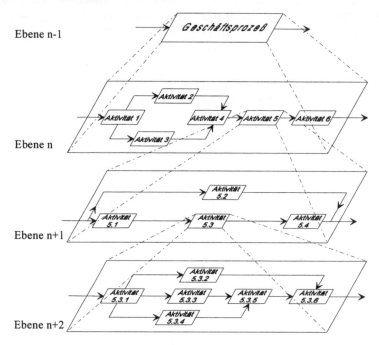

Abb. 1-4: Geschäftsprozesse aus Systemsicht

Sie erkennen daraus den Wert einer hierarchischen Strukturierung. Dabei verstehen wir unter Hierarchie ein sich nach Art eines Stammbaumes verzweigendes System von Mengen, Teilmengen (analog: von Begriffen, Unterbegriffen etc.). Eine Hierarchie in diesem Sinne ist erforderlich, um sich in der komplexen Welt zurecht zu finden. Nur durch hierarchische Strukturierung in relativ autonome stabile Subsysteme lassen sich auch komplexe technische und soziale Gebilde wie ein Großraumflugzeug, ein Konzern oder ein Staatenbund bilden.

Hierarchie in diesem Sinne ist nicht identisch mit Weisungshierarchie. Schon wenn einer Holdinggesellschaft verschiedene Aktienunternehmungen gehören, zu diesen jeweils verschiedene Geschäftsbereiche, die wiederum in mehrere Hauptabteilungen gegliedert sind usw. sprechen wir von Hierarchie, und zwar von Intrasystemhierarchie. Weisungshierarchie bezieht sich dagegen beispielsweise darauf, daß der Vorstand der Holding Einfluß auf die Vorstände der zugehörigen Aktienunternehmungen nehmen kann, die auf die Bereichsleiter usw. Man kann hier auch von einer Intersystemhierarchie sprechen, einer Hierarchie zwischen den Weisungsberechtigten und den Weisungsgebundenen. Die Existenz einer Intrasystemhierarchie, beispielsweise von Geschäftsbereichen einer Unternehmung, erfordert aber in der Regel zur Koordination eine Intersystem- bzw. Weisungshierarchie.

Oft sind Elemente einer Hierarchie zugleich Elemente einer anderen Hierarchie. Eine von vielen verteilten Produktionsstätten kann beispielsweise einerseits in eine regionale Hierarchie, andererseits in eine produktbezogene Hierarchie eingeordnet werden. Wir können hier von multiplen Hierarchien sprechen, gelegentlich findet man auch den Begriff „Heterarchie".

Ein dem Aspekt der Hierarchie verwandter, mit diesem aber nicht zu verwechselnder Begriff ist der der Rekursion. Rekursion wird einmal verwendet zur Modellbildung, zum anderen zur Problemlösung.

Ein Modell bzw. ein Objekt heißt rekursiv, wenn es sich selbst als Teil enthält oder mit Hilfe von sich selbst definiert ist. Abb. 1-4 enthält ein solches rekursives Objekt. Der Geschäftsprozeß der Ebene n-1 besteht aus Geschäftsprozessen der Ebene n, diese aus Geschäftsprozessen der Ebene n+1 usw. Häufig finden wir heutzutage den Ansatz „Unternehmung in der Unternehmung", d.h. die Subsysteme einer Unternehmung sollen wie eine Unternehmung geführt werden. Ein anderes Beispiel ist der Ansatz „Fabrik in der Fabrik". Solche rekursive Modellbildung erleichtert die Handhabung von Komplexität, weil wir es immer wieder mit gleichartigen Modellen und dementsprechenden Lösungsverfahren zu tun haben.

In gewissem Sinne liegt die Rekursion auch der Systemsicht zugrunde. Denn ein System besteht aus Systemen, diese wiederum aus Systemen etc.

Der Unterschied zwischen Rekursion und Hierarchie ist der, daß wir bei rekursiver Auflösung immer wieder gleichartige Modelle finden, während wir bei hierarchischer Auflösung auch verschiedene Modelle finden. Rekursion beinhaltet insofern ein Teilproblem von Hierarchie.

Rekursive Problemlösung besteht darin, ein Problem auf ein einfacheres und damit leichter lösbares Problem der gleichen Klasse zurückzuführen. Als erstes Beispiel diene die Formel

$$n! = n \cdot (n-1)!$$

Das Problem der Ermittlung der Fakultät wird damit auf das der einfacheren Errechnung einer kleineren Fakultät zurückgeführt. In Kapitel 2 und 3 werden wir - etwa in Form der Bedarfsermittlung oder der Behandlung sequentieller Entscheidungsprobleme - auch betriebswirtschaftliche Beispiele für solche rekursive Problemlösung kennenlernen.

1.3 Der Betrieb als Produktionssystem

Die zwei großen Bereiche wirtschaftlicher Betätigung sind einerseits Produktion, andererseits Konsumtion. In der Produktion werden Sachgüter und Dienstleistungen hervorgebracht, im Rahmen der Konsumtion werden diese verbraucht oder genutzt.

Das Ganze ist ein Prozeß in der Zeit mit teilweise erheblichen Zeitverzögerungen. Noch heute dienen die von den Ägyptern produzierten Pyramiden touristischen Zwecken. Noch heute schwitzen Italiener und Spanier, u. a. weil die Römer für ihren Schiffsbau die Wälder abgeholzt haben, ohne sie wieder aufzuforsten. Die Produktion von Fluorchlorkohlenwasserstoffen von vor mehreren Jahrzehnten belastet noch heute die Atmosphäre. Im 19. Jahrhundert zum Bewohnen, also zum Konsum in den Goldgräberregionen der USA produzierte Häuser stehen noch heute in sogenannten Ghost-Cities. Abb. 1-5 soll diese Interdependenzen zwischen Produktion, Konsumtion sowie der Natur als Quelle, die etwas abgibt, sowie als Senke, die etwas aufnimmt, darstellen.

Die Natur in ihrer Eigenschaft als Senke ist mit der Natur als Quelle durch die Natur als Rückführungs- respektive Recyclingsystem verbunden. Durch Verbrennung von Pflanzen entstehendes Kohlendioxyd wird mittels Photosynthese wieder in Pflanzen gebunden. Organischer Abfall wird in seine Bestandteile zersetzt, die wiederum beim Wachstum von Pflanzen verwandt werden.

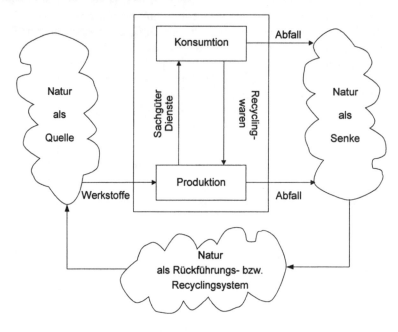

Abb. 1-5: Produktion und Konsumtion in ihrer natürlichen Umwelt

Ein weltwirtschaftliches Problem liegt heute darin, die Kapazität der Natur als Aufnahmesenke und Abgabequelle sowie ihre Recyclingfähigkeit für nachfolgende Generationen zu erhalten. Zum Teil hängen damit äußerst komplizierte Fragen zusammen, beispielsweise welche Quell- und Senkeneigenschaften langfristig erforderlich bleiben. Können wir etwa Gas-, Kohle und Erdölvorräte ausbeuten, weil wir hoffen, daß wir aufgrund von Investitionen in Solarforschung eines Tages über ausreichend Solarenergie verfügen werden? Selbst wenn wir das bejahen, entsteht die Frage, inwiefern die Natur als Senke das zusätzliche Kohlendioxyd verkraftet bzw. die Natur als Reduktionssystem dieses wieder binden kann, z.B. in Pflanzen. In diesem CO_2-Problem dürfte gegenwärtig das drängendste und bedeutsamste Umweltproblem liegen.

Im Rahmen der Konferenz für Umwelt und Entwicklung der Vereinten Nationen in Rio de Janeiro (1992) einigte man sich darauf, die Inanspruchnahme der natürlichen Quellen und Senken zu reduzieren. Das erfordert in unserer Darstellung, daß der Fluß an „Werkstoffen" aus den natürlichen Quellen in die Produktion sowie der Fluß von „Abfall" aus der Produktion und der Konsumtion in die Natur als Senke möglichst reduziert wird. Möglichkeiten dazu bieten die Verlängerung der Lebensdauer von Gütern und insbesondere recyclingfähige Produkte, aber auch im Hinblick auf Energie- und Materialverbrauch effizientere Produktion sowie eine Änderung der Konsumgewohnheiten. Das Problem ist insbesondere deshalb gravierend, weil es Quellen und Senken begrenzter Kapazität gibt, die aber beliebig genutzt werden dürfen, bzw. deren Nutzung nicht mit solchen Knappheitspreisen belegt ist, die eine Übernutzung ausschließen. Ein damit zusammenhängendes Teilproblem ist, wie die Nutzungsrechte (evtl. hierarchisch-rekursiv, erst international, dann national etc.) zugeteilt werden.

Im folgenden wollen wir uns mit dem in Abb. 1-5 enthaltenen „schwarzen Kasten" Produktion näher befassen. Hier handelt es sich zunächst um die gesamte Produktion der Welt. Schauen wir in diese hinein, so finden wir verschiedene volkswirtschaftliche Produktionen, die über Import-Export-Beziehungen miteinander verknüpft sind. Sehen wir uns eine volkswirtschaftliche Produktion an, finden wir eine Fülle einzelner Produktionsbetriebe, die über Lieferprozesse miteinander verbunden sind. Auch wenn wir in die einzelnen Betriebe hineinschauen, finden wir wiederum einzelne Produktionsstätten, die liefermäßig verflochten sind (siehe Abb. 1-6).

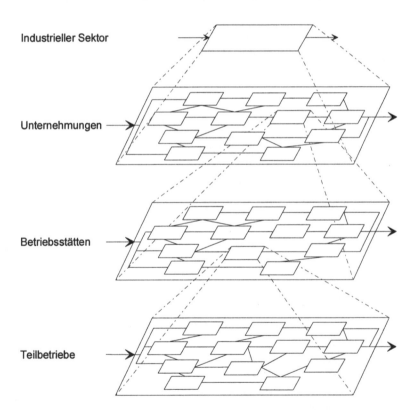

Abb. 1-6: Produktionssysteme verschiedener Aggregationsebenen

Die Produktion auf den verschiedenen Ebenen können wir als „Produktionssystem" bezeichnen.

Unter einem Produktionssystem verstehen wir ein von Menschen gemachtes und betriebenes System, das aus (Un-) Gütern (Waren, Sachen und Dienstleistungen) besteht und (Un-) Güter herstellt und das eine Umgebung besitzt und aus dieser

(Un-) Güter entnehmen oder an diese (Un-) Güter abgeben kann (Schiemenz 1996, Sp. 895 mit weiteren Quellenangaben; ähnlich auch Dyckhoff 2000, S. 3-5). Der Sinn solcher Produktionssysteme liegt darin, einen „Mehrwert" zu produzieren. Der Output des Produktionssystems muß höher bewertet werden als sein Input. Erst dann ist die Produktion eine sinnvolle Veranstaltung.

Eine sinnvolle Veranstaltung kann es auch sein, wenn Abfallstoffe in einer Müllverbrennungsanlage verbrannt werden. Die Funktion liegt dann im wesentlichen darin, Dinge mit negativem Wert, wir wollen hier von „Ungütern" sprechen, zu transformieren. Dabei können Dinge mit positivem Wert, also Güter, entstehen, im vorliegenden Beispiel Verbrennungsenergie. Es werden aber wiederum Ungüter übrig bleiben. Auch hier gilt, daß dieser Produktionsprozeß dann sinnvoll ist, wenn die Bewertung des Output höher ist als die des Input, selbst wenn sie noch negativ wäre.

Produktionssysteme können also auf unterschiedlichen hierarchischen Ebenen untersucht werden, auf der Ebene der Weltwirtschaft, der Volkswirtschaft, von Industriezweigen, eines Konzerns, einer Unternehmung, einer Produktionsstätte, einer Abteilung, eines Arbeitsplatzes.

Ihre Grenzen sind fließend. Je nachdem, welches Produktionssystem neu entstehende Aufgaben mit dem bestehenden oder neu aufzubauenden Bestand an Gütern (und Ungütern) und den vorhandenen Fähigkeiten der das Produktionssystem betreibenden Menschen mit einem höheren Nutzen für das Gesamtsystem erfüllen kann, kommt es zu

– Outsourcing, wenn das betrachtete Produktionssystem einen geringeren Nutzen als ein anderes Produktionssystem erzeugt bzw. zu
– Insourcing, wenn das betrachtete Produktionssystem einen höheren Nutzen als ein anderes Produktionssystem erzeugt.

Wir erkennen in der Struktur zugleich den Aspekt der Rekursion. Wir finden in Produktionssystemen wiederum Produktionssysteme, darin wieder Produktionssysteme etc.

1.4 Der Betrieb als sozio-technisches System

Wenn man einen Betrieb als sozio-technisches System sieht, sieht man ihn als ein System aus Menschen und Sachmitteln. Abb. 1-7 enthält ein kleines Beispiel dafür. Es handelt sich um ein kleines Lager, das i.d.R. Bestandteil eines größeren Produktionssystems sein wird, aber auch selbständige Lagerhaltung sein könnte, etwa eine landwirtschaftliche Absatzgenossenschaft. So wie dargestellt, ist das System relativ geschlossen. Zu seinem Umsystem geöffnet ist es nur hinsichtlich des Güterflusses in die Annahmestation und des Güterabflusses aus der Ausgabestation. Das sind für ein Lager auch die zentralen Verbindungen zum Umsystem. Daneben gibt es noch zahlreiche weitere Verbindungen, etwa Informationsflüsse, Zu- und Abfluß von Investitionsgütern und ähnliches, die aber hier vernachlässigt sind.

Man kann bereits dieses kleine sozio-technische System auf unterschiedliche Weise in Subsysteme untergliedern. Faßt man Menschen symbolisierende Elemente und deren Beziehungen zusammen, erhält man das soziale Subsystem. Durchgezogene Verbindungen charakterisieren darin formale Beziehungen, beispielsweise Weisungsbeziehungen oder Arbeitsbeziehungen. Strichlierte Verbindungen charakterisieren informale Beziehungen wie Freundschaft oder Verwandtschaft. Faßt man alle technischen Elemente, den Computerarbeitsplatz der Sekretärin, den Chefarbeitsplatz, die Annahmestation, das Lagerfahrzeug und die Regale sowie die Ausgabestation zusammen, erhält man das technische Subsystem.

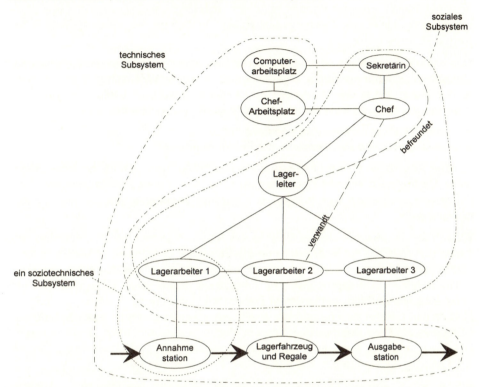

Abb. 1-7: Ein sozio-technisches System

Das soziale Subsystem und das technische Subsystem sind über Beziehungen verbunden, etwa der Lagerarbeiter 2 mit dem Lagerfahrzeug und den Regalen, der Chef mit dem Chefarbeitsplatz. Man kann das sozio-technische System der Abb. 1.7 aber auch anders in Subsysteme zerlegen, nämlich - rekursiv - wiederum in sozio-technische Systeme wie den Lagerarbeiter mit seinem Lagerfahrzeug, die Sekretärin mit ihrem Computerarbeitsplatz. Die Beziehung zwischen Sekretärin und Computerarbeitsplatz wird beispielsweise durch Arbeitswissenschaft und Arbeitsmedizin untersucht.

Ähnlich können wir auch einen großen Betriebskomplex, beispielsweise einen Industriebetrieb, als sozio-technisches System sehen und ihn in ein soziales Subsystem, ein technisches Subsystem und sozio-technische Subsysteme zerlegen.

Elemente des sozialen Subsystems sind Menschen. Diese Menschen errichten den Betrieb oder treten in einen bereits existierenden Betrieb ein, weil sie sich dadurch eine weitergehende Realisierung ihrer Ziele versprechen. Der Betrieb ist also ein Instrument zur besseren Zielerreichung seiner Mitglieder (Instrumentalfunktion nach Ralf-Bodo Schmidt). Das soziale System Betrieb nimmt neue Mitglieder in den Betrieb aber nur auf, wenn sie einen Beitrag für den Betrieb leisten. Nur dann ist er bereit, die von den Eintretenden erwarteten Anreize bereitzustellen. Typische Anreize sind materielle Anreize wie Lohn oder Gehalt, Sozialleistungen, Dienstwagen, aber auch immaterielle Anreize wie beispielsweise interessante Arbeitsinhalte, Aufstiegsmöglichkeiten, Auslandsaufenthalte und Weiterbildungsmöglichkeiten. Beiträge, die vom Mitarbeiter erwartet werden, sind im wesentlichen die zielgerichtete Aufgabenerfüllung, Flexibilität, Leistungsdenken usw. Vertieft werden diese Aspekte in der Anreiz-Beitrags-Theorie.

Das soziale Subsystem des sozio-technischen Systems Betrieb steht mit seinem Umsystem nicht nur insofern in Beziehung, als es von dort Menschen aufnimmt, evtl. wieder Menschen in das Umsystem zurückschickt, etwa bei Kündigungen, sondern in vielfältigen anderen Beziehungen zu weiteren Interaktionspartnern wie:

– Kunden, Lieferanten, Banken und Behörden,
– aber auch bspw. den Anwohnern der Betriebsstätte

Es stellt Ansprüche an das Umsystem, etwa nach Ver- und Entsorgung, infrastrukturellen Maßnahmen, Ausbildungsstätten, ist andererseits aber auch in der Lage, dem Umsystem Leistungen zu erbringen in Form von Versorgung mit Gütern oder Arbeitsplätzen.

Ähnlich wie in unserem kleinen Beispiel der Abb. 1-7 stehen die Mitglieder des sozialen Subsystems, die Mitarbeiter und die Unternehmensführung, ihrerseits in sehr vielfältigen sozialen Beziehungen. Unter Berücksichtigung des Aspektes der Konnektivität lassen sich dadurch weitere Subsysteme des sozialen Subsystems bilden, etwa entsprechend den betrieblichen Funktionen Beschaffung, Produktion, Vertrieb. Und es gibt Untergruppierungen informeller Art, etwa einen Freundeskreis, die Fußballmannschaft des Betriebes oder den betrieblichen Gesangverein. All diese Beziehungen können für bestimmte Maßnahmen, insbesondere im Zusammenhang mit der Lenkung der Unternehmung, von großer Bedeutung werden.

Elemente des technischen Subsystems des Betriebes sind alle Maschinen, Apparate, Bauwerke, Werkzeuge, Materialien usw. Daß ein Betrieb ein solches technisches Subsystem enthält, wird besonders deutlich, wenn man einen verfahrenstechnischen Betrieb besucht, etwa eine Raffinerie oder eine chemische Fabrik. Man sieht dort kaum Menschen, jedoch eine Fülle von Behältern, Apparaten und Rohrverbindungen. Mit dem Umsystem gibt es seitens des technischen Subsystems vielfältige Beziehungen, beispielsweise in Form der Versorgung mit Rohstoffen, der Ablieferung von Fertigprodukten oder der Bereitstellung von Maschinen, maschinellen Anlagen oder Reparaturleistungen.

Technisches und soziales Subsystem des sozio-technischen Systems Betrieb sind auf vielfältige Weise miteinander verbunden. Diesen Eindruck erhält man in besonderem Maße, wenn man Maschinenbaubetriebe betrachtet, in denen Arbeitskräfte Werkzeugmaschinen bedienen und die Rohstoffe und Fertigprodukte von Transportkräften unter Verwendung entsprechender Transportanlagen von Ort zu Ort transportiert werden.

Die Einflüsse sind wechselseitig und vollziehen sich laufend. Permanent wirkt das technische Subsystem auf das soziale Subsystem und das soziale Subsystem auf das technische Subsystem ein. Angestoßen werden solche Änderungen sehr stark auch durch Entwicklungen im Umsystem des Produktionssystems, beispielsweise durch technische Neuerungen oder durch gesellschaftliche Entwicklungen.

1.5 Der Betrieb als wirtschaftendes System

1.5.1 Wirtschaften als Bewältigung von Knappheit

Grund wirtschaftlichen Handelns ist die Befriedigung menschlicher Bedürfnisse. Ein Bedürfnis kann aufgefaßt werden als die „... Empfindung eines Mangels, [...] verbunden mit dem Verlangen, diesen Mangel zu beseitigen." (Stüdemann 1993, S. 152)

Menschliche Bedürfnisse lassen sich unterschiedlich systematisieren. Bekannt ist die sog. Bedürfnispyramide von Maslow. Dieser unterscheidet auf übereinanderliegenden Stufen zwischen physiologischen Bedürfnissen, Sicherheitsbedürfnissen, Bedürfnissen nach Zugehörigkeit und Liebe, Bedürfnis nach Achtung und Bedürfnis nach Selbstverwirklichung. Im allgemeinen werden die Bedürfnisse der höheren Schicht erst relevant, wenn die Bedürfnisse der niedrigeren Schicht befriedigt sind. Erst wenn die unmittelbaren physiologischen Bedürfnisse nach Nahrung, Kleidung usw. befriedigt sind, taucht bspw. das Bedürfnis auf, dies auf längere Zeit sicherzustellen.

Als Mittel zur Befriedigung dieser Bedürfnisse kommen einerseits Güter zum Einsatz, die nahezu unbegrenzt vorhanden sind, z.B. Licht und Luft. Man nennt solche Güter freie Güter. Andererseits stehen Güter nur in begrenztem Umfang bereit, z.B. Nahrungsmittel, Gold oder Erdöl. Sie werden daher als knappe Güter bezeichnet. Die mit Kaufkraft versehene Nachfrage nach diesen knappen Gütern heißt Bedarf.

Aus der Knappheit resultiert die Notwendigkeit zu wirtschaften. Denn i.d.R. können Güter verschiedenen Zwecken dienen, wie umgekehrt ein bestimmter Zweck auch durch verschiedene Güter sichergestellt werden kann. Abb. 1-8 soll das für eine konkrete Situation verdeutlichen.

In Fall 1 wird davon ausgegangen, daß in der konkreten Problemsituation eine Halle einer Betriebsstätte nur mit Verbrennungsenergie geheizt werden kann. Solarenergie und Maßnahmen der Isolierung der Halle haben nur unterstützende Funktion. In diesem Fall steht nur ein Mittel, nämlich Verbrennungsenergie, zur Erfüllung des Zweckes - Hallenerwärmung - zur Verfügung. In dieser Situation und auf dieser Ebene ist Wirtschaften nicht erforderlich. Wir haben nur ein Mittel, das einem Zweck zugeführt werden kann, der Zweck kann nur durch das eine Mittel erreicht werden. Diese Situation ist im Wirtschaftsleben allerdings sehr selten.

Auch hier stellt man fest, und dies ist als Fall 2 dargestellt, daß man den Zweck der Bereitstellung von Verbrennungsenergie durch verschiedene Mittel erreichen kann, beispielsweise durch Öl und Kohle. Den Tatbestand, daß ein Zweck durch mehrere Mittel erreicht werden kann, bezeichnet Müller-Merbach als Zweckhomogenität der Mittel. Wir haben mehrere Mittel, die im Hinblick auf die Erfüllung des einen Zweckes gleichartig, homogen sind. Hier taucht dann die Frage auf, welche der Mittel wir für diesen Zweck verwenden.

In unserer Situation ist die Zweck-Mittel-Konstellation jedoch noch komplizierter. Öl können wir nicht nur zur Erzeugung von Verbrennungsenergie verwenden, sondern auch zur Herstellung von Kunststoffen (siehe Fall 3). Müller-Merbach spricht hier von

Mittelhomogenität der Zwecke. Die verschiedenen Zwecke lassen sich gleichermaßen durch ein Mittel erreichen.

1. Ein Mittel, ein Zweck

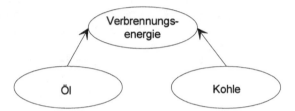

2. Mehrere Mittel, ein Zweck: Zweckhomogenität der Mittel

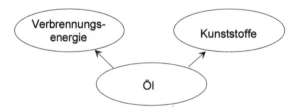

3. Ein Mittel, mehrere Zwecke: Mittelhomogenität der Zwecke

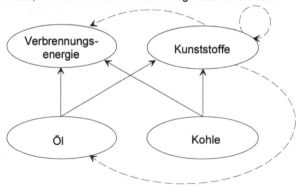

4. Komplexe Mittel-Zweck-Beziehungen

Abb. 1-8: Wirtschaften als Zuordnung knapper Mittel zu erstrebten Zwecken

Im allgemeinen finden wir in der Realität aber Strukturen, wie sie als Fall 4 dargestellt sind. Verschiedene Mittel lassen sich jeweils verschiedenen Zwecken zuführen. Die Zwecke sind rekursiv miteinander verbunden: Kunststoffe lassen sich aus Kunststoffen im Rahmen von Recycling herstellen. Zwecke können zur Erreichung anderer Zwecke verwendet werden: Kunststoffe können durch Verbrennen Verbrennungsenergie erzeugen. Und Zwecke können auf Mittel zurückwirken: aus Kunststoffen kann wiederum Öl hergestellt werden.

Das Kernproblem des Wirtschaftens liegt in der Zuordnung der knappen Mittel zu erstrebten Zwecken in dieser komplexen Zweck-Mittel-Konstellation. Und dieses Wirtschaften i.S. der Zuordnung knapper Mittel zu erstrebten Zwecken ist im Grunde Entscheiden. Daraus resultiert die besondere Bedeutung der Entscheidungslehre für die Wirtschaftslehre und damit auch für die Betriebswirtschaftslehre.

Das Problem des Wirtschaftens taucht auch in privaten und öffentlichen Haushalten auf. Gegenstand der Betriebswirtschaftslehre sind aber Erwerbswirtschaften, die Sachgüter und Dienste zur Bedarfsdeckung, also zur Befriedigung von mit Kaufkraft versehenen Bedürfnissen erstellen. Zweck-Mittel-Entscheidungen tauchen dabei in zwei typischen Formen auf: (1) welche Zwecke bzw. welchen Bedarf können bzw. sollen die eigenen Sachgüter und Dienstleistungen erfüllen und (2) mit welchen Mitteln können die Sachgüter bzw. Dienste erreicht werden?

1.5.2 Das ökonomische Prinzip

Die zentrale Frage des Wirtschaftens und damit in der wirtschaftenden Unternehmung ist, wie die knappen Mittel den erstrebten Zwecken zugeordnet werden sollen. Denkbar wäre, daß man diese Zuordnung durch Würfeln vornimmt. Ökonomik geht aber von Menschen, die ihren Verstand gebrauchen, von rational handelnden Menschen aus. Soweit sie nicht rational handeln sollten, wirbt die Ökonomik zumindest für rationales Handeln.

Das zugrunde liegende Prinzip, das Rationalprinzip, läßt sich in zwei extremen Ausprägungen formulieren, als Sparprinzip und als Ergiebigkeitsprinzip.

Das Sparprinzip fordert, ein bestimmtes vorgegebenes Ergebnis mit minimalem Mitteleinsatz zu erreichen.

Das Ergiebigkeitsprinzip verlangt, mit gegebenen Mitteln den Zweck möglichst weitgehend zu erreichen.

Wenden wir den Fall auf das Heizen unserer Halle mit Öl an. Wir gehen nach dem Sparprinzip vor, wenn wir die erwünschte Hallentemperatur, beispielsweise 21° C, mit minimalem Ölverbrauch gewährleisten wollen. Wir folgen dem Ergiebigkeitsprinzip, wenn wir den knappen Restbestand an Öl verwenden wollen, um in den nächsten 8 Tagen eine möglichst hohe Hallentemperatur zu erzeugen.

Sehen wir tiefer, stellen wir selbst in diesem recht einfachen Beispiel fest, daß die Mittel-Zweck-Konstellation schon recht kompliziert ist. Reduktion des Ölverbrauchs im Rahmen des Sparprinzips erfordert ihrerseits unterschiedliche Mittel wie Geschlossenhalten der Fenster, gute Einstellung des Brenners, geeignete Temperaturführung auch in der Nacht, möglicherweise einen neuen Heizkessel usw. Im Rahmen der ergiebigen Nutzung von Heizöl fragt man sich, welchen Zwecken der Zweck der

Raumheizung seinerseits dient, ob der Arbeitsfähigkeit der Mitarbeiter, Bearbeitbarkeit von Werkstoffen, der Funktionsfähigkeit von Maschinen etc.

Das Ergiebigkeitsprinzip und Sparprinzip sind die extremen Ausprägungen des Rationalprinzips. Beide sind jedoch nur zwei Seiten einer Medaille. Spare ich Öl, so bleibt Öl übrig, um weitere Räume über längere Zeit zu heizen, was dem Ergiebigkeitsprinzip entspräche. Nutze ich das Öl zu einer möglichst weitgehenden Temperaturerhöhung, spare ich möglicherweise an Ausschuß und damit an Werkstoffen, Arbeitskraft und Betriebsmitteleinsatz. Allerdings weiten wir damit den betrachteten Systemausschnitt aus. Ursprünglich betrachteten wir nur die Elemente Öl und Temperatur und deren Beziehungen, jetzt haben wir weitere Elemente und deren Beziehungen einbezogen.

Das gleiche gilt, wenn wir eine Kombination zwischen Spar- und Ergiebigkeitsprinzip verfolgen, nämlich eine sinnvolle Relation zwischen Zweckerreichung und Mitteleinsatz, etwa eine sinnvolle Relation zwischen Ertrag und Aufwand. Zur Beurteilung, inwiefern die Relation sinnvoll ist, benötigen wir wiederum eine übergeordnete Zwecksetzung, beispielsweise Kapitalrentabilität. Eine sinnvolle Relation zwischen Ertrag und Aufwand ist dann Mittel zur Erreichung des Zweckes Kapitalrentabilität und wir können auf dieser Ebene wiederum Ergiebigkeits- und Sparprinzip anwenden.

Falsch ist es aber, wenn wir das Rationalprinzip interpretieren als Aufforderung, ein maximales Ergebnis mit einem minimalen Mitteleinsatz zu erreichen. Wir haben dann zwei konkurrierende Zielsetzungen: Maximierung des Ergebnisses einerseits, Minimierung des Mitteleinsatzes andererseits. Ein minimaler Mitteleinsatz ist Null, ein maximales Ergebnis ist unendlich.

1.5.3 Maße der Einhaltung des ökonomischen Prinzips

Hat man mehrere Handlungsmöglichkeiten zur Auswahl, möchte man natürlich gerne wissen, welche dieser Handlungsalternativen dem Rationalprinzip am besten entspricht. Umgekehrt möchte man im Nachhinein wissen, inwiefern es gelungen ist, diesem Rationalprinzip zu folgen. Dazu benötigt man bestimmte Maßzahlen, sogenannte Maße der Einhaltung des ökonomischen Prinzips.

Im wesentlichen unterscheidet man drei Gruppen von Maßzahlen zur Messung dieser Einhaltung des ökonomischen Prinzips, nämlich Produktivitätsmaße, Wirtschaftlichkeitsmaße und Rentabilitätsmaße.

1.5.3.1 Produktivitätsgrade

Mittels der Produktivitätsmaße soll die mengenmäßige Ergiebigkeit bzw. Sparsamkeit beurteilt werden. Es werden hier noch keine Preise oder andere Bewertungskriterien als Maße der Knappheitsrelation einbezogen.

Ob man seinen sowohl auf Öl, Gas oder Kohlefeuerung einstellbaren Heizkessel nun mit Öl, Gas oder Kohle betreibt, immer wird es darum gehen, eine bestimmte Temperatur mit minimaler Einsatzmenge zu erreichen oder mit vorhandener Einsatzmenge eine möglichst hohe Temperatur zu erreichen. Die sich in Preisen für Gas, Öl oder Kohle ausdrückende Knappheitsrelation kommt hier noch nicht zum Tragen. Kosiol spricht in diesem Zusammenhang von Technizität.

Diese mengenmäßige Wirtschaftlichkeit läßt sich messen durch den

$$\text{Produktivitätsgrad} = \frac{\text{quantitatives Ergebnis der Faktorkombination}}{\text{Faktoreinsatzmengen}}$$

Alleine sagt dieser Produktivitätsgrad allerdings nichts aus. Erst ein Vergleich mit früheren Werten oder den Werten vergleichbarer anderer Bereiche, beispielsweise anderer Betriebe, macht ihn aussagekräftig. Man kann z.B. sagen, daß ein Dreher, der in 8 Stunden mit einer mechanischen Drehmaschine 200 Drehteile erstellt, produktiver ist als früher, als er in 8 Stunden nur 150 Drehteile fertigte. Er ist allerdings weniger produktiv als ein Kollege, der in 8 Stunden 250 Drehteile schafft.

Wird das Fertigungsverfahren verändert, wird beispielsweise eine NC-gesteuerte Drehmaschine mit höherer Leistung und auch Genauigkeit anstelle der bisherigen Universaldrehmaschine verwendet, so lassen sich die Ergebnisse nicht ohne weiteres vergleichen. Sowohl die Art der eingesetzten Faktoren als auch das Ergebnis, z.B. die Produktqualität, haben sich geändert.

Einen Ausweg aus diesem Dilemma liefert die Bildung von Teilproduktivitäten einerseits, die Bildung von Gesamtproduktivitäten unter Verwendung von Äquivalenzziffern andererseits.

Teilproduktivitäten sind dadurch charakterisiert, daß das quantitative Ergebnis der Faktorkombination lediglich auf eine einzige Art von Faktoreinsatzmengen bezogen wird. Ein Beispiel ist die Produktivität des Arbeitseinsatzes, die Arbeitsproduktivität, die durch das Verhältnis von Mengenergebnis der Faktorkombination zur Menge des Arbeitseinsatzes, beispielsweise in Form von Arbeitsstunden gebildet wird. Beispiele für solche Arbeitsproduktivitäten sind die Zahl der Textseiten, die eine Schreibkraft pro Stunde schreibt, die Zahl Kubikmeter Mauerwerk, die ein Maurer pro Stunde mauert oder auch - hier als Reziprokwert - die Zahl der erforderlichen Arbeitsstunden pro Pkw. Daß sich diese Zahl der Arbeitsstunden pro Pkw in den letzten Jahren wesentlich verringert hat, hat aber zahlreiche Gründe, beispielsweise erhöhten Maschineneinsatz, verbesserte Organisation, verbesserte Konstruktion des Pkw. Keinesfalls kann man sie alleine der Arbeitskraft zurechnen. Insofern ist auch die Steigerung der Arbeitsproduktivität ein zur Berechnung von Lohnerhöhungen nur begrenzt taugliches Maß. Sie wäre, etwa bei Automatisierung, selbst bei Verringerung der Arbeitsleistung möglich.

Neben der Arbeitsproduktivität spielen auch die Teilproduktivitäten Werkstoffproduktivität oder Betriebsmittelproduktivität bzw. Kapitalproduktivität eine gewisse Rolle. Beispiele für Werkstoffproduktivität wären etwa die Menge Most in Litern, die man pro 100 kg Äpfel pressen kann. Sie hängt von der Apfelsorte ab, aber auch von der Presse. In der Lederindustrie taucht das Problem auf, aus einem m^2 Rohleder möglichst viele Taschen zu schneiden, ein auch mathematisch äußerst interessantes Problem.

Ein Beispiel für Betriebsmittelproduktivität wäre die pro Tag an einem Fließband montierte Zahl von Pkw. Durch entsprechende organisatorische Maßnahmen läßt sich diese ändern. Bei Kapitalproduktivität erfolgt im allgemeinen schon eine Bewertung der Betriebsmittel mit ihren Kosten. So stellt man beispielsweise fest, daß computergesteuerte Werkzeugmaschinen im Vergleich zu konventionellen Maschinen die 4-fache Menge produzieren bei doppelten Kosten, ihre Kapitalproduktivität also doppelt so hoch ist. Hier gehen wir aber schon von der rein mengenmäßigen

Betrachtung der technischen Ebene (Technizität) über in eine Berücksichtigung von Kosten und damit Preisen bzw. Werten (Ökonomität). (Kosiol 1968, S. 21f.) Die Ökonomität umfaßt die Technizität (vgl. Abb. 1-9).

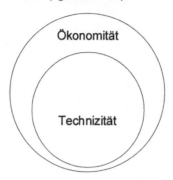

Abb. 1-9: Ökonomität und Technizität

Ein Übergang auf die Ebene der Ökonomität ist auch erforderlich, wenn wir Gesamtproduktivitätsgrade ermitteln wollen. Wir wollen dann alle eingesetzten Faktormengen und ggf. auch mehrere - möglicherweise in unterschiedlichen Qualitäten - ausgebrachte Mengen berücksichtigen. Dann können wir natürlich auf rein mengenmäßiger Ebene keine sinnvollen Quotienten mehr bilden. Wir können nicht im Nenner 100 Manntage und 1 Fließbandtag addieren. Ähnlich können wir im Zähler nicht ohne weiteres Autos mit Normalausstattung und Autos mit erheblicher Sonderausstattung addieren. Man hilft sich hier, indem man die einzelnen Größen des Zählers und des Nenners bewertet. Als sinnvolles Bewertungsmaß kann man Preise heranziehen, hilfsweise sogenannte „Äquivalenzziffern".

1.5.3.2 Wirtschaftlichkeitsgrade

Hat man sich für ein bestimmtes Verfahren entschieden, wird man dieses unter mengenmäßigem Aspekt sparsam bzw. ergiebig betreiben. Man erinnere sich an unser Heizungsbeispiel. Das ist der Aspekt der Technizität. Welches Verfahren man aber verwendet, ob Öl-, Gas- oder Kohleheizung, ist abhängig von den Preisen, welche die Knappheitsrelation zwischen diesen Primärenergien ausdrücken. Diesen Aspekt bezeichnet Kosiol als Ökonomität.

Die Ökonomität versuchen wir durch Wirtschaftlichkeitsgrade zu messen. Auf Erich Gutenberg geht der folgende Gedanke zurück: Das Sparprinzip fordert, ein bestimmtes Ergebnis mit einem minimalen Mitteleinsatz zu erreichen. Wenn wir aufgrund detaillierter Planungsüberlegungen wissen, was dieser minimale Mitteleinsatz ist, können wir ihn in Beziehung zum tatsächlichen Mitteleinsatz setzen. Wir erhalten dann

$$\text{Sparsamkeitsgrad} = \frac{\text{Solleinsatz}}{\text{Isteinsatz}} \text{ bzw. } \frac{\text{Sollaufwand}}{\text{Istaufwand}} \text{ bzw. } \frac{\text{Sollkosten}}{\text{Istkosten}}$$

Der Sparsamkeitsgrad kann nur Werte zwischen 0 und 1 annehmen, da die Sollwerte den bei maximaler Wirtschaftlichkeit erreichbaren minimalen Einsatz charakterisieren. Je höher er ist, um so größer ist die Sparsamkeit.

Kap. 1: Die Bedeutung von Entscheidung und Produktion für die Betriebswirtschaft

Als Aufwand verstehen wir dabei den bewerteten Güterverzehr einer Rechnungsperiode, als Kosten den bewerteten sachzielbezogenen Güterverzehr. „Einsatz" ist ein sehr breit interpretierbarer Begriff. Er läßt sich auch auf die rein technische Ebene beziehen, so daß die Kennziffer Solleinsatz : Isteinsatz auch als Maß für die Technizität verwendet werden könnte.

Das Ergiebigkeitsprinzip fordert, mit einem bestimmten Einsatz möglichst viel zu erreichen, beispielsweise eine maximale Ausbringung, eine möglichst weitgehende Zielerreichung oder ähnliches.

Bezeichnen wir mit Sollausbringung bzw. Sollertrag bzw. Solleistung das in einer gegebenen Situation maximal Erreichbare, können wir wiederum als Maß festlegen, inwiefern dies erreicht wurde, den

$$\text{Ergiebigkeitsgrad} = \frac{\text{Istausbringung}}{\text{Sollausbringung}} \text{ bzw. } \frac{\text{Istertrag}}{\text{Sollertrag}} \text{ bzw. } \frac{\text{Istleistung}}{\text{Solleistung}}$$

Auch dieser Wirtschaftlichkeitsgrad kann nur Werte zwischen 0 und 1 annehmen, wobei ein Wert von 0 vollständige Unwirtschaftlichkeit, von 1 vollständige Wirtschaftlichkeit bedeutet.

Unter Ertrag verstehen wir in obiger Kennzahl als Pendant zum Aufwand die bewertete Gütererstellung einer Rechnungsperiode. Leistung ist als Pendant zu den Kosten die bewertete sachzielbezogene Gütererstellung einer Rechnungsperiode. Ausbringung ist wiederum breit interpretierbar und kann auch im Zusammenhang mit der Messung technischer Ergiebigkeit verwendet werden.

Problematisch ist bei den angeführten Kennziffern für den Sparsamkeitsgrad und den Ergiebigkeitsgrad insbesondere, daß die jeweiligen Sollwerte nicht objektiv ermittelt werden können, da diese abhängig sind von den typischerweise unterschiedlichen Fähigkeiten des Personals sowie von der Güte und Eignung der eingesetzten Betriebsmittel und Werkstoffe.

Bezüglich der angesprochenen Sollwerte (Solleinsatz etc. und Sollausbringung etc.) ist außerdem zu beachten: Sie sind nicht identisch mit den, den einzelnen Produktionssystemen vorzugebenden Werten. Diese wählt man aus Motivationsgründen i. d. R. niedriger, damit sie bei normaler Anstrengung erreicht und bei besonderer Anstrengung übererfüllt werden können.

Das Problem der mangelnden Objektivität bei der Bestimmung der Sollwerte weist die folgende von Erich Schäfer vorgeschlagene Kennziffer nicht auf:

$$\text{marktorientierter Wirtschaftlichkeitsgrad} = \frac{\text{Ertrag}}{\text{Aufwand}}$$

Diese Kennziffer mißt, inwiefern es einer Unternehmung gelungen ist, sich in den komplexen wirtschaftlichen Kontext einzuordnen. Denn sie stellt den Quotienten aus vom Markt bewerteten Output zum vom Markt bewerteten Input der Unternehmung dar. Andererseits kann diese Kennziffer nicht mehr ohne weiteres als Leistungsmaß für die Unternehmung dienen, da sie von den Imponderabilien des Marktes abhängig ist, beispielsweise Wechselkursen, Rohstoffpreisen, Marktform usw.

1.5.3.3 Rentabilitätsgrade

Rentabilitätsgrade stellen ein Maß für die Ergiebigkeit des eingesetzten Kapitals bzw. des erzielten Umsatzes dar. Es ist

$$\text{Kapitalrentabilität} = \frac{\text{Erfolg}}{\text{Kapital}}\text{[1]}$$

Kapitalrentabilität läßt sich für das eingesetzte Eigenkapital wie auch das Gesamtkapital bilden. Man muß dann die entsprechenden Erfolgsgrößen einsetzen. Die dem Eigenkapital entsprechende Erfolgsgröße ist der Gewinn, die dem Gesamtkapital entsprechende Erfolgsgröße ist die Summe aus Gewinn und Fremdkapitalzinsen.

Ein Maß für die Ergiebigkeit des erzielten Umsatzes ist die

$$\text{Umsatzrentabilität} = \frac{\text{Erfolg}}{\text{Umsatz}}$$

Zwischen den beiden Kennziffern Kapital und Umsatzrentabilität besteht eine interessante Beziehung, die durch die sogenannte Kapitalumschlaghäufigkeit hergestellt wird:

$$\text{Kapitalumschlaghäufigkeit} = \frac{\text{Umsatz}}{\text{Kapital}}$$

Kapitalrentabilität ergibt sich als Produkt aus Umsatzrentabilität und Kapitalumschlaghäufigkeit:

Kapitalrentabilität = Umsatzrentabilität * Kapitalumschlaghäufigkeit

$$\frac{\text{Erfolg}}{\text{Kapital}} = \frac{\text{Erfolg}}{\text{Umsatz}} * \frac{\text{Umsatz}}{\text{Kapital}}$$

Die Tendenz in vielen Wirtschaftssektoren, fast im gesamten Handel, war lange Zeit, die Kapitalrentabilität trotz sinkender Umsatzrentabilität dadurch zu halten oder gar zu steigern, daß die Kapitalumschlaghäufigkeit erhöht wurde. Dazu wurden insbesondere Maßnahmen zur Senkung des gebundenen Kapitals unternommen, beispielsweise die Bevorzugung von Artikeln mit hohem Absatz je Periode, sogenannten Schnelldrehern. Auch die Preissenkung kann bei gleichem Kapitaleinsatz eine Umsatzerhöhung derart bewirken, daß die geringere Umsatzrentabilität überkompensiert wird.

Literatur zu Kapitel 1

Diederich, Helmut (1992): Allgemeine Betriebswirtschaftslehre, 7. Aufl., Stuttgart, Berlin und Köln 1992.

Dyckhoff, Harald (2000): Grundzüge der Produktionswirtschaft - Einführung in die Theorie betrieblicher Wertschöpfung, 3. Aufl., Berlin u. a. 2000.

---

[1] Oft wird ein derartiger Quotient unnötigerweise noch mit dem Faktor 100 multipliziert, um die Kennziffer in % anzugeben.

Kosiol, Erich (1968): Einführung in die Betriebswirtschaftslehre - Die Unternehmung als wirtschaftliches Aktionszentrum, Wiesbaden 1968.

Müller-Merbach, Heiner (1992): Vier Arten von Systemansätzen, dargestellt in Lehrgesprächen, in: Zeitschrift für Betriebswirtschaft, 62. Jg. (1992), S. 853 – 876.

Schiemenz, Bernd (1993): Systemtheorie, betriebswirtschaftliche, in: Wittmann, Waldemar, et al. (Hrsg.): Handwörterbuch der Betriebswirtschaft, 5. Aufl., Teilband 3, Stuttgart 1993, Sp. 4127 - 4140.

Schiemenz, Bernd (1996): Komplexität von Produktionssystemen, in: Kern, Werner; Schröder, Hans-Horst; Weber, Jürgen (Hrsg.): Handwörterbuch der Produktionswirtschaft, 2. Auflage, Stuttgart 1996, Sp. 895-904.

Schiemenz, Bernd (1997): Die Komplexität von Geschäftsprozessen und Möglichkeiten zu deren Handhabung, in: Wildemann, Horst (Hrsg.): Geschäftsprozeßorganisation, München 1997.

Steiner, Gerhard (1992): Lerntheorien, in: Gaugler, Eduard; Wolfgang Weber (Hrsg.): Handwörterbuch des Personalwesens, 2. Aufl., Stuttgart 1992, Sp. 1264-1274.

Stüdemann, Klaus (1993): Allgemeine Betriebswirtschaftslehre, 3. Aufl., München, Wien 1993.

Weinberg, Gerald M. (1975): An Introduction to General Systems Thinking, New York u. a. 1975.

Wöhe, Günter; Döring, Ulrich (2000): Einführung in die Allgemeine Betriebswirtschaftslehre, 20. Aufl., München 2000.

Thematische Zuordnung (geordnet nach dem Fortgang der Argumentation)

Systemsicht	– Diederich 1992, S. 60ff.
	– Müller-Merbach 1992
	– Schiemenz 1993, Sp. 4127ff.
Hierarchie und Rekursion	– Schiemenz 1997, S. 111-116
Produktionssystem	– Schiemenz 1996, Sp. 895f.
	– Wöhe/Döring 2000, S. 374ff.
Knappheit und Wirtschaften	– Kosiol 1968, S. 19-22
Ökonomisches Prinzip	– Diederich 1992, S. 76ff.
	– Kosiol 1968, S. 20f.
Technizität - Ökonomität	– Kosiol 1968, S. 21f.
Wirtschaftlichkeitsgrade - Rentabilitäten	– Diederich 1992, S. 76ff.
	– Wöhe/Döring 2000, S. 46ff.

Übungsaufgaben zu Kapitel 1

1 (1) Beschreiben Sie in allgemeiner Form die Systemsicht!

1 (2) Was versteht man unter Hierarchie und Rekursion und wie lassen sich diese Prinzipien voneinander abgrenzen?

1 (3) Beschreiben Sie einen Kaffeeautomaten als System!

1 (4) Beschreiben Sie ein konkretes Beispiel für die Produktion und die Konsumtion in ihrem Verhältnis zur natürlichen Umwelt!

1 (5) Inwiefern kann ein Betrieb als ein soziales System gesehen werden?

1 (6) Inwiefern kann ein Betrieb als ein technisches System gesehen werden?

1 (7) Inwiefern hat ein Betrieb eine Instrumentalfunktion für seine Mitglieder?

1 (8) Beschreiben Sie den Betrieb als produzierendes sozio-technisches System!

1 (9) Erläutern Sie die Beziehungen zwischen Ergiebigkeits- und Sparprinzip einerseits, Mittelhomogenität der Zwecke und Zweckhomogenität der Mittel andererseits!

1 (10) Erläutern Sie, unter Verwendung eines Beispiels, die Begriffe Technizität und Ökonomität und deren Beziehung!

1 (11) Ein Dreher kann mit einer Universaldrehmaschine pro Stunde 40 Drehteile herstellen, mit einem Drehautomaten sind es 90. Die Dreherstunde kostet 70 GE, die Maschinenstunde für die Universaldrehmaschine 30 GE und für den Drehautomaten 50 GE.

Geben Sie für beide Fälle Kennziffern der Arbeits-, der Kapital- und der Gesamtproduktivität an!

1 (12) Durch Einsatz von 10 kg Draht können in einem Produktionsprozeß 1.500 Schrauben gefertigt werden. Der Preis des eingesetzten Drahtes beträgt 3 GE/kg. Für eine Schraube erhalten Sie im Verkauf 0,03 GE. Weitere Faktoren, z. B. Personal und Kapital, sollen nicht berücksichtigt werden.

    a) Ermitteln Sie die Produktivität und die marktorientierte Wirtschaftlichkeit des Produktionsprozesses!

    b) Welche formalen Möglichkeiten bieten sich Ihnen, um die Produktivität der Schraubenherstellung um 20% zu steigern?

    c) Zeigen Sie die Alternativen auf, die zur Erhöhung der marktorientierten Wirtschaftlichkeit um 20% geeignet sind!

1 (13) Erläutern Sie die Abhängigkeit der Eigenkapitalrentabilität von der Gesamtkapitalrentabilität, dem durchschnittlichen Zinssatz für Fremdkapital und dem Anteil des Eigenkapitals am Gesamtkapital!

1 (14) Das Gesamtkapital einer Unternehmung beläuft sich auf 10 Mio. GE, der Eigenkapitalanteil beträgt 30%, der Fremdkapitalzinssatz 8 %.

Kap. 1: Die Bedeutung von Entscheidung und Produktion für die Betriebswirtschaft 23

a) Wie hoch muß die Gesamtkapitalrentabilität mindestens sein, damit die Unternehmung keine Verluste realisiert?

b) Die Kapitalumschlaghäufigkeit beträgt 4, der Gewinn 540.000 GE. Berechnen Sie den Umsatz und die Umsatzrentabilität.

c) Unter welchen Bedingungen kann die Eigenkapitalrentabilität durch Senkung des Eigenkapitalanteils erhöht werden?

1 (15) Eine Unternehmung besitzt 1 Mio GE Eigenkapital und 4 Mio GE Gesamtkapital. Die Gesamtkapitalrentabilität beträgt 12% p.a., der Fremdkapitalzinssatz 8 % p.a., der Umsatz 10 Mio GE.

a) Wie hoch ist der Gewinn?

b) Wie hoch sind die Umsatzrentabilität und Umschlaghäufigkeit?

1 (16) Ein Anlageberater legt Ihnen folgendes Angebot vor:

„Schnäppchen mit hoher Rendite: voraussichtliche Mieteinnahmen 24.000 GE pro Jahr; Rendite 12%; einzubringendes Eigenkapital 100.000 GE; eine etwaige Restfinanzierung ist über eine Bausparkasse vorgesehen, zu einem Zinssatz von 4% p. a."

Der Renditebegriff kann in diesem Angebot unterschiedlich aufgefaßt werden. Berechnen Sie den Kaufpreis des Objektes für die folgenden Fälle:

a) Mit Rendite ist die Gesamtkapitalrentabilität gemeint.

b) Der Anlageberater versteht unter Rendite die Eigenkapitalrentabilität.

2 Grundzüge der betriebswirtschaftlichen Entscheidungslehre

2.1 Wirtschaften und betriebswirtschaftliche Forschungsansätze

Wir wissen aus Kapitel 1, daß das zentrale Problem des Wirtschaftens in der Zuordnung knapper Mittel zu erstrebten Zwecken liegt. Das gilt auf allen Rekursionsebenen: Weltwirtschaft, Volkswirtschaft, Betriebswirtschaft, bis hin zur einzelnen Aktion eines Arbeiters an seinem Arbeitsplatz. Und es gilt nicht nur für den Bereich der Produktion einschließlich Beschaffung und Absatz. In der Finanzierung müssen knappe Finanzierungsmittel Finanzierungszwecken zugeordnet werden. Im Rahmen der Führung müssen alternative Führungsinstrumente so ausgewählt werden, daß die Führungszwecke möglichst weitgehend erreicht werden.

Zuordnung knapper Mittel zu erstrebten Zwecken ist aber, wie bereits gesagt, in seinem Kern Entscheiden. Daraus resultiert die besondere Bedeutung der betriebswirtschaftlichen Entscheidungslehre für Betriebswirtschaft und Betriebswirtschaftslehre. Ihre Betonung erfolgt insbesondere im Rahmen des maßgeblich von Edmund Heinen beeinflußten entscheidungsorientierten Ansatzes der Betriebswirtschaftslehre.

Diese entscheidungsorientierte (praktisch normative, praxeologische) Betriebswirtschaftslehre will optimale betriebliche Entscheidungen gewährleisten. Die Ziele als Optimierungs- und Auswahlkriterien werden dabei durch empirische Erhebungen in den Betrieben gewonnen. Sie werden nicht im Rahmen der Betriebswirtschaftslehre selbst entwickelt.

Zur Erreichung dieses Erkenntnisziels hat die entscheidungsorientierte Betriebswirtschaftslehre erstens die Betriebsstruktur und den Betriebsprozeß darzustellen und die jeweiligen Zusammenhänge zu erklären. Zweitens muß sie ein vollständiges System von formalen Entscheidungssituationen entwickeln, das alle denkbaren realen Entscheidungssituationen umfaßt. Darüber hinaus muß sie Methoden bereitstellen, die in jeder Entscheidungssituation die optimale Entscheidung zu finden erlauben.

Neben diesem entscheidungsorientierten Ansatz gibt es noch andere Ansätze in der Betriebswirtschaftslehre. Der insbesondere mit dem Namen Erich Gutenberg verbundene faktortheoretische Ansatz verfolgt das Ziel, eine geschlossene Theorie der Produktion und ihrer Kostenwirkungen aufzubauen. Auch aus Sicht der entscheidungsorientierten Betriebswirtschaftslehre muß dieses Problem gelöst werden. Denn es entspricht der auch im entscheidungsorientierten Ansatz enthaltenen Aufgabe, die Betriebsstruktur und den Betriebsprozeß darzustellen und die jeweiligen Zusammenhänge zu erklären. Umgekehrt ließe sich Entscheiden als dispositive Funktion in den faktortheoretischen Ansatz integrieren. Beide Ansätze sind deshalb keinesfalls disjunkt. Sie ließen sich zu einer vollständigen Betriebswirtschaftslehre ausbauen. Doch setzen sie unterschiedliche Schwerpunkte.

Ähnliches gilt für den systemorientierten Ansatz, der bereits im 1. Kapitel mit zugrunde gelegt wurde. Er sieht die Unternehmung als produktives sozio-technisches System zur Befriedigung von Marktnachfrage. Will ein solcher Ansatz umfassend sein, muß er seinerseits das Problem der Kombination von Faktoren des faktortheoretischen Ansatzes sowie das Entscheidungsproblem mit berücksichtigen.

2.2 Arten betriebswirtschaftlicher Entscheidungen

Unter Entscheidung versteht man im allgemeinen die Auswahl einer Handlungsalternative, die sich im Hinblick auf ein Ziel als die Beste erwiesen hat, aus einer Menge mehrerer Alternativen. Die alternativ möglichen Zuordnungen von Mitteln zu Zwecken sind Handlungsalternativen in diesem Sinne.

Praktisch alle Begriffe in obiger Erläuterung sind mehrstufig (rekursiv) zu verstehen. Entscheidungen können aus Entscheidungen bestehen. Die Entscheidung, eine Fabrik zu bauen, impliziert die Entscheidung über Ort, Größe, verwendete Technologie etc. Ziele können aus einer Zielmehrheit bestehen und Bestandteil eines noch umfassenderen Zielsystems sein.

Betriebliche Entscheidungen können unter vielen Gesichtspunkten systematisiert werden, beispielsweise nach folgenden:

1. Wirkungsbereich der Entscheidung
2. Rang der Entscheidung in der Ziel-Mittel-Kette
3. Umfang der notwendigen zielgerichteten Einflußnahme auf sozio-technische Systeme
4. Zahl der Entscheidungsträger
5. Eintrittssicherheit der Entscheidungsergebnisse
6. Strukturiertheitsgrad der Entscheidung.

Wirkungsbereich der Entscheidung stellt darauf ab, wo sich die Entscheidung auswirkt. Besonders relevant sind hier insbesondere die betrieblichen Funktionsbereiche, so daß wir von Beschaffungsentscheidungen, Produktionsentscheidungen, Absatzentscheidungen, Finanzierungsentscheidungen sprechen können.

Nach dem Rang der Entscheidung in der Ziel-Mittel-Kette kann man unterscheiden zwischen Zielentscheidung einerseits, Mittelentscheidung andererseits. Dabei denkt man bei „Zielen" insbesondere an die Ziele der Gesamtunternehmung. Das sind einmal Sachziele, zum anderen Formalziele. Sachziel kann beispielsweise weltweite Produktion und Absatz qualitativ hochwertiger Automobile sein. Formalziele werden in Abschnitt 2.5 intensiv behandelt.

Mittel sind dann alle Konkretisierungen des Sachzieles. Als Beispiel sei genannt Produktion von Ober- und Mittelklassewagen in Deutschland, Produktion von Geländewagen in den USA und von Kleinwagen in Frankreich. Mittel auf dieser Rekursionsebene erfordern wiederum Mittel auf nächstniedrigerer Rekursionsebene.

Das Sachziel kann seinerseits als Mittel zur Erreichung der Formalziele verstanden werden, beispielsweise zur Erreichung von Shareholder Value. Umgekehrt läßt sich ein solches Oberziel, wie wir bei der Behandlung betrieblicher Kennzahlensysteme gesehen haben, wiederum über mehrere Stufen herunterbrechen.

Bei diesem Herunterbrechen sind die Ziele der nächstniedrigeren Auflösungsebene oft Mittel zur Erreichung der höheren Auflösungsebene. So ist Gewinnerhöhung Mittel zur Erhöhung des Shareholder Value. Kostenreduktion ist Mittel zur Gewinnerhöhung. Materialeinsparung ist Mittel zur Kostenverringerung usw.

Vor einer ähnlichen Situation stehen wir, wenn wir nach der zielgerichteten Einflußnahme auf sozio-technische Systeme differenzieren. Oft werden Entscheidungen in einer Unternehmung nur dichotomisch derart gesehen, daß in einer Unternehmung Führungsentscheidungen einerseits, Ausführungsentscheidungen andererseits existieren. Diese Sicht wird der Komplexität heutiger Unternehmungen, insbesondere ihrem Mehrebenencharakter, nicht gerecht. Die Führung einer Managementholdingunternehmung fällt Entscheidungen, die die Führung der Zwischenholdingunternehmungen ausführen müssen. Aus Sicht der Führung der Managementholding sind die Entscheidungen der Führungen der Zwischenholding Ausführungsentscheidungen. Aus Sicht der Führung der Zwischenholding fällt sie aber Führungsentscheidungen für die einzelnen Unternehmungen der Zwischenholding. Das setzt sich über mehrere Stufen fort bis hin zum Meister, der für die Vorarbeiter Führungsentscheidungen fällt und die Vorarbeiter, die für die Arbeiter Führungsentscheidungen fällen. Insofern spricht man auch von unteren, mittleren und oberen Führungskräften, wobei auch diese Dreistufigkeit nur grob rastert.

Man kann deshalb sagen, daß konkrete Entscheidungen im Hinblick auf die übergeordnete Ebene Ausführungsentscheidungen, im Hinblick auf die nächstniedrigere Ebene Führungsentscheidungen sind.

Eine zentrale Frage ist, auf welcher Ebene Entscheidungen anzusiedeln sind. Generell gilt, daß Entscheidungen auf der nächsthöheren (System-)Ebene angesiedelt werden müssen, wenn sie mehrere Systeme betreffen und nur aus der Kenntnis dieser mehreren Systeme heraus gefällt werden können.

Für die obere Unternehmensebene benennt Erich Gutenberg als Beispiele solcher echter Führungsentscheidungen: (Gutenberg 1971, S. 135ff.)

– die Festlegung der Unternehmenspolitik auf weite Sicht,
– die Koordinierung der großen betrieblichen Teilbereiche,
– die Beseitigung von Störungen im laufenden Betriebsprozeß,
– geschäftliche Maßnahmen von außergewöhnlicher betrieblicher Bedeutsamkeit,
– die Besetzung der Führungsstellen im Unternehmen

Differenziert man Entscheidungen nach der Zahl der Entscheidungträger, so ergeben sich die Typen der Individualentscheidungen und der Gruppenentscheidungen. Bei Individualentscheidungen ist der Entscheidungträger eine einzelne Person. Liegt eine Gruppenentscheidung vor, ist eine Gruppe oder ein Kollektiv für das Fällen der Entscheidung zuständig. Eine Entscheidungsgruppe zeichnet sich dadurch aus, daß ein Wir-Gefühl der Mitglieder in bezug auf einen bestimmten Inhalt besteht und die Existenz der Gruppe auch von Nichtmitgliedern akzeptiert ist. Zudem existieren definierte Voraussetzungen für die Mitgliedschaft in dem Entscheidungsgremium. Aus dieser Konstellation ergibt sich eine Vielzahl zusätzlicher Abstimmungsprobleme, wenn bspw. die unterschiedlichen Präferenzen einer Gruppe zusammengefaßt werden sollen. Dies erfolgt bspw. über Abstimmungsregeln.

Kategorisiert man Entscheidungen nach der Eintrittssicherheit der Entscheidungsergebnisse, so erhält man die Typen Entscheidungen unter Sicherheit, Entscheidungen unter Risiko und Entscheidungen unter Ungewißheit. Bei Entscheidungen unter Sicherheit sind alle entscheidungsrelevanten Größen und Zusammenhänge mit Sicherheit gegeben. Bei Entscheidungen unter Risiko gibt es nur Angaben über die Wahrscheinlichkeit des Eintretens bestimmter Ausprägungen von Entscheidungsparametern und Zusammenhängen. Bei Entscheidungen unter Ungewißheit schließlich existieren nicht einmal solche Wahrscheinlichkeitsvorstellungen. Man weiß lediglich, welche Parameterzustände eintreten können. (siehe Abschnitt 2.11.1)

Unterteilt man Entscheidungen nach der Strukturiertheit der Entscheidungsaufgabe, so unterscheidet man zwischen strukturierten, semistrukturierten und unstrukturierten Entscheidungen. Liegen strukturierte Entscheidungen vor, so ist die Entscheidungssituation mit den Handlungsmöglichkeiten und ihren Konsequenzen sowie mit den Zielen bekannt. Die zugehörigen Lösungsverfahren können routinemäßig angewendet werden. Bei semistrukturierten Entscheidungen lassen sich nur Teilbereiche des Entscheidungsproblems strukturieren und routinemäßig lösen. Bspw. kann die Berechnung mehrerer Kennziffern im Rahmen der Bewertung einer Unternehmung automatisiert werden. Um zu einem Gesamturteil zu kommen, sind jedoch auch Beurteilungsschritte notwendig, die nicht algorithmierbar sind und daher von einem menschlichen Problemlöser ausgeführt werden müssen. In unstrukturierten Entscheidungen ist der Lösungsalgorithmus auch für Teile der Entscheidung nicht im voraus bestimmbar. Die individuelle und oft intuitive Lösungsstrategie eines menschlichen Problemlösers ist hier von besonderer Bedeutung.

2.3 Elemente der Entscheidungssituation

Allgemein kann man sagen, daß eine Entscheidungssituation vorliegt, wenn es gilt festzulegen, ob das momentane Verhalten fortgesetzt oder durch ein anderes ersetzt werden soll. Man steht also vor einer Wahl. Einige Beispiele, die - wie auch weitere Aussagen zur Entscheidungssituation - an das nicht mehr weitergeführte Werk von Diederich (Diederich 1992, S. 30ff.) angelehnt sind, sollen das verdeutlichen:

Für die Geschäftsleitung eines Unternehmens ergibt sich die Notwendigkeit einer Entscheidung, wenn ein Messebesuch gezeigt hat, daß in der Bürokommunikation verbesserte Modelle angeboten werden, die im Vergleich zu den bislang im Betrieb verwendeten Anlagen eine höhere Leistungsfähigkeit aufweisen und kostengünstiger arbeiten. Die durch Konfrontation mit den neuen Maschinen entstehende Frage, ob ihr Einsatz die Zielerreichung des Unternehmens verbessern hilft, führt zum Entstehen einer Entscheidungssituation. (Neue Alternative)

Die Notwendigkeit einer Entscheidung ergibt sich gleichermaßen, wenn zwar im Bereich der Bürokommunikation keine nennenswerte Weiterentwicklung der Technik erfolgt ist, aber eine erhebliche Erhöhung der Lohnkosten zu beobachten ist. Dadurch stellt sich der Geschäftsleitung die Frage, ob in der Menge der bislang nicht eingesetzten Anlagen zur Bürokommunikation Alternativen existieren, die aufgrund des geringeren Einsatzes an Arbeitszeit nun vorteilhafter erscheinen. In dieser Situation tauchten also keine neuen Alternativen auf. Allerdings hat der Lohnanstieg derart große Auswirkungen auf die Konsequenzen einer Entscheidung, daß ein Überdenken des bisherigen Verhaltens geraten erscheint. (Änderung der Parameter)

In ähnlicher Weise tragen auch Änderungen des verfolgten Unternehmenszieles zur Entstehung einer Entscheidungssituation bei. Wenn beispielsweise der betrachtete Betrieb dem Firmenimage nun ein größeres Gewicht als der Gewinnerzielung zubilligt, könnte dies die Geschäftsleitung dazu bewegen, moderne Informations- und Kommunikationstechnologien einzusetzen. Man würde dann Anlagen beschaffen, auf deren Erwerb während der Gültigkeit des bisherigen Unternehmenszieles verzichtet worden war. (Änderung des Zieles)

Die drei Beispiele veranschaulichen verschiedene Anlässe, durch die Entscheidungssituationen entstehen können. Im ersten Fall tauchen neue Handlungsmöglichkeiten auf, im zweiten Fall muß die Entscheidung überprüft werden, weil sich Entscheidungsparameter geändert haben und im dritten Fall änderte sich die Zielsetzung.

Die drei Beispiele verdeutlichen zugleich die drei Gruppen von Bestandteilen von Entscheidungssituationen. Das erste Beispiel stellt auf die möglichen Verhaltensweisen, die Entscheidungsalternativen ab. Das zweite Beispiel bezieht sich auf solche Größen, die die Entscheidung beeinflussen, jedoch gleichzeitig als von der Entscheidung unabhängig angenommen werden. Wir nennen diese Entscheidungsparameter. Das dritte Beispiel stellt auf die Zielvorstellung des Entscheidenden als drittem Bestandteil von Entscheidungssituationen ab.

Auf die Ziele, die Handlungsalternativen und indirekt auch auf die Entscheidungsparameter kommen wir in den folgenden Abschnitten noch detaillierter zurück. Hier sollen aber schon einige grundlegende Aussagen dazu gemacht werden.

Ziele dienen der Bewertung der verschiedenen Handlungsmöglichkeiten und bestimmen damit die Auswahl unter diesen. Somit ist das Ziel wesentlicher Bestandteil zur Beschreibung einer Entscheidungssituation.

Entscheidungsparameter sind diejenigen Größen, die die Entscheidung beeinflussen, die aber als von der Entscheidung unabhängig angenommen werden. Als Parameter ist dabei nicht nur eine einzelne skalare Größe anzusehen, wie etwa der Preis im Modell des Mengenanpassers, es kann sich auch um eine ganze Funktion handeln. Beispielsweise bestimmt die Kostenfunktion des Mengenanpassers (siehe hierzu Abschnitt 2.7) dessen Ausbringungsmenge. Zur Beschreibung dieser s-förmig geschwungenen Kostenfunktion sind mehrere Skalare erforderlich, die dann wiederum als Parameter der Kostenfunktion aufgefaßt werden können (Rekursionsaspekt).

Entscheidungsparameter lassen sich weiter untergliedern in exogene Entscheidungsparameter und endogene Entscheidungsparameter. Im allgemeinen geht man davon aus, daß exogene Entscheidungsparameter Zustandseigenschaften der Umwelt des Betriebes charakterisieren, während endogene Entscheidungsparameter Zustandseigenschaften des Betriebes kennzeichnen.

Die Unterscheidung korreliert mit einer Unterscheidung zwischen prinzipiell unbeeinflußbaren und möglicherweise beeinflußbaren Entscheidungsparametern. Zustandseigenschaften der Umwelt lassen sich durch die Unternehmung tendenziell nicht beeinflussen, wohl aber Zustandseigenschaften des eigenen Betriebes. In unserem Beispiel des Mengenanpassers ist der Absatzpreis (wegen der angenommenen polypolistischen Marktsituation) durch die Unternehmung nicht beeinflußbar. Die Kostenfunktion wird in dem Modell als nicht beeinflußbar angenommen, also als Entscheidungsparameter angesehen. In einem anderen Zusammenhang, beispielsweise im Rahmen eines Kostensenkungsprogrammes, ist sie hingegen durchaus beeinflußbar. Es ist also auch eine Frage des Entscheidungsträgers, welches Problem er als Entscheidungsproblem herausschneidet. In Abhängigkeit davon kann die gleiche Größe einmal als beeinflußbar, zum anderen als nicht beeinflußbar angenommen werden.

Entscheidungsalternativen einer Entscheidungssituation sind diejenigen Größen, die der Entscheidungsträger festlegen kann und will. Ihre Beeinflussung ist bewußt beabsichtigt und dient der angestrebten Zielerfüllung.

Bei diesen Entscheidungsalternativen kann es sich zum einen um eine begrenzte Zahl diskreter Möglichkeiten handeln, beispielsweise die Auswahl unter 5 Bewerbern um eine Stelle. Man kann hier von Entscheidungsalternativen im engeren Sinne sprechen. Andererseits kann es sich bei der Entscheidung um die Festlegung eines bestimmten Wertes einer reellwertigen, also kontinuierlich veränderbaren Variablen handeln. Ein Beispiel wäre die zwischen 0 und 10.000 t praktisch kontinuierlich variierbare Produktionsmenge eines Massenproduktes. In dieser Situation sprechen wir von Instrumentalvariablen bzw. Aktionsparametern.

Der Grund für die Differenzierung liegt darin, daß man in beiden Fällen i.d.R. sehr unterschiedliche Entscheidungstechniken heranziehen muß. Beispiele für die Entscheidung unter verschiedenen Entscheidungsalternativen (i.e.S.) sind die Entscheidungsmatrix (vgl. Abschnitt 2.11.1) sowie Entscheidungsbäume (vgl. Abschnitt 2.11.4). Beispiele für die Behandlung von Instrumentalvariablen bzw. Aktionsparameter sind Modelle der mathematischen Programmierung (vgl. Abschnitt 2.11.3). Durch Diskretisierung lassen sich allerdings (kontinuierliche) Instrumentalvariable und Aktionsparameter in Entscheidungsalternativen (i.e.S.) überführen. In obigem Beispiel könnten wir uns auf die Alternativen 0 t, 2.000 t, 4.000 t ..., 10.000 t beschränken. Wir verlieren dann an Genauigkeit. Mittels Stufung können wir diesen Genauigkeitsgrad allerdings wieder erhöhen. Erweisen sich 6.000 t als „beste" Lösung, können wir unter den Handlungsmöglichkeiten 5.000 t, 5.500 t, 6.000 t, 6.500 t, 7.000 t wählen usw.

2.4 Formale Darstellung des Entscheidungsprozesses

Wie wir gesehen haben, ist die Entscheidungssituation charakterisiert durch die drei Merkmale Zielsetzung, Entscheidungsparameter und Entscheidungsalternativen. Solche Entscheidungssituationen liegen im betrieblichen Geschehen laufend und wie wir bereits sahen auf den verschiedenen Ebenen und in den unterschiedlichsten Bereichen vor.

Eine Entscheidungssituation und ihre Lösung ist nun jedoch nicht einfach zu einem bestimmten Zeitpunkt da. Zum Zeitpunkt des Auftretens des Entscheidungsanlasses überblickt der Entscheidungsträger die Situation nicht vollständig, weil ihm nicht alle relevanten Ziele, Alternativen und Parameter bekannt sind. Er muß die Entscheidungssituation erst klären. Anschließend muß das Entscheidungsproblem gelöst werden. Die Entscheidung muß schließlich durchgesetzt werden und zuletzt muß kontrolliert werden, ob die Maßnahmen auch wirklich realisiert wurden und zur gewünschten Zielerreichung geführt haben.

Wir erkennen, daß es sich beim Entscheiden nicht um einen punktuellen Akt handelt, sondern um einen sich im Zeitablauf vollziehenden Vorgang, einen Prozeß. Man spricht daher vom Entscheidungsprozeß.

Weiterhin erkennen wir, daß sich dieser Prozeß in verschiedenen Phasen vollzieht. Die Analyse dieses Prozesses und seiner Phasen bildet den Gegenstand einer recht umfangreichen Literatur. Bei deren Sichtung erkennt man, daß die einzelnen Autoren den Entscheidungsprozeß unterschiedlich auffassen und dementsprechend in verschiedenartige Phasen unterteilen.

Hier soll nur die Gliederung von Edmund Heinen behandelt werden, die geeignet ist, zum Verständnis sowohl von in einer Person als auch in Organisationen ablaufenden Entscheidungsprozessen beizutragen. Die Sicht von Heinen geht aus Abb. 2-1 hervor.

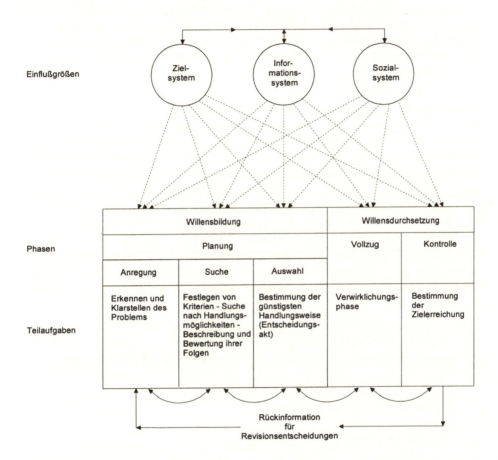

Abb. 2-1: Phasen, Teilaufgaben und Einflußgrößen des Entscheidungsprozesses (in Anlehnung an Heinen 1985, S. 52.)

Die Phasen auf verschiedener Detaillierungsebene gehen aus Abb. 2-1 deutlich hervor. Die Beschreibung der Teilaufgaben dürfte die einzelnen Phasen ausreichend konkretisieren. Für deren Vertiefung sowie die Interpretation und die wechselseitigen Auswirkungen der Einflußgrößen Zielsystem, Informationssystem und Sozialsystem muß auf Heinen verwiesen werden.

Vier Aspekte sollen jedoch noch hervorgehoben werden. Ein erster Aspekt ist der der Rekursivität von Entscheidungsprozessen. Wir finden im Rahmen von Entscheidungsprozessen wiederum Entscheidungsprozesse. So erfolgt in der Suchphase die Suche nach Handlungsmöglichkeiten. Dazu muß entschieden werden, wo, wann und wie gesucht wird. Hat man sich beispielsweise entschieden, daß der Konstruktionsleiter sich im nächsten Jahr auf der Hannovermesse informieren soll, muß wieder entschieden werden, wie er dort hin kommt und welche konkreten Stände er besucht etc. Die Formalstruktur ist immer ähnlich. Heinen spricht davon, daß im Rahmen von Entscheidungsprozessen „Entscheidungsprozesse en miniature" stattfinden.

Zweitens sei die Aufmerksamkeit darauf gelenkt, daß es sich bei einem Entscheidungsprozeß um einen informationalen Prozeß handelt. Es werden Informationen gewonnen, Informationen verarbeitet und Informationen weitergegeben. (Zum Informationsbegriff siehe Abschnitt 2.8) Das macht plausibel, daß die starke Entwicklung der Informations- und Kommunikationstechnik in den letzten und voraussichtlich auch nächsten Jahren von erheblichem Einfluß auf betriebliche Entscheidungsprozesse war bzw. sein wird.

Drittens sei darauf hingewiesen, daß man in betrieblichen Entscheidungsprozessen nicht immer alle Phasen vorfindet. Der Entscheidungsprozeß wird vielfach verkürzt. Der Entscheidungsträger reagiert auf Anregungsinformationen mit routinemäßigem Verhalten, das sich bei ähnlichen Anregungsinformationen als zweckmäßige Lösung erwiesen hat, möglicherweise, weil es einmal intensiv analysiert und geplant wurde.

Viertens soll das Phasenschema nun wieder etwas relativiert werden. Untersuchungen realer Entscheidungsprozesse durch Witte und Hauschildt auf der Basis von Kaufentscheidungsprotokollen der Firma IBM, aber auch spätere Untersuchungen haben gezeigt, daß die genannten Phasen nicht so zu sehen sind, daß erst die eine Phase abgeschlossen sein muß, bevor eine folgende Phase beginnt. Vielmehr laufen diese Phasen weitgehend parallel ab. Es finden im Rahmen des Entscheidungsprozesses laufend Anregungen statt, die zu weiteren Suchprozessen führen und den Auswahlraum erweitern oder einengen.

Das schränkt die Nützlichkeit der Phasengliederung und ihrer Durchdringung nicht ein. Man darf sie nur nicht als zeitlich exakt aufeinanderfolgende Phasen interpretieren, sondern als Funktionen oder Komponenten des Entscheidungsprozesses.

2.5 Ziele als Entscheidungskriterien

2.5.1 Zieldimensionen und Zielbeziehungen

2.5.1.1 Zieldimensionen und rationales Entscheiden

Aus der Darstellung der Entscheidungssituation und des Entscheidungsprozesses kennen wir die große Bedeutung des betrieblichen Zieles für die Entscheidung, denn es liefert das Kriterium für die Auswahl des zu realisierenden Verhaltens. Dieses betriebliche Ziel wollen wir uns im folgenden eingehender anschauen.

Bei der Bestimmung der Ziele sind drei Dimensionen zu beachten: Inhalt, angestrebtes Ausmaß und zeitlicher Bezug der einzelnen Ziele. Die folgenden Zielformulierungen verdeutlichen diese Forderung.

Ziel I: "Erstrebe maximalen Gewinn pro Jahr!"

Ziel II: "Erstrebe einen monatlichen Umsatzzuwachs von 2 Prozent des Vormonatsergebnisses!"

Die beiden Ziele unterscheiden sich zunächst in den Zielinhalten (Gewinn und Umsatz). Das Gewinnstreben ist unbegrenzt formuliert, das Umsatzstreben dagegen auf eine bestimmte Zuwachsrate begrenzt. Gewinn- und Umsatzziel weichen somit im angestrebten Ausmaß der Zielerreichung voneinander ab. Auch der zeitliche Bezug der beiden Ziele ist verschieden. Mit "Jahr" bzw. "Monat" sind unterschiedliche Bezugszeiträume gegeben. Darüber hinaus ist das angestrebte Ausmaß des Umsatzzieles von der Zielerreichung des Vormonats abhängig.

Die Formulierung des Zieles soll möglichst operational sein. D.h. sie soll so erfolgen, daß entschieden werden kann ob ein Ziel erreicht ist oder nicht. Es muß eine Meßvorschrift, eine Maßskala, angegeben werden können. (Kardinal [Intervall- oder Verhältnisskalen], Ordinal- oder Nominalskalen).

Die Aussage "wir erstreben ein optimales Betriebsergebnis" reicht z. B. nicht. Der Inhalt ist als "Betriebsergebnis", etwa in Form der rechten Seite des Betriebsergebniskontos zwar definiert. "Optimal" beschreibt aber das angestrebte Zielausmaß nicht. Und es ist keine Aussage darüber gemacht, für welchen Zeitraum die Aussage gelten soll. Genügt bspw. eine Maßnahme, die im nächsten Jahr zu einem niedrigeren, aber im 2. und 3. Jahr zu einem wesentlich höheren Betriebsergebnis führt, diesen Bedingungen?

Einige Anmerkungen sollen noch zum angestrebten Ausmaß gemacht werden. Bei Extremierung wird jene Alternative gewählt, welche die Zielerreichung extremiert, d. h. bei einem positiv formulierten Ziel (z. B. Gewinn) dieses maximiert, bei einem negativ formulierten Ziel (z. B. Kosten) dieses minimiert.

Ist das Ziel jedoch begrenzt formuliert, spricht man von Satisfizierung. Sobald man eine Handlungsalternative findet, die dieses begrenzt formulierte Ziel erreicht, ist das Entscheidungsproblem gelöst.

Man spricht in den Wirtschaftswissenschaften bei Zugrundelegung eines unbegrenzt formulierten Zieles von rationaler Auswahl, bei Zugrundelegung eines begrenzt formulierten Zieles, also bei Satisfizierung, von begrenzt-rationaler Auswahl. Und verhaltenswissenschaftliche Studien haben gezeigt, daß in der Praxis Entscheider tatsächlich häufig, vielleicht sogar in der Regel, satisfizieren statt extremieren.

Der Begriff „begrenzt-rational" sollte aber nicht irreleiten. Extremierung und damit „rationale Auswahl" würde voraussetzen, daß man alle Handlungsalternativen kennt. Dadurch entstehen aber Informationsbeschaffungskosten und Informationsverarbeitungskosten. Sind diese höher als der zusätzliche Nutzen der dadurch gefundenen Alternative, hat sich die Suche nicht gelohnt. Es kann also durchaus Ergebnis eines übergeordneten, auf Extremierung abstellenden „rationalen" Entscheidungsprozesses sein, auf der nächstniedrigeren Rekursionsebene „begrenzt-rational" zu entscheiden.

Dieser Aussage liegt ein subjektiver Rationalitätsbegriff zugrunde. Der Entscheidungsträger entscheidet sich selbst im Rahmen eines übergeordneten auf Extremierung abstellenden Entscheidungsprozesses, daß er im Rahmen eines untergeordneten Entscheidungsprozesses satisfizieren will. Man könnte auch versuchen, einen „objektiven" Rationalitätsbegriff einzuführen. Das setzte einen Beobachter des Entscheidungsprozesses voraus, der einen vollständigen Überblick über das Entscheidungsfeld hat, um beurteilen zu können, ob im Rahmen dieses Entscheidungsfeldes die beste Alternative gewählt wurde oder nicht. Bei der Beurteilung müßte allerdings dieser Beobachter wiederum seine Informationsbeschaffungs- und Verarbeitungskosten mit berücksichtigen.

Wer sagt mir aber, daß dieser Beobachter den vollständigen Überblick über das Entscheidungsfeld hat? Das würde einen übergeordneten Beobachter erfordern. Sie erkennen den unendlichen Regreß der entsteht, wenn man objektiv zwischen „rationaler" und „begrenzt-rationaler" Auswahl unterscheiden will. Wir finden hier eine ähnliche Unvollständigkeit, wie sie Gödel für die Beweisbarkeit mathematischer Sätze aufgezeigt hat.

Es ist keine schlechte Hypothese im Rahmen der Wirtschaftswissenschaften, bei Entscheidungsträgern rationales Verhalten anzunehmen. Statt in einer konkreten Situation irrationales bzw. begrenzt-rationales Entscheiden zu unterstellen, erscheint es zweckmäßiger zu fragen, aufgrund welcher Alternativen, Ziele und Parameter, einschließlich Restriktionen, die Entscheidung in der Weise ausgefallen ist, die einem Außenstehenden möglicherweise als irrational erscheint.

Das schließt nicht aus, daß es offensichtlich unfähige Entscheider gibt, beispielsweise solche, die keine Ahnung von betriebswirtschaftlicher Entscheidungslehre haben. Aber auch eine Top-Kraft in betriebswirtschaftlicher Entscheidungslehre kann schlechte Entscheidungen fällen, beispielsweise weil sie die Entscheidungsalternativen und deren Konsequenzen nicht überblickt.

2.5.1.2 Zielbeziehungen

Im folgenden wollen wir die formalen Beziehungen zwischen Zielen erläutern. Wir differenzieren sie anhand der folgenden Kriterien:

- Art des Einflusses auf ein anderes Ziel (Interdependenzrelationen)
- Umfang der Gültigkeit einer Zielbeziehung
- ursächliche Verkettung bzw. Rang in einer Zweck-Mittel-Beziehung (Instrumentalrelationen)
- Wichtigkeit (Präferenzrelationen).

Differenziert man nach der Art des Einflusses auf ein anderes Ziel, so erhält man die Aspekte Komplementarität, Konkurrenz und Indifferenz von Zielen.

Zwei Ziele werden als komplementär bezeichnet, wenn sich mit der Erhöhung des Erfüllungsgrades des einen Zieles auch der Erfüllungsgrad des anderen Zieles erhöht.

Zwei Ziele werden als konkurrierend bzw. konfliktär bezeichnet, wenn mit der Erhöhung des Erfüllungsgrades des einen Zieles eine Minderung des Erfüllungsgrades des anderen Zieles verbunden ist.

Bei Komplementarität sind die Ziele angesichts der Handlungsmöglichkeiten positiv korreliert, bei Konkurrenz negativ. Wirken sich Maßnahmen zur Erhöhung des einen Ziels in keiner Veränderung des anderen Ziels aus, so sprechen wir von Indifferenz. Die beiden Ziele sind dann vollständig unkorreliert. Mathematisch exakt wird dieser Fall in der Praxis kaum auftreten, man wird von Indifferenz aber schon sprechen, wenn nur eine geringe Korrelation besteht oder wenn man diese wegen zu geringer zugrundeliegender Fallzahl gar nicht beurteilen kann.

Die Veränderungen der beiden Ziele mit Änderung einer Instrumentalvariablen bzw. eines Aktionsparameters können linear oder nichtlinear sein. Abb. 2-2 zeigt die Fälle von Komplementarität und Konkurrenz für den linearen Fall. Angedeutet ist auch exemplarisch der Fall von Indifferenz, daß sich nämlich bei gegebenem Erreichungsgrad hinsichtlich Ziel 1 mit der Erhöhung des Erreichungsgrades hinsichtlich Ziel 2 ersterer nicht erhöht (vertikale Linie) bzw. sich ein gegebener Erreichungsgrad des Zieles 2 mit einer Erhöhung des Erreichungsgrades des Zieles 1 nicht erhöht (horizontale Linie).

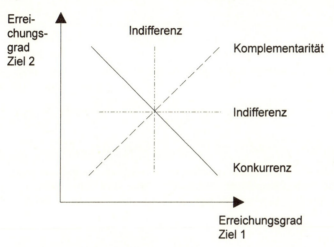

Abb. 2-2: Lineare Zielbeziehungsfunktionen

Der zweite Aspekt, der Umfang der Gültigkeit einer Zielbeziehung, soll folgendes hervorheben: Komplementarität bzw. Konkurrenz zwischen Zielen können das gesamte Entscheidungsfeld oder nur einen Teil davon umfassen. Danach lassen sich totale Zielbeziehungen einerseits, partielle Zielbeziehungen andererseits unterscheiden. Das bisherige Beispiel zeigt den Fall totaler Konkurrenz bzw. Komplementarität. Alle möglichen Alternativen der Entscheidungssituation führen zu eindeutigen Konkurrenz- bzw. Komplementaritätsbeziehungen. Es gibt jedoch zahlreiche Situationen, in denen die Zielerreichung der einzelnen Alternativen mehrere Beziehungstypen aufweist. Wir finden diese Situation in dem später detaillierter zu behandelnden Modell des Mengenanpassers (vgl. Abschnitt 2.7). Die hier relevanten Aspekte sind in Abb. 2-3 skizziert.

Im Hinblick auf die Ausbringungsmenge als Instrumentalvariable erweisen sich die Ziele Erlösmaximierung (Umsatzmaximierung) und Gewinnmaximierung nur bis zur gewinnmaximalen Ausbringungsmenge x_G als komplementär. Darüber hinaus sind die Ziele Erlösmaximierung und Gewinnmaximierung konkurrierend.

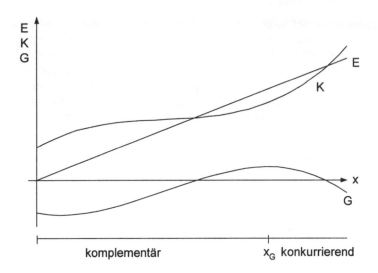

Abb. 2-3: Partielle Zielbeziehungen zwischen Erlös (E) und Gewinn (G) bei s-förmigem Verlauf der Kosten (K)

Hinsichtlich des dritten Aspektes, der ursächlichen Verkettung bzw. des Ranges eines Zieles in einer Zweck-Mittel-Beziehung unterscheidet man zwischen

- Oberzielen
- Zwischenzielen
- Unterzielen.

Die Erreichung von Unterzielen dient der Erreichung von Zwischenzielen, deren Erreichung der Erreichung von Oberzielen. Zwischenziele haben somit eine Doppelnatur. Von unten, von einem vorgelagerten Zwischenziel oder Unterziel her betrachtet, handelt es sich um Ziele. Von oben, einem übergeordneten Zwischenziel oder dem Oberziel her betrachtet sind es Mittel. Bedenken muß man allerdings, daß es kaum letzte Oberziele gibt und auch kaum letzte Unterziele.

Mittels einer solchen Mittel-Ziel-Beziehung lassen sich Zielhierarchien ableiten, die zur zielgerichteten Lenkung des Unternehmens eingesetzt werden können. Ein kleines Beispiel finden wir in Abb. 2-4.

Abb. 2-4: Beispiel für eine Unterziel-Zwischenziel-Oberziel-Beziehung

Man hofft in diesem Beispiel, durch Verbesserung des Betriebsklimas (Unterziel) die Mitarbeiterinnen und Mitarbeiter zu hoher Produktivität (Zwischenziel) anzuregen. Die hohe Produktivität soll dazu dienen, die Kosten der Leistungserstellung und -verwertung zu senken und damit den Gewinn zu erhöhen.

Diese Strukturierung des Zielsystems in Ober-, Zwischen- und Unterziele zwingt zur Klarheit über das Verhältnis der Ziele. Diese Klarheit ist für die Lösung von Entscheidungsproblemen sehr wichtig.

Stehen in einer Entscheidungssituation zwei Ziele in einem Mittel-Zweck-Verhältnis zueinander, so kann die Entscheidung statt an dem Oberziel auch an dem Unterziel orientiert werden. Für die mittleren und unteren Instanzen einer Organisation sind Oberziele wie Rentabilitätsmaximierung oder Shareholder Value i.d.R. nicht operational. Ihnen fehlen die erforderlichen Informationen, um die Handlungsalternativen an diesen Zielen zu bewerten. Daher müssen ihnen geeignete Unterziele vorgegeben werden, an denen sie ihre Entscheidungen orientieren können. Der Leitungshierarchie entspricht eine Zielhierarchie.

Die dargestellten Zielbeziehungen hatten eine Kettenstruktur. In der betrieblichen Praxis finden wir kompliziertere Strukturen, beispielsweise Baumstrukturen, Netzstrukturen und Kreisstrukturen (vgl. Abb. 2-5)

Als viertes Kriterium formaler Zielbeziehungen wurde die Wichtigkeit der Ziele angeführt. In dieser Hinsicht können wir zwischen Haupt- und Nebenzielen unterscheiden.

Insbesondere bei Konkurrenz der Ziele erfordert die Entscheidungsfindung eine Bestimmung, ob die Erfüllung des Zieles 1 oder die von Ziel 2 vorgezogen wird. Das Ziel mit dem höheren Gewicht wird Hauptziel, das mit dem geringeren Gewicht Nebenziel genannt. Beispielsweise kann eine Unternehmung das Hauptziel Wachstum und die Nebenziele hohe Löhne und hohe Dividendenausschüttung aufweisen. Zur Operationalisierung muß das allerdings präzisiert werden. Eine solche Präzisierung wäre beispielsweise die Zielformulierung „maximales Wachstum unter der Bedingung der Zahlung der vereinbarten Tariflöhne und der Erreichung des Vorjahresgewinns". Oder es müssen Zielgewichte angeführt werden. Wir stehen dann vor dem Problem der Entscheidung bei Mehrfachzielen, das in Abschnitt 2.11.6 behandelt wird.

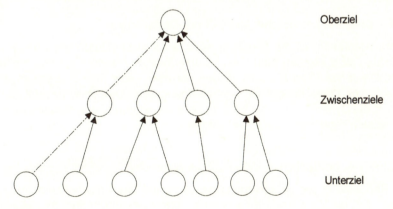

a) Baumstrukturen

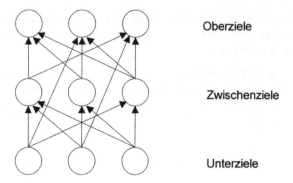

b) Netzstrukturen

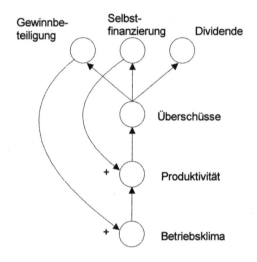

c) Kreisstrukturen

Abb. 2-5: Beispiele betrieblicher Mittel-Zweck-Beziehungen

Besonders interessant ist die Situation, wenn wir Kreisstrukturen haben, wie sie in Abb. 2-5 als Fall c skizziert sind. Durch kürzerfristigen Verzicht auf Gewinnbeteiligung und Dividende kann hier evtl. wegen der dann möglichen Selbstfinanzierung längerfristig eine umso höhere Gewinnbeteiligung bzw. Dividende gezahlt werden. Hier kommt die Dynamik, die aber auch in Baumstrukturen und in Netzstrukturen eine Rolle spielen kann, besonders zum Tragen.

2.5.2 Ziele der betrieblichen Willensbildungszentren

Aus der Behandlung der Entscheidungssituation und des Entscheidungsprozesses wissen wir, daß die Ziele Bewertungskriterium und Auswahlkriterium für betriebliche Handlungen sind. Die Ziele werden damit zum wesentlichen erklärenden Tatbestand menschlicher Handlungen und damit auch von Betriebsabläufen. Wenn man die Ziele kennt, ist man in gewissem Maße in der Lage, das betriebliche Geschehen vorherzusagen. Weitere Voraussetzung dazu ist allerdings auch die Kenntnis der

Alternativen und von deren Konsequenzen. Im folgenden wollen wir uns etwas näher mit den verschiedenen im Betrieb zu findenden Zielen befassen.

Wir wollen uns bei der Analyse der Ziele auf drei sogenannte Willensbildungszentren konzentrieren, insbesondere die Kapitaleigner, die Mitarbeiter und die Unternehmensleitung (Management). Die einzelnen Personen dieser Gruppen haben jeweils individuelle Ziele, die sie durch den Betrieb erreichen oder zumindest fördern wollen.

2.5.2.1 Ziele der Kapitaleigner

Kapitaleigner, die an anonymen Publikumsgesellschaften in geringem Maße beteiligt sind, streben insbesondere folgende Ziele an:

- Ziel der Erhaltung des Kapitals, Sicherheit der Kapitalanlage,
- Kapitalertrag in Form von ausgeschüttetem Gewinn oder möglichst hohen Kapitalzuwachs in Form von Wertzuwächsen der Anrechte des Kapitaleigners an der Unternehmung.

Wenn Sie einige Aktien eines Pharmakonzerns, etwa Aventis oder Schering, erwerben, werden Sie damit das Ziel verfolgen, einemöglichst hohe Kapitalrentabilität mit diesem eingesetzten Betrag zu erzielen.

Kapitaleigner mit einem großen Anteil am Gesamtkapital der Unternehmung verfolgen darüber hinausgehend Unternehmens- und Betriebsinteressen. Diese können aufgegliedert werden in:

- Einflußnahme auf die Unternehmensführung,
- Einflußnahme auf weitere Entscheidungsprozesse innerhalb der Unternehmung (soziale Ziele, Vision verfolgen).

Es gibt hier sicher ein sehr breites Spektrum an Typen von Eigentümern. Das reicht auf der einen Seite von dem Kapitalmaximierer, der ohne Rücksicht auf andere Tatbestände sein Kapital in dem Moment verlagert, in dem es an einem anderen Platz eine auch nur minimal höhere Rentabilität verspricht und dem auf der anderen Seite ein Kapitaleigner gegenübersteht, der mit seinem Kapital eine bestimmte Idee realisieren will oder bestimmte soziale Leistungen erbringen will. Wobei man sich immer noch streiten kann, welche der beiden Handlungsweisen nun sozialer ist, denn der ökonomischen Theorie zufolge ist der Bedarf dort, wo der höhere Gewinn gezahlt wird, auch höher (allerdings nur bei funktionierendem Markt).

Je größer der Kapitalbesitz ist, um so stärker wird auch das Ziel des Kapitaleigners, auf die Unternehmensführung und auf die Entscheidungsprozesse Einfluß zu nehmen. Das kann wiederum einmal sein, weil der Eigentümer der Meinung ist, anstehende Probleme besser lösen zu können als das Management. Er glaubt also, auf diese Weise eine höhere Rentabilität sicher zu stellen. Es kann zum anderen aber auch sein, daß er auf diese Weise glaubt, am besten wirken zu können, d. h. seine Ziele der Selbstverwirklichung am besten erfüllen zu können.

2.5.2.2 Ziele der Mitarbeiter

Wenn man die Ziele der Mitarbeiter herausarbeiten will, kann man auf eine ganze Reihe von Studien in verschiedenen anderen Wissenschaftdisziplinen aufbauen. Mit solchen Zielen oder auch teilweise allgemeinen Zielen der Menschen haben sich die psychologische Motivationstheorie, die Soziologie, die Arbeitswissenschaften und andere Disziplinen befaßt. Seiwert kommt dadurch zu folgender Systematisierung der wichtigsten Ziele der Mitarbeiter:

- Existenzsicherung: Dazu gehört einmal die materielle Sicherung und Erhaltung der Arbeitsplätze. Zum anderen gehört hierzu die soziale Sicherung gegen die Risiken des Arbeitslebens wie Krankheit, Unfall, Erwerbsunfähigkeit und Alter.
- Einkommensverbesserung und Vermögensbildung: Wunsch hoher und leistungsgerechter Entlohnung einschließlich Urlaubsgeld sowie Gewinn- und Kapitalbeteiligung.
- Betriebsklima und soziale Beziehungen: Der Mitarbeiter will angenehme Arbeitsbedingungen, insbesondere ein gutes Verhältnis zu den Vorgesetzten und zu den Kollegen; des weiteren strebt er nach Anerkennung und sozialem Prestige bei der Arbeit.
- Mitbestimmung und Entfaltung am Arbeitsplatz: Es ist ein in der Motivationspsychologie generell herausgearbeitetes Ziel des Menschen, zu wachsen, sich selbst zu verwirklichen, seine Umwelt zu prägen. Dementsprechend wünscht er berufliche Aus- und Fortbildung und damit Aufstiegsmöglichkeiten. Er wünscht weiter eine vielseitige und interessante Tätigkeit, einschließlich der Möglichkeit, etwas zu leisten. Schließlich erstrebt er eine Erweiterung seiner Entfaltung und Handlungsmöglichkeiten im Sinne der Möglichkeit zur Selbstverwirklichung, einschließlich einer Mitwirkung und Einflußnahme auf seinen Arbeitsprozeß.
- Verbesserung der Arbeitssituation: konkrete Arbeitsbedingungen, wie Arbeitszeit, Urlaubsregelung, Sicherheit am Arbeitsplatz, Arbeitsplatzgestaltung.

Bezüglich der Zusammenhänge zwischen einzelnen Zielen stellte man in empirischen Untersuchungen fest, daß je höher das Einkommen des Mitarbeiters ist, desto ausgeprägter ist das Streben nach Selbstverwirklichung und um so geringer das Streben nach weiterer Einkommenssteigerung.

Dies spiegelt sich auch in den Tarifverhandlungen zwischen Arbeitgebern und Gewerkschaften in den letzten Jahren wider, da neben maximalem Lohn auch eine Sicherung des erreichten sozialen Besitzstandes und verkürzte Arbeitszeiten angestrebt werden. Im einzelnen sind diese Beziehungen sehr diffizil und es bedarf äußerst feiner Abstimmungsprozesse, um in den verschiedenen Gruppen zu einem gemeinsamen Zielsystem zu finden.

2.5.2.3 Ziele von Unternehmensführung/Management

In diesem Abschnitt sollen nicht die Ziele der Eigentümerunternehmer behandelt werden, sondern der angestellten Manager. Untersucht man deren Zielkomplex genauer, können zwei Bereiche von typischen Zielen unterschieden werden. Einerseits verfolgen sie eigene, persönliche Ziele. Wir wollen hier von persönlichen Managerzielen sprechen. Zum anderen haben sie die Aufgabe, die Unternehmung zu führen. Man wird bei den obersten Führungskräften deshalb weitgehend Ziele finden, die sich als Kompromiß aus dem Zielsystem der verschiedenen Willensbildungszentren ergeben. Wir sprechen hier von „antizipierten Unternehmungszielen" oder „Zielen der Unternehmensführung". Solche Ziele sind:

- Sicherheitsziele: Sicherung der Liquidität und allgemein der Erhaltung des Unternehmens.

- Erfolgsziele: Befriedigender oder maximaler Gewinn und Verbesserung der Produktivität.
- Expansionsziele: Streben nach Umsatz und Marktanteil sowie Innovations- und Wachstumsstreben.
- Image- und Machtziele: Prestigestreben und Ziele der Erlangung von Unabhängigkeit und Einfluß.

Persönliche Managerziele sind demgegenüber:

- Einkommensinteressen: hohe und sichere Einkünfte (Gehälter und Pensionen) sowie Ertrags- oder Kapitalbeteiligung.
- Interesse an Entfaltung und Einflußnahme in der Unternehmung: Selbstverwirklichung und Aufstieg sowie wirtschaftliche Macht.

Je kleiner die Unternehmung ist, desto mehr wird sich das persönliche Managerziel dem von gehobenen Mitarbeitern in Großunternehmungen annähern. Als solche Ziele würde man das Sicherheitsinteresse, Einkommen und Vermögen sowie den Zielbereich Verbesserung der Arbeitssituation nennen. Je herausgehobener die Führungsposition in Richtung der Sprecher der Vorstände von großen Aktiengesellschaften ist, umso mehr wird der Zielbereich Mitbestimmung und Entfaltung am Arbeitsplatz an Bedeutung gewinnen. Den Topkräften in den Großunternehmungen geht es sehr stark darum, zu wirken, d.h. sie verfolgen Interessen der Entfaltung und Einflußnahme. Für diese These spricht auch der Wechsel hochbezahlter Vorstandsmitglieder in weit schlechter bezahlte, aber mächtigere staatliche Positionen.

2.5.3 Der betriebliche Zielbildungsprozeß

Man kann sich von dem Zustandekommen des Unternehmensziels, das dann als Bewertungs- und Auswahlkriterium für die unternehmenspolitischen Entscheidungen dient, etwa das folgende Bild machen: Die einzelnen Mitglieder der verschiedenen Willensbildungszentren haben ihre individuellen Ziele. Dabei sind diese Ziele selbst bereits durch das gesellschaftliche Umsystem beeinflußt. Sie bringen diese in einen Diskussionsprozeß innerhalb der betrieblichen Willensbildungszentren ein. Dort entsteht ein gemeinsames Ziel der einzelnen betrieblichen Willensbildungszentren. Institutionalisiert finden wir solche Möglichkeiten zur Zielbildung in Betriebsversammlungen und Betriebsrat als Sprecher der Mitarbeiter sowie in der Hauptversammlung als Organ der Aktionäre oder entsprechenden Einrichtungen in anderen Rechtsformen.

Die einzelnen Gruppen wiederum bringen die so zustande gekommenen Zielsysteme der einzelnen Willensbildungszentren für die Unternehmung in einen Gesamtaushandlungsprozeß ein, aus dem dann das Zielsystem der Unternehmung hervorgeht. Typische Institution dafür ist etwa der mitbestimmte Aufsichtsrat von Kapitalgesellschaften.

Im allgemeinen sind die verschiedenen Ziele nur selten von vornherein verträglich. Deshalb ist ein Zielbildungsprozeß in der Regel zugleich ein Verhandlungsprozeß, in dem bezüglich der einander widerstrebenden Interessen ein Kompromiß gefunden werden muß. Keines der einzelnen Willensbildungszentren kann in der Regel das eigene Zielsystem voll und ganz verwirklichen.

Weniger problematisch ist dieser Verhandlungsprozeß bezüglich der komplementären Ziele. Über die Aufnahme komplementärer Ziele in das gemeinsame Zielsystem ist man sich schneller einig. Die eigentliche Problematik entsteht, wenn Ziele konkurrieren. Inwiefern hier die eine oder andere Gruppe ihr Ziel durchsetzen kann, ist einmal abhängig von der Machtrelation, zum anderen sicher auch von persönlichen Gegebenheiten der Vertreter der einzelnen Gruppen.

Abb. 2-6: Modell des betrieblichen Zielbildungsprozesses

Die Machtpositionen wiederum sind von vielfältigen Einflüssen abhängig.

- Gesetzliche Regelungen der Mitbestimmung und sozialen Absicherung: Dazu existieren einmal die formellen gesellschaftsrechtlichen Normen, etwa im Mitbestimmungsgesetz oder in den verschiedenen Gesetzen des Gesellschaftsrechtes wie Aktiengesetz oder GmbH-Gesetz. Auch alle auf das Erwerbsleben einwirkenden Normen haben hier Einfluß, etwa das Kündigungsrecht, das Sozialversicherungsrecht. Denn je stärker die Mitarbeiter sozial abgesichert sind, um so weniger sind sie auf den einzelnen Arbeitsplatz angewiesen.
- Konjunktur und Arbeitsmarktsituation: Von starkem Einfluß sind aber auch die Verhältnisse am Arbeitsmarkt. Je leichter es für einen Gekündigten wird, eine geeignete Stelle anderweitig zu finden, um so stärker ist seine Position. Daraus ergibt sich, daß die Machtposition auch im Konjunkturzyklus schwankt.

Als persönliche Gegebenheiten, welche im Zielbildungsprozeß relevant sind, wären zu nennen:

- Kommunikationsfähigkeiten: "Soziale Kommunikation meint dagegen den zwischenmenschlichen Austausch von Mitteilungen, Gedanken und Gefühlen (auch nichtverbaler Art), sowie die Fähigkeit von Menschen, in Gruppen soziale Beziehungen zu unterhalten." (Staehle 1998, S. 301) Technische Kommunikation als Nachrichtenübermittlung über künstlich geschaffene Medien ist davon abzugrenzen.
- Führungsfähigkeiten: Zielgerichtete Verhaltensbeeinflussung von Individuen und Gruppen.
- Fähigkeiten der Konfliktlösung in Gruppen.

Das bisher erläuterte Modell der Zielbildung ist fast ein statisches Modell. Die Willensbildungszentren bilden ihr gemeinsames Zielsystem, und daraus wird dann das Zielsystem der Unternehmung gebildet.

In Wirklichkeit ist der Prozeß der Zielbildung ein kontinuierlicher. Ziele werden in das gemeinsame Zielsystem aufgenommen, in ihrer Bedeutung abgeschwächt, aus dem Zielsystem wieder ausgeklammert usw. Dabei wird es einige längerfristig wirksame Ziele geben, andere sind nur kürzerfristiger Natur.

Als Beispiel dafür sei VW (ähnlich auch Daimler-Benz) genannt. Nach einer länger anhaltenden Boomphase in der das Schwergewicht der Aktivitäten auf dem Gebiet der Expansion lag (Beteiligung an SEAT, Skoda) schaltete man bei Beginn der Rezession auf die Verfolgung von Gewinnzielen um (Einstellung von Lopez im März 1993, eines rigiden Kostensenkers). In der Boomphase war die Erwirtschaftung von Gewinn kein Problem. Dies ändert sich jedoch in einer Phase der Rezession. Würde das Management diese Gewinnziele ignorieren, so würden die Einkommensinteressen der Eigentümer zu sehr vernachlässigt. Darauf folgte wiederum eine Boomphase, in der bspw. Rolls Royce übernommen wurde.

Das gemeinsame Zielsystem wird im allgemeinen auch nicht so evident, wie es bisher erläutert worden ist. Ziele der einzelnen Gruppen werden oft gar nicht genannt. Man erlebt dann nur, daß plötzlich im Rahmen von Mittelentscheidungen ganz einseitig votiert wird und man die anderen nicht überzeugen kann. Insofern ist ein Zielsystem nicht etwas, was sich für eine Stelle herauskristallisiert hat, sondern etwas, was in der Unternehmung über die verschiedenen Mitglieder hinweg verteilt ist und sich in einem fortlaufenden Diskussionsprozeß entwickelt. Eine theoretische Durchdringung von Gruppenentscheidungen ist daher von besonderer Bedeutung. (siehe auch Abschnitt 2.11.6)

2.5.4 Das Zielsystem der Unternehmung

Trotz der Verteiltheit und Komplexität des Zielsystems soll es gewagt werden, einige Angaben über das Zielsystem der Unternehmung zu machen, also das, was in der Unternehmung und durch die Unternehmung angestrebt wird, und wie die verschiedenen Ziele in Beziehung stehen. Die wesentlichen Angaben sind in Abb. 2-7 enthalten.

In dieser Abbildung sind in den einzelnen Kreisen die Ziele der einzelnen Willensbildungszentren, also der Kapitaleigner, der Arbeitnehmer und der Unternehmensführung bzw. des Managements dargestellt.

In den Schnittflächen der einzelnen Kreise sind jeweils solche Ziele angeführt, die sich für die beiden, durch die Kreise symbolisierten Willensbildungszentren als komplementär erweisen. Beispielsweise sind die Sicherheitsinteressen der Kapitaleigner (K1) und der Wunsch der Arbeitnehmer auf Existenzsicherung (A1) komplementär.

Außerhalb dieser Schnittmengen eingetragene Ziele sind dagegen konkurrierend, beispielsweise die Erwerbsinteressen der Kapitaleigner (K2) und der Wunsch der Arbeitnehmer nach Einkommen/Vermögen (A2).

Die Schnittmenge aller drei Mengen sind die komplementären Ziele aller drei Willensbildungszentren. Ihre Übernahme als Ziel der Unternehmung stößt auf nur begrenzte Schwierigkeiten. Solche Ziele sind die Sicherung der Existenz der Unternehmung, Arbeitszufriedenheit und gutes Betriebsklima, die Verbesserung der Arbeitssituation durch Arbeitsplatzgestaltung, Sicherheit, Expansion sowie Gewinn als Überschuß (vor Verteilung an Kapitaleigner, Manager und Mitarbeiter).

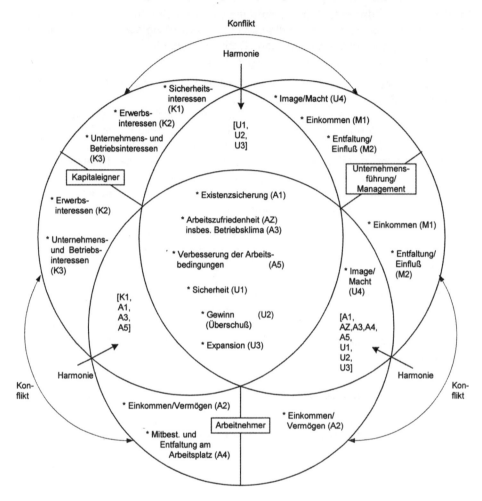

Abb. 2-7: Ziele und Zielbeziehungen in der Unternehmung

Die heutige weltwirtschaftliche Situation bringt es mit sich, daß die Ziele der Kapitaleigner (wieder) an Bedeutung gewinnen. Eine wichtige Orientierungsgröße ist deshalb heute der sogenannte Shareholder Value, der sich aus Dividende und Aktienkurssteigerung errechnet. Die Managementinteressen werden mit diesem oft über Aktienoptionen für die Manager, die in Richtung auf Erhöhung von deren Einkommen (M1) wirken, verknüpft. Indirekt werden dadurch aber auch Mitarbeiterziele erreicht. Erstens läßt sich ohne sinnvolles Mitwirken der Mitarbeiter kein Shareholder Value erzielen, was entsprechende Anreize, z. B. beim Gehalt, voraussetzt. Bei Nichtverfolgung von Shareholder Value würde sich darüber hinaus die Unternehmung möglicherweise aufgrund ihrer relativ niedrigen Marktkapitalisierung als Übernahmekandidat anbieten, mit entsprechend negativen Konsequenzen für die Mitarbeiter.

2.6 Die Ermittlung alternativer Handlungsweisen und ihrer Auswirkungen

Im Abschnitt 2.3 haben wir gesehen, daß neben der Zielvorstellung die Entscheidungsalternativen und die Entscheidungsparameter die Entscheidungssituation charakterisieren. Die Zielsetzung ist praktisch das Kriterium, mit dem wir die unterschiedlichen zur Verfügung stehenden Entscheidungsalternativen hinsichtlich ihrer Konsequenzen bewerten.

Wir wissen aber auch bereits, daß die Kenntnis der Entscheidungsalternativen und ihrer Konsequenzen nicht einfach vom Himmel fällt. Die Entscheidungsalternativen müssen vorher mehr oder weniger mühsam erarbeitet und dadurch dem Entscheidungsträger in der Entscheidungssituation bekannt sein, oder er muß sich in seiner Entscheidungssituation einen Überblick über die zur Verfügung stehenden Alternativen verschaffen.

Es ist einer der zwei großen Aufgabenkomplexe der Betriebswirtschaftslehre, einen Überblick über die Entscheidungsalternativen für verschiedene Entscheidungssituationen zu geben. Selbstverständlich kann sie dabei nicht bis in alle kleinsten Verästelungen vordringen, wie sie sich beispielsweise auf unterster Entscheidungsebene in einer Unternehmung darstellen. Wenn Studierende der Betriebswirtschaftslehre eines Tages Entscheidungsträger sind, werden sie sich einen detaillierteren Überblick über die verschiedenen Entscheidungsalternativen in ihrem Verantwortungsbereich und über deren Konsequenzen zu verschaffen haben.

Der andere große Bereich ist die sogenannte Entscheidungslogik. Sie behandelt die mehr logischen Fragen, wie die Konsequenzen der verschiedenen Entscheidungsalternativen geschätzt werden können und wie im Rahmen der konkret formulierten Entscheidungssituation die im Hinblick auf die Zielsetzung am besten geeignete Entscheidungsalternative ausgewählt werden kann.

2.6.1 Informationsbeschaffungsmöglichkeiten

Angesichts der Globalisierung und Dynamisierung der Wirtschaft wächst der Informationsbedarf der Unternehmungen. (Zum Informationsbegriff siehe Abschnitt 2.8)

Sie versuchen, dem Rechnung zu tragen, indem sie sich zunehmend intensiver innerhalb der Unternehmung mit Wissensmanagement beschäftigen. Durch dieses soll das in der Unternehmung vorhandene Wissen effizient genutzt und weiterentwickelt werden.

Zunehmend finden wir aber auch Institutionen und Unternehmungen, die sich als Aufgabe gestellt haben, anderen Unternehmungen Wissen bereitzustellen. Einen ersten Überblick über diese liefert Abb. 2-8.

Neben diesen Informationsbetrieben sind aber auch die Kunden und Lieferanten wichtige Quellen für Handlungsmöglichkeiten. Vom Gewicht her sind die Kontakte zu Kunden, Messen, anderen Unternehmen und die Teilnahme an Seminaren von besonderer Bedeutung. Es folgt die Nutzung von Printmedien wie Zeitungen, Zeitschriften und Informationsdienste. Die Bedeutung externer Beratungen durch Universitäten oder Berater ist demgegenüber geringer.

Wachsende Bedeutung dürften Datenbankdienste gewinnen. Angesichts wachsender Leistungsfähigkeit der Informations- und Kommunikationstechnik werden diese zunehmend leistungsfähiger, d.h. umfassender, preiswerter und komfortabler zu nutzen.

Private gewinnorientierte Betriebe/Unternehmungen
– Private Forschungseinrichtungen
– Verlage
– Händler
– Nachrichtendienste
– Markt- und Messedienste
– Agenturen
– Kanzleien
– Übersetzungsbüros
– „Autoren"-Betriebe
– Informationsbroker
– Datenbank-Dienste
– Boten-Dienste
– Postdienste-Telekom-Betriebe
– Verzeichnis-/Register-Anbieter
– Private Bibliotheken und Archive
– Beratungsunternehmungen
– Sachverständigenbüros
– Private Aus-/Weiterbildungs-Unternehmungen

Öffentlich-rechtliche, an Kostendeckungszielen orientierte Betriebe
– Nachrichtendienste
– Datenbank-Dienste
– Dokumentationsstellen
– Kammern
– Transfereinrichtungen
– Fachinformationszentren
– Verzeichnis-/Register-Anbieter
– Rundfunk- und Fernseh-Unternehmungen bzw. -Anstalten

Für die Allgemeinheit tätige und gemeinnützige, nicht an Kostendeckungszielen orientierte Betriebe
– Forschungseinrichtungen
– Universitäten, Hochschulen und Schulen
– Datenbank-Dienste
– Ämter/Behörden
– Gerichte/Schiedsstellen
– Bibliotheken und Archive
– Aus-/Weiterbildungseinrichtungen

Für Spezielle Auftraggeber (z.B. Regierungen) tätige, nicht an Kostendeckungszielen orientierte Betriebe
– Geheimdienste
– Schutz- bzw. Sicherheitsdienste

Abb. 2-8: Beispiele für Typen von Informationsbetrieben, deren Dienstleistungen Informationen/Wissen zum Gegenstand haben (Seibt 1993, Sp. 1743)

2.6.2 Kreativitätstechniken

Nun kommt man gelegentlich in die Situation, daß man vor einem Entscheidungsproblem steht, für das man Alternativen weder während des Studiums, noch während der Einweisung und Einarbeitung in die Stelle kennengelernt hat, noch durch traditionelles Suchen weitere Alternativen findet. Der Grund ist der, daß eine solche Entscheidungssituation neu ist, daß sie in dem überblickbaren Bereich noch nicht dagewesen ist.

In diesem Falle geht es in besonderem Umfange darum, Ideen, und zwar schöpferische Ideen, zu haben. Man denke etwa an Henry Ford, der die Idee hatte, durch Mechanisierung, Automatisierung und Arbeitsteilung die Produktionskosten für seine "tin lizzy" soweit zu senken, daß selbst Arbeiter dieses Auto kaufen konnten. Ein aktuelles Beispiel ist der Computerhersteller Dell mit seiner über Internet kommunizierten, kundengesteuerten Fertigung. Weniger spektakuläre Beispiele sind die Erfinder der Fischer-Technik oder der Post-It Notizzettel.

Die Vorgänge, die zur Geburt solcher Ideen führten, wurden früher als nicht rational erfaßbar angesehen. Neuere Studien, insbesondere psychologischer Art, haben diese Vorgänge weitgehend aufgehellt. Man erkannte, daß der intra- und intersubjektive kreative Prozeß, der sich in einer oder zwischen mehreren Personen vollziehende schöpferische Prozeß, dessen Ergebnis eine neue Idee ist, sich in ganz bestimmten Phasen vollzieht:

In einem ersten Schritt kommt es zu einer Auflösung der gewohnten Vorstellungen, einer Infragestellung, Verfremdung des bisher Selbstverständlichen. Diesem folgt als zweiter Schritt die Neuordnung der Daten, die zu einer Umstrukturierung des alten Bildes oder zur Konstitution einer neuen Vorstellung führt. Hierbei spielen Analogien und unkontrollierte oder bewußt herangezogene Assoziationen, Phantasie, eine große Rolle. Schließlich erfolgt als dritter Schritt die Bewertung der erarbeiteten Konzepte

Weiterhin zeigte sich, daß für das Zustandekommen neuer Ideen die emotionale Komponente menschlicher Fähigkeiten, wichtiger ist, als die intellektuelle. Insbesondere folgende Fähigkeiten sollte eine kreative Persönlichkeit haben:

– Empfänglichkeit für neue Informationen,
– Flexibilität,
– Neugier,
– Fähigkeit zur Formulierung von Problemen,
– die Fähigkeit, Informationen auf vielerlei Weise zusammenzusetzen.

Umgekehrt kann man sagen, daß nicht vorliegen dürfen kulturelle Hemmungen, wie z.B. der Wunsch der Adaption an bestehende Zustände, sowie emotionale Hemmungen, vor allem die Furcht, Fehler zu begehen, oder gar töricht zu wirken.

Aufbauend auf diesen Erkenntnissen wurden eine Reihe von Techniken und Verfahren zur Verbesserung des kreativen Prozesses entwickelt, wie Brainstorming, Synektik, Attribut-Listing, Checklisten, Bionik.

Als Beispiele für diese Techniken wollen wir kurz auf Brainstorming, Synektik und die morphologische Methode eingehen. Beim Brainstorming, einer von Alex S. Osborn entwickelten Konferenztechnik, versammeln sich 5 - 12 Personen für einen begrenzten Zeitraum (ca. 30-60 Minuten) ungestört in einem Raum. Brainstorming weist folgende Merkmale auf: (Hoffmann 1980, S. 107ff.)

- Beteiligung fachfremder Mitarbeiter, um auch deren Sicht zu integrieren.
- Freier Lauf des Ideenflusses: Je ausgefallener die Ideen desto besser.
- Möglichst viele Ideen sollen geäußert werden (Quantität soll Qualität sichern).
- Ausschaltung jeglicher Kritik an den hervorgebrachten Ideen. Die Würdigung der Ideen erfolgt in einer späteren Sitzung.
- Weiterentwicklung bereits geäußerter Ideen anderer Teilnehmer ist erwünscht.

Bei der von W. J. Gordon entwickelten Synektik werden Teams von 5 - 7 hochqualifizierten kreativen Personen zusammengestellt, die hinsichtlich der unterschiedlichen Fachkenntnisse und Persönlichkeiten genau ausgewogen sind. Die einzelnen Personen werden bis zu einem Jahr intensiv in dieser Technik geschult. Die Sitzungen dieser Synektikteams dauern wesentlich länger als normale Brainstormingsitzungen und können sich über Wochen hinziehen. Dabei wird wie folgt vorgegangen: (Hoffmann 1980, S. 141ff.)

- Durch Bildung von Analogien (z. B. persönliche Analogien: Wie würde ich mich fühlen, wenn ich ein Schwungrad wäre?) wird das Ausgangsproblem verfremdet.
- Für dieses Problem wird nun eine Lösung gesucht.
- Mit Hilfe des sogenannten "force fitting" wird versucht, diese Lösung auf das Ausgangsproblem zu übertragen.

Im Vergleich zum Brainstorming ist die Außergewöhnlichkeit der Lösungen, die mittels Synektik produziert werden größer.

Die von Fritz Zwicky entwickelte Methode der morphologischen Analyse basiert darauf, wichtige Attribute eines Objektes mit den zugehörigen Ausprägungen aufzulisten und sinnvolle Kombinationen von Attributausprägungen zusammenzufassen. Bspw. kann bei der Konzeption einer Biersorte folgendes berücksichtigt werden (siehe Abb. 2-9). Durch Wahl je einer Ausprägung für jedes Attribut erhält man die Konzeption einer spezifischen Biersorte.

Attribut	Attributausprägungen				
Geschmack	herb	bitter	süffig	trocken	frisch
Aussehen/Farbe	hell	dunkel	weiß	trüb	
Alkoholgehalt [Vol.-%]	0	3	5	8	10
Bierart	Alt	Pils	Export		
Vertriebsweg	Handelskette	Großhandel	Direktvertrieb		
Werbeform	Fernsehen	Sport (Trikot)	Radio	Zeitung	
Zielgruppe	Senioren	Twens	Jogger		
Verpackung	Flasche	Faß	Dose	Kiste	
Inhalt	1 Liter	0,33 Liter	0,5 Liter		
Preis [GE]	1,00 GE	1,20 GE	1,60 GE		

Abb. 2-9: Konzeption einer Biersorte (in Anlehnung an Hoffmann 1980, S. 204)

Charakteristisch für die geschilderten Techniken ist, daß die Kreativität einzelner oder einer begrenzten Zahl von Personen, meist ausgewählte Beschäftigte eines Betriebes, verbessert und ausgenutzt werden soll.

Ein anderer Ansatz, neue Handlungsweisen zu entwickeln, liegt darin, das Ideenpotential einer möglichst großen Zahl von Mitarbeitern zu nutzen, und auf diese Weise rein statistisch zu einer möglichst großen Zahl neuer Ideen zu gelangen. Hierzu zu rechnen ist das in vielen Betrieben institutionalisierte und im Betriebsverfassungsgesetz geregelte betriebliche Vorschlagswesen.

Durch ihre laufende Tätigkeit am konkreten Objekt kennen die Mitarbeiter ihren Bereich oft sehr gut, in der Regel wesentlich besser als der Vorgesetzte, und sind deshalb sehr häufig in der Lage, Vorschläge für Verbesserungen zu machen. Wirkungen des Einsatzes des betrieblichen Vorschlagswesens sind: (Heidack 1992, Sp. 2300ff.)

– Förderung des technischen Fortschritts durch Nutzbarmachung spontaner Ideen von Trägern praxisorientierter Erfahrungen,
– Nutzung der Kreativität aller Mitarbeiter,
– Motivationssteigerung durch Anreize (Prämien für Verbesserungsvorschläge),
– Verbesserung der Qualität und Zuverlässigkeit der Firmenprodukte.

Notwendige Voraussetzungen für das Funktionieren des betrieblichen Vorschlagswesens sind:

– Prämierung des Vorschlags in Abhängigkeit vom Wert der vorgeschlagenen Verbesserung,
– Unterstützung des betrieblichen Vorschlagswesens durch alle Führungskräfte und den Betriebsrat.

Eine spezifische Form des betrieblichen Vorschlagswesens, deren Ursprünge in Japan liegen, sind die „Qualitätszirkel". Das sind Gruppen von nicht mehr als 10 Teilnehmern unterschiedlicher Abteilungen. Die Gruppe wird von einem Mitglied des oberen Managements oder einem sehr erfahrenen Mitarbeiter geleitet, doch sollen hierarchische Unterschiede in der Gruppe keine Rolle spielen. Zweck ist die Lösung spezieller Qualitätsprobleme.

2.7 Die formale Struktur von Erklärungs- und Entscheidungsmodellen

Eingangs des letzten Abschnittes wurde darauf hingewiesen, daß von großer Bedeutung ist, daß der einzelne Entscheidungsträger seine Entscheidungsalternativen und deren Konsequenzen kennt. Denn nur dann kann er gute Entscheidungen treffen.

Hilfreich sind auch in diesem Zusammenhang Modelle. Generell sind Modelle Abbilder der Realität, die die wesentlichen Merkmale realer Zusammenhänge enthalten. Im Hinblick auf unser Entscheidungsproblem unterscheiden wir zwischen Beschreibungsmodellen, Erklärungsmodellen und Entscheidungsmodellen. Zweck von Beschreibungsmodellen ist eine Beschreibung der herauszuhebenden, zu abstrahierenden Aspekte der Realität. Erklärungsmodelle führen bestimmte Aspekte auf andere, bereits bekannte zurück und erklären sie dadurch. Entscheidungsmodelle schließlich sollen Entscheidungsprobleme so abbilden, daß wir durch Umformung dieser Modelle Hinweise auf ein für den abgebildeten Bereich sinnvolles Entscheidungsergebnis erhalten.

Im Hinblick auf das verwendete Darstellungsmittel lassen sich ikonische Modelle, verbale Modelle und mathematisch-formale Modelle unterscheiden. Ikonische Modelle sind bildhaft, beispielsweise das Papiermodell eines Architekten für ein Gebäude oder ein Gipsmodell eines Autos. Verbale Modelle beschreiben die Tatbestände in Worten und Sätzen. Mathematisch-formale Modelle verwenden die Sprache der Mathematik. In betriebswirtschaftlichen Entscheidungssituationen spielen ikonische Modelle durchaus eine Rolle, beispielsweise im Zusammenhang mit der Investition in ein Bürogebäude (das oben genannte Papiermodell) oder bei der Auswahl unter verschiedenen Formen für einen neuen „Hut" einer Pkw-Plattform (das vorhin genannte Gipsmodell). In der Betriebswirtschaftslehre findet man dagegen im Zusammenhang mit Entscheidungsproblemen praktisch ausschließlich verbale und mathematisch-formale Modelle.

Den Unterschied zwischen Beschreibungs-, Erklärungs- und Entscheidungsmodell wollen wir am Modell des Mengenanpassers verdeutlichen (siehe Abb. 2-10).

In diesem Modell ist für eine bestimmte Entscheidungssituation eine Reihe von Tatbeständen beschrieben:

- daß auch dann, wenn nichts produziert wird ($x = 0$) Fixkosten (K_f) entstehen;
- daß die Gesamtkosten bei wachsender Produktionsmenge einen s-förmigen Verlauf haben;
- daß der Preis sich mit der Produktionsmenge, die hier zugleich die Absatzmenge ist, nicht ändert.

Aus diesen Beschreibungen der Wirklichkeit läßt sich dann mathematisch weiter deduzieren

- daß die Erlösfunktion linear ist,
- daß die Kurve k_g der Durchschnittskosten erst sinkt und dann von einem Punkt x_0 ab wieder steigt und daß dieser Punkt x_0 dort liegt, wo ein Strahl aus dem Koordinatenanfangspunkt die Gesamtkostenkurve gerade tangiert und
- daß dort die Grenzkostenkurve die Kurve der Durchschnittskosten von unten schneidet.

Solche mathematisch-deduktiven Zusammenhänge haben oft bereits einen gewissen Erklärungswert. Erklären heißt nämlich, etwas auf einen bekannten Zusammenhang und einen konkreten Tatbestand zurückzuführen. Die Frage, warum wir einen linearen Erlösverlauf haben, kann man beispielsweise auf den bekannten Zusammenhang, daß der Erlös gleich dem Produkt aus Preisen und Mengen ist und den konkreten Tatbestand, daß die Preise von den Mengen unabhängig sind, zurückführen und damit erklären.

Wir können aber auch unsere Beschreibungsmodelle für Erklärungszwecke heranziehen. Die Frage, warum Unternehmung A höhere Kosten hat als Unternehmung B, läßt sich auf den Tatbestand, daß mit zunehmender Ausbringungsmenge die Kosten steigen und Unternehmung A eine höhere Ausbringungsmenge hat als Unternehmung B, zurückführen.

Eine sinnvolle Entscheidung können wir aufgrund des bisher Gesagten allerdings für die gegebene Situation noch nicht fällen. Das liegt daran, daß wir noch nicht alle Bestandteile der zugrundeliegenden Entscheidungssituation identifiziert haben. Zwar kennen wir die Instrumentalvariable, nämlich die Produktions- und damit die Absatzmenge (x). Auch kennen wir verschiedene Größen, die die Entscheidung beeinflussen, von ihr aber unabhängig sind, nämlich den (konstanten) Marktpreis p und (indirekt) Parameter der Kostenfunktion, die zu dem s-förmigen Verlauf führen.

Es fehlt aber noch der dritte Bestandteil, nämlich das verfolgte Ziel. Streben wir maximalen Gewinn an, werden wir diejenige Menge (x_g) produzieren, bei der die Erlösfunktion über der Kostenfunktion liegt und der senkrechte Abstand zwischen diesen maximal ist bzw., was zum gleichen Ergebnis führt, die Grenzkostenkurve (K') die Grenzerlöskurve (E') von unten schneidet. Streben wir dagegen eine Produktion zu minimalen Stückkosten an, werden wir die Menge x_o wählen. Wollen wir maximalen Erlös bei Kostendeckung, wählen wir die Menge x_2. Wir erkennen an diesem kleinen Beispiel schon, wie unterschiedliche Zielsetzungen zu unterschiedlichen Wahlhandlungen führen.

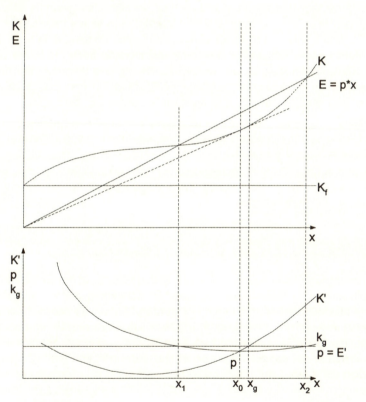

K	= Gesamtkostenkurve	k_g	= Durchschnittskosten
E	= Erlöskurve	x_1	= untere Gewinnschwelle
K'	= Grenzkostenkurve	x_2	= obere Gewinnschwelle
p (= E')	= Preisgerade (Grenzerlöskurve)	x_o	= kostenoptimale Absatzmenge
P	= Kostenoptimum	x_g	= gewinnmaximale Absatzmenge

Abb. 2-10: Entscheidungsmodell des Mengenanpassers

Ein Entscheidungsmodell entsteht also dadurch, daß wir einem Erklärungsmodell, das Handlungsergebnisse aus einer bestimmten Handlung und einem allgemeinen Zusammenhang zwischen möglichen Handlungen und Handlungsergebnissen erklärt, eine Zielsetzung hinzufügen, die die Handlungsergebnisse und Handlungen zu bewerten erlaubt. Ähnlich können wir sagen, daß ein Entscheidungsmodell dadurch entsteht, daß wir einem Beschreibungsmodell, das die Abhängigkeit zwischen Handlungsalternativen und Ergebnis beschreibt, eine diese beiden bewertende Zielsetzung hinzufügen.

Daß wir im Zusammenhang mit Abb. 2-10 sowohl von Beschreibungs- als auch von Erklärungs- als auch von Entscheidungsmodellen sprechen, könnte verwirren. Man muß dabei berücksichtigen, daß es, wie bereits im ersten Kapitel gesagt wurde, verschiedene mögliche Sichten auf das gleiche Objekt gibt. Die in Abb. 2-10 dargestellten Zusammenhänge lassen sich als Beschreibungsmodell auffassen, das beschreibt, wie sich ein rational handelnder Unternehmer bei s-förmig geschwungenem Gesamtkostenverlauf und linearem Erlösverlauf verhält. Das gesamte Modell kann als Erklärungsmodell dafür dienen, warum Unternehmen eine vorhandene Kapazität nicht zu 100 % ausnutzen. Lösen wir dieses Erklärungsmodell auf, können wir darin aus einer bestimmten Perspektive Beschreibungsmodelle finden (z.B. die Beschreibung des Kostenverlaufes), so wie wir bei Auflösung des vorgenannten Beschreibungsmodells auch Erklärungsbestandteile identifizieren können, beispielsweise den konstanten Preis als Erklärung für den linearen Verlauf der Erlösfunktion.

Das Entscheidungsmodell des Mengenanpassers soll es einem Entscheidungsträger in einer Situation, die durch eine s-förmige Kostenfunktion, lineare Erlösfunktion und eine konkrete Zielsetzung, insbesondere Gewinnmaximierung, charakterisiert ist, ermöglichen, die richtige Produktionsmenge zu finden. Und wir wissen, daß wir, wenn wir dieses Modell auflösen, auch wieder Erklärungsbestandteile und Beschreibungsbestandteile identifizieren können.

2.8 Die Unsicherheitssituation betrieblicher Entscheidungen

Um die bestmögliche Entscheidung fällen zu können, benötigt der Entscheidungsträger die vollständige Kenntnis aller möglichen Entscheidungsalternativen, die in der konkreten Entscheidungssituation ergriffen werden können. Er benötigt darüber hinaus die genaue Kenntnis der relevanten Entscheidungsparameter sowie aller Konsequenzen, die diese unterschiedlichen Entscheidungsalternativen haben würden. Das gilt zumindest auf dieser Rekursionsebene. Auf übergeordneter (Meta-) Ebene sind natürlich die Kosten der Informationsbeschaffung und -verarbeitung mit zu berücksichtigen.

Diese angeführten Kenntnisse werden im allgemeinen als Information bezeichnet. Unter Information versteht man in der Betriebswirtschaftslehre seit Waldemar Wittmann zweckorientiertes Wissen. (Wittmann 1969, Sp. 699) Die Begriffsbildung ist hier noch nicht am Ende, denn unter Wissen werden im Rahmen der Wissensverarbeitung heutzutage Informationsnetze verstanden. In der Nachrichtentheorie andererseits wird Information gemessen als Zahl der Binärzeichen, die zur Übertragung erforderlich sind.

Die Begriffsproblematik resultiert aus dem rekursiven Charakter von Information. Informationen können aus Informationen bestehen, diese wiederum aus Informationen. Die Aussage, daß der in Abb. 1-4 dargestellte Geschäftsprozeß der Ebene n-1 im September durchgeführt werden muß, enthält Information. Diese Information impliziert zugleich die Information, daß die verschiedenen Geschäftsprozesse der Ebene n im September realisiert werden müssen. Diese Aussage impliziert wiederum, daß die Geschäftsprozesse der Ebene n+1 im September durchgeführt werden müssen. Dabei können diese verschiedenen Informationen für die verschiedenen Beteiligten sehr unterschiedliche Relevanz haben.

Die Autoren vertreten folgenden Informationsbegriff: Informationen sind Daten, die zu Problemen gehören, die ein Problemlöser hat. „Daten" ist dabei sehr allgemein als Abbildung der Real- oder der Idealsphäre zu sehen. Es kann sich um Modelle handeln, um Modelle aus Modellen, um Verfahren, Verfahren aus Verfahren, um Modelle und zugehörige Verfahren etc. Gehören diese zu Problemen, die der Problemlöser nicht hat, sind sie für ihn irrelevant, also keine Information. Sich mit so etwas zu befassen, kann zu einer Datenüberflutung oder Nachrichtenüberflutung führen. Eine Informationsüberflutung ist dagegen nach dieser Begriffsbildung und auch nach der von Wittmann nicht möglich.

Zwar könnte man argumentieren, daß es Situationen gibt, wo man so viele Probleme hat, zu denen man so viele Daten benötigt, daß man von diesen erschlagen würde und nicht zur Problemlösung käme. In Wirklichkeit hat man dann aber nicht diese vielen Probleme, sondern das Problem, in die Fülle dieser Probleme eine Struktur, beispielsweise eine Reihenfolge zu bringen. In diesem Augenblick sind Daten für dieses Problem wichtig. Erst nach der Entscheidung, welchem der vielen Probleme man sich als nächstes zuwenden soll, sind Daten dafür wichtig. Auch hier erkennt man die Bedeutung von Hierarchie und Rekursion.

Wir gehen nun davon aus, daß ein Entscheidungsträger auf einer klar definierten Rekursionsebene ein Problem identifiziert hat, zu dem er Daten benötigt. Diese bezeichnen wir als notwendige Information. Die tatsächlich vorhandene Information wird praktisch stets kleiner sein als die notwendige Information. Diesen Tatbestand versucht man durch das formale Kriterium des Informationsgrades auszudrücken: (Kosiol 1968, S. 243ff.)

$$Informationsgrad = \frac{tatsächlich\ vorhandene\ Information}{notwendige\ Information}$$

Bei einem Wert von 1 würde vollkommene Information vorliegen, bei einem Wert von 0 vollständige Ignoranz. Meßvorschriften für diesen Informationsgrad sind jedoch, wenn überhaupt, nur in sehr eng abgegrenzten und strukturierten Entscheidungssituationen möglich, z.B. bei der Auffüllung eines Lagers bei Unterschreiten eines Sollbestandes.

Typischerweise ist der Informationsstand jedoch unvollkommen, d.h. der Informationsgrad ist kleiner als 1. Folgende Gründe für diese Unvollkommenheit von Informationen können angeführt werden:

- Unvollständigkeit: Unter Unvollständigkeit der Informationen ist zu verstehen, daß im Hinblick auf das jeweilige Problem wichtige Teilinformationen gänzlich fehlen. So kann es beispielsweise sein, daß nicht alle möglichen Alternativen bekannt sind. Es kann weiter sein, daß nicht alle zielrelevanten Konsequenzen bekannt sind. Es kann schließlich sein, daß die Zusammenhänge zwischen den Alternativen und ihren Konsequenzen nicht bekannt sind. In allen Fällen ist die Information unvollständig.

- Unbestimmtheit: Selbst wenn die Informationen in dem oben genannten Sinne vollständig sind, ist es dennoch möglich, daß sie nicht ausreichen. Denn es kann sein, daß die Informationen unbestimmt sind. Eine solche unbestimmte Information wäre beispielsweise der Auftrag an einen Maschinenführer, er solle die Laufgeschwindigkeit der Maschine erhöhen, aber darauf achten, daß die Ausschußquote nicht zu groß wird. Diese Information ist unbestimmt. Was ist bspw. Der Informationsgehalt von „nicht zu groß"? Man hat grundsätzlich zwei Möglichkeiten darauf zu reagieren: (1) der Maschinenführer versucht zu schätzen was der Meister damit gemein hat oder (2) fragt nach, um die Information zu präzisieren. Die erste Alternative versucht man im Rahmen der sogenannten fuzzy logic (Unschärfetheorie) in technische und betriebswirtschaftliche Anwendungen zu übertragen. (U-Bahnsteuerung oder Autofocus-Steuerung bei Kameras).

Das Beispiel zeigt im übrigen, daß zwischen Unvollständigkeit und Unbestimmtheit eine rekursive Beziehung besteht. Bei Unbestimmtheit fehlen Informationen über Informationen. Ähnlich könnte man aber auch schon bei Unvollständigkeit fragen, ob „zielrelevante Konsequenzen" auch deren Konsequenzen, bspw. bezüglich eines Meta-Zieles beinhalten.

- Fehlende Sicherheit: Die fehlende Sicherheit bezieht sich zunächst auf die Ausprägungen der Entscheidungsparameter. Da sich diese Parameter in der Regel auf zukünftige Ereignisse beziehen, z. B. zukünftige wirtschaftliche Entwicklung oder noch nicht getroffene Entscheidungen der Konkurrenten, sind die entsprechenden Ausprägungen, wenn überhaupt nur mit einer gewissen Wahrscheinlichkeit zu prognostizieren. Aufbauend darauf bezieht sich die Unsicherheit auch auf die zukünftigen Konsequenzen der Entscheidung, in Abhängigkeit der gewählten Alternative.

Alle Erklärungsmodelle wurden aufgrund der Kenntnis der Vergangenheit entwickelt. Die moderne Erkenntnistheorie (kritischer Rationalismus nach Popper) zeigt sehr deutlich, daß es logisch nicht zulässig ist, selbst wenn in der Vergangenheit auf eine Maßnahme a immer das Ergebnis b eintrat, als sicher anzunehmen, daß auch in Zukunft immer auf die Maßnahme a das Ereignis b eintritt. Die Bewährung einer Hypothese kann jedoch so weit gehen, daß darauf die Unternehmungspolitik aufbaut. Eine Unternehmung betreibt unter der Hypothese, daß dadurch der Gewinn erhöht wird, Werbung. Die Konsequenzen sind jedoch nie mit vollkommener Sicherheit vorauszusagen.

Und je bedeutsamer die Entscheidungen werden, um so unsicherer wird im allgemeinen das Eintreten bestimmter Konsequenzen einer Entscheidung. Wenn die Produktionsleitung einen Fertigungsauftrag gibt, so kann sie ziemlich sicher sein, daß dieser auch erledigt wird. Wenn die Unternehmensleitung jedoch Forschungsaufträge vergibt, oder große Investitionen plant, kann sie nur mit begrenzter Sicherheit davon ausgehen, daß sich ihre Zielerreichung, beispielsweise der Gewinn, erhöht.

Wegen dieser fehlenden Sicherheit arbeitet man bei der Schätzung der Entscheidungsergebnisse oft mit statistischen Methoden. Die Entscheidungsparameter werden nicht mehr als nur ein Wert beschrieben, sondern für sie werden Wahrscheinlichkeitswerte oder ganze Wahrscheinlichkeitsverteilungen angegeben. So möge einer Chemieunternehmung für ihren Bereich bekannt sein, daß 40 % der Forschungsprojekte zu entwicklungsfähigen Produkten werden, daß jedes daraus abgeleitete Entwicklungsprojekt mit 50 %iger Wahrscheinlichkeit zu einem marktreifen Produkt führt und daß 60 % der marktreifen Produkte ihre Kosten decken. Sie kann dann errechnen, daß 0,4 * 0,5 * 0,6, also 12 % der gestarteten Forschungsvorhaben zu marktreifen Produkten führen, die ihre Kosten decken.

Weiterhin versucht man, der fehlenden Sicherheit von Parameterausprägungen durch Einsatz der sog. Szenariotechnik zu begegnen. Unter einem Szenario versteht man die konsistente, theoriegestützte Zusammenfassung von Ausprägungen relevanter Umweltzustände. Es wird dann untersucht, welche Konsequenzen eine ins Auge gefaßte Maßnahme bei Eintreten jedes einzelnen dieser Szenarien hätte. Anhand dieser Konsequenzen wird schließlich unter den verschiedenen Maßnahmen ausgewählt.

Bei den bisherigen Ausführungen zur Unvollkommenheit der Information war unterstellt, daß die Informationsbeschaffungsvorgänge bereits abgeschlossen waren. Ist dies nicht der Fall, kann man selbstverständlich versuchen, vor der Fällung der Entscheidung zunächst den Informationsgrad zu verbessern.

Eine häufig gewählte Möglichkeit liegt darin, die Entscheidung bis zum spätestmöglichen Termin aufzuschieben. In der Zwischenzeit gehen bereits bei betrieblichem Routinehandeln neue Informationen ein und steigern so den Informationsgrad. (Kosiol 1968, S. 246f.)

Weiterhin kann der Entscheidungsträger zur aktiven Informationsgewinnung übergehen. Im Gegensatz zum passiven Abwarten, betreibt man dabei aktiv die Erschließung neuer Informationsquellen und die Beschaffung besserer Informationen.

Bei der aktiven Informationsgewinnung insbesondere für komplexere Probleme stellt man fest, daß die Informationen über eine Vielzahl von Personen bzw. Speichermedien innerhalb und außerhalb der Unternehmung verstreut sind. Im Einzelfall müssen dann konkrete Informationen per Telefon, aus Online-Datenbanken oder Fachzeitschriften beschafft werden. Man hat dann das Metaproblem, wo man welche Informationen beschaffen kann. Auch dazu sind Daten erforderlich, die man in diesem Zusammenhang als Meta-Informationen bezeichnen kann.

Ein Metaproblem liegt auch darin, herauszuarbeiten, welche Probleme man hat, welchen Problemen man sich also zuwenden soll. Auch dazu benötigt man Daten, die man beispielsweise aus Frühwarnsystemen entnehmen kann. Bevor man ein solches Frühwarnsystem realisieren kann, muß allerdings zunächst das Problem gelöst werden, welches Frühwarnsystem man aufbauen soll.

Ein weiteres Metaproblem entsteht daraus, daß die Informationsbeschaffung mit Kosten verbunden ist. In Anbetracht dieser Tatsache ist auch bezüglich der Informationsbeschaffung eine Entscheidung darüber erforderlich, an welchem Punkt mit der weiteren Informationsgewinnung abgebrochen werden soll. Formal gesehen ist das der Punkt, bei dem die zusätzlichen Aufwendungen für die Beschaffung zusätzlicher Mittel gleich den Erträgen werden, die durch eine aufgrund der zusätzlichen Information verbesserte Entscheidung entstehen. Die Lösung auch dieses Metaproblems erfordert zusätzliche Informationen. Praktizierbar ist dieser Ansatz beispielsweise im

Rahmen von Stichprobenuntersuchungen, wo man die zusätzlichen Kosten und zusätzlichen Erträge einer Stichprobenerweiterung weitgehend im Griff hat.

2.9 Die Bedeutung der Rückinformation und das Modell des Regelkreises

2.9.1 Steuerung

Das Problem der unvollkommenen Information bei Entscheidungen versucht man heute mittels eines Denkansatzes zu lösen, der sich in anderen empirischen Bereichen wie Biologie und Technik als besonders leistungsfähig erwiesen hat, nämlich dem Regelungs- oder Rückkopplungskonzept.

Die Kybernetik als die Wissenschaft von der Lenkung und Kommunikation in und zwischen natürlichen und künstlichen Systemen unterscheidet zwei idealtypische Lenkungsprinzipien: die Steuerung (vgl. Abb. 2-11) sowie die Regelung (vgl. Abb. 2-12).

Bei Steuerung gibt das lenkende System, die Steuereinrichtung, Informationen, die Stellgrößen, an das gelenkte System, die Steuerstrecke. Charakteristisch ist insbesondere, daß die Ergebnisse dieses Lenkungsvorganges, die Steuergrößen, nicht an die Steuereinrichtung rückgekoppelt werden. Das heißt, die Steuereinrichtung hat keine Informationen über die Ergebnisse ihrer steuernden Tätigkeit.

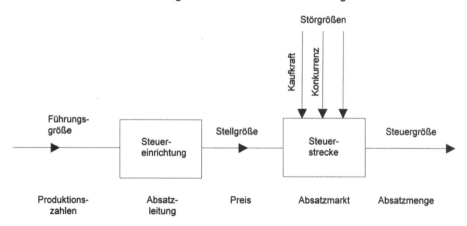

Abb. 2-11: Das Lenkungsprinzip Steuerung

Mangels dieser Rückinformationen kann der Zweck des ganzen Vorganges, die Steuergröße auf einen vorgegebenen Sollwert, die Führungsgröße, zu bringen und dort zu halten, nur unter sehr restriktiven, kaum realisierbaren Voraussetzungen erreicht werden. Erforderlich sind:

- die genaue Kenntnis der Ausprägungen jener Größen, welche die beabsichtigte Beeinflussung beeinträchtigen bzw. auf das zu steuernde System einwirken, der sogenannten Störgrößen. Reagiert das System mit Zeitverzögerung, ist auch eine Prognose dieser Störgrößen für mindestens diesen Zeitraum nötig;

- die genaue Kenntnis der Reaktion des gelenkten Systems auf die Stellgröße und die Störgrößen;

– Verfahren, um aus diesen Informationen durch die Steuereinrichtung entsprechende Stellgrößen abzuleiten.

2.9.2 Regelung

Da diese Voraussetzungen der Steuerung praktisch nie erfüllt sind, wird man stets Steuerung durch Regelung zumindest ergänzen, meist aber ersetzen müssen. Bei Regelung berücksichtigt das lenkende System, die Regeleinrichtung, die Ergebnisse des Lenkungsvorganges, die Regelgrößen. Es findet also eine Rückkopplung, ein Feedback des Ausganges des gelenkten Systems zum Eingang des lenkenden Systems statt. (siehe Abbildung 2-12)

Das Regelungsprinzip verwendet die bereits im ersten Kapitel angesprochene rekursive Problemlösung. Das Problem der Beseitigung einer großen Abweichung zwischen Soll- und Istwert der Regelgröße wird auf das Problem der Beseitigung einer kleineren Abweichung reduziert. Dies geschieht, indem mittels der Stellgröße so auf die Regelstrecke eingewirkt wird, daß die ursprünglich große Abweichung verringert wird. Nach Rückführung des dadurch entstehenden Wertes der Regelgröße und Vergleich mit dem Sollwert erhält der Regler nun Kenntnis über das kleinere Problem, das er im gleichen Sinne erneut angeht.

Voraussetzung ist dazu alleine, daß die Steuereinrichtung über Kenntnisse von Stellgrößen verfügt, die in Richtung auf eine Anpassung des Istwertes der Regelgröße an deren Sollwert wirkt. Je stärker dies allerdings geschieht, um so kleiner ist die verbleibende Soll-Ist-Abweichung. Insofern wirkt sich eine genaue Kenntnis der Wirkungen der Stellgröße und der Wahl eines entsprechenden Wertes positiv aus. Das besagt auch das von den Kybernetikern Conant und Ashby entwickelte Conant-Ashby-Theorem: Jeder gute Regler hat ein Modell des zu regelnden Systems. (Conant/Ashby 1970)

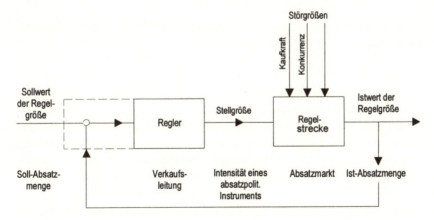

Abb. 2-12: Das Lenkungsprinzip Regelung

Als kleiner Nachteil dieses Rückkopplungsprinzips muß genannt werden, daß möglicherweise Instabilität entsteht. Wird die Stellgröße zu groß gewählt, oder liegen große, nicht berücksichtigte Zeitverzögerungen in der Regelstrecke oder dem Regler vor, kann sich die Abweichung zwischen Soll- und Istwert der Regelgröße sogar immer weiter erhöhen. Bekannte Alltagsbeispiele dafür sind wachsende Kursabweichungen von Ruderbooten oder von Automobilen betrunkener Fahrer aufgrund der trägen Reaktion des Schiffes einerseits, des betrunkenen Fahrers andererseits. Auch das Wort des Volksmundes, daß man des Guten zuviel tun könne, kann in diesem Zusammenhang genannt werden.

Ein wesentlicher Teil der Regelungstheorie befaßt sich mit Verfahren zur Ermittlung der Stabilitätsbedingungen von Systemen. Unter Instabilität versteht sie dabei, etwas vereinfacht, die Systemeigenschaft, daß trotz beschränkter Eingangssignale die Ausgangssignale tendenziell über alle Grenzen wachsen. Im Rahmen von System Dynamics finden solche Analysen auch Verwendung in der Betriebswirtschaftslehre. Ein konkretes Anwendungsproblem ist beispielsweise die Glättung von Produktions- und Lagerzyklen in der Stahlindustrie.

Im Zusammenhang mit dem Regelkreis ergänzend erwähnt sei auch das Phänomen der „Kreiskausalität". Von Kausalität sprechen wir, wenn einer Ursache eine bestimmte Wirkung zugeordnet werden kann. Bei Finalität wird die angestrebte Wirkung zur Ursache. Das erscheint zunächst als Widerspruch. Im Regelkreis klärt sich dieser Widerspruch aufgrund der spezifischen Konstruktion. So lange das Regelungssystem über ausreichende Kapazität verfügt, ist es in der Lage, den Sollwert zu erreichen. Bei entsprechender Leistungsfähigkeit kann beispielsweise jedes Heizungssystem die am Thermostat eingestellte Raumtemperatur sicherstellen. Betrachtet man das gesamte Heizungssystem als Black Box, läßt sich die eingestellte Temperatur durchaus als Ursache der im Raum entstehenden Temperatur ansehen.

(Merke: Man kann alles erreichen, was man will. Man darf sich nur nicht mehr vornehmen, als man erreichen kann.)

2.9.3 Erläuterung an einem Absatzbeispiel

Das bisher hinsichtlich Regelung und Steuerung Gesagte gilt allgemein für jeglichen Lenkungsvorgang, ob er nun technischer Natur ist, wie die genannte Temperaturregelung eines Raumes, oder ob er ökonomischer Natur ist. Ein kleines ökonomisches Beispiel ist in die Abbildungen 2-11 und 2-12 bereits aufgenommen. Es soll im folgenden etwas näher erläutert werden.

Angenommen man sei der Leiter eines kapitalintensiven Betriebes. Abschreibungen und Zinsen auf die Betriebsmittel stellen dann einen bedeutenden Bestandteil der Gesamtkosten dar. Man wird deshalb bestrebt sein, die Betriebskapazität möglichst gut auszulasten. Der Leiter gebe deshalb der Verkaufsabteilung die Anweisung, möglichst kontinuierlich, über die Zeit verteilt, eine Menge abzusetzen, die die Kapazität im normalen Maße auslastet, bspw. pro Monat 100.000 t Zement.

Wollte die Absatzleitung durch Steuerung diese Absatzmenge gewährleisten, müßte sie alle möglichen Einflußgrößen auf diesen Absatz und ihre genauen Konsequenzen für die Absatzmenge ermitteln und die möglichen Einflußmaßnahmen so ausrichten, daß sie gerade diese Absatzmenge bewirken.

Nun sind aber die Einflüsse, die auf die Steuerstrecke (Absatzmarkt) einwirken, sehr vielfältig. In der Abbildung 2-12 sind explizit die Kaufkraft und die Konkurrenz eingezeichnet. Es sind jedoch weitere Größen angedeutet. Die Absatzleitung müßte all diese Einflüsse erfassen, prognostizieren, wie sich diese auf den zukünftigen Absatz auswirken und ihre absatzpolitischen Instrumente so ausrichten, daß diese die Veränderung der Nachfrage, sei es als Übernachfrage oder Unternachfrage, gerade wieder ausgleichen.

Die Notwendigkeit der Prognose liegt in der Zeitverzögerung zwischen Erfassung der Störgrößen und der Auswirkung der ergriffenen Maßnahmen auf die Regelgrößen begründet. Auch dazu müßte man noch ganz genau wissen, wie sich eine Veränderung des Umfanges des Einsatzes der absatzpolitischen Instrumente auf den Absatz auswirkt.

Als Beispiel für absatzpolitische Instrumente ist hier der Preis eingezeichnet. Er steht aber nur exemplarisch da. Man könnte auch Kommunikationspolitik, Kontrahierungspolitik, Distributionspolitik oder ein anderes absatzpolitisches Instrument einsetzen. Auch wäre ein periodischer Wechsel zwischen den verschiedenen absatzpolitischen Instrumenten oder deren Mix möglich.

Es ist offensichtlich, daß keinesfalls all diese benötigten Informationen vorliegen. Die Unvollkommenheit der Information bringt es einfach mit sich, daß Lenkung durch Steuerung allein nicht möglich ist. Die Absatzleitung wird deshalb anders vorgehen, indem sie zu dem in Abb. 2-12 dargestellten Lenkungsprinzip der Regelung greift.

Sie wird periodisch die Höhe der Absatzzahlen feststellen, sie mit dem Sollwert vergleichen und entsprechende Maßnahmen, die tendenziell auf eine Anpassung von Sollwert und Istwert hinzielen, ergreifen. Ist beispielsweise die Absatzmenge niedriger als der Sollwert (die Produktionszahlen), wird die Absatzleitung auf diese Regelabweichung mit einer Reduktion des Preises reagieren oder mit verstärkten Werbemaßnahmen oder mit höheren Rabatten. Es kann dabei sein, daß dieser Eingriff sich als zu schwach erweist, so daß man am Ende der nächsten Periode wiederum eine zu geringe Absatzmenge feststellt. Es wäre aber auch möglich, daß sie zu stark reagiert hat und die Nachfrage die Produktionszahlen übersteigt. In diesem Falle wäre eine Erhöhung des Preises bzw. eine Reduktion der Werbemaßnahmen oder ähnliches angebracht.

2.9.4 Die Bedeutung des Regelungsprinzips für die betriebliche Praxis

Das Grundprinzip der Regelung liegt also darin, die Ergebnisse des Lenkungsvorganges mit den Sollwerten zu vergleichen und bei Abweichung so einzugreifen, daß sich die Regelgrößen tendenziell dem Sollwert annähern. Selbstverständlich kann der Regler, hier die Verkaufsleitung, umso gezielter regeln, je weitergehend er auch die Informationen hat, die bei der Steuerung vorausgesetzt waren, also genaue Kenntnis der Reaktion der Regelstrecke (hier des Absatzmarktes) der auf diese einwirkenden Störgrößen sowie der Verfahren, um aus diesen Informationen zielgerichtet Entscheidungen (Stellgrößen) auszuwählen. Prinzipiell reicht bei Regelung jedoch bereits eine grobe Vorstellung, in welche Richtung die Stellgrößen die Regelgrößen verändern werden.

Die direkte Berücksichtigung der Störgrößen durch den Regler bezeichnet man in der Regelungstheorie auch als Störgrößenaufschaltung. Sie wirkt ähnlich wie eine Steuerung. Beispielsweise kann man sagen, daß die Raumtemperatur (bei Vorhandensein von Fühlern für die Außentemperatur) außentemperaturgesteuert ist.

Hingewiesen werden muß auch noch darauf, daß Regelung tendenziell längerlaufende Prozesse voraussetzt. Für eine einmalige Investitionsentscheidung kann man das Prinzip beispielsweise nicht heranziehen. Sobald die Investition durchgeführt ist, ist sie nicht mehr abzuändern. Auf höherer Aggregationsebene fallen allerdings immer wieder Investitionsprozesse an. Hier läßt sich das Regelungskonzept wieder verwenden. Auch kann auf nächster Rekursionsebene die Realisierung der Investition prozeßbegleitend geregelt werden.

Bei längerlaufenden Prozessen kann und sollte man auch noch einen anderen Vorteil der Rückkopplung nutzen. Speichert man zugehörige Eingänge und Ausgänge der Regelstrecke, kann man das Verhalten der Regelstrecke ermitteln. Je mehr solcher zusammengehöriger Werte man erhält, umso besser lernt man das Verhalten kennen. Und man erfährt im Zeitablauf, wie sich das Verhalten ändert. Diese Kenntnis des Verhaltens und seiner Änderung kann im Regler im Rahmen der Erfüllung seiner Regelungsaufgabe wiederum sinnvoll berücksichtigt werden. Wir gelangen zu einem Konzept optimierender Regelung unter Verwendung adaptiver Modelle, wie es in Abb. 2-13 dargestellt ist. Für eine Vertiefung dieser Frage muß auf das Schrifttum verwiesen werden. (Schiemenz 1993 und die dort zitierte Literatur)

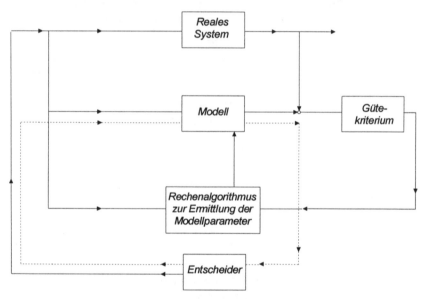

Abb. 2-13: Optimierende Regelung unter Verwendung adaptiver Modelle

Das Regelungsprinzip findet in der Unternehmenslenkung zunehmend bewußte Anwendung. Man strebt in der Produktion kleine Regelkreise und selbstregelnde Gruppen an (vgl. Abb. 2-14). Diese sollen bspw. die Qualität der von ihnen erzeugten Produkte messen und vor der Weitergabe der Werkstücke an die nächste Produktionsstufe eventuelle Abweichungen von der Norm beseitigen.

Abb. 2-14: Laufende Rückkopplungen in verketteten Produktionsprozessen

Für die Gesamtunternehmung führt die Gestaltung zu einem System vermaschter Regelkreise. (siehe Abb. 2-15) Die Leitungshierarchie wird zu einer Regelkreishierarchie, die deutlich macht, daß die zurückfließenden Kontrollinformationen die Prozesse gleichermaßen beeinflussen wie die abfließenden Weisungsinformationen.

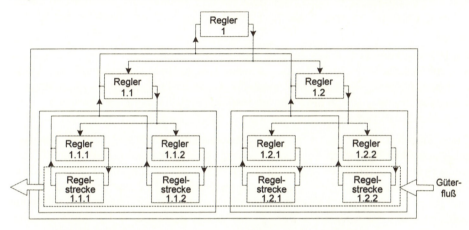

Abb. 2-15: Die Unternehmung als System vermaschter Regelkreise

Formal erlaubt die Darstellung auch die Berücksichtigung von von unten nach oben aufsteigender Zielbildung. Die Rückinformationen können und sollten auch Informationen über die Ziele der untergeordneten Einheiten enthalten. Denn oft ist es so, daß deren Berücksichtigung die Erreichung der Ziele der übergeordneten Einheit nicht verhindern, sondern gerade fördern. Auch ist die übergeordnete Einheit nicht nur als Leitungseinheit zu verstehen, sondern als Repräsentant des größeren, umfassenderen Systems.

2.10 Planung und Überwachung

2.10.1 Planung

Das zweite Kapitel enthält zahlreiche Aussagen über „Entscheidung". Dieser Begriff wurde verwendet, um die Entscheidungsorientierung des Werkes hervorzuheben. In der Praxis und in der betriebswirtschaftlichen Literatur findet man daneben sehr häufig einen anderen Begriff, nämlich den der Planung. Ähnlich wie bei der Entscheidung ist auch der Inhalt dieses Begriffes bei verschiedenen Autoren unterschiedlich gebraucht. Zum Teil deckt er sich inhaltlich mit dem Entscheidungsbegriff. Im allgemeinen wird er jedoch etwas enger gefaßt. In dieser engeren Sicht umfaßt Planung nur die systematisch durchgeführten Entscheidungsprozesse, nicht die verkürzten ad hoc-Entscheidungen oder intuitiven Entscheidungen.

Zweitens denkt man, wenn man von Planung spricht, eher an die Vorbereitung von Entscheidungen. Das gilt insbesondere, wenn man an die Begriffsverwendung im Zusammenhang mit der Planungsabteilung denkt. Diese entwirft i.d.R. Alternativpläne, über die dann Führungskräfte entscheiden. In diesem Sinne wäre Planung also als Entscheidungsvorbereitung zu verstehen.

Verwendet man den Begriff Planung wiederum etwa in dem Sinne: „Unsere Planung für das nächste Jahr sieht dies und jenes vor", dann handelt es sich um ein System von Vorausentscheidungen, das, wenn nichts Unvorhergesehenes eintritt, in dieser Form auch realisiert werden soll.

Hier soll, einem häufigen Sprachgebrauch folgend, Planung als systematisch durchgeführte Entscheidungsprozesse zur Festlegung zukünftigen Handelns verstanden werden.

Die Planung kann sich unterschiedlich weit in die Zukunft hinein erstrecken. Denkbar sind die Zeiträume nächste Stunde, nächster Tag, nächste Woche, nächster Monat, nächstes Quartal, nächstes Jahr, nächster 4-Jahres-Zeitraum etc. Durch Angabe dieser Zeiträume läßt sich die Planung näher konkretisieren, beispielsweise in Quartalsplanung, Jahresplanung und 4-Jahres-Planung.

Diese Klassifikation korreliert mit der Unterscheidung zwischen operativer Planung, taktischer Planung und strategischer Planung. Im allgemeinen umfaßt nämlich operative Planung einen recht kurzen Zeitraum, taktische Planung einen mittleren Zeitraum und strategische Planung einen langen Zeitraum. Im Zusammenhang mit dieser Unterscheidung zwischen operativ, taktisch und strategisch denkt man allerdings besonders an unterschiedliche Ebenen der Weisungshierarchie der Unternehmung. Strategische Planung obliegt der oberen Unternehmensleitung, taktische Planung dem mittleren Management, operative Planung dem unteren Management. Die Korrelation zu den unterschiedlichen Fristen resultiert u.a. daraus, daß die jeweils höhere Managementebene ein umfassenderes Entscheidungsproblem zu bewältigen hat. Wegen der begrenzten Informationsbearbeitungskapazität benötigt sie dafür längere Zeit, muß die Planung also auf einen längeren Zeitraum erstrecken.

Systemtheoretisch betrachtet ist das erste Quartal eines Jahres ein Subsystem dieses ersten Jahres, das erste Jahr ein Subsystem des 4-Jahres-Zeitraums. Auch ist die operative Ebene ein Subsystem des taktischen Bereiches, dieses ein Subsystem des strategischen Bereiches. Man wir deshalb auch kurz-, mittel- und langfristige Planung einerseits, operative, taktische und strategische Planung andererseits integrieren. Abb. 2.16 enthält exemplarisch eine Skizze einer solchen integrierten kurz-, mittel- und langfristigen Planung, die darüber hinaus noch als rollende Planung konzipiert ist.

In dem oberen der drei Planungszyklen, der mit dem ersten Quartal beginnt, ist durch durchgezogene Pfeile charakterisiert, daß der langfristige über 4 Jahre (16 Quartale) laufende Plan den mittelfristigen über ein Jahr (4 Quartale) laufenden Plan beeinflußt und dieser den kurzfristigen Plan des ersten Quartals. Durch die entgegenlaufenden strichlierten Pfeile ist angedeutet, daß der kürzerfristige Plan möglicherweise zur Modifizierung im längerfristigen Plan führen kann, beispielsweise deshalb, weil die Planvorgaben des längerfristigen für den kürzerfristigen durch letzteren nicht realisiert werden können.

Die Ergänzung des oberen Planungszyklus durch zwei weitere darunterliegende soll das Prinzip der rollenden Planung verdeutlichen. Nach Ablauf des 1. Quartals wird wiederum kurzfristig für das 2. Quartal, mittelfristig für das 2. - 5. Quartal und langfristig für das 2. - 17. Quartal geplant. Nach Ablauf des 2. Quartals erfolgt die kurzfristige Planung für das 3. Quartal, die mittelfristige für das 3. - 6. Quartal und die langfristige Planung für das 3. - 18. Quartal.

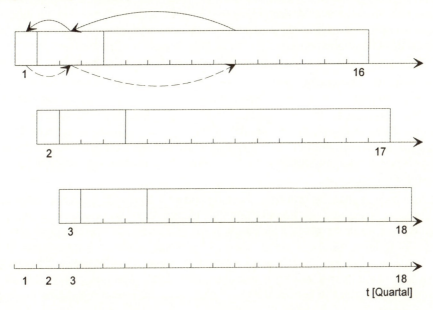

Abb. 2-16: Rollende integrierte kurz-, mittel- und langfristige Planung

In der Praxis rollt man allerdings nicht immer alle Planungszeiträume vollständig. Der langfristige Plan wird i.d.R. erst nach Ablauf eines ganzen Jahres um ein weiteres Jahr verlängert. Ähnliche Überlegungen lassen sich für den mittelfristigen Plan anstellen. Eine Zwischenstufe wäre, daß der längerfristige Plan nur dann verändert wird, wenn sich hinsichtlich dieses Zeitraumes wesentliche Änderungen in den Planungsgrundlagen ergeben haben.

2.10.2 Überwachung und Kontrolle

Durch Planung entstehen Vorgabewerte, die realisiert werden sollen. In allgemeiner Form kann man sagen, daß es sich um einzuhaltende Normen handelt. Die Feststellung, ob die Zustände oder Vorgänge diesen vorgegebenen Normen entsprechen, ist Gegenstand der Überwachung. Abstrakt formuliert handelt es sich dabei um den Vorgang des Vergleichens von Ist-Zuständen mit Soll-Zuständen. Wir erkennen die Beziehung zum vorher diskutierten Regelkreismodell.

In der Prüfungslehre dient der Begriff Überwachung als Oberbegriff, der weiter in die Begriffe Prüfung einerseits, Kontrolle andererseits gegliedert wird. Beide Begriffe unterscheiden sich im Hinblick auf das Verhältnis der mit der Überwachung beauftragten Personen oder Organe zu den zu überwachenden Objekten. Von Prüfung sprechen wir, wenn die Überwachung durch Personen oder Organe durchgeführt wird, die vom Überwachungsobjekt unabhängig sind. Bei Kontrolle erfolgt hingegen die Überwachung durch Personen oder Organe, die vom Überwachungsobjekt abhängig sind.

Die Abhängigkeit kommt dabei durch die Einbindung der Kontrolle in den normalen Betriebsablauf und die Durchführung der Kontrolle durch den Mitarbeiter, der auch für die Ergebnisse des Prozesses verantwortlich ist, zum Ausdruck. Prüfung ist hingegen nicht in den normalen Betriebsablauf eingebunden und wird durch außenstehende Personen durchgeführt. Außenstehende Personen können dabei einmal Mitarbeiter der Unternehmung sein. Dann handelt es sich um interne Revisoren. Oder es kann sich um externe Personen handeln, insbesondere externe Wirtschaftsprüfer.

Funktionen der Überwachung sind einmal die Information. Es sollen Abweichungen von einer vorgegebenen Norm festgestellt werden bzw. es soll bestätigt werden, daß Abweichungen von einer Norm nicht gegeben sind. Im Rahmen einer weiteren Funktion, der Sicherungsfunktion, sollen potentielle Normabweichungen dadurch verhindert oder erschwert werden, daß diejenigen, auf die sich die Überwachungsmaßnahmen beziehen, vorbeugend zum normgerechten Handeln und Verhalten veranlaßt werden.

Häufiger als von Planung und Überwachung spricht man allerdings vom Begriffspaar Planung und Kontrolle. Der Begriff Kontrolle hat dann eine etwas andere Bedeutung. Auch hier ist Kontrolle als Soll-Ist-Vergleich zu verstehen, ob das Geplante erreicht wird. Die Kontrolle kann sich dabei auf die Ergebnisse beziehen (Ergebniskontrolle), auf den Planfortschritt (Planfortschrittskontrolle) sowie die Prämissen (Prämissenkontrolle). Planung und Kontrolle bedingen sich dann gegenseitig. Kontrolle ohne Planung ist aufgrund fehlender Sollwerte nicht möglich. Planung ohne Kontrolle ist wenig sinnvoll.

Es gibt allerdings auch einen weiteren Begriff für Kontrolle, den man beispielsweise verwendet, wenn man von „Kontrolltheorie" spricht. Dieser Kontrollbegriff ähnelt dem den man verwendet, wenn man davon spricht, daß eine Unternehmung einen Markt „kontrolliert". Dann führt sie da keine Soll-Ist-Vergleiche durch, sondern sie beherrscht ihn. In dieser Begriffsverwendung wäre Kontrolle ein Überbegriff für Planung und Überwachung. Man beherrscht den Markt dadurch, daß man systematisch auf ihn hin plant und die Erreichung der Maßnahmen überwacht.

2.11 Grundzüge ausgewählter Planungs- und Entscheidungsmodelle

In der betriebswirtschaftlichen Entscheidungslehre sind zahlreiche Modelle bekannt, die bei der Modellierung spezifischer Entscheidungssituationen helfen sollen und die es erlauben, gute, möglichst beste Entscheidungen zu finden. Die Struktur besonders wichtiger Modelle soll hier kurz angesprochen werden.

2.11.1 Das entscheidungstheoretische Grundmodell für Entscheidungen bei Sicherheit, Risiko und Ungewißheit

Das Grundmodell der Entscheidungstheorie ist die Entscheidungsmatrix (vgl. Abb. 2-17). Dieses Modell stellt auf abzählbare Handlungsalternativen und Umweltzuständen ab. Im Falle von (reellwertigen) Instrumentalvariablen und Umweltzuständen wä-

Kap. 2: Grundzüge der betriebswirtschaftlichen Entscheidungslehre

re deren Quantisierung erforderlich, was mit einem Genauigkeitsverlust verbunden wäre. Dieser Genauigkeitsverlust kann, wie bereits erläutert, mittels Stufung verringert werden.

		Zustände						
		s_1	s_2	. . .	s_j	. . .	s_m
Alternativen (Strategien)	a_1	u_{11}	u_{12}	. . .	u_{1j}	. . .	u_{1m}
	a_2	u_{21}	u_{22}	. . .	u_{2j}	. . .	u_{2m}
	.	.	.	.	.	.	.
	.	.	.	.	.	.	.
	a_i	u_{i1}	u_{i2}	. . .	u_{ij} (e_{ij})	. . .	u_{im}
	.	.	.	.	.	.	.
	.	.	.	.	.	.	.
	a_n	u_{n1}	u_{n2}	. . .	u_{nj}	. . .	u_{nm}

a_i, i = 1, 2, ..., n (die verschiedenen Handlungsalternativen)
s_j, j = 1, 2, ..., m (die verschiedenen möglichen Umweltzustände)
u_{ij}, i = 1, 2, ..., n; j = 1, 2, ..., m (der sich bei Wahl von a_i und Eintreffen von s_j
ergebende Nutzen)

Abb. 2-17: Entscheidungsmatrix

Im Rahmen dieses entscheidungstheoretischen Grundmodelles werden drei Informationsstände unterschieden, und zwar Sicherheit, Risiko und Ungewißheit.

Bei Sicherheit sind die Konsequenzen der gewählten Handlungsalternative exakt bekannt, bei Risiko sind nur Wahrscheinlichkeitsverteilungen der Konsequenzen bekannt und bei Ungewißheit fehlt auch diese Vorstellung über Wahrscheinlichkeitsverteilungen.

Im einfachen Falle macht man diesen Informationsstand an den Umweltzuständen fest. Bei Sicherheit ist bekannt, welcher Umweltzustand eintritt, bei Risiko ist bekannt, mit welcher Wahrscheinlichkeit die m verschiedenen Umweltzustände eintreten, bei Ungewißheit sind zwar die m verschiedenen möglichen Umweltzustände bekannt, nicht aber deren Eintrittswahrscheinlichkeiten.

Der bei Wahl der Alternative a_i und Eintreten des Umweltzustandes s_j dann entstehende Nutzen u_{ij} wird in diesem vereinfachten Modell als exakt bekannt angenommen. In komplizierteren Modellen werden auch hier wiederum die drei Fälle Sicherheit, Risiko und Ungewißheit unterschieden.

Wichtig ist, daß sich die Unterscheidungen zwischen Sicherheit, Risiko und Ungewißheit jeweils auf das formulierte Modell beziehen. Das Metaproblem, ob das Modell die reale Entscheidungssituation wirklich wiedergibt, bleibt davon unberührt. Obwohl man innerhalb des Modelles von Entscheidung unter Sicherheit spricht kann es sein, daß mögliche Handlungsalternativen und mögliche Umweltzustände im Modell nicht berücksichtigt wurden.

Die Entscheidungstheorie gibt Handlungsempfehlungen für die Auswahl der Handlungsalternativen in den verschiedenen Situationen. Sehr einfach ist die Situation bei

Entscheidung unter Sicherheit, wenn also der eintretende Umweltzustand (s_j) exakt bekannt ist. Die Entscheidungsregel lautet dann $\max_i u_{ij}$.

Bei Entscheidung unter Risiko sind, wie gesagt, die Eintretenswahrscheinlichkeiten der verschiedenen Umweltzustände und damit Nutzenwerte bekannt. Bezeichnet man mit p_j die Wahrscheinlichkeit für das Eintreten des Zustandes s_j, so ist die Empfehlung an einen Entscheidungsträger, der den Erwartungswert seiner Handlungen maximieren will, $\max_i \sum_{j=1}^{m} u_{ij} \cdot p_j$

Ein Metaproblem ist, inwiefern eine Maximierung des Erwartungswertes überhaupt sinnvoll ist. Generell läßt sich sagen, daß dies nur dann der Fall ist, wenn ausreichend viele gleichgelagerte Entscheidungssituationen auftreten werden, so daß sich das Gesetz der großen Zahl ausreichend auswirkt. Ist dies nicht der Fall, ist die Angelegenheit wesentlich komplizierter. Dann helfen Verfahren zur Berücksichtigung des Risikoverhaltens des Entscheidungsträgers (Risikoaversion, Risikoneutralität, Risikopräferenz) weiter.

Bei Entscheidung unter Ungewißheit hat der Entscheider keinerlei Information, welcher der als möglich bekannten Zustände der Umwelt eintreten wird. Für diesen Fall sind eine Reihe recht unterschiedlicher Entscheidungsregeln vorgeschlagen worden. Besonders bekannt ist die Maximin-Regel $\max_i \min_j u_{ij}$.

Dieser Regel nach werden in der Matrix die Zeilenminima gesucht. Das Maximum dieser Zeilenminima charakterisiert die auszuwählende Handlung. Diese Entscheidungsregel führt zur Wahl einer Handlung mit einem möglicherweise niedrigen Nutzen, der aber selbst bei ungünstigstem Umweltzustand nicht unterschritten werden kann.

Bei einem negativen Nutzenkriterium, etwa Kosten, lautet die entsprechende Regel, die auch als Minimax-Regel bezeichnet wird $\min_i \max_j u_{ij}$.

Für Entscheidungsträger, die weniger pessimistisch oder vorsichtig sind, sind andere Entscheidungsregeln entwickelt worden, die man in der Literatur findet. (siehe z. B. Bamberg/Coenenberg 2000, S. 104ff.)

2.11.2 Grundmodelle der Spieltheorie

Im entscheidungstheoretischen Grundmodell ist der Nutzen abhängig von der gewählten Alternative und dem eintretenden Umweltzustand. Im Grundmodell der Spieltheorie ist der Nutzen abhängig von der gewählten Alternative und der von einem bewußt handelnden Gegenspieler gewählten Alternative. Anstelle des Umweltzustandes des entscheidungstheoretischen Grundmodells tritt also die vom Entscheider B gewählte Alternative b_j, j = 1, 2, ..., m (vgl. Abb. 2-18).

In Abb. 2-18 ist ein sog. Nullsummenspiel dargestellt. u_{ij} charakterisiert dann gleichermaßen einen Vorteil des Spielers A wie auch einen gleichhohen Nachteil für Spieler B. Spieler A könnte, im Rahmen einer Maximinstrategie, die Zeilenminima maximieren. Spieler B könnte, im Rahmen einer Minimaxstrategie, die Spaltenmaxima minimieren. Sind beide identisch, gibt es für A und B keine bessere Lösung, sie werden die Alternativen beibehalten. Wir haben ein determiniertes Spiel.

		\multicolumn{8}{c}{Alternativen (Strategien) des Spielers B}
		b_1	b_2	.	.	b_j	.	.	b_m
	a_1	u_{11}	u_{12}	.	.	u_{1j}	.	.	u_{1m}
	a_2	u_{21}	u_{22}	.	.	u_{2j}	.	.	u_{2m}
Alternativen (Strategien) des Spielers A	a_i	u_{i1}	u_{i2}	.	.	$u_{ij}\,(e_{ij})$	.	.	u_{im}
	a_n	u_{n1}	u_{n2}	.	.	u_{nj}	.	.	u_{nm}

Abb. 2-18: Spielmatrix

Die Probleme werden schwieriger, wenn dies nicht der Fall ist. Sie werden noch schwieriger, wenn es sich um ein Nichtnullsummenspiel handelt. Die Schwierigkeit wächst weiter, wenn wir mehr als zwei Spieler haben. Denn dann taucht die Frage auf, inwiefern die Spieler gut daran tun, zu kooperieren. Kooperieren sie, taucht das schwierige weitere Problem auf, wie der Kooperationsgewinn auf die Spieler aufgeteilt werden soll. Die Spieltheorie behandelt damit höchst schwierige, aber auch interessante und bedeutsame Probleme.

2.11.3 Lineare, nichtlineare und ganzzahlige Modelle der mathematischen Programmierung

Die mathematische Programmierung behandelt das folgende Problem

$f(x_1, x_2, \ldots, x_n) \Rightarrow \text{Max (Min)}$

$g_j(x_1, x_2, \ldots, x_n) \leq 0, \quad j = 1, 2, \ldots, m$

$x_i \geq 0, \quad i = 1, 2, \ldots, n$

Die erste Zeile charakterisiert die Zielfunktion. Sie ist eine Funktion von - hier n - Instrumentalvariablen und zu extremieren, d.h. zu maximieren oder zu minimieren.

Die zweite Zeile symbolisiert m begrenzende Bedingungen. Es handelt sich um Ungleichungen in Abhängigkeit von den n Instrumentalvariablen.

Die letzte Zeile fordert, daß die n Instrumentalvariablen nicht negativ werden dürfen.

Handelt es sich bei der Zielfunktion und allen m Restriktionsgleichungen um lineare Funktionen, haben wir ein Problem der linearen Optimierung. Für solche Probleme stehen sehr leistungsfähige Algorithmen zur Verfügung, beispielsweise der Simplex-Algorithmus. Ein konkretes Beispiel wird im Zusammenhang mit der operativen Produktionsprogrammplanung in Abschnitt 3.7.2 behandelt.

Sobald auch nur eine der genannten Funktionen, der Zielfunktion oder der Restriktionen, nichtlinear ist, haben wir ein Problem der nichtlinearen Optimierung. Der Aufwand zur exakten Lösung solcher Probleme ist um ein Vielfaches höher als der zur Lösung linearer Probleme.

Von ganzzahligen Modellen der mathematischen Programmierung spricht man, wenn die Instrumentalvariablen nur ganzzahlige Werte annehmen können. Selbst wenn in diesem Fall alle Funktionen linear sind, wir also den Fall ganzzahliger linearer Optimierung haben, wird auch hier ein wesentlich größerer Rechenaufwand erforderlich. Ähnlich wie bei der nichtlinearen Optimierung erfordert die Lösung i.d.R. die Lösung einer sehr großen Zahl linearer Optimierungsprobleme. Ähnlich ist die Situation, wenn ein Teil der Instrumentalvariablen ganzzahlig, der andere reellwertig ist. Mittels ganzzahliger (0-1-) Variablen können auch logische Abhängigkeiten erfaßt werden.

2.11.4 Mehrstufige Entscheidungen, Entscheidungsbäume und dynamische Optimierung

2.11.4.1 Mehrstufige Entscheidungen

Mehrstufige bzw. sequentielle Entscheidungen sind dadurch charakterisiert, daß jede Entscheidung die zukünftigen Entscheidungen beeinflußt.

Genau betrachtet ist das in der Betriebswirtschaft eher die Regel als die Ausnahme. Schon der Zeitablauf bringt es mit sich, daß bei Entscheidungen der Periode n der Zustand des Betriebes Anfang der Periode n berücksichtigt werden muß. Und dieser ist Ergebnis der Entscheidungen der Periode n-1. Von sequentiellen Entscheidungen spricht man aber erst, wenn im Zusammenhang mit den Entscheidungen der Periode n-1 auch die dann notwendigen Entscheidungen der Periode n und evtl. folgender Perioden mit berücksichtigt wurden, wenn also über mehrere Perioden geplant wird.

Die Mehrstufigkeit braucht aber nicht aus der zeitlichen Interdependenz zu resultieren. Sie kann sich auch aus einer logischen Abhängigkeit ergeben. Die Entscheidung, eine bestimmte Mitarbeiterzahl dem Projekt A zuzuordnen, reduziert die Zahl noch disponibler Mitarbeiter und beeinflußt damit die Entscheidungen im Hinblick auf die Zuordnung zu den parallel laufenden Projekten B, C, ...

Um solche sequentiellen Entscheidungsprobleme zu lösen, stehen die dynamische Optimierung sowie Entscheidungsbaumverfahren zur Verfügung.

2.11.4.2 Dynamische Optimierung

Grundgedanke der dynamischen Optimierung ist es, das mehrstufige Gesamtproblem dadurch zu lösen, daß man mehrere einstufige Probleme hintereinander löst. Dies ist einfacher, obwohl dabei gleichzeitig eine wesentlich größere Zahl von Entscheidungsproblemen gelöst wird. Grundlage des Ansatzes ist das Anfang der 50er Jahre von dem Mathematiker Richard Bellman formulierte Optimalitätsprinzip: „Eine optimale Politik, d. h. eine optimale Reihenfolge von Entscheidungen, hat die Eigenschaft, daß unabhängig vom Anfangszustand und von den Anfangsentscheidungen, die noch verbleibenden Entscheidungen eine optimale Politik bezüglich des aus den ersten Entscheidungen resultierenden Zustandes bilden." (übersetzt aus Bellman 1961, S. 86)

Der Ansatz läßt sich zum einen als rekursive Modellbildung einordnen: Eine optimale Politik enthält optimale Teilpolitiken. Daraus resultiert zum anderen die Möglichkeit einer rekursiven Ermittlung der optimalen Politik aus optimalen Teilpolitiken, konkret der Ermittlung eines optimalen n-stufigen Entscheidungsprozesses aus optimalen (n-1)-, (n-2)-, ..., 2-, 1-stufigen Entscheidungsprozessen.

Dieser sehr breit anwendbare Lösungsansatz soll exemplarisch für die Wahl eines Transportweges dargestellt werden. (vgl. Abb. 2-19) Die Wahl eines Transportweges ist meist ein solches sequentielles Entscheidungsproblem. Denn der Gesamttransportweg besteht aus Teilwegen. Mit der Wahl eines Teilweges gelangt man an einen bestimmten Ort (als Beispiel für einen „Zustand"). Natürlich ist die Wahl des nächsten Teilweges abhängig von diesem Ort.

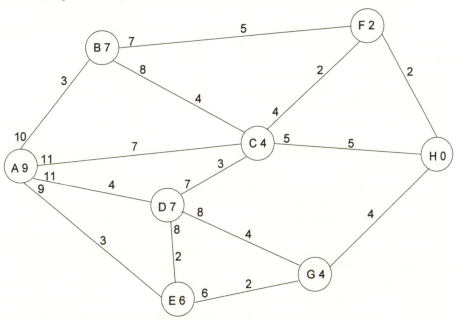

Abb. 2-19: Dynamische Optimierung eines Transportweges

Die Knoten in Abb. 2-19 charakterisieren für ein kleines Transportwegenetz Orte, die Kanten die Verbindungen zwischen diesen. In der Mitte der letzteren sind die jeweiligen Fahrtdauern für diese Verbindung zwischen den beiden Orten eingetragen. Mittels dynamischer Optimierung wird der zeitminimale Transportweg von Ort A nach Ort H ermittelt.

Am Anfang jeder Wegstrecke zum nächsten Ort steht die bei Nutzung dieser Wegstrecke dann erforderlich werdende minimale Rest-Fahrtdauer bis zum Ort H. Bestehen von einem Ort aus mehrere Möglichkeiten der Weiterfahrt, so ist die erforderliche Mindestfahrzeit von diesem Ort aus gleich dem Minimum dieser minimalen Rest-Fahrtdauern. Das ist im Falle von Ort C das Minimum aus 5 und 4, also 4. Denn es erweist sich als günstiger, über F zu fahren. Die Fahrt dorthin erfordert 2 Zeiteinheiten, die (minimale) Rest-Fahrtdauer von dort nach H 2 weitere. Sollten wir also auf unserer (optimalen) Tour nach C kommen, werden wir auf jeden Fall über F nach H weiterfahren. Das ist letztlich eine Konsequenz des Optimalitätsprinzips von Bellman. Ob C allerdings auf der optimalen Fahrtroute liegt, entscheidet sich erst, nachdem vollkommen durchgerechnet wurde.

Auf diese Weise ist für jeden Ort die minimale Fahrtzeit zum Endort H errechnet und eingetragen. Die günstigste Route von A nach H erhält man dann, indem man von A aus für jeden Ort diejenige Strecke wählt, die das Minimum der minimalen Rest-Fahrtdauern aufweist, also den gleichen Wert, wie er im Knoten steht. Das ist im vorliegenden Fall die Route A-E-G-H mit einer Dauer von 9 Zeiteinheiten.

Anhand von Abb. 2-19 können auch nochmals die vorgenannten Vorteile der Lösung nach dem Optimalitätsprinzip erläutert werden. Das Problem liegt darin, einen aus bis zu 4 Teilwegen bestehenden Transportweg, also ein bis zu 4-stufiges Entscheidungsproblem zu lösen. Man löst es als einstufige Entscheidungsprobleme, indem man die jeweils beste nächste Strecke sucht.

Im Rahmen der Ermittlung des optimalen Transportweges von A nach H ermittelt man aber ein noch umfassenderes Transportproblem. Man ermittelt nämlich die günstigste Fahrtroute von jedem der Orte der Abb. 2-19 zum Zielort H. Dies kann durchaus nützlich sein. Stellt man bspw. nachträglich fest, daß man wegen Sperrung der Strecke E-G nach D umgeleitet wird, kennt man den weiteren Weg von D. Man fährt dann über C und nicht über G.

2.11.4.3 Sequentielle Entscheidungsprobleme als Entscheidungsbaumprobleme

In Abb. 2-20 ist das zuvor behandelte Transportwege-Problem als Entscheidungsbaum dargestellt und mittels Entscheidungsbaumverfahren gelöst. Offensichtlich läßt sich jedes Netz der dynamischen Optimierung in Form eines solchen Entscheidungsbaumes aufspreizen. Deshalb rechnen manche Autoren die dynamische Optimierung auch zu den Entscheidungsbaumverfahren. Dies geschieht hier nicht, da der dynamischen Optimierung eine andere Philosophie i.S. einer „optimalen Bewegung im Zustandsraum" zugrunde liegt. Ein Vergleich der Abb. 2-19 und 2-20 läßt auch erahnen, daß sich der Entscheidungsbaum mit zunehmender Knotenzahl des Wegenetzes rasch wesentlich vergrößert. Damit erhöht sich auch der Rechenaufwand wesentlich. Das gilt zumindest bei der hier verwendeten Vollenumeration, bei der alle Lösungswege berücksichtigt werden.

Eine Reduktion des Rechenaufwandes bei Vollenumeration kann durch Anwendung von Branch-and-Bound-Techniken erreicht werden. Sie verfolgen Entscheidungssequenzen nicht mehr weiter, wenn es offensichtlich bereits bessere gibt. Angenommen, die Wegstrecken der Abb. 2-20 wären von unten nach oben errechnet, man kenne also schon die Lösung A-E-G-H und ihre Teillösungen. Die Berechnung des Weges A-D-E-G-H würde dann bei E abgebrochen, weil schon der Weg von A über D nach E 6 Zeiteinheiten umfaßt, während der direkte Weg von A nach E nur 3 Zeiteinheiten umfaßt, man also auf diesem Weg wesentlich schneller nach E kommt. Jede Tour, die als Teiltour den Weg nach E über D enthält, scheidet somit aus der weiteren Betrachtung und Berechnung aus.

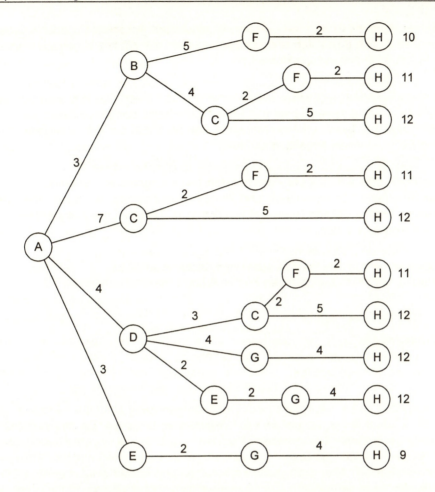

Abb. 2-20: Das Transportproblem der Abb. 2-19 als Entscheidungsbaumproblem

Abschließend erwähnt sei, daß es mehrstufige Entscheidungsprobleme gibt, bei denen man nicht mit Sicherheit von einem Zustand in den anderen gelangt und bei denen die Kantengewichte, in unserem Beispiel die Zeitdauern, nicht exakt bekannt sind, sondern für die nur Wahrscheinlichkeitsverteilungen existieren. Auch dazu stellen die dynamische Optimierung sowie die Entscheidungsbaumverfahren - stochastische - Lösungsansätze zur Verfügung.

2.11.5 Graphentheorie und Netzpläne

2.11.5.1 Graphentheorie

Die in den Abb. 2-19 und 2-20 enthaltenen Darstellungen lassen sich auch als spezielle Graphen ansehen. Denn Graphen i.S. der Graphentheorie sind allgemein Netzwerke aus Kreisen, die man dort Knoten nennt, und diese Kreise verbindenden Strecken, die man in der Graphentheorie Kanten nennt. Sind die Kanten nur in eine Richtung gerichtet, wir sprechen dann von Pfeilen, handelt es sich um gerichtete

Graphen. Andernfalls sprechen wir von ungerichteten Graphen. Ungerichtete Graphen lassen sich durch Verdopplung der ungerichteten Kanten in gerichtete Pfeile auf gerichtete Graphen zurückführen.

Aus Sicht der Graphentheorie handelt es sich in Abb. 2-20 um einen zusammenhängenden, ungerichteten Graphen mit 8 Knoten und 14 Kanten. Das Netzwerk der Abb. 2-19 wird in der Graphentheorie als „Baum" bezeichnet. Bei einem Baum führt von jedem Knoten zu jedem anderen Knoten nur ein Weg, d.h. nur eine Kante oder eine Folge von aufeinander folgenden Kanten.

Offensichtlich lassen sich zahlreiche Tatbestände in diese formale Struktur von Graphen hinein abbilden. Beispiele sind betriebliche Leitungszusammenhänge, Kommunikationssysteme, Transportnetze und Produktstrukturen. Man kann mit ihnen Tatbestände anschaulich darstellen, aber auch viele Berechnungen vornehmen. So kann man etwa ermitteln:

- ob ein Knoten Z von einem Knoten A aus erreichbar ist,
- welches der kürzeste Weg zwischen den Knoten A und Z ist,
- welcher Güterfluß zwischen den Knoten A und Z maximal möglich ist.

2.11.5.2 Netzplantechnik

Als Unterfall der Graphentheorie lassen sich auch die in der Projektplanung häufig verwendeten Netzpläne ansehen und behandeln. Allerdings wurde die Netzplantechnik und ihre verschiedenen Verfahren unabhängig von der Graphentheorie konzipiert.

Die Netzplantechnik dient der Planung und Überwachung komplexer Projekte, die aus einer Vielzahl von Vorgängen bzw. Teilprojekten bestehen. Sie kommen insbesondere bei größeren Bauvorhaben einschließlich großer industrieller Anlagen sowie bei Großveranstaltungen bzw. umfassenden betrieblichen Reorganisationsmaßnahmen zum Einsatz. Aber auch große Forschungs- und Entwicklungsprojekte, umfassende Wartungsmaßnahmen, Umrüstmaßnahmen und ähnliches können hier genannt werden. Die drei bekanntesten Netzplantechniken sind CPM (Critical Path Method), PERT (Program Evaluation and Review Technique) und MPM (Metra Potential Methode).

Die Projektplanung läßt sich aufteilen in eine Strukturplanung, eine Zeitplanung, eine Kapazitätsplanung und eine Kostenplanung. Die Netzplantechniken konzentrieren sich auf die Strukturplanung und die Zeitplanung.

Im Rahmen der Strukturplanung werden die einzelnen Teilprojekte und Aktivitäten und ihre Beziehungen zueinander herausgearbeitet. Man kann auch sagen, daß das Projekt als System abgebildet wird. Ergebnis dieser Strukturplanung ist ein (möglicherweise mehrstufiges, vgl. dazu Abb. 1-4) Netzwerk, das die einzelnen Teilprojekte bzw. Aktivitäten und deren Dauer darstellt. Bei CPM erfolgt die Darstellung der Vorgänge als Kanten, bei MPM, auf das wir uns im folgenden konzentrieren wollen, als Knoten. Die Abhängigkeiten zwischen den Aktivitäten werden in MPM als gerichtete Kanten dargestellt.Die Strukturplanung ist in Abb. 2-21 bereits mit den Rechtecken, den diese verbindenden Pfeilen und den Angaben in den Rechtecken über die Art der Aktivität und deren Dauer gegeben. Im Rahmen der Zeitplanung werden für die einzelnen Tätigkeiten die frühestmöglichen sowie spätesterlaubten Anfangs- sowie Endtermine errechnet. Im Gegensatz zu fortgeschrittenen Varianten von MPM gehen wir hier von Ende-Start-Beziehungen zwischen den Vorgängen aus, wobei der zeitliche Abstand zwischen dem Ende eines Vorgangs und dem Beginn des Nachfolgevorgangs Null sei.

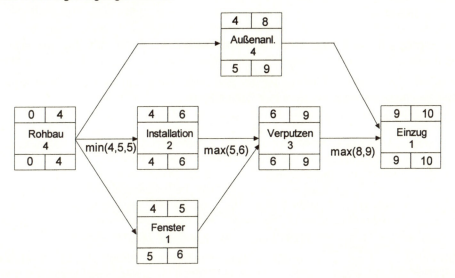

d: Dauer in Wochen
FAT: Frühestmöglicher Anfangstermin
FET: Frühestmöglicher Endtermin
SAT: Spätesterlaubter Anfangstermin
SET: Spätesterlaubter Endtermin

Abb. 2-21: Netzplan eines Bauprojektes

Zunächst werden im Rahmen der Vorwärtsrechnung für die einzelnen Aktivitäten j die frühestmöglichen Endtermine FET_j und die frühestmöglichen Anfangstermine FAT_j errechnet. Für die frühestmöglichen Endtermine gilt

$FET_j = FAT_j + d_j.$

Der frühestmögliche Anfangstermin einer Tätigkeit j ist gleich dem spätesten der frühestmöglichen Endtermine derjenigen Tätigkeiten (i), die abgeschlossen sein müssen, bevor die Tätigkeit j begonnen werden kann. Es gilt also

$FAT_j = \max_i (FET_i).$

Die Ermittlung der spätesterlaubten End- und Anfangstermine erfolgt rückwärts vom spätesterlaubten Endtermin der letzten Tätigkeit her. Als spätesterlaubter Endtermin der letzten Tätigkeit wird im allgemeinen, so auch in Abb. 2-21, der frühestmögliche Endtermin gesetzt. Den spätesten Anfangstermin einer Tätigkeit erhält man, indem man deren Dauer vom spätesten Endtermin abzieht:

$SAT_i = SET_i - d_i$

Der spätesterlaubte Endtermin einer Tätigkeit, die direkte Nachfolger hat (vgl. exemplarisch die Tätigkeit Rohbau) entspricht dem frühesten der spätesterlaubten Anfangstermine dieser nachfolgenden Tätigkeiten (j):

$$SET_i = \min_j (SAT_j)$$

Die Ergebnisse der Vorwärts- und Rückwärtsrechnung sind in Abb. 2-21 mit aufgenommen.

Aus den errechneten Terminen lassen sich noch verschiedene Pufferzeiten ermitteln, beispielsweise die gesamte Pufferzeit GP_j als

$$GP_j = SAT_j - FAT_j = SET_j - FET_j$$

Um diese Zeiteinheiten kann eine Aktivität verschoben werden, ohne daß sich die Fertigstellung des Gesamtprojektes verzögert. In unserem Beispiel der Abb. 2-21 haben die Aktivitäten Außenanlagen und Fenster jeweils eine Pufferzeit von einer Zeiteinheit. Im vorliegenden Fall haben sie, als „freie Pufferzeit" sogar noch die Eigenschaft, daß sie auf jeden Fall in Anspruch genommen werden können, ohne auch nur eine der folgenden Tätigkeiten zu verzögern. Denn der früheste Beginn der nachfolgenden Tätigkeiten ergibt sich aufgrund anderer Tätigkeitsketten.

Die Folge von Vorgängen, bei der der Gesamtpuffer Null beträgt, bezeichnen wir als kritische Vorgangsfolge. Verzögerungen bei diesen kritischen Vorgängen führen zu einer Verzögerung des Gesamtprojektes. Da Verzögerungen der Bereitstellung der Projektleistung zu Konventionalstrafen und erhöhten Kapitalbindungskosten führen können, sollte man beim Ablauf des Projektes den Fortschritt dieser Vorgänge besonders genau beachten.

2.11.6 Entscheidung bei Mehrfachzielen

In Entscheidungssituationen sind sehr oft mehrere Ziele zu berücksichtigen. Erstens kann es sein, daß mehrere Endziele relevant sind, etwa die als Zielsystem der Unternehmung (vgl. Abschnitt 2.5.4) herausgearbeiteten. Zweitens kann es sein, daß wir zwar ein Endziel, beispielsweise Gewinnmaximierung, verfolgen, aber die Auswirkung der Erreichung der Zwischenziele auf das Endziel nicht kennen. Das ist beispielsweise der Fall bei der Investition in Informations- und Kommunikationssysteme. Für diese können wir recht gut die Kosten, die Ausfallsicherheit, die Erweiterbarkeit und andere Zielgrößen ermitteln. Wie diese Größen sich aber auf den Gewinn der Unternehmung auswirken, ist angesichts der komplexen Wirkungsketten, insbesondere über die Verbesserung der Entscheidungsprozesse, nicht ermittelbar. Die folgenden Überlegungen helfen in einer solchen Entscheidungssituation bei Mehrfachzielen weiter.

Angenommen, man möchte sich ein neues Auto anschaffen und habe als wesentliche Bewertungskriterien die Ziele "Billiges Fahren" (Unterhaltungskosten) sowie "Schnelles Fahren" (Geschwindigkeit) gewählt. Diese Zielkriterien sind im folgenden zweidimensionalen Koordinatensystem abgebildet. Würden mehr als drei Ziele in Betracht zu ziehen sein, wäre eine graphische Veranschaulichung der gesamten Problemstruktur nicht möglich.

Nach der Analyse der angebotenen Wagen trägt man diese als Alternativenmenge a mit den resultierenden Zielerreichungswerten in das Koordinatensystem ein. (siehe

Abb. 2-22) Der Entscheider sucht nun diejenige Alternative, die im Hinblick auf beide Ziele optimal ist. Sicherlich würde man gerne beide Ziele maximieren. Leider ist aber das schnellste Fahrzeug (2) ein anderes als das für billigstes Fahren (3). Es sind deshalb weitere Überlegungen erforderlich.

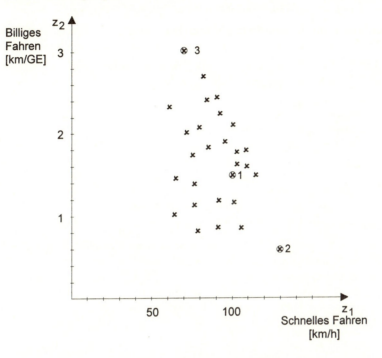

Abb. 2-22: Handlungsalternativen im zweidimensionalen Zielraum

Zur Formalisierung des Problems können die Zielerreichungswerte der maximal N relevanten Ziele Z (hier ist N = 2) der Handlungsmöglichkeiten a zu einem Vektor zusammengefaßt werden.

$Z(a) = [Z_1(a), Z_2(a), ..., Z_N(a),]$

Relevante Ziele sind in diesem Zusammenhang jene Ziele, deren Ausprägungen in Abhängigkeit der unterschiedlichen Werte der Handlungsalternativen variieren. Ziele, deren Ausprägungen durch die Entscheidungsalternativen nicht beeinflußt werden, müssen nicht berücksichtigt werden. Angestrebt wird nun, daß dieser Wert Z(a) möglichst groß bzw. bei Kostenkriterien möglichst klein wird. Formal ausgedrückt heißt die Zielsetzung

$Z(a) \Rightarrow$ "max"

Man bezeichnet diese Problemstellung auch als Vektor-Maximum-Problem, da der Vektor der Zielerreichungswerte maximiert werden soll. Wie wir bereits gesehen haben ist eine besondere Vorgehensweise erforderlich. Ein erster Ansatz ist die Anwendung von Effizienz- bzw. Dominanzbetrachtungen.

Eine Alternative dominiert eine andere, wenn die Erreichungswerte der ersten Alternative hinsichtlich aller Ziele größer oder gleich und hinsichtlich mindestens eines Zieles größer sind als jene der zweiten Alternative. Von Interesse sind nur jene Alternativen, die nicht dominiert werden. Man bezeichnet diese Alternativen auch als effizient. Eine Handlungsalternative ist effizient hinsichtlich der untersuchten Zielkriterien, wenn es keine andere Handlungsalternative gibt, die zumindest ein Ziel weitergehend erreicht, ohne zugleich im Hinblick auf mindestens ein weiteres Ziel eine geringere Ausprägung des Zielerreichungswertes aufzuweisen.

Bezogen auf unser Beispiel erkennt man, daß Alternative 1 durch die Alternativen 4, 5 und 6 dominiert wird. Sie gehört daher nicht zur Menge der effizienten Alternativen. Diese liegen vielmehr auf der strichliert eingezeichneten Kurve, die auch als effizienter Rand bezeichnet wird. (siehe Abb. 2-23)

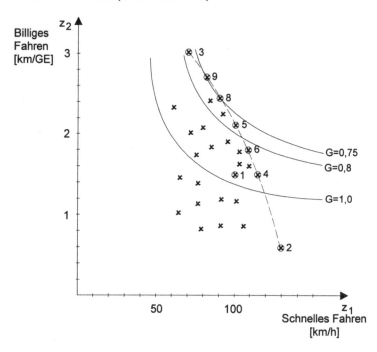

Abb. 2-23: Effizienter Rand und Zielgewichtung als Lösungsansätze bei mehrfacher Zielsetzung

Die Ermittlung der effizienten Alternativen führt zu einer Reduktion der weiterhin zu berücksichtigenden Alternativen. Sind alle Zielkriterien erfaßt, so reicht es - unter rationalen Gesichtspunkten - aus, nur die effizienten Alternativen weiter zu betrachten. Diese Eingrenzung des Alternativenraumes erfolgt wertfrei, d. h. die Abgabe von Werturteilen des Entscheidungsträgers im Sinne einer Zielgewichtung ist nicht erforderlich.

Die weitere Einengung des Alternativenraumes und die Auswahl der besten Handlungsalternative erfordert anschließend jedoch zusätzliche Informationen darüber, welche Bedeutung der Entscheidungsträger den einzelnen Zielen beimißt. Da es letztlich auf einen Kompromiß zwischen den Zielsetzungen hinausläuft bezeichnet man die Ansätze auch als Kompromißmodelle. Man unterscheidet im wesentlichen die folgenden Verfahren:

- Interaktive Bewertung der Alternativen: Jeweils zwei Alternativen werden verglichen. Die bessere wird dann wiederum mit einer weiteren Alternative verglichen.
- Vorgabe von Intervallen für die Zielerreichungswerte: Durch Vorgabe von Mindestwerten für die Zielerreichungswerte und deren systematische Erhöhung wird die Menge verbleibender Alternativen zunehmend reduziert.
- Bildung einer idealen Alternative und anschließende Bestimmung der (realen) Alternative mit dem geringsten Abstand zu dieser Ideallösung.
- die multiattributive Nutzentheorie - und nur diese soll im folgenden etwas vertieft werden -, die z. B. in der Form von Scoring-Modellen, Nutzwertanalysen oder Punktbewertungsmodellen eine große Verbreitung erlangt hat.

Zweck der Anwendung der multiattributiven Nutzentheorie ist die Ermittlung eines Ersatzkriteriums, mit dessen Hilfe der Zielerreichungsvektor Z(a) zu einer skalaren[2], d. h. einfachen Größe G(a) für jede Alternative zusammengefaßt werden kann. Dazu werden Gewichtungsfaktoren g_i für die einzelnen Ziele Z_i genutzt. Bei additiver Zusammenfassung der gewichteten Zielwerte erhält man für den Gesamtnutzen G:

$$G(a) = \sum_i g_i \cdot Z_i(a)$$

Dürfen die Zielwerte nicht 0 werden, ist eine multiplikative Zusammenfassung sinnvoll. In unserem konkreten Beispiel kann unter Verwendung eines Stundensatzes für den Fahrer zur Gewichtung des Zieles Z_1 (schnelles Fahren) die folgende Zusammenfassung sinnvoll sein:

$$G\left[\frac{GE}{km}\right] = \frac{1}{z_1}\left[\frac{h}{km}\right] \cdot g_1 + \frac{1}{z_2}\left[\frac{GE}{km}\right]$$

Unter Vorgabe eines festen Wertes für den Zielerreichungswert G und den Wert z_1 sowie eines - hier mit 30 GE/h angenommenen - Satzes für den Gewichtungsfaktor g_1 können die entsprechenden Werte von z_2 berechnet und als Isokostenlinien in das Koordinatensystem eingetragen werden. Man erkennt, daß der Wagen 9 mit einer Geschwindigkeit von 82 km/h und 2,7 km/GE und damit einem Wert für G von leicht unter 0,75 die kostengünstigste Alternative ist. (siehe Abb. 2-23)

In diesem konkreten Fall konnte die Gewichtung unter Nutzung kardinal skalierter Kostengrößen vorgenommen werden. Die Zusammenfassung ist weitgehend unproblematisch. Die Gesamtkosten können hier als ein Oberziel von schnellem und billigem Fahren sinnvoll interpretiert werden.

Häufig kann man bei Entscheidungen mit mehrfacher Zielsetzung nur mit ordinal oder nominal skalierten Zielerreichungswerten arbeiten, d. h. die Ausprägungen einzelner Zielerreichungswerte können lediglich in eine Rangfolge, z. B. analog den Schulnoten gebracht werden oder nur in Klassen eingeteilt werden, die keine Rangfolge ausdrücken, z. B. die Farben rot, blau und grün. Die Aussagekraft der Werte ist insgesamt geringer, z. B. kann aufgrund nicht definierter Abstände bei ordinal skalierten Werten - streng genommen - kein arithmetisches Mittel berechnet werden. Eine sinnvolle Interpretation der resultierenden zusammengefaßten Werte gelingt nicht mehr ohne weiteres.

---

[2] Skalar: durch einen reellen Zahlenwert bestimmte Größe.

Darüber hinaus ist die Anwendbarkeit eines einfachen additiven Modells der Zusammenfassung unterschiedlicher Zielkriterien zu einer skalaren Größe durch Gewichtung an Voraussetzungen geknüpft: (Eisenführ/Weber 1999, S. 119ff.)

– Es muß bei nominal skalierten Werten sichergestellt sein, daß einfache Präferenzunabhängigkeit zwischen den einzelnen Zielkriterien gegeben ist. Die Bewertung hinsichtlich eines Zielkriteriums muß dann unabhängig von der Bewertung hinsichtlich eines anderen sein. Z. B. ist dazu erforderlich, daß man bei Auswahl eines Autos bei allen Modellen (BMW, VW, Mercedes) die Farbe schwarz vorzieht. Bevorzugt man dagegen bei einem BMW die Farbe rot, so ist die einfache Präferenzunabhängigkeit nicht gegeben. Die Addition der gewichteten Zielerreichungswerte ist dann nicht zulässig.

– Die Addition der gewichteten Zielerreichungswerte setzt darüber hinaus lineare Beziehungen voraus. Eine Erhöhung des Zielwertes (bspw. Einkommen) von 20.000 auf 25.000 schlägt sich bei Zielzusammenfassung und gleichem Gewicht genauso nieder wie eine Erhöhung von 95.000 auf 100.000. Bei halbem Gewicht muß eine Erhöhung von 15.000 auf 25.000 genauso bewertet werden wie bei einfachem Gewicht von 15.000 auf 20.000.

Gewichtungsverfahren sollten deshalb nicht leichtfertig, sondern nur in Kenntnis ihrer Implikationen verwendet werden. In der betriebswirtschaftlichen Praxis und auch in der betriebswirtschaftlichen Literatur erfolgt ihre Anwendung oft methodisch nicht einwandfrei, z.B. bei der Ermittlung mehrdimensionaler Punktbewertungsmodelle zur Bestimmung von Länderrisiken. (vgl. Schönert 1997, S. 92-119)

Schon dann, wenn ein einzelner Entscheidungsträger mehrere Ziele hat, entstehen die genannten Probleme. Sie verschärfen sich, wenn es sich um Gruppenentscheidungen handelt, in denen mehrere Entscheidungsträger mit divergierenden Zielen zusammenwirken. Hier tauchen dann zusätzlich die bereits im Zusammenhang mit der Spieltheorie angesprochenen Aspekte auf.

Und es können sogar äußerst paradoxe Situationen auftreten. Angenommen, in einem drittelparitätisch besetzten Entscheidungsgremium präferiere Gruppe I die Alternative 1 vor 2 vor 3. Gruppe II präferiere 2 vor 3 vor 1 und Gruppe III präferiere 3 vor 1 vor 2. Der der Gruppe I zugehörige Machiavelli als Sitzungsleiter würde zunächst entscheiden lassen, 1 vor 2 zu setzen und anschließend, 2 vor 3 zu setzen. Er erhielte im ersten Fall die Stimmen der Gruppen I und III, im zweiten Fall die Stimmen der Gruppen I und II und hätte damit die Präferenz der Gruppe I durchgesetzt.

Effizienz stellt darauf ab, die Dinge angesichts vorgegebener Kriterien richtig zu machen. Deshalb charakterisiert Drucker (1979, S. 44) efficiency als „doing things right". Eine Frage auf einem - übergeordneten - „Meta"-Niveau ist, ob die zugrunde gelegten Kriterien, Ziele bzw. Zwecke sinnvoll sind. Drucker spricht in dieser Hinsicht von „doing the right things" bzw. effectiveness. Angesichts der Mehrstufigkeit von Mittel-Zweck-Beziehungen ergibt sich dann unseres Erachtens die folgende (rekursive) Beziehung: Man macht die Dinge richtig, handelt also effizient, indem man die im Hinblick auf die übergeordnete Zwecksetzung richtigen Dinge macht, also effektiv handelt.

Ein Beispiel soll das erläutern: Man will unter Berücksichtigung von Ergiebigkeits- und Sparprinzip effizient im Hinblick auf das Ziel einer Kostenminimierung handeln.

Bei Kostenführerschaft als Wettbewerbsstrategie würde das bedeuten, die Dinge richtig zu tun. Man könnte aber auch eine Differenzierungsstrategie als Wettbewerbsstrategie wählen. Inwiefern tut man aber mit Kostenführerschaft bzw. Differenzierung die richtigen Dinge? Das hängt davon ab, ob man damit im Hinblick auf das gewählte übergeordnete Ziel, bspw. Gewinnmaximierung, richtig handelt (die Dinge richtig tut). Die Unternehmensleitung kann sich weiter fragen ob es im Sinne einer nachhaltigen Unternehmensexistenz richtiges Handeln ist, Gewinn zu verfolgen, oder ob auch die Ziele anderer Stakeholder und ökologische Aspekte einzubeziehen sind. Und die Wirtschaftspolitiker schließlich können hinterfragen, ob ein solches unternehmerisches Handeln richtiges Handeln (effizient) ist im Hinblick auf eine Sicherstellung der gesamtgesellschaftlichen Wohlfahrt.

Die Systemperspektive legt es nahe, eine solche Mittel-Ziel-Kette auch ins Kleine hin zu verfolgen. Dementsprechend kann man bspw. fragen, inwiefern es richtig ist, ein auf einen bestimmten Kundenbedarf abzielendes Produkt, beispielsweise einen Pkw, gerade aus diesen Bestandteilen zusammenzusetzen. Das läßt sich fortführen bis zu der Frage, inwiefern die Verwendung dieser oder jener Legierung richtig ist für das Teilprodukt Motorblock.

Oft werden sich allerdings nicht so relativ einfache hierarchisch-rekursive Beziehungen zwischen Effizienz und Effektivität ergeben, sondern es werden auch Ebenen überspringende Relationen existieren. Man denke etwa an ein Markensymbol auf dem Zifferblatt einer Uhr, das nicht den Funktionen des Ziffernblattes zuzuordnen ist, sondern dem Image der gesamten Uhr dient. Auch gibt es, insbesondere bei Betrachtung im Zeitablauf, Rückwirkungen übergeordneter Ziel- bzw. Kriterienebenen auf untergeordnete, wie sie beispielsweise in den Kreisstrukturen in Abbildung 2-5 angedeutet sind.

Literatur zu Kapitel 2

Bamberg, Günter; Coenenberg, Adolf Gerhard (2000): Betriebswirtschaftliche Entscheidungslehre, 10. Aufl., München 2000.

Drucker, Peter F. (1979): Management, London 1979.

Bellman, Richard (1961): Adaptive Control Processes - A guided tour, Princeton 1961.

Conant, Roger C.; Ashby, W. Ross (1970): Every Good Regulator of a System Must be a Model of that System, in: International Journal of Systems Sciences, 1/1970. Abgedruckt in: Klir, George (1991): Facets of Systems Sciences, New York 1991, S. 511-519.

Diederich, Helmut (1992): Allgemeine Betriebswirtschaftslehre, 7. Aufl., Stuttgart, Berlin und Köln 1992.

Dinkelbach, Werner; Kleine, Andreas (1996): Elemente einer betriebswirtschaftlichen Entscheidungslehre, Berlin u. a. 1996.

Eisenführ, Franz; Weber, Martin (1999): Rationales Entscheiden, 3. Aufl., Berlin u. a. 1999.

Gutenberg, Erich (1971): Grundlagen der Betriebswirtschaftslehre, 1. Band - Die Produktion, 18. Aufl., Berlin, Heidelberg, New York 1971.

Heidack, Clemens (1992): Vorschlagswesen, betriebliches, in: Gaugler, Eduard; Weber, Wolfgang (Hrsg.): Handwörterbuch des Personalwesens, 2. Aufl., Stuttgart 1992, Sp. 2299-2316.

Heinen, Edmund (1985): Einführung in die Betriebswirtschaftslehre, 9. Aufl., Wiesbaden 1985.

Heinen, Edmund (1991): Industriebetriebslehre als entscheidungsorientierte Unternehmensführung, in: Heinen, Edmund (Hrsg.): Industriebetriebslehre - Entscheidungen im Industriebetrieb, 9. Aufl., Wiesbaden 1991, S. 1-71.

Hoffmann, Heinz (1980): Kreativitätstechniken für Manager, München 1980.

Kosiol, Erich (1968): Einführung in die Betriebswirtschaftslehre - Die Unternehmung als wirtschaftliches Aktionszentrum, Wiesbaden 1968.

Mag, Wolfgang (1999): Planung, in: Vahlens Kompendium der Betriebswirtschaftslehre, Band 2, 4. Auflage, München 1999, S. 1-63.

Pfohl, Hans-Christian (1977): Problemorientierte Entscheidungsfindung in Organisationen, Berlin und New York 1977.

Schiemenz, Bernd (1982): Betriebskybernetik - Aspekte des betrieblichen Managements, Stuttgart 1982.

Schiemenz, Bernd (1993): Systemtheorie, betriebswirtschaftliche, in: Wittmann, Waldemar, et al. (Hrsg.): Handwörterbuch der Betriebswirtschaft, 5. Aufl., Teilband 3, Stuttgart 1993, Sp. 4127 - 4140.

Schiemenz, Bernd (1994): Hierarchie und Rekursion im nationalen und internationalen Management von Produktion und Information, in: Schiemenz, Bernd; Wurl, Hans-Jürgen (Hrsg.): Internationales Management - Beiträge zur Zusammenarbeit, Wiesbaden 1994, S. 285-305.

Schiemenz, Bernd; Lothar Seiwert (1979): Ziele und Zielbeziehungen in der Unternehmung, in: Zeitschrift für Betriebswirtschaft, 7/1979, S. 581-603.

Schönert, Olaf (1997): Frühaufklärung im internationalen Strategiekontext - Betriebliche Einsatzpotentiale von Informations- und Kommunikationstechnologien, Wiesbaden 1997.

Schwarze, Jochen (2001): Projektmanagement mit Netzplantechnik, 8. Aufl., Herne, Berlin 2001.

Seibt, Dietrich (1993): Informationsbetriebe, in: Handwörterbuch der Betriebswirtschaft, 5. Aufl., 1993, Sp. 1736 - 1748.

Staehle, Wolfgang H. (1998): Management - Eine verhaltenswissenschaftliche Perspektive, 8. Aufl., München 1998. (Überarbeitet von Peter Conrad und Jörg Sydow)

Steiner, Gerhard (1992): Lerntheorien, in: Handwörterbuch des Personalwesens, 2. Aufl., Stuttgart 1992, Sp. 1264-1274.

Stüdemann, Klaus (1993): Allgemeine Betriebswirtschaftslehre, 3. Aufl., München 1993.

Walger, Gerd; Schencking, Franz (2001): Wissensmanagement, das Wissen schafft, in: Schreyögg, Georg (Hrsg.): Wissen in Unternehmen - Konzepte, Maßnahmen und Methoden, Berlin 2001, S. 21-40.

Wild, Jürgen (1982): Grundlagen der Unternehmensplanung, 4. Aufl., Opladen 1982.

Wittmann, Waldemar (1969): Information, in: Grochla, Erwin (Hrsg.): Handwörterbuch der Organisation, Stuttgart 1969, Sp. 699-707.

Wöhe, Günter; Döring, Ulrich (2000): Einführung in die Allgemeine Betriebswirtschaftslehre, 20. Aufl., München 2000.

Thematische Zuordnung (sortiert nach dem Fortgang der Argumentation im Text)

Arten bzw. Typen betrieblicher Entscheidungen	– Heinen 1991, S. 23ff.
	– Pfohl 1977, S. 230ff.
Entscheidung, Entscheidungssituation	– Diederich 1992, S. 30-35
	– Wöhe/Döring 2000, S. 150ff.
Entscheidungsprozeß	– Heinen 1985, S. 51-53
Zieldimensionen	– Heinen 1985, S. 98-101
Zielbeziehungen	– Diederich 1992, S. 84ff.
	– Heinen 1985, S. 101-105
Ziele der betrieblichen Willensbildungszentren, Zielsystem der Unternehmung	– Diederich 1992, S. 84ff.
	– Schiemenz/Seiwert 1979, S. 581-603
Kreativitätstechniken	– Hoffmann 1980
Erklärungs- und Entscheidungsmodell	– Wöhe/Döring 2000, S. 38ff.
	– Diederich 1992, S. 24f. und 35f.
Information	– Schiemenz 1994, S. 291f.
	– Schönert 1997, S. 81ff.
Informationsgrad, unvollkommene Information	– Diederich 1992, S. 38-45
	– Kosiol 1968, S. 243-247
Regelung - Steuerung	– Diederich 1992, S. 61f.
	– Schiemenz 1993, Sp. 4132f.
Planung und Überwachung	– Mag 1999, S. 3-12

	– Wild 1982
	– Wöhe/Döring 2000, S. 192ff.
Grundmodell der Entscheidungstheorie	– Wöhe/Döring 2000, S. 154ff.
Spieltheorie	– Schiemenz 1982, S. 122ff.
Dynamische Optimierung	– Schiemenz 1982, S. 76ff.
Netzplantechnik	– Schwarze 2001, S. 101-116
Entscheidungen bei mehrfacher Zielsetzung	– Schiemenz 1982, S. 178ff.
	– Dinkelbach/Kleine 1996, S. 39ff. und 44ff.
	– Eisenführ/Weber 1999, S. 119ff.
Gruppenentscheidungen	– Eisenführ/Weber 1999, S. 335ff.

Übungsaufgaben zu Kapitel 2

2 (1) Erläutern Sie die charakteristischen Elemente von Entscheidungssituationen!

2 (2) Beschreiben Sie die Entscheidungssituation, in der Sie anläßlich der Wahl der Fachrichtung Ihres Studiums standen!

2 (3) Geben Sie eine kurze Erläuterung der Phasen des betrieblichen Entscheidungsprozesses!

2 (4) Ordnen Sie die folgenden Aktivitäten einzelnen Phasen des Entscheidungsprozesses zu!

   a) Die Geschäftsführung einer GmbH entscheidet auf der Basis eingegangener Angebote über die Beschaffung eines Betriebsmittels.

   b) Der Produktionsleiter stellt anhand des Produktionsinformationssystems einen Anstieg der Ausschußquote in der Produktion fest.

   c) Ein Druckindustriebetrieb bestellt bei einem Lieferanten verschiedene Druckpapiere.

   d) Der Assistent der Geschäftsleitung wurde mit der Aufgabe betraut, Alternativen für eine Kapazitätsausweitung zu erarbeiten und Konsequenzen der einzelnen Alternativen aufzuzeigen.

2 (5) Inwiefern beeinflussen Informationssystem, Zielsystem und Sozialsystem die verschiedenen Phasen des Entscheidungsprozesses?

2 (6) Geben Sie eine kurze Erläuterung der Ihnen bekannten Zielbeziehungen!

2 (7) Nennen Sie wichtige Ziele, die Unternehmungsleitung, Mitarbeiter und Kapitaleigner durch die Unternehmung erreichen wollen!

2 (8) Beschreiben Sie die Kreativitätstechniken Brainstorming und Synektik!

Kap. 2: Grundzüge der betriebswirtschaftlichen Entscheidungslehre 83

2 (9) Ermitteln Sie, unter Verwendung der morphologischen Methode, alternative Möglichkeiten zur Errichtung eines "Computerladens"!

2 (10) Was versteht man unter einem

    a) Beschreibungsmodell

    b) Erklärungsmodell

    c) Entscheidungsmodell?

2 (11) Erläutern Sie anhand von Beispielen mögliche Gründe für die Unvollkommenheit der Informationen eines Entscheidungsträgers!

2 (12) Beschreiben Sie den Regelkreis und geben Sie ein Beispiel!

2 (13) Beschreiben Sie anhand eines Beispiels das Grundprinzip der rollenden und integrierten Planung!

2 (14) Ein Unternehmen soll Waren vom Ort A zum Ort L transportieren. An den Kanten des nachfolgenden Wegenetzes sind die Entfernungen zwischen den zu durchfahrenden Orten angegeben. Ermitteln Sie mittels dynamischer Optimierung den Weg von A nach L mit der geringsten Gesamtstrecke!

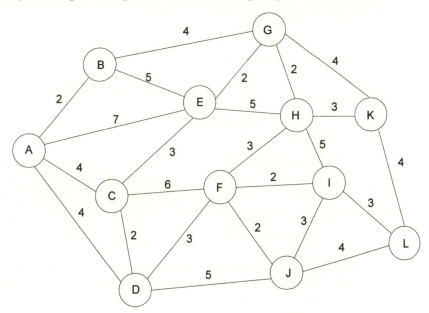

2 (15) Gegeben sei der folgende Netzplan eines Projektes.

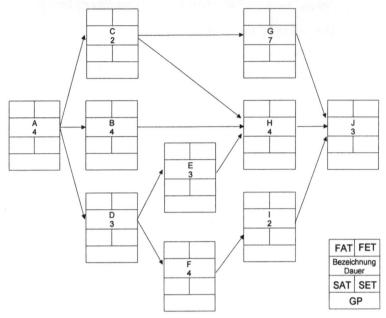

a) Ermitteln Sie die frühesten und spätesten Termine der Vorgänge sowie die zugehörige Gesamtpufferzeit.

b) Kennzeichnen Sie den Verlauf der kritischen Vorgangsfolge.

2 (16) In der folgenden Vorgangsliste sind die Tätigkeiten für den Bau eines Wohnhauses aufgeführt.

Vorgang Nr.	Vorgangbezeichnung	Dauer in Zeiteinheiten	Vorgänger (Vorgangnr.)	Nachfolger (Vorgangnr.)
1	Erdarbeiten	1	-	2
2	Fundamente und Rohbau	11	1	3 und 4
3	Dachstuhl errichten	2	2	5
4	Installationsarbeiten	8	2	6
5	Dachdeckerarbeiten	1	3	6
6	Fenster und Türen einsetzen	1	4 und 5	7, 8 und 9
7	Garten anlegen	1	6	11
8	Innenputz	2	6	10
9	Außenputz	3	6	11
10	Anstrich der Fenster und Türen	3	8	11
11	Einzug	1	7, 9 und 10	-

a) Erstellen Sie anhand der Vorgangsliste einen zugehörigen Vorgangknotennetzplan!

b) Ermitteln Sie die frühesten und spätesten Termine sowie die Gesamtpufferzeiten aller Vorgänge! Kennzeichnen Sie die kritische Vorgangsfolge.

2 (17) Gegeben seien die folgenden 10 Alternativen mit den im Koordinatensystem abgetragenen Zielerreichungswerten.

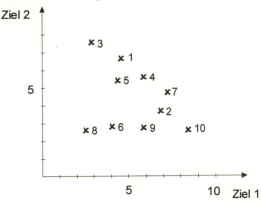

a) Erläutern Sie den Dominanzbegriff und den Effizienzbegriff im Kontext von Entscheidungssituationen bei mehrfacher Zielsetzung.

b) Geben Sie aus der oben aufgeführten Alternativenmenge Beispiele für dominierende, dominierte und effiziente Alternativen an.

2 (18) Zeigen Sie Möglichkeiten auf, die im Rahmen von Entscheidungssituationen bei mehrfacher Zielsetzung eine Auswahl unter den effizienten Alternativen methodisch unterstützen.

2 (19) Stellen Sie Zweck und Vorgehensweise der multiattributiven Nutzentheorie dar!

2 (20) Da Ihr bisheriges Auto nicht mehr fahrtüchtig ist, beschließen Sie, einen Gebrauchtwagen zu kaufen. Die für Sie relevanten Zielkriterien Kilometerstand, Höchstgeschwindigkeit, Sicherheit, Fahreigenschaften, Ausstattung und Betriebskosten mit den zugehörigen Erreichungsgraden finden Sie in der nachfolgenden Tabelle. Zu den Zielkriterien Sicherheit, Fahreigenschaften und Ausstattung sind jeweils die Merkmalsausprägungen angegeben, die den von Ihnen als unerläßlich definierten Standard überschreiten.

Zielkriterium	Alternative 1	Alternative 2	Alternative 3
Kilometerstand [km]	50.000	40.000	30.000
Höchstgeschwindigkeit [km/h]	190	180	170
Sicherheit	Airbag, Seitenaufprallschutz	Airbag, Seitenaufprallschutz, ABS	Airbag
Fahreigenschaften		ausgezeichnetes Kurvenverhalten	ausgezeichnetes Kurvenverhalten, guter Geradeauslauf
Ausstattung	Klimaanlage, Zentralverriegelung		Klimaanlage
Betriebskosten und Abschreibungen [GE/km]	0,40	0,45	0,50

a) Wie könnte man eine derartige Entscheidung methodisch unterstützen? Konkretisieren Sie einen möglichen Lösungsansatz für das obige Problem aus Ihrer persönlichen Sicht!

b) Welche Alternative bevorzugen Sie und warum? Diskutieren Sie Vor- und Nachteile der von Ihnen angewendeten Methodik!

3 Grundzüge der Produktionswirtschaft

In Kapitel 1 wurde der Begriff der Produktion bereits kurz angesprochen. Den weiteren Ausführungen in diesem, Kapitel wollen wir eine präzisierte Definition der Produktion zugrundelegen. „Unter Produktion verstehen wir die Kombination und Transformation von Produktionsfaktoren (Einsatzgütern) nach bestimmten Verfahren zu Produkten (Ausbringungsgütern). Sowohl die Einsatzgüter als auch die Ausbringungsgüter können materielle Güter (Sachgüter) oder/und immaterielle Güter (Arbeitsleistungen, Dienstleistungen, Informationen) sein." (Schiemenz 1996, Sp. 895) Als zentrale Elemente sind an der Produktion also Produktionsfaktoren, Produktionsverfahren und Produkte beteiligt, auf die wir in diesem Kapitel genauer eingehen werden.

3.1 Zur Abhängigkeit von Produktion, Beschaffung und Absatz

Bevor wir uns der Produktion zuwenden, wollen wir deren Abhängigkeit von den anderen betrieblichen Funktionsbereichen ins Auge fassen. Momentan zeichnet sich die Mehrzahl der Märkte durch eine Knappheit an Nachfrage aus. Damit wird der Absatzmarkt zur wesentlichen Determinante für die Produktion, d. h. die Absatzmöglichkeiten der Unternehmung am Markt bestimmen die Produktion nach Art und Menge. Die Produktion determiniert wiederum größtenteils die Beschaffung, d. h. man beschafft jene Mengen an Produktionsfaktoren, die zur Erstellung der geplanten Produktionsmenge erforderlich sind.

Andererseits können nur die Produktionsfaktoren eingesetzt werden, die auch beschafft wurden. Insofern determiniert die Beschaffung auch die Leistungserstellung. Eine derartige Knappheit auf den Beschaffungsmärkten war in früheren Zeiten von größerer Bedeutung, als statt der heute dominierenden Nachfragermärkte bei vielen Produkten sogenannte Anbietermärkte existierten. In dieser Marktsituation bestand eine der Hauptaufgaben der Unternehmung darin, für die Beschaffung der knappen Produktionsfaktoren, insbesondere der Betriebsmittel und der Werkstoffe zu sorgen.

Der Beschaffungs- und insbesondere der Absatzbereich haben damit auch eine besondere Bedeutung für Lenkungsprozesse in der Produktion. Daher müssen Entwicklungen im Absatzbereich der Unternehmung in der Produktion berücksichtigt werden. Eine grundlegende Erscheinung im Absatzbereich ist die im Zeitablauf schwankende Nachfrage nach Produkten. Derartige Schwankungen können verursacht werden durch saisonale Einflüsse, Modetrends, Kaufkraftschwankungen der Nachfrager usw. Hinsichtlich der Reaktion auf diese Schwankungen im Absatzbereich hat man grundsätzlich zwei Alternativen.

Erstens können die Schwankungen im Absatzbereich durch (evtl. mit zeitlicher Verzögerung einsetzende) gleichartige Schwankungen der Produktionsmenge nachvollzogen werden. Man nennt diese Form der Abstimmung zwischen Absatz und Produktion auch Synchronisation. Siehe dazu Abbildung 3-1, in der beispielhaft sinusförmige Schwankungen dargestellt sind, die auf einen saisonalen Trend hindeuten.

Eine Synchronisation zwischen diesen beiden Systemen würde im Extrem eine reine Auftragsfertigung bedeuten, d. h. die Produktion würde erst beginnen, wenn ein Kunde einen Auftrag erteilt hat. In vielen Industriebereichen ist dies aufgrund der

Spezifität der Leistung unumgänglich, z. B. im Spezialwerkzeugmaschinenbau. Der gesamte Dienstleistungsbereich erfordert, aufgrund der schwach ausgeprägten Lagerfähigkeit, eine synchrone Abstimmung, bspw. können Beratung und Verkauf in einem Handelsbetrieb nur durchgeführt werden, wenn der Kunde diese nachfragt.

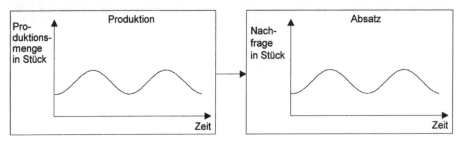

Abb. 3-1: Synchronisation von Produktion und Absatz

Einem Industriebetrieb stehen drei grundlegende Alternativen zur Realisierung derartiger Synchronisationsmaßnahmen zur Verfügung, die nach Gutenberg als Arten der Anpassung an den Beschäftigungsgrad bezeichnet werden. Es sind dies die intensitätsmäßige, zeitliche und quantitative Anpassung. Wir werden darauf in Abschnitt 3.4.2 noch genauer eingehen.

Emanzipation stellt die zweite Möglichkeit bei der Abstimmung von Produktion und Absatz dar. Die Emanzipation der Produktion vom Absatz bedeutet eine zeitliche Entkoppelung. (siehe Abbildung 3-2) Es werden kontinuierlich gleichbleibende Mengen produziert, die dem Durchschnittsabsatz entsprechen. Schwankungen in der Nachfrage werden durch Lagerhaltung aufgefangen. Jene Produktionsmenge, die die abgesetzte Menge übersteigt, wird zwischengelagert. In Zeiten, in denen die Produktionsmenge die Nachfrage unterschreitet, werden die Güter dem Lager entnommen und veräußert.

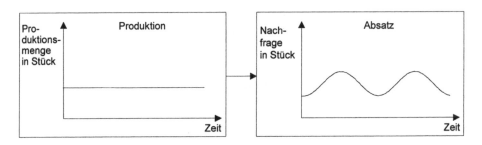

Abb. 3-2: Emanzipation von Produktion und Absatz

Die Beschaffung kann in analoger Weise auf eine zeitlich schwankende Produktion abgestimmt werden. Eine Synchronisierung der beiden Systeme würde bedeuten, daß die Beschaffungsmengen im gleichen Maße schwanken, wie die jeweils im Produktionsprozeß benötigten Faktormengen. Das kann soweit gehen, daß Unternehmungen - wir finden das in der Automobilindustrie - ihre Zulieferer verpflichten, täglich auf Abruf die an diesem Tage benötigten Mengen anzuliefern. (Just-in-time-Prinzip) Bei derartiger Beschaffungspolitik läßt sich das Beschaffungslager auf einen

Sicherheitsbestand reduzieren, der nur kurzfristige Ausfälle in der Lieferbereitschaft der Lieferanten oder eventuelle Transportstockungen kompensieren soll. Die Emanzipation der Beschaffung von der Produktion läuft auf eine zeitliche Loslösung der Beschaffung von der Leistungserstellung hinaus. Es werden kontinuierlich gleichbleibende Mengen beschafft, die dem Durchschnittsverbrauch in der Produktion entsprechen. Schwankungen in der Produktion werden durch Lagerhaltung aufgefangen.

3.2 Produktionsfaktoren, Produktionsverfahren und Produkte als Elemente betrieblicher Produktion

3.2.1 Die benötigten Produktionsfaktoren

3.2.1.1 Klassifikation nach Gutenberg

Güter, die im Produktionsprozeß eingesetzt werden, bezeichnet man als Produktionsfaktoren. Aus volkswirtschaftlicher Sicht wurden Produktionsfaktoren häufig in die Klassen Arbeit, Boden und Kapital eingeteilt. Gutenberg konzipiert aufbauend darauf eine für industrielle Prozesse der Sachgüter- und Dienstleistungsproduktion besser geeignete Klassifikation der Produktionsfaktoren. Er unterscheidet die drei Elementarfaktoren menschliche Arbeitsleistungen, Arbeits- und Betriebsmittel sowie Werkstoffe. Durch Kombination der Produktionsfaktoren dieser drei Klassen im Produktionsprozeß erfolgt die Transformation zum Produkt, dem wichtigsten Ergebnis der Produktion. (Gutenberg 1971, S. 2ff.)

Den Elementarfaktor menschliche Arbeitsleistung im Betrieb gliedert Gutenberg in zwei voneinander verschiedene Arten von Arbeitsleistungen auf, und zwar einmal in die objektbezogenen menschlichen Arbeitsleistungen, zum anderen in die dispositiven Arbeitsleistungen. Unter objektbezogenen Arbeitsleistungen werden alle diejenigen Tätigkeiten verstanden, die unmittelbar mit der Leistungserstellung, mit der Leistungsverwertung und mit finanziellen Aufgaben im Zusammenhang stehen, also ausführende Arbeitsleistungen. So stellen etwa die Verrichtungen an Werkstücken, z. B. an einer Drehbank oder an einem Montageband objektbezogene menschliche Arbeitsleitungen dar. Weitere Beispiele sind die Tätigkeiten eines Buchhalters, eines Konstrukteurs, eines Chemikers, auch Verhandlungen zum Zwecke der Aufnahme einer Anleihe durch eine Führungskraft. Objektbezogene menschliche Arbeitsleistungen dienen also aus produktionswirtschaftlicher Sicht unmittelbar der Erstellung der betrieblichen Leistung.

Bei dispositiver Arbeitsleistung handelt es sich um Tätigkeiten, die mit der Leitung und der Lenkung der arbeitsteilig ausgeführten betrieblichen Vorgänge zusammenhängen. Diese dispositive Funktion obliegt aber nicht nur der Geschäftsleitung. Auch der Arbeitnehmer am Arbeitsplatz im Fertigungsbereich ohne Führungsaufgaben plant und organisiert seine eigene Arbeit und erfüllt damit dispositive Funktionen. Der Anteil der aufgewendeten Zeit für dispositive Tätigkeiten an der gesamten Arbeitszeit ist aber relativ gering. Führungskräfte wenden dagegen den Großteil ihrer Arbeitszeit für dispositive Funktionen auf, z. B. zur Abstimmung der arbeitsteilig ausgeführten Produktionsprozesse. Als Beispiel dafür, daß auch Mitglieder der Geschäftsleitung objektbezogene menschliche Arbeitsleistungen erbringen, nennt Gutenberg die bereits erwähnte Aufnahme einer Anleihe.

Man kann also feststellen, daß tendenziell mit höherer Stellung in der Leitungshierarchie der Unternehmung der Anteil an objektbezogener Arbeit abnimmt und der an dispositiver Arbeit zunimmt. Trotz allem erbringen auch Führungskräfte objektbezogene Arbeitsleistungen und Nicht-Führungskräfte dispositive Arbeitsleistungen. (siehe dazu Abb. 3-3)

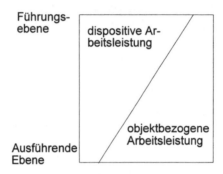

Abb. 3-3: Anteile dispositiver bzw. objektbezogener Arbeitsleistung in Abhängigkeit von der Hierarchieebene

Unter dem zweiten Elementarfaktor Arbeits- und Betriebsmittel faßt Gutenberg alle Einrichtungen und Anlagen zusammen, welche die technische Voraussetzung zur Leistungserstellung bilden. Zu den Arbeits- und Betriebsmitteln gehören alle bebauten oder unbebauten Grundstücke des Betriebes, die Gesamtheit aller maschinellen Apparaturen, wie z. B. Arbeits- und Kraftmaschinen, Behälter, Öfen, Fördereinrichtungen. Zu den Arbeits- und Betriebsmitteln zählt Gutenberg auch die sogenannten Betriebsstoffe, die bei der Produktion verbraucht werden, aber nicht in das Endprodukt eingehen, z. B. Kohle, Dieselöl, Elektrizität, Schmierstoffe. (Gutenberg 1971, S. 3f.) Eine derartige Zuteilung der Betriebsstoffe zu den Arbeits- und Betriebsmitteln wird allerdings nicht von allen Autoren vorgenommen. Vielfach werden derartige Betriebsstoffe den Werkstoffen zugerechnet.

Unter dem dritten Elementarfaktor Werkstoffe faßt man alle Rohstoffe, Hilfsstoffe, Halb- und Fertigerzeugnisse zusammen, die als Ausgangs- oder Grundstoffe für die Herstellung von Erzeugnissen benötigt werden. Sie werden nach Vornahme von Form- und Substanzänderungen oder nach dem Einbau in ein Fertigerzeugnis Bestandteile des neuen Produktes.

Speziell von Rohstoffen spricht man, wenn es sich um Werkstoffe handelt, die entweder in völlig unbearbeitetem Zustand oder nach der Vornahme gewisser, die grundlegenden Eigenschaften des Materials nicht wesentlich verändernder Veredelungen zur Fabrikation dienen. Werkstoffe treten aber auch als halbfertige oder fertige Erzeugnisse, wie Armaturen, Zubehörteile usw., auf. Dies gilt allerdings nur, sofern sie als Bestandteil neuer Erzeugnisse Verwendung finden. Unter Hilfsstoffen versteht man Güter, die zwar ebenfalls Bestandteil des Endproduktes werden, aber einen derart geringen Anteil aufweisen, daß eine gesonderte Erfassung nicht lohnt,

z. B. Leim bei der Möbelproduktion. (Wöhe/Döring 2000, S. 276) Abschließend sei darauf hingewiesen, daß auch Abfallstoffe (Ungüter) des gleichen oder anderer Betriebe Werkstoffe sein können, wenn sie Bestandteil neu erstellter Produkte werden.

Der besseren Übersicht halber seien die Unterteilungen der Produktionsfaktoren nach Gutenberg in der Abb. 3-4 zusammengefaßt.

	(Dispositive) Arbeit als		(Objektbezogene) Arbeitsleistungen	Betriebsmittel	Werkstoffe
Organisation	Planung	Geschäfts- und Betriebsleitung			
Derivative Faktoren			Originäre Faktoren		
Dispositive Faktoren			Elementarfaktoren		

Abb. 3-4: Produktionsfaktorsystem nach Gutenberg (Kern 1988, S. 123)

Für den Betriebsprozeß werden die drei Elementarfaktoren menschliche Arbeitsleistung, Betriebsmittel und Werkstoffe sowie der aus dem Faktor menschliche Arbeitsleistung abgeleitete dispositive Faktor benötigt. Aus dem dispositiven Faktor können noch die Faktoren Planung und Organisation abgeleitet werden. Gutenberg bezeichnet daher Planung und Organisation als derivative Faktoren. Planung bedeutet nach Gutenberg, „... das von der Geschäfts- und Betriebsleitung Gewollte in die rationalen Formen betrieblichen Vollzuges umzugießen." Organisation faßt er dagegen als konkrete, betriebliche Umsetzung der im Rahmen der Planung als möglich und erwünscht beschriebenen Maßnahmen auf. (Gutenberg 1971, S.148)

3.2.1.2 Andere Klassifikationen der Produktionsfaktoren

Die in Anlehnung an Gutenberg vorgenommene Klassifikation der Produktionsfaktoren ist nicht die einzige, die im Bereich der Wirtschaftswissenschaften existiert. Die Klassiker der Volkswirtschaftslehre, wie Adam Smith und David Ricardo unterscheiden beispielsweise die Produktionsfaktoren Arbeit, Boden und Kapital. Kapital ist im Sinne von erstellten Produktionsmitteln zu verstehen. Die ältere Betriebswirtschaftslehre übernahm diese Klassifikation, subsumierte aber Grund und Boden unter den Faktor Kapital, weil Grund und Boden nur in der Landwirtschaft direkt produktiv sind. Diese grobe Gliederung in Arbeit und Kapital blieb jedoch unbefriedigend, weil wichtige Einsatzfaktoren der industriellen Produktion nicht hervorgehoben wurden.

Aus diesem Grunde ergänzte Mellerowicz diese beiden Faktoren um den Faktor Organisation, der die systematische Zuordnung von Menschen zu Aufgaben bzw. Kapital vornimmt. (Mellerowicz 1968, S. 80) Die arbeitsteilige Betriebswirtschaft ist nur zur Leistungserstellung fähig, wenn eine Koordination von Betriebsmitteln, Werkstoffen und Menschen erfolgt. Erst durch die Strukturierung dieser Faktoren, durch die planvolle Zuordnung, durch ihre Organisation ergibt sich die Fähigkeit der Betriebswirtschaft zur Leistungserstellung. Die erläuterte Gliederung von Gutenberg baut auf diesem Ansatz von Mellerowicz auf und entwickelt ihn weiter unter Zugrundelegung eines modifizierten Begriffes der Organisation.

Kern ergänzt die oben behandelte Systematik von Gutenberg um weitere Faktoren. Dies erscheint sinnvoll, weil die Bedeutung von Dienstleistungen und Information in der industriellen Produktion stark angewachsen ist. (siehe Abb. 3-5)

1. Elementarfaktoren

   a) Objektbezogene Arbeit(-sleistungen)
      aa) Physische Arbeitsleistungen
      ab) Geistige Arbeitsleistungen

   b) Betriebsmittel i.w.S.
      ba) Ohne Abgabe von Werkverrichtungen
         - materielle Potentiale (z.B. Grundstücke, Gebäude)
         - immaterielle Potentiale (z.B. Kenntnisse, Wissen, Rechte)
      bb) Mit Abgabe von Werkverrichtungen
         - durch Nutzung (z.B. Maschinen, Kessel)
         - durch Verbrauch (z.B. Energie, Betriebsstoffe)

   c) Objektfaktoren (branchenabhängige Leistungsobjekte)
      ca) Verarbeitungsstoffe (z.B. Verbrauchsmaterial) ⎫
      cb) Bearbeitungsobjekte ⎬ Werkstoffe
         - Sachgüter (z.B. Montagematerial) ⎭
         - Personen
         - Kenntnisse
      cc) Durchlaufobjekte (Regiefaktoren) bzw. beigestellte Objekte

2. Dispositive Faktoren (Arbeitsleistungen)

   a) Betriebs- und Geschäftsleitung (irrational)

   b) Derivative Faktoren (rational)
      - Planung
      - Organisation
      - Kontrolle

3. Zusatzfaktoren (Fremdbezogene Dienste und Umweltbeanspruchung)

4. Nominalfaktoren (Geldmittel als Barliquidität)

   a) Für Zahlungsmittelnutzung (z.B. bei Banken)
   b) Für Versicherungsleistungen (Liquidität) ⎫ z.B. bei Versicherungen
   c) Für Sicherheitsleistungen ⎭

5. Information

Abb. 3-5: Betriebswirtschaftliche Systematik von Produktionsfaktoren (in Anlehnung an Kern/Fallaschinski 1979, S. 17f. und Kern 1988, S. 125)

Die Betriebsmittel werden weiter differenziert in aktive und passive Einheiten. Während unter aktiven Betriebsmitteln die bereits von Gutenberg berücksichtigten Maschinen zur Sachgüterproduktion zu verstehen sind, führt Kern immaterielle Betriebsmittel, wie z. B. Patente oder das Know-how zur Beherrschung bestimmter Produktionsprozesse, neu ein.

Eine Erweiterung gegenüber dem Faktorsystem von Gutenberg stellen die sogenannten beigestellten Objekte dar, worunter bspw. ein Auto zu verstehen ist, das zwecks Instandsetzung als Bearbeitungsobjekt in einer Kfz-Werkstatt dient. Ebenfalls berücksichtigt sind Regiefaktoren, z. B. der Faktor Ware im Handelsbetrieb, die nicht unmittelbar weiterverarbeitet werden, sondern die zusammen mit einem Bündel erbrachter Dienstleistungen an die Kunden weiterveräußert werden. Diese beiden Erweiterungen beinhalten zwei der für die Dienstleistungsbetriebe typischen externen Faktoren. Diese externen Faktoren sind einerseits zur Erbringung der Dienstleistung erforderlich. Andererseits können sie nur in Grenzen durch den Dienstleistungsbetrieb beeinflußt werden, da man darauf angewiesen ist, daß der Kunde sein Auto zur Reparatur in die Werkstatt bringt.

Durch Einbeziehung der sogenannten Zusatzfaktoren (Dienstleistungen Fremder, z. B. durch Kreditinstitute oder Versicherungen, indirekte Unterstützungsleistungen bspw. durch den Staat und die Umweltbeanspruchung) berücksichtigen Kern/Fallaschinski den Trend zur Nutzung von Dienstleistungen anderer Unternehmen und die zunehmend als knapp empfundene Umwelt. Darüber hinaus gelingt es, durch Hereinnahme der Nominalfaktoren die Eignung des Faktorsystems für Banken und Versicherungen sicherzustellen. Abschließend wird der gestiegenen Bedeutung der Information durch die Einbeziehung als Produktionsfaktor Rechnung getragen.

Insgesamt kann festgehalten werden, daß mit der erweiterten Systematik von Kern/Fallaschinski eine realitätsnähere Beschreibung der Einsatzgüter für Produktionsprozesse gelingt. Wir wollen uns jedoch in dieser Einführung in die Produktionswirtschaft auf das heute vielfach verwendete System der produktiven Faktoren Gutenbergs, aufgeteilt in die Elementarfaktoren menschliche Arbeitsleistung, Betriebsmittel und Werkstoffe und die dispositiven Faktoren Betriebs- und Geschäftsleitung, Planung und Organisation, konzentrieren.

3.2.1.3 Repetierfaktoren versus Potentialfaktoren

Von Bedeutung ist auch die Unterscheidung zwischen Repetierfaktoren und Verbrauchsfaktoren einerseits und Potentialfaktoren (Heinen 1988, S. 242) andererseits sowie deren Verhältnis zu den Produktionsfaktoren nach Gutenbergs Systematisierung.

Potentialfaktoren geben längerfristig Leistungen ab. Zu den Potentialfaktoren gehören in vollem Umfang die menschliche Arbeitskraft. Sie wird im Betriebsprozeß nicht verbraucht, sondern sie gibt dauerhaft Leistungen ab. Um die Leistungsabgabe sicherzustellen, sollte eine sinnvolle Zuordnung von Arbeitsaufgaben, sichere und ergonomische Arbeitsplatzgestaltung, zweckmäßige Pausen- und Urlaubsregelung usw. gefunden werden. Auf diese Weise werden Arbeitskräfte nur in einem Ausmaße belastet, das längerfristig aufrechterhalten werden kann. Zudem ist es zur Sicherung der Verfahrens- und Produktqualität wichtig, durch weitere Ausbildung den Arbeitskräften Gelegenheit zu geben, ihr Leistungspotential zu erhöhen.

Anders geartet ist die Situation bei den Betriebsmitteln. Hier muß man davon ausgehen, daß große Teile davon in einem begrenzten Zeitraum abgenutzt werden. Dieser Zeitraum reduziert sich seit der industriellen Revolution. Während bis zum 2. Weltkrieg die Lebensdauer von Werkzeugmaschinen etwa 30 Jahre war, muß man heute mit einer auf 5-10 Jahre reduzierten Lebensdauer rechnen, was sich allerdings insbesondere aufgrund technologischer Verbesserungen ergibt. Wichtigster Grund dafür sind die hohen Produktivitätsfortschritte der Informations- und Kommunikationstechnik, die in vielen industriellen Betriebsmitteln intensiv genutzt wird, und Betriebsmittel mit veralteten Prozessoren ökonomisch entwerten. Es ist also weniger eine durch erhöhten Verschleiß bedingte Reduktion der Lebensdauer, sondern vielmehr eine ökonomische Lebensdauerreduktion. Grundsätzlich können wir davon ausgehen, daß Betriebsmittel Leistungen über mehrere Jahre abgeben.

Diesen Potentialfaktoren stehen die Repetierfaktoren oder Verbrauchsfaktoren gegenüber. Sie werden im Produktionsprozeß verbraucht. Typisches Beispiel dafür sind die Werkstoffe, die nach dem Produktionsvorgang in der ursprünglichen Form nicht mehr existieren. Sie gehen substantiell in das Produkt ein. Werkstoffe werden bekanntlich in Rohstoffe und Hilfsstoffe unterteilt. Hilfsstoffe, die in das Endprodukt eingehen, haben jedoch keinen bedeutenden Anteil am Endprodukt, z. B. Leim bei der Möbelproduktion. Daneben gibt es aber auch Repetier- oder Verbrauchsfaktoren, die nicht substantiell in die Produkte eingehen. Ein Beispiel dafür ist ein Katalysator in einem chemischen Prozeß. Die Einordnung der Produktionsfaktoren als Repetier- oder Potentialfaktoren wird in Abb. 3-6 nochmals verdeutlicht.

Menschliche Arbeitskraft				Betriebsmittel		Werkstoffe
Geschäfts- und Betriebsleitung	Planung	Organisation	objektbezogene menschliche Arbeitsleistung	Maschinen, Werkzeuge, Gebäude, Grundstücke u. a.	Betriebsstoffe	Roh-, Hilfsstoffe, Halbfabrikate u. a.
Potentialfaktoren					Repetierfaktoren	

Abb. 3-6: System produktiver Faktoren nach Gutenberg (in Anlehnung an Ellinger/Haupt 1996, S. 8)

Man erkennt, daß die Klasse der Betriebsmittel nicht vollständig der Klasse der Potentialfaktoren zuzuordnen ist. Nicht alles, was Gutenberg im Begriff Betriebsmittel zusammenfaßt, kann auf Dauer genutzt werden. Gutenberg bezieht in dem Begriff Betriebsmittel auch die Betriebsstoffe (Brennstoffe, Schmiermittel) mit ein. In der Unterscheidung nach Potentialfaktoren und Verbrauchsfaktoren sind diese Betriebsstoffe den Verbrauchsfaktoren zuzurechnen.

3.2.2 Produktionsverfahren

Es kann in einem betriebswirtschaftlichen Werk nicht darum gehen, eine erschöpfende Darstellung aller Produktionsverfahren zu liefern. Vielmehr soll dem Leser ein Überblick über den Begriff des Produktionsverfahrens und wichtiger Klassifizierungsansätze von Produktionsverfahren gegeben werden.

Eversheim versteht unter (Produktions- oder Fertigungs-) Verfahren, die die Sachgüterfertigung bezwecken, zielgerichtete Verknüpfungen physikalischer, chemischer, biologischer und informationstechnischer Prozesse zur Gewinnung, Herstellung oder Beseitigung von Stoffen. (Eversheim 1996, Sp. 1542) Die Gesamtheit der Fertigungsverfahren teilt man nach DIN 8580 in sechs Hauptgruppen ein: (1) Durch Urformen sollen formlose Stoffe (Flüssigkeiten, Gase, Pulver usw.) in feste Körper umgewandelt werden (2) Beim Umformen wird ein fester Körper in seinem Erscheinungsbild verändert, wobei die Stärke des Zusammenhalts beibehalten wird (Druck-, Biege-, Schubumformen) (3) Durch das Trennen erfolgt eine Formänderung fester Körper durch lokale Herabsetzung des Zusammenhalts (z. B. Zerteilen, Spanen, Reinigen) (4) Fügen bedeutet, daß der Zusammenhalt zweier oder mehrerer Werkstücke durch Verbindungen (z. B. Pressen, Schweißen, Löten usw.) erhöht wird (5) durch Beschichten werden fest haftende Schichten zuvor formloser Stoffe auf ein Werkstück aufgebracht (6) Durch Stoffumwandlung werden auf chemischem oder mechanischem Wege (z. B. Verfestigen durch Wärmebehandlung) die Werkstoffeigenschaften verändert.

Eine weitere Möglichkeit zur Klassifikation von Produktionsverfahren geschieht nach der Art der Stoffverwertung eines Produktionssystems. Man unterscheidet danach analytische, synthetische und durchlaufende Fertigung. Im Rahmen analytischer Fertigung wird ein Ausgangsstoff in mehrere Bestandteile zerlegt. Ein typisches Beispiel ist eine Ölraffinerie, in der aus Erdöl durch Zerlegung bspw. Heizöl, Diesel, Benzin, Teer gewonnen werden. Weitere Beispiele sind die Stärkeproduktion (aus Mais oder Kartoffeln), Molkereien und Sägewerke. An den hier genannten Beispielen erkennt man, daß die zerlegende Verwertung typischerweise an naturnahen Werkstoffen ansetzt. (siehe auch Abb. 3-7) (Schäfer 1978, S. 22-27)

Anders geht man bei synthetischer Produktion bzw. Fertigung vor. Hier werden verschiedene Werkstoffe - in der Regel über mehrere Produktionsstufen - zu einem neuen Produkt zusammengesetzt. Typischer Fall synthetischer Fertigung ist die Produktion mehrteiliger Stückgüter, die mittels Fügen zusammengesetzt werden, z. B. Maschinenbau, Werkzeugindustrie, Motorenbau, Elektrogeräteindustrie, Informationstechnik, optische Industrie, Uhrenindustrie. Synthetische Produktion erfolgt jedoch auch in einem Mischprozeß, wenn verschiedene Werkstoffe nach einer speziellen Rezeptur zusammengefügt werden, z. B. in der Getränke-, Heilmittel- und Lackindustrie. (Schäfer 1978, S. 31-37)

Bei durchlaufender Produktion bleibt der aus der vorhergehenden Produktionsstufe als Einsatzfaktor übernommene Werkstoff zwar nicht völlig unverändert, ist jedoch im Anschluß an den Produktionsvorgang noch vorhanden. In einer Reinform dieses selteneren Falles findet lediglich eine Oberflächen- oder Formänderung statt, z. B. beim Prägen von Papier. In der Regel weisen derartige Prozesse jedoch Merkmale schwach synthetischer bzw. schwach analytischer Fertigung auf. (Schäfer 1978, S. 39-46)

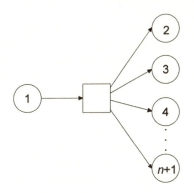

analytische Stoffverwertung

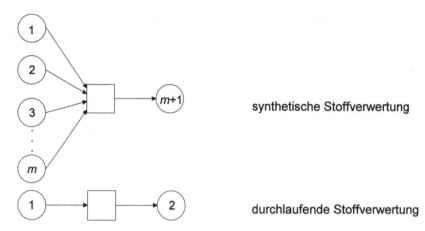

Abb. 3-7: Arten der Stoffverwertung (in Anlehnung an Dyckhoff 1994, S. 188 und Schäfer 1978, S. 20ff.)

Des weiteren lassen sich Produktionsverfahren nach dem Ausmaß der Verwirklichung des Massenprinzips differenzieren. Nach Schäfer unterscheidet man die vier Grundtypen der Massen-, Sorten-, Serien- und Einzelfertigung. Diese Grundtypen stellen unterschiedliche Abschnitte auf einem Kontinuum dar, zwischen denen fließende Übergänge bestehen.

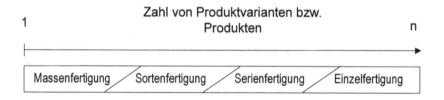

Abb. 3-8: Die Grundtypen der Realisierung des Massenprinzips

Die Massenfertigung läßt sich weiter differenzieren in eine reine Massenfertigung, bei der das gleiche Produkt fortlaufend erzeugt wird, und eine zeitlich wechselnde Massenfertigung. Beispiele für eine reine Massenproduktion sind Betriebe der Wassergewinnung und der Schwefelsäureproduktion. Dieser Grundtyp der Massenfertigung entspricht am ehesten der mikroökonomischen Vorstellung der Einproduktunternehmung, die wir im Zusammenhang mit der Produktionsfunktion vom Typ A noch kennenlernen werden. Genannt werden im Zusammenhang mit der reinen Massenfertigung auch Elektrizitätswerke. Allerdings ist zu bedenken, daß bei diesen Betrieben die Varianten von Tag- und Nachtstrom unterschieden werden müssen, die auch fertigungstechnisch unterschiedlich gehandhabt werden. Zeitlich wechselnde Massenfertigung bedeutet eine Fertigung nah verwandter Produkte in zeitlichem Nacheinander auf den gleichen Maschinen, z. B. Brauereien mit verschiedenen Bieren.

Im Zuge der Sortenfertigung erfolgt die Produktion fertigungstechnisch und materialmäßig eng verwandter Variationen eines Hauptproduktes auf mehreren Anlagen gleichen Typs. Beispiele für diesen Grundtyp sind Walzwerke oder Betriebe der Papiererzeugung, in denen Bleche bzw. Papiere in verschiedenen Stärken hergestellt werden. Zur zeitlich wechselnden Massenfertigung besteht ein fließender Übergang, wobei sich die Sortenfertigung durch eine größere Zahl der Varianten auszeichnet.

Die Serienfertigung läßt sich von der Sortenfertigung dadurch abgrenzen, daß sich die aufeinanderfolgenden Serien stärker voneinander unterscheiden als die oben angesprochenen Sorten. Diese größeren Unterschiede haben dann größere Umrüstvorgänge zur Folge. Typischerweise liegt Serienfertigung bei der Produktion komplexer mehrteiliger Stückgüter (z. B. Autos) - also synthetischer Fertigung - unter Nutzung einer mechanischen Technologie vor. Man bezeichnet die Serienfertigung auch als Vervielfältigungsfertigung, da zunächst Prototypen in Einzelfertigung erzeugt werden. Anschließend werden Formen und Werkzeuge angefertigt, die dann der Vervielfältigung dieses Produktes dienen, z. B. Fahrräder, Autos, Motoren, elektrische Haushaltsgeräte oder Radios. Der Grenzfall der Großserienfertigung nähert sich der Massenfertigung an, z. B. bei der Produktion einer Autoserie über viele Jahre, der Grenzfall der Kleinserienfertigung ähnelt der Einzelfertigung.

Beim vierten Grundtyp der Einzelfertigung (Maßanfertigung oder Sonderanfertigung) schneidet ein Betrieb auch komplexe Produkte auf die individuellen Kundenanforderungen zu. Häufig stellen diese Produkte für den Kunden Investitionsgüter dar, z. B. Werkzeugmaschinen. Die Einzelfertigung im Konsumbereich verliert dagegen an Bedeutung, z. B. Maßanzüge, könnte aber aufgrund neuer Technologien eine Renaissance erleben.

Mass Customization (kundenindividuelle Massenproduktion) stellt ein hybrides Konzept zwischen Massen- und Einzelfertigung dar, das insbesondere neuere Entwicklungen von Informationssystemen (World Wide Web, WWW) nutzt. Ausgehend von einer WWW-gestützten Erhebung von Kundenpräferenzen, bspw. im Rahmen einer Produktkonfiguration, werden die Daten zur kundenindiviuellen Erstellung des Produktes im Produktionssystem weitergenutzt. Charakteristisch ist, daß dieses individualisierte Produkt zu vergleichbaren Preisen wie herkömmlich, für eine anonyme Käufermenge erzeugte Produkte gefertigt wird. Den tendenziell höheren Fertigungskosten aufgrund der Individualisierung begegnet man durch Nutzung von Kosteneinsparpotentialen, z. B. aufgrund niedrigerer Warenbestände. Beispiele für Produkte, die auf der Basis von Mass Customization Konzepten gefertigt werden, sind individuell konfigurierte PCs der Firma Dell. (Reichwald/Piller 2002, S. 362ff.)

Die Fertigung komplexer mehrteiliger Stückgüter erfolgt typischerweise in mehreren Stufen. Allgemein gliedert man diese Abschnitte des industriellen Fertigungsprozesses in die Teilefertigung, die Baugruppen-, Modul- oder Vormontage und die Endmontage. Im Zuge der Teilefertigung werden benötigte Einzelteile produziert, z. B. Schrauben, Wellen, Züge, Blech- oder Kunststoffteile oder Speicherchips. In der Phase der Baugruppen-, Modul- oder Vormontage werden eigengefertigte oder extern beschaffte Einzelteile oder Baugruppen zu größeren Baugruppen oder Modulen zusammengesetzt. Beispiele dafür sind das Armaturenbrett, Achsen oder Sitze eines Autos. In der Phase der Endmontage werden dann die einzelnen Baugruppen und Module, eventuell ergänzt um weitere Einzelteile, zum Endprodukt zusammengesetzt. Das konkrete Ausmaß der hierarchischen Gliederung der Produktionsprozesse in einzelne Produktionsstufen ist abhängig von der Komplexität des Endproduktes, der Fertigungstiefe und der Fertigungsstrategie des Betriebes.

Während die Fertigungsverfahren der Sachgüterproduktion in vielfacher Hinsicht klassifiziert werden können, hat sich für die Produktion von Dienstleistungen noch keine allgemein akzeptierte Unterscheidung der Produktionsverfahren herausgebildet. Dies ist nicht zuletzt dadurch begründet, daß eine allgemein anerkannte Abgrenzung von Sach- und Dienstleistungen ebenfalls nicht existiert.

Charakteristisch erscheint uns erstens die Mehrstufigkeit des Produktionsprozesses. In einer Vorkombination von Produktionsfaktoren wird die Leistungsbereitschaft des Dienstleisters erzeugt. So werden die Verkaufsräume eines Handelsbetriebes täglich für den Verkauf an Kunden hergerichtet, indem bspw. die Waren neu präsentiert sowie die Verkaufsräume gereinigt, beleuchtet und beheizt werden. Zweitens muß für die eigentliche Endkombination, neben der Leistungsbereitschaft und weiterer unternehmensinterner Produktionsfaktoren, der sogenannte externe Faktor bereitstehen. Darunter faßt man beigestellte Objekte (z. B. das zu reparierende Auto eines Kunden) oder den Kunden selbst, wenn es sich um eine Beratungs- oder eine ärztliche Behandlungsleistung handelt, zusammen. Das Ergebnis dieser Endkombination manifestiert sich am externen Faktor. (Corsten 1996, Sp. 340-342)

3.2.3 Produkte

Die Produkte sind das eigentliche Zielobjekt der betrieblichen Tätigkeit. Sie sind häufig Bestandteil des Sachzieles der Unternehmung, z. B. der Bau von Wohnhäusern bei einer Bauunternehmung oder Finanzdienstleistungen einer Bank.

Eine erste wichtige Differenzierung industrieller Produkte (Sachgüter) setzt am Merkmal der Gestalt und des Aufbaus der hergestellten Produkte an. Man unterscheidet die wesentlichen Formen der Stück- und Fließgüter. Als Stückgüter werden einfache und zusammengesetzte dreidimensional konstruktiv festgelegte und geformte Güter bezeichnet. Bei Stückgütern kann die Bestimmung der Menge durch Zählen der Stücke erfolgen. Typischerweise lassen sich daher die einzelnen Güter numerieren. Beispiele für Stückgüter sind Fahrräder, Kaffeemaschinen und Autos. In die Klasse der Fließgüter ordnet man ungeformte Güter, wie z. B. Flüssigkeiten, Gase und Gemische (Teige, Pasten) sowie geformte, zweidimensional konstruktiv festgelegte Güter, z. B. faden-, stangen-, röhren- und flächenförmige Güter (Textilien, Wasser- oder Gasrohre, Bleche) ein. Fließgüter sind typischerweise beliebig aufteilbar, die Mengenbestimmung erfolgt durch Längen-, Flächen-, Volumen- oder Gewichtsmaße. (Schäfer 1978, S. 36 und 61)

Bei der Gestaltung industrieller Produkte ist weiterhin der Gegensatz zwischen Standardisierung und Differenzierung von besonderer Bedeutung. Aus produktionswirtschaftlicher Sicht ist eine Standardisierung sowohl der End- als auch der Zwischenprodukte sinnvoll. Je geringer die Anzahl der unterschiedlichen zu erzeugenden Produkte ist, desto geringer sind üblicherweise die Produktionskosten, der Planungsaufwand und auch die Durchlaufzeiten. In bezug auf die von einer Unternehmung zu veräußernden Endprodukte bezeichnet man die Standardisierung auch als Typung. Eine Standardisierung von Zwischenprodukten wird in der Betriebswirtschaftslehre mit dem Begriff der Normung belegt.

Aus absatzwirtschaftlicher Perspektive ist es jedoch zweckmäßig, den unterschiedlichen Bedürfnissen der Abnehmer durch auf sie abgestimmte Produkte Rechnung zu tragen. Auf diese Weise soll der Nutzen, den das Produkt dem Abnehmer stiftet und damit auch die Kundenbindung erhöht werden. Zwischen diesen unterschiedlichen Sichten, die sich auch in unterschiedlichen Bereichs-Zielsetzungen ausdrücken, muß dann ein Kompromiß gefunden werden, der möglichst die Erreichung des Unternehmungszieles maximiert.

Eine dementsprechend notwendige Anpassung industrieller Produkte an käuferspezifische Bedürfnisse bzw. Nachfrage, führt - neben weiteren Faktoren - bei Industrieprodukten oft zu einer Anreicherung der im Mittelpunkt stehenden Sachgüter mit weiteren produktbegleitenden Dienstleistungen. Beispiele für derartige Dienstleistungen, die oft von spezialisierten Unternehmen bereitgestellt werden, sind Versicherungs-, Finanzierungs-, Transport- oder Lagerhaltungsleistungen. (Engelhardt 1996, Sp. 327-332)

Eine herausragende Rolle spielen in der Betriebswirtschaft Neuerungen. Man unterscheidet dabei zwischen Inventionen (Erfindungen) und Innovationen. Erfindungen beschränken sich weitgehend auf die Entdeckung und die prototypische Realisierung technischer Neuerungen. Von einer Innovation spricht man dagegen, wenn Neuerungen im Markt oder in einer Unternehmung durchgesetzt wurden. Bei Innovationen denkt man primär an Produktinnovationen, die zu gänzlich neuen Produkten oder zu stark verbesserter Produktqualität führen. Schumpeter wies jedoch bereits in den zwanziger Jahren des 20. Jahrhunderts auch auf die Schaffung neuer Produktions- oder Absatzmethoden, die Erschließung neuer Absatzmärkte, die Erschließung neuer Bezugsquellen von Einsatzgütern sowie betriebliche Neuorganisationen als Beispiele innovativen Handelns hin. (Schumpeter 1928, S. 483 und Schumpeter 1926, S. 100ff.)

Innovationen sind aus betriebswirtschaftlicher Sicht wichtig, weil der Innovator für eine begrenzte Zeit über ein Monopol verfügt. In dieser Monopolsituation kann das innovative Unternehmen höhere Gewinne realisieren und seine Marktposition ausbauen. Nachfolgende Imitatoren können aufgrund niedrigerer zu realisierender Preise nur geringere Umsätze und in der Regel auch niedrigere Gewinne erzielen.

Schumpeter hat die große volkswirtschaftliche Bedeutung von Innovationen und Innovatoren hervorgehoben. Danach haben Innovatoren einen großen Einfluß auf das Ausmaß der wirtschaftlichen Entwicklung einer Volkswirtschaft. Die Steigerung des Volkseinkommens erfolgt über den Mechanismus erhöhter Entgelte für Produktionsfaktoren. Zur Umsetzung der Produktion muß ein Innovator insbesondere den benötigten Arbeitskräften höhere Entgelte zahlen, um sie aus ihren bisherigen Verwendungen zu lösen. Aufgrund der hohen Gewinnerwartungen ist der Innovator dazu auch in der Lage, sofern sich das neue Produkt am Markt durchsetzt. Die Kehrseite dieses einkommens- und wohlfahrtsmehrenden Effektes sind destruktive Effekte von Innovationen. Unternehmen, die die höheren Faktorentgelte nicht mehr zahlen können und Unternehmen, deren Produkte im Vergleich zu denen des innovativen Unternehmens nicht mehr konkurrenzfähig sind, scheiden langfristig aus dem Markt aus. Man spricht daher auch vom Prozeß der "schöpferischen Zerstörung".

Da einerseits häufig technische Neuerungen erzeugt werden und neu in den Markt eingeführt werden und sich andererseits die Konsumentenbedürfnisse ändern, weisen Produkte nur eine begrenzte Lebensdauer auf. Eine regelmäßige Erneuerung des Produktprogramms ist daher für einen dauerhaften Erfolg am Markt erforderlich. Ein Großteil industrieller Produkte macht in dieser Hinsicht eine typische Entwicklung mit, die im Modell des Produktlebenszyklus abgebildet wird. Danach durchlaufen die Produkte einen in einzelne Phasen gegliederten Prozeß. Nach Einführung des Produktes steigt die Zahl der verkauften Einheiten zunächst stark an. Aufgrund mangelnder Konkurrenz kann das innovative Unternehmen zudem relativ hohe Preise realisieren. Daneben steigt der Umsatz relativ stark, wenn sich das neue Produkt als überlegen bei der Bedürfnisbefriedigung erwiesen hat. Man bezeichnet diese Phase daher als Wachstumsphase. In der sich anschließenden Reifephase treten typischerweise erste Imitatoren in den Markt ein, so daß sich das Umsatzwachstum verlangsamt. Idealtypisch wird also in der Reifephase der Wendepunkt der Funktion erreicht. In der Sättigungsphase wird das Umsatzmaximum erreicht. In der abschließenden Degenerationsphase fällt die Umsatzkurve ab. (siehe Abbildung 3-9) Zu beachten ist allerdings, daß das Modell des Produktlebenszyklus ein idealtypisches ist. Es gibt also nur Auskunft darüber, wie der Verlauf typischerweise ist. Im Einzelfall kann natürlich der Produktlebenszyklus, z. B. durch absatzpolitische Maßnahmen, verlängert werden.

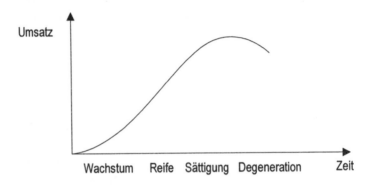

Abb. 3-9: Das idealtypische Modell des Produktlebenszyklus

Da eine Volkswirtschaft als Ganzes aus den Konsequenzen innovativen Handelns Nutzen in Form einer Steigerung des Volkseinkommens zieht, sollen Innovatoren in ihrem Neuerungshandeln ermutigt werden. Dazu räumt man ihnen staatlicherseits eine Reihe gesetzlich geregelter Schutzrechte ein. Beispiele dieser Schutzrechte sind Patente und Gebrauchsmuster. Patente geben dem Innovator ein auf höchstens 20 Jahre begrenztes alleiniges Verwertungsrecht einer technischen Neuerung. Eine wichtige Voraussetzung zur Erlangung eines Patentes ist die absolute, weltweite Neuheit des Produktes oder Verfahrens. Daneben muß die technische Neuerung gewerblich anwendbar und nur durch besondere erfinderische Tätigkeit zustande gekommen sein. Letzteres ist gegeben, wenn es einem Durchschnittsfachmann nicht möglich wäre, eine technische Neuerung aus dem momentanen Stand der Technik abzuleiten. Gebrauchsmuster dienen ebenfalls dem Schutz der Verwertung technischer Neuerungen. Allerdings beziehen sich diese Schutzrechte nicht auf Produktionsverfahren. Das Antragsverfahren ist gegenüber dem Patent vereinfacht, die Schutzfrist beträgt höchstens 19 Jahre. (de Pay 1996, Sp. 1830ff.)

Durch Anwendung dieser Schutzrechte soll es dem Innovator ermöglicht werden, ausreichende Einzahlungsüberschüsse aus den für die Innovation notwendigen Investitionen zu ziehen, um einerseits eingegangene Verbindlichkeiten abzutragen oder weitere technische Neuerungen zu initiieren.

Nachteilig an der Inanspruchnahme von Schutzrechten ist allerdings die Pflicht zur Offenlegung von Details der technischen Realisierung. Durch Veröffentlichung im Rahmen eines Patentgenehmigungsverfahrens liefert man Konkurrenten Anregungen für ähnliche Lösungen auf anderen technischen Wegen. Daher wählen manche Unternehmen, insbesondere wenn es sich um verfahrenstechnische Neuerungen handelt, den Weg der Geheimhaltung. In bezug auf Produkte ist allerdings bestenfalls eine temporäre Geheimhaltung sinnvoll, da Konkurrenten die verkauften Exemplare analysieren und nachahmen können.

Die wirksamste Methode, um in dem oben beschriebenen innovationsgeleiteten Wettbewerbsprozeß zu bestehen, ist aus betriebswirtschaftlicher Sicht die Förderung innovativen Handelns. Von Bedeutung ist dabei das Konzept des "Intrapreneurs", d. h. des unternehmerisch handelnden Angestellten in einem Unternehmen. Wichtigster Ansatzpunkt zur Förderung derartiger Intrapreneure ist die Steigerung ihrer Fähigkeiten durch Ausbildungs- und Personalentwicklungsprogramme. Des weiteren muß ihnen ein angemessener Handlungsspielraum zur Umsetzung ihrer Ziele gegeben werden. Die expliziten und impliziten Normen, welche den Handlungsspielraum begrenzen, bezeichnet man auch als Handlungsrechte. In diesem Zusammenhang ist es bspw. sinnvoll, den Intrapreneuren im Falle eines Scheiterns der Innovation nicht mit massiven Konsequenzen, z. B. der Entlassung, zu drohen. Da innovatives Handeln eine höhere Scheiternswahrscheinlichkeit als Routinetätigkeiten aufweist, muß man dieser Tatsache bei der Verantwortlichkeit der Intrapreneure Rechnung tragen. Ansonsten bestünde die Gefahr der Demotivation und des Übergangs auf Routinehandeln, das üblicherweise keine Neuerungen hervorbringt.

Zur Steigerung der Fähigkeiten bei der Produktion, insbesondere von Sachgütern, spielen Forschungs- und Entwicklungsprozesse eine besondere Rolle. Von Forschung spricht man einerseits, wenn technologische Kernfähigkeiten für praktische Anwendungsfälle aufgebaut bzw. erhalten werden (angewandte Forschung) und andererseits, wenn technisches Wissen unabhängig von der konkreten Anwendbarkeit erworben werden soll (Grundlagenforschung). Aufgrund der allgemeinen Zwecksetzung erfolgt die angewandte und die Grundlagenforschung vielfach in staatlich geförderten Forschungseinrichtungen und Universitäten. Die Produkt- und Prozeßentwicklung dagegen findet primär in Unternehmen statt. Durch Entwicklung soll Know-how verschiedener Forschungsbereiche derart zusammengefaßt und transformiert werden, daß es in konkrete Produkte bzw. Produktionsprozesse einfließt. Im Rahmen von Entwicklungsprozessen sind bspw. technische Tests, das Design, der Bau und der Betrieb von Prototypen oder Modellen erforderlich.

Ein wichtiges Zielkriterium im Rahmen der Produktion ist eine angemessene Produktqualität. Unter Qualität versteht man die Zusammenfassung der materiellen und immateriellen Eigenschaften eines Produktes. Da Qualität als mehrdimensionales Phänomen gesehen wird, unterscheidet man mehrere Teilqualitäten: (1) Die Funktionalqualität bildet den primären Verwendungszweck des Produktes ab. (2) Die Dauerqualität stellt auf die Verwendungs- oder Lebensdauer eines Produktes ab. (3) Die Integrationsqualität beinhaltet die Eigenschaften, die die Nutzbarkeit im Verbund mit anderen Produkten betreffen. (4) Innerhalb der Stilqualität werden die ästhetischen Merkmale eines Produktes, vor allem Form und Farbe, zusammengefaßt. (5) Durch die Umweltqualität werden die Anforderungen der natürlichen Umwelt an die Produktion berücksichtigt. (Corsten 2000, S. 145f.)

Allgemein kann man sagen, daß etwas von hoher Qualität ist, wenn es in sein Umsystem, z. B. den Markt, paßt. Das wird in der Regel voraussetzen, daß auch die Subsysteme von hoher Qualität sind und zueinander passen (Rekursionsaspekt).

Bezogen auf ein Unternehmen kann man also dann von hoher Qualität sprechen, wenn das Unternehmen die Anforderungen von Interaktionspartnern, z. B. Kunden, Fremd- und Eigenkapitalgebern, Behörden und Lieferanten, angemessen erfüllt.

Traditionelles Instrument der Qualitätssicherung ist die Kontrolle der Endprodukte hinsichtlich der relevanten Qualitätsmaßstäbe. Werkstücke, die die Qualitätsnormen nicht erfüllen, werden dann als Ausschuß aussortiert oder - sofern möglich - nachbearbeitet. Da bei der Nachbearbeitung relativ hohe Kosten entstehen, geht man dazu über, die Qualität der Entwurfs-, Fertigungs- und Planungsprozesse zu verbessern. Auf diese Weise soll auf allen Produktionsstufen sichergestellt werden, daß Qualitätsmängel am Produkt nicht entstehen. Zu diesem Zwecke kommen organisatorische Maßnahmen im Produktionsbereich, z. B. Qualitätszirkel, oder Maßnahmen, die das Unternehmen auf allen Hierarchieebenen und in allen Funktionsbereichen betreffen, z. B. Total Quality Management, zum Einsatz.

3.3 Gegenstand und Beziehungen von Produktions- und Kostentheorie

Nachdem wir die wesentlichen Elemente beschrieben haben, die erstens in die Produktion eingehen, zweitens zu einer Transformation der Produktionsfaktoren führen und drittens als Ergebnis der Produktion entstehen, wollen wir uns nun mit der betriebswirtschaftlichen Modellbildung dieser Zusammenhänge befassen.

Im Rahmen eines bestimmten Produktionssystems ist es möglich, verschiedene Faktoren zu verwenden und zugehörige Produkte zu erhalten, das heißt verschiedene „Aktivitäten" durchzuführen. Eine konkrete Aktivität läßt sich dabei als Vektor beschreiben, der die Mengen der eingesetzten und hervorgebrachten Güter sowie Ungüter erfaßt. In der Literatur finden wir dazu unter dem Schlagwort „Aktivitätenanalyse" sehr detaillierte Ausführungen.

Zur Berücksichtigung der Umweltwirkungen im Rahmen einer solchen Aktivitätenanalyse klassifizieren Dinkelbach und Rosenberg die Güterklassen weiter in Faktoren, nicht erwünschte Nebenfaktoren und nicht erwünschte Nebenprodukte einerseits sowie erwünschte Nebenfaktoren, erwünschte Nebenprodukte und Produkte andererseits (Dinkelbach/Rosenberg 2002, S. 17 ff.). Eine solche Klassifikation ergibt sich, wenn man die Dinge auf der Inputseite des Produktionsprozesses als Faktoren, die auf der Outputseite als Produkte bezeichnet. Im vorliegenden Werk (siehe Abschnitt 3.2.1.2) wurde aber die Umweltbeanspruchung als „Zusatzfaktor" erfaßt, also beispielsweise auch die Emmission von Schwefeldioxyd.

Es erlaubt unseres Erachtens einen zwangloseren Anschluß an die klassische Produktions- und Kostentheorie, wenn wir alles von der Unternehmung als negativ Bewertete als „Faktor", alles von ihr als positiv bewertete als „Produkt" erfassen. Negativ bewertet sind die, klassisch als Produktionsfaktoren bezeichneten, eingesetzten Güter, weil sie mit Kosten verbunden sind. Aber auch Ungüter im Output, - nicht erwünschte Nebenprodukte nach Dinkelbach/Rosenberg -, sind negativ zu bewerten, weil sie beispielsweise mit Gebühren, Entsorgungskosten oder zumindest Imageverlust verbunden sind. Andererseits wollen wir als „Produkte" nicht nur hervorgebrachte Güter erfassen, sondern auch eingesetzte Ungüter, erwünschte Nebenfaktoren nach Dinkelbach/Rosenberg. Für sie, beispielsweise Müll, muß die Unternehmung nicht zahlen, sondern erhält sogar, so wie für produzierte Güter, einen Erlös.

Kap. 3: Grundzüge der Produktionswirtschaft

Bezeichnen wir mit r_i die Menge eines Faktors R_i im genannten Sinne und mit x_l die Menge des Produkts X_l im genannten Sinne, so läßt sich eine Aktivität a wie folgt als Vektor schreiben:

a = $(-r_1, -r_2, ..., -r_i, ..., -r_n, +x_1, +x_2, ..., +x_l, ... +x_s)$.

Die „Faktoren" sind dort, da sie negativ bewertet sind, mit negativem Vorzeichen, entsprechend die „Produkte" mit positivem Vorzeichen aufgenommen. Formal haben wir dann die gleiche Struktur, wie sie in Abschnitt 2.11.6 „Entscheidung bei Mehrfachzielen" als Vektor-Maximum-Problem bezeichnet wurde. Der Vektor soll „möglichst groß" werden, indem die Größen x_l auch absolut möglichst groß, die Größen r_i absolut möglichst klein werden.

Ganz entsprechend dem Problem der Entscheidung bei mehrfacher Zielsetzung läßt sich eine Aktivitätenmenge nun daraufhin untersuchen, inwiefern Dominanz respektive Effizienz vorliegen. Z. B. sind von den von Dinkelbach/Rosenberg (2002, S. 41) aufgezeigten sechs Aktivitäten $a_1 = (-3, -4, +6, +4)$; $a_2 = (-2, -2, +4, +5)$; $a_3 = (-4, -3, +6, +5)$; $a_4 = (-2, -2, +5, +4)$; $a_5 = (-4, -3, +4, +5)$ und $a_6 = (-3, -3, +6, +6)$ nur die Aktivitäten a_2, a_4 und a_6 effizient. Denn a_1, a_3 und a_5 werden von a_6 und zusätzlich a_5 von a_2 dominiert.

Theoretisch kann man eine solche Aktivitätenanalyse betreiben, indem man alle Produkte und alle Faktoren eines Betriebes in einer Aktivität zusammenfaßt. Angesichts der sich ergebenden Komplexität erscheint es sinnvoll, das Problem im Falle mehrstufiger Produktionsprozesse zu stufen. In den Aktivitätenvektor werden dann nur die Endprodukte und die unmittelbar eingehenden Faktoren aufgenommen. Die unmittelbar eingehenden Faktoren, etwa ein Motor, können wiederum als Produkte aufgefaßt werden, in die Faktoren einer zweiten Stufe eingehen etc. Da es sich hierbei somit um Produkte aus Produkten aus Produkten handelt, läßt sich das Problem ebenfalls hierarchisch-rekursiv modellieren. Das führt zu einer ähnlichen Struktur wie die der in Abschnitt 3.7.3.1 behandelten Baukastenstückliste.

Schließen wir die dominierten Aktivitäten aus, erhalten wir eine eindeutige und damit funktionale Beziehung zwischen den Faktormengen und den Produktmengen. Diese Beziehung nennen wir Produktionsfunktion. Formal läßt sie sich in zwei Varianten darstellen.

- Von einer Produktfunktion sprechen wir, wenn die Produktionsmengen x_l als Funktion der Faktormengen angegeben werden.
  $x_l = f_l (r_1, r_2, ..., r_n)$; $l = 1,2, ..., s$ (Produktfunktion)
- Wir können auch die erforderlichen Faktormengen r_i als Funktion der Produktmengen angeben. Wir bezeichnen diese Variante als Produktorfunktion, einer Abkürzung des Begriffes der Produktionsfaktorfunktion.
  $r_i = g_i (x_1, x_2, ..., x_s)$; $i = 1,2, ..., n$ (Produktorfunktion)

Die Produktorfunktion ist allgemein die Umkehrung der Produktfunktion und umgekehrt. Beide Formen von Produktionsfunktionen beschreiben die mengenmäßige Beziehung zwischen Produktmengen und Faktormengen, sind also Produktionsfunktionen. Diese beiden angegebenen Gleichungen stellen allerdings nur ein allgemeines Gerüst dar, das einer weiteren Konkretisierung bedarf.

Aufbauend auf dieser Grundstruktur wurden in der betriebswirtschaftlich-produktionstheoretischen Literatur vorwiegend fünf Typen von Produktionsfunktionen diskutiert, auf die wir im folgenden Abschnitt genauer eingehen werden:

- die im 18. Jahrhundert von Turgot formulierte Produktionsfunktion vom Typ A
- die von Gutenberg entwickelte und 1951 in seinem Buch veröffentlichte Produktionsfunktion vom Typ B
- die 1968 veröffentlichte Produktionsfunktion vom Typ C von Edmund Heinen
- die Produktionsfunktionen vom Typ D und E von Kloock (1969) bzw. Küpper (1979)

Wie wir bereits in Kapitel 1 gesehen haben, reicht eine mengenmäßige Betrachtung oft nicht aus. Soll die Ökonomität von Produktionsprozessen abgebildet werden müssen zielrelevante Bewertungsmaßstäbe herangezogen werden. Solche zielrelevanten Maßstäbe sind beispielsweise die Preise der Faktoren und der durch ihre Kombination hervorgebrachten Leistungen. Darauf aufbauend wollen wir nun die Kostenwirkungen der Faktorkombination betrachten.

Kosten können inhaltlich in zweierlei Weise aufgefaßt werden. Dem wertmäßigen Kostenbegriff folgend versteht man unter Kosten "... den mit den Faktorpreisen bewerteten Verzehr an Sachgütern und Dienstleistungen während einer Abrechnungsperiode, die zum Zwecke der betrieblichen Leistungsbereitschaft, der Leistungserstellung und Leistungsverwertung benötigt werden." (Fandel 1994, S. 219) Knapper formuliert faßt man also Kosten danach als bewerteten, perioden- und leistungsbezogenen Güterverzehr auf. Mit dieser auf Schmalenbach zurückgehenden Sicht des Kostenbegriffes sollen betriebliche Entscheidungen vorbereitet werden. Dazu müssen die betrieblichen Knappheitsverhältnisse der Faktoren unabhängig von Zahlungsströmen ermittelt werden. Dies gelingt durch Einbeziehung von Opportunitätskosten, die dann entstehen, wenn ein Faktor für eine betriebliche Verwendung eingesetzt wird und nicht mehr für andere Einsatzzwecke verfügbar ist. Bspw. muß also ein kalkulatorischer Unternehmerlohn für die Tätigkeit des Eigentümerunternehmers berücksichtigt werden. Dieser Satz orientiert sich an einem Gehalt, das der Unternehmer bei einer Tätigkeit in einem anderen Betrieb erzielen könnte. In analoger Weise sind bspw. Mieten für die Grundstücke und Gebäude des Betriebes zu berücksichtigen.

Diesem wertmäßigen Kostenbegriff steht der pagatorische Kostenbegriff gegenüber. Bei der Ermittlung der Kosten orientiert man sich hier an den realisierten Zahlungsströmen und weniger am tatsächlichen Werteverzehr. Kalkulatorische Kosten werden bewußt nicht berücksichtigt.

Die Wahl des zu verwendenden Kostenbegriffes wird beeinflußt vom Einsatzzweck, kann also nicht generell entschieden werden. In der betrieblichen Finanzbuchhaltung, die auch der Dokumentation der betrieblichen Tätigkeit nach außen dient, wird primär der pagatorische Kostenbegriff verwendet. In der Kosten- und Leistungsrechnung, die der betrieblichen Entscheidungsvorbereitung dient, kommt der wertmäßige Kostenbegriff zum Einsatz. Auch im Rahmen der hier behandelten Ausschnitte der Kostentheorie greift man üblicherweise auf den wertmäßigen Kostenbegriff zurück. Kosten sind hier also das Produkt aus Faktoreinsatzmengen und Faktorpreisen.

Die entsprechende Kostentheorie macht eine Aussage über die Beziehung zwischen den Produktmengen einerseits und den zu deren Erstellung erforderlichen Kosten andererseits. Theoretisch könnte man eine solche Kostentheorie unabhängig von der Produktionstheorie aufbauen. Man müßte dann in Abhängigkeit von den verschiedenen Produktmengen die entstehenden Kosten erheben und dementsprechende Funktionen erstellen. (durchgezogener Pfeil in Abb. 3-10) Allerdings wäre das unökonomisch. Es ist zweckmäßiger, die Ergebnisse der Produktionstheorie zur Erstellung der Kostentheorie heranzuziehen. Man findet dies durch die strichlierten Linien in der Abbildung 3-10 angedeutet. Wenn wir bereits eine Produktorfunktion formuliert haben und die Faktormenge r_i mit ihren Preisen multiplizieren, so resultiert der Zusammenhang zwischen den Kosten des Faktors i in Abhängigkeit von den Produktmengen. Wenn wir diese Produkte aus Faktorpreisen und Produktorfunktionen über alle Faktoren i aufsummieren, erhalten wir eine Funktion, die die Kosten in Abhängigkeit von den hergestellten Produktmengen angibt. Eine Kostenfunktion geht also auf relativ einfache Weise aus der Produktionsfunktion hervor.

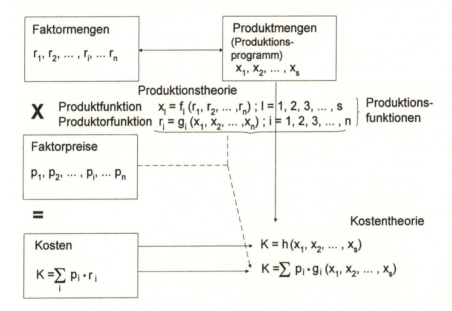

Abb. 3-10: Ableitung der Kostenfunktion aus Produktorfunktion und Faktorpreisen

Die nachfolgenden Gleichungen verdeutlichen die Vorgehensweise bei der Erstellung der Kostenfunktion aus der Produktorfunktion. Zunächst erfolgt die Multiplikation der Faktoreinsatzmengen mit den zugehörigen Preisen. Setzt man statt der Faktoreinsatzmengen die Produktorfunktion ein, so ergibt sich der zweite Ausdruck. Nach Aufsummierung ergibt sich eine Abhängigkeit der Kosten von der Menge an Endprodukten.

$$K = \sum_{i=1}^{n} p_i \cdot r_i = \sum_{i=1}^{n} p_i \cdot g_i(x_1, x_2, \ldots, x_s) = h(x_1, x_2, \ldots, x_s)$$

3.4 Grundzüge der Produktionstheorie

3.4.1 Produktionsfunktion vom Typ A

Die Produktionsfunktion vom Typ A entspricht dem Ertragsgesetz. Das Ertragsgesetz wurde 1768 von Turgot auf der Basis von Beobachtungen der landwirtschaftlichen Produktion formuliert. Und zwar beobachtete Turgot in der Landwirtschaft, daß auf einer gleichbleibend großen Ackerbaufläche und bei gleichbleibend großen Einsatzmengen von Saatgut und Düngemitteln ein zunehmender Einsatz von Arbeit zu zunächst steigendem, von einem bestimmten Punkt an jedoch abnehmendem Ertragszuwachs führt. Dieser Tatbestand wurde als "Gesetz vom zunächst zunehmendem, dann abnehmendem Ertragszuwachs" formuliert und später von Johann von Thünen (1842) statistisch nachgewiesen und formalisiert. (Wöhe/Döring 2000, S. 396f.)

Das Ertragsgesetz bzw. die auf ihr aufbauende Produktionstheorie geht von einer Reihe von Voraussetzungen (Prämissen) aus. Erstens wird angenommen, daß die variablen Faktoren peripher substituiert werden können. Unter peripherer Substitution wird dabei verstanden, daß innerhalb bestimmter Grenzen die Einsatzmengen r_1 eines Produktionsfaktors R_1 bei konstantem Faktorertrag durch die Einsatzmengen r_2 eines Produktionsfaktors R_2 ersetzt, d. h. substituiert werden können. Der Gegensatz zu peripherer Substitutionalität wäre alternative Substitutionalität. In diesem Falle wäre der Faktor R_1 vollständig durch den Faktor R_2 und umgekehrt ersetzbar. Bei peripherer Substitutionalität hingegen muß immer ein Restbestandteil des Faktors 1 und des Faktors 2 vorhanden sein. Es wird zweitens unterstellt, daß mindestens ein Faktor oder eine Faktorengruppe mengenmäßig konstant gehalten werden können. Drittens wird vorausgesetzt, daß die Einsatzmengen des variablen Faktors beliebig teilbar sind. Und viertens wird unterstellt, daß die Einsatzmengen des variablen Faktors homogen sind, d. h. daß sie vollkommen gleichartig sind.

Die Produktionsfunktion vom Typ A, das Ertragsgesetz bei partieller Faktorvariation ist in Abbildung 3-11 veranschaulicht. Der Verlauf der Funktion ergibt sich unter anderem aus den bereits erläuterten Prämissen.

Denn wenn man nicht alle Faktoren bis auf einen konstant halten könnte (partielle Faktorvariation), könnte man auch nicht die Ausbringungsmenge als Funktion dieses einen variierten Faktors betrachten, d. h. ein funktionaler Zusammenhang könnte dann nicht hergestellt werden. Beliebige Teilbarkeit der Einsatzmengen des variablen Faktors muß gefordert werden, damit ein kontinuierlicher Verlauf der Ertragskurven entsteht.

Homogenität der Einsatzfaktoren ist erforderlich, um zu verhindern, daß der Verlauf der Funktion abhängig davon wäre, in welcher Reihenfolge wir die heterogenen Teilfaktoren aus r anordnen würden. Beispielsweise wäre bei unterschiedlicher Leistungsfähigkeit menschlicher Arbeitskraft der Ertrag nicht nur abhängig von der eingesetzten Menge an Arbeitsstunden, sondern auch davon, welcher Arbeiter als erstes, wer als zweites usw. eingesetzt würde.

Aus der ertragsgesetzlichen Kurve bei partieller Faktorvariation kann man einige Aussagen deduzieren. Selbstverständlich sind diese nur so genau, wie die Aussage des Ertragsgesetzes selbst ist. Mit der Methode der Deduktion kann man durch logische Umformung nur das an Genauigkeit aus einer Information herausholen, was in dieser bereits enthalten ist. Sollte das Ertragsgesetz keine praktische Relevanz ha-

Kap. 3: Grundzüge der Produktionswirtschaft 107

ben, so wären die daraus abgeleiteten Aussagen rein definitorischer bzw. mathematischer Natur. Auf die praktische Relevanz des Ertragsgesetzes kommen wir an späterer Stelle noch zurück.

Beispielsweise kann man die erste Ableitung der Produktionsfunktion vom Typ A bilden. Wir erhalten dann die eingezeichnete Kurve des Grenzertrages. Sie hat ihr Maximum dort, wo die Ertragskurve einen Wendepunkt aufweist. Sie schneidet die Abszisse dort, wo die Ertragskurve ihr Maximum hat.

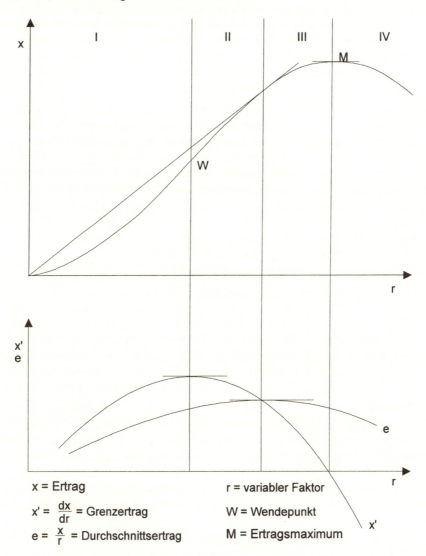

x = Ertrag   r = variabler Faktor
$x' = \frac{dx}{dr}$ = Grenzertrag   W = Wendepunkt
$e = \frac{x}{r}$ = Durchschnittsertrag   M = Ertragsmaximum

Abb. 3-11: Ertragsgesetz, Grenzertrag und Durchschnittsertrag

Die Wirtschaftstheoretiker sprechen im Zusammenhang mit dieser Kurve im allgemeinen von Grenzertrag. Gutenberg weist mit Recht darauf hin, daß man sie genauerweise als Kurve der Grenzproduktivität bezeichnen müßte. Denn sie gibt ja den

Differentialquotienten, also die infinitesimale Beziehung zwischen d_x/d_r an. Das ist kein zusätzlicher Ertrag. Der zusätzliche Ertrag ergibt sich vielmehr erst durch Multiplikation des Differentialquotienten mit d_r. Dennoch soll, der in der Betriebswirtschaftslehre dominierenden Begriffsbildung folgend, auch hier von Grenzertrag gesprochen werden.

Weiterhin kann man aus der Ertragskurve den Durchschnittsertrag ermitteln. Der Durchschnittsertrag ist der Quotient aus den jeweils zugehörigen Werten von x und r. Aus der Ertragsfunktion läßt sich die Kurve des Durchschnittsertrages durch Division durch x ermitteln. Geometrisch entspricht er dem Tangens des Fahrstrahls aus dem Koordinatenanfangspunkt, an den gerade betrachteten Punkt der Ertragskurve. Dementsprechend hat die Kurve des Durchschnittsertrages ihr Maximum dort, wo der Fahrstrahl die Ertragskurve gerade von oben berührt. An dieser Stelle wird der Durchschnittsertrag auch gleich dem Grenzertrag.

In der Abbildung 3-11 ist angedeutet, wie man den Gesamtverlauf der Produktionsfunktion vom Typ A in 4 Phasen aufteilen kann. Man spricht in der Literatur in diesem Zusammenhang auch vom 4-Phasen-Schema. Im allgemeinen erläutert man diesen Verlauf anhand der Entwicklung von Ertrag, Grenzertrag und der Durchschnittsertrag. Da diese einzelnen Funktionen jedoch mathematisch miteinander verbunden sind, reicht es, wenn wir die jeweiligen Einzelpunkte herausnehmen:

– die Phase 1 beginnt am Koordinatenursprung und endet im Maximum der Grenzertragskurve
– die Phase 2 reicht bis zum Maximum der Durchschnittsertragskurve
– die Phase 3 endet im Maximum der Ertragskurve
– die Phase 4 beginnt im Maximum der Ertragskurve

Wir wollen nun den Fall der Produktionsfunktion vom Typ A mit zwei variablen Faktoren betrachten. Man spricht in diesem Zusammenhang von der sogenannten totalen Faktorvariation, im Vergleich zur partiellen Faktorvariation. Wir erhalten in diesem Falle ein Ertragsgebirge. (siehe Abb. 3-12) Dieses Ertragsgebirge ist dadurch charakterisiert, daß für Schnittflächen mit konstantem zweiten Faktor sich jeweils wieder ein Verlauf ergibt, wie er dem Ertragsgesetz entspricht. Beispielsweise haben wir eine solche, dem Ertragsgesetz entsprechenden Kurve, für den konstanten Wert r_{22}.

Die Hilfskonstruktion im Ertragsgebirge auf der Höhe des Ertrages von x_1 macht deutlich, daß es auf dem Ertragsgebirge Punkte gibt, die alle zum gleichen Ertrag führen, obwohl unterschiedliche Faktoreinsätze vorliegen. Im Hinblick auf diese Ertragshöhe sind die jeweiligen Kombinationen zwischen den entsprechenden Faktormengen r_1 und r_2 also indifferent. Man spricht deshalb von Indifferenzkurven oder auch Ertragsisoquanten. Wenn derartige Linien gleicher Ertragsmengen auf die r_1-r_2-Ebene projiziert werden, erhalten wir Kurvenzüge, wie sie in Abbildung 3-13 dargestellt sind.

Anhand dieser Ertragsisoquanten wird deutlich, welche Bedeutung die erste Prämisse des Ertragsgesetzes - periphere Substituierbarkeit - hat. Ein Produktionsfaktor kann danach einen anderen ersetzen, ohne daß sich der Ertrag ändert. Die gleiche Ausbringung kann mit mehr Einsatz des Faktors r_1 und weniger Einsatz des Faktors r_2 oder aber mit weniger Einsatz des Faktors r_1 und mehr Einsatz des Faktors r_2 erstellt werden. Prinzipiell sind beliebige Kombinationen auf den obigen Ertragsisoquanten denkbar. Man erkennt aber auch, daß die Ertragsmenge x_1 nicht ohne Einsatz des Faktors R_1 oder R_2 produzierbar ist.

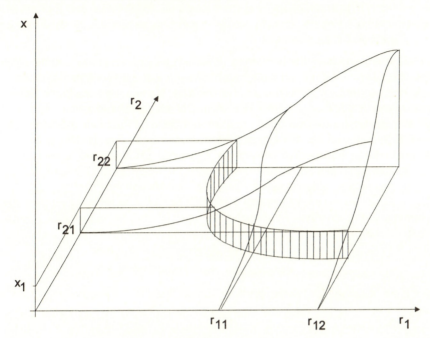

Abb. 3-12: Ertragsgebirge bei totaler Faktorvariation

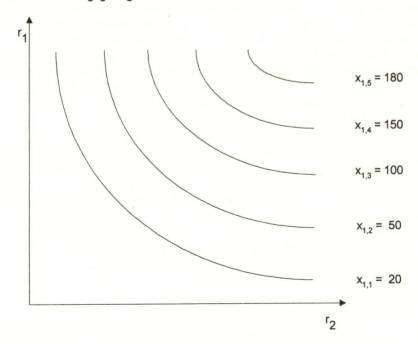

Abb. 3-13: Ertragsisoquanten bei totaler Faktorvariation

Eine Beurteilung der praktischen Relevanz der Produktionsfunktion vom Typ A muß insbesondere die restriktiven Prämissen berücksichtigen. Starke Kritik wurde insbesondere an den Prämissen geübt, daß mindestens ein Faktor oder eine Faktorgruppe mengenmäßig konstant gehalten werden kann und zweitens, daß die Faktoren peripher substituierbar sein müssen.

Erich Gutenberg untersucht sehr intensiv, inwiefern diese Bedingungen in der industriellen Produktion erfüllt sind. Er zeigt an Beispielen aus der Weberei, der Dreherei und der Holzbearbeitung, daß dies nicht der Fall ist. Man könne zusätzliche Erträge nicht einzelnen Produktionsfaktoren zuordnen. Dementsprechend könne man auch keine partiellen Grenzproduktivitäten ermitteln. Mit dieser Möglichkeit aber stehe und falle das Ertragsgesetz und mit ihm das Proportionsgesetz, das die Minimalkostenkombination (siehe Abschnitt 3.5.1) enthält. Denn das Ertragsgesetz verlangt nicht nur die bestandsmäßige Konstanz eines Faktors, sondern auch die Konstanz der Faktoreinsatzmengen. Das bedeutet Konstanz das Maschineneinsatzes, des Maschinenverschleißes, des Werkzeugeinsatzes, der verbrauchten Energie, des Schmiermittelverbrauchs usw. Eine solche Konstanz ist aber bei industrieller Produktion üblicherweise nicht gegeben. Die praktische Bedeutung der Produktionsfunktion vom Typ A ist daher für industrielle Produktion als gering anzusehen.

3.4.2 Produktionsfunktion vom Typ B

Gutenberg entwickelt aufgrund der mangelnden Anwendungsmöglichkeiten der ertragsgesetzlichen Produktionsfunktion die Produktionsfunktion vom Typ B. Er orientiert sich bei deren Konzeption an den Kritikpunkten der Produktionsfunktion vom Typ A und hebt wichtige realitätsferne Prämissen der Produktionsfunktion vom Typ A auf. Die Annahme weitgehender Substituierbarkeit der Produktionsfaktoren wird aufgegeben. Die in der Industrie vorherrschende Limitationalität der Faktoren tritt als grundlegendes Merkmal an ihre Stelle. Danach stehen die Einsatzfaktoren in einem technisch begründeten Einsatzverhältnis zueinander und können gegeneinander nicht substituiert werden. (Gutenberg 1971, S. 324ff.) So mögen bspw. zur Montage eines Tisches eine Tischplatte, vier Tischbeine, 16 Schrauben sowie eine halbe Arbeitsstunde nötig sein. Es erscheint unmittelbar einsichtig, daß ein Mehr an Schrauben nicht einen Teil der Tischbeine ersetzen kann.

Ein weiterer Gesichtspunkt, den Gutenberg berücksichtigt, ist die Schwierigkeit, eine Produktionsfunktion für einen ganzen Betrieb zu ermitteln. Dies gelingt in Industriebetrieben wegen der unterschiedlichsten Einflußgrößen in den verschiedenen Produktionsbereichen nur selten. Gutenberg wählt daher den Weg, als Untersuchungsobjekt kleinere, überschaubare Einheiten (Arbeitsplätze, Maschinen) zu wählen, für die jeweils Verbrauchsfunktionen für den Werkstoffverbrauch aufgestellt werden. Verbrauchsfunktionen geben die funktionalen, technisch bedingten Beziehungen wieder, die zwischen den Leistungsgraden einer Maschine (Intensität) und dem Verbrauch an Produktionsfaktoren je Leistungseinheit bestehen. Für jedes Aggregat entspricht die Anzahl der Verbrauchsfunktionen damit der Zahl der Faktorarten. Durch Zusammenfassung dieser Verbrauchsfunktionen und Umformung entsteht die Produktionsfunktion. (Gutenberg 1971, S. 326ff.)

Zudem gibt Gutenberg die Abbildung einer unmittelbaren Beziehung zwischen der Ausbringungsmenge und dem Verbrauch an Produktionsfaktoren auf. Dagegen wird der Verbrauch an Produktionsfaktoren als von den technischen Eigenschaften des untersuchten Betriebsmittels und von der Prozeßbedingung Intensität abhängig gesehen. So hängt beispielsweise der Benzinverbrauch eines Kraftfahrzeuges von dessen Geschwindigkeit ab. Er hängt aber auch ab von der konkreten Eigenart bzw. konkreten Parametern des Kraftfahrzeuges wie Wagengewicht, Luftwiderstand, Ladung, Art der Bereifung. Weiterhin ist von Bedeutung auch der Motor, der ebenfalls durch eine Vielzahl von Merkmalen zu beschreiben ist, wie Hubraum, Ausgestaltung der Brennkammer, Art des gewählten Vergasers usw. Wichtig ist schließlich auch, welcher Getriebegang eingelegt wurde.

Der Verbrauch von Benzin ist also eine Funktion einerseits dieser konkreten Merkmale des Kraftfahrzeuges, zum anderen seiner abgegebenen Leistungsintensität, gemessen etwa als Geschwindigkeit. Diesen Zusammenhang kann man allgemein als Verbrauchsfunktion darstellen. (siehe entsprechend Gleichung 3-1).

3-1 $\quad r_{ij} = f_{ij}(z_{1j}, z_{2j}, ..., z_{kj}; d_j)$

mit r_{ij} = spezifischer Verbrauch des Betriebsmittels j an Faktor i.

z_{kj} = k-te Eigenschaft des Betriebsmittels j.

d_j = Leistungsintensität des Betriebsmittels j.

Für den Fall, daß die sogenannte z-Situation, d. h. die Eigenschaften des Betriebsmittels, fest gegeben sind und nicht verändert werden sollen, können die Verbrauchsmengen r_{ij} als alleinige Funktionen der Intensität d_j aufgefaßt werden. Dies ist insbesondere bei einer kurzfristigen Betrachtung möglich. In dieser Situation ist davon auszugehen, daß die technischen Eigenschaften der Betriebsmittel nicht verändert werden können. Die z-Situation ist, wenn sie nicht verändert werden kann, entscheidungsirrelevant, stellt keine Instrumentalvariable dar. Folglich muß sie auch im Rahmen der weiteren Umformung nicht berücksichtigt werden und kann deshalb ausgeklammert bleiben. Wir erhalten dann eine Beziehung zwischen Intensität und Faktorverbrauch, die beispielhaft für den Zusammenhang zwischen Geschwindigkeit und Benzinverbrauch in der Abbildung 3-14 dargestellt ist.

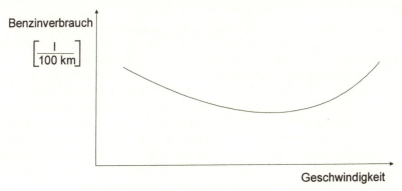

Abb. 3-14: Beispielhafte, u-förmige Verbrauchsfunktion

Gutenberg geht davon aus, daß solche Verbrauchsfunktionen für alle Betriebsmittel bezüglich aller Einsatzfaktoren gegeben sind bzw. im Betrieb erhoben werden können. In der Tat stellt die Technik in starkem Umfange solche Funktionen bereit. Beispielsweise untersucht die Thermodynamik sehr intensiv den Wirkungsgrad unterschiedlicher Kraftwerke, und damit den Grad der Ausnutzung der Primärenergie, unter unterschiedlichen Bedingungen. Im Bereich der Lehre von Werkzeugmaschinen wird die Standfestigkeit von Werkzeugstählen untersucht. Die Verfahrenstechnik untersucht die Ausbeute chemischer Prozesse usw. Nehmen wir also an, wir hätten diese Verbrauchsfunktionen.

Die Intensität d_j, mit der ein Betriebsmittel j arbeitet, ist ihrerseits abhängig von der geforderten Ausbringungsmenge x (siehe Gleichung 3-2). (Gutenberg 1971, S. 332ff.)

$$3\text{-}2 \quad d_j = \varphi_j(x)$$

$$x = \text{Ausbringungsmenge}$$

Setzen wir dann noch die zweite Gleichung in die erste ein, erhalten wir Gleichung 3-3, in der die mittelbare Beziehung zwischen Ausbringungsmenge und Faktoreinsatz bei variabler Intensität dargestellt ist. Die funktionale Beziehung wird durch f symbolisiert. Die Formulierung der funktionalen Beziehung in Gleichung 3-3 hat sich gegenüber Gleichung 3-1 durch Ausklammerung der z-Situation und durch Berücksichtigung der Abhängigkeit der Intensität von der Ausbringungsmenge verändert.

$$3\text{-}3 \quad r_{ij} = f_{ij}\bigl(\varphi_j(x)\bigr)$$

Um nun den Gesamtverbrauch des Faktors i für den Gesamtbetrieb zu ermitteln, müssen wir die Verbrauchsmengen des Faktors i über die verschiedenen Betriebsmittel aufsummieren. Das ist in Gleichung 3-4 in allgemeiner Form geschehen.

$$3\text{-}4 \quad r_i = \sum_j r_{ij} = \sum_j f_{ij}\bigl(\varphi_j(x)\bigr)$$

Die Produktionsfunktion vom Typ B ist also eine Produktorfunktion, wobei sich die rechte Seite zusammensetzt aus der Summe der einzelnen Verbrauchsfunktionen der Betriebsmittel bezüglich des betrachteten Faktors i.

Bisher wurde die Abhängigkeit der Faktoreinsatzmengen von der Ausbringungsmenge für den Fall konstanter Produktionszeit, aber variabler Leistungsintensität der Betriebsmittel untersucht. Anders und exemplarisch ausgedrückt bedeutet das: Man arbeitet einen 8 Stundentag, läßt aber die Maschinen mit unterschiedlicher Intensität laufen. Als zweiter Fall ergibt sich die Konstanz der Leistungsintensität bei variabler Produktionszeit. Gutenberg spricht hier auch von der zeitlichen Anpassung an Beschäftigungsänderungen, auf die wir in Abschnitt 3.5.4.1 zurückkommen werden. Zum Beispiel sei die Tourenzahl von Webstühlen auf 220 Umdrehungen/Minute fixiert. Variiert wird die Zahl der Stunden, die die Webstühle arbeiten. Bezeichnen wir mit t_j die Produktionszeit des Aggregates j, so erhalten wir für die Beziehung zwischen der Faktoreinsatzmenge r_{ij} an Faktor i an der Maschine j die als 3-5 angegebene Gleichung. (Gutenberg 1971, S. 335ff.)

$$3\text{-}5 \quad r_{ij} = g_{ij}(t_j)$$

$$t_j = \text{Produktionszeit des Betriebsmittels j.}$$

Kap. 3: Grundzüge der Produktionswirtschaft

Die Produktionszeit ihrerseits ist von der Ausbringung x gemäß Gleichung 3-5 abhängig. Setzt man Gleichung 3-6 in Gleichung 3-5 ein, erhält man Gleichung 3-7, welche die mittelbare Beziehung zwischen Ausbringungsmenge und Faktoreinsatz bei variabler Einsatzzeit und konstanter Intensität zum Ausdruck bringt.

3-6 $t_j = \psi_j(x)$

3-7 $r_{ij} = g_{ij}(\psi_j(x))$

Um den Verbrauch an Faktor i zu ermitteln, müssen die r_{ij} für alle j Betriebsmittel aufsummiert werden, wie dies in Gleichung 3-8 erfolgt ist.

3-8 $r_i = \sum_j r_{ij} = \sum_j g_{ij}(\psi_j(x))$

Wird das Aggregat mit konstanter Intensität genutzt, kann der spezielle Fall eintreten, daß alle Produktionskoeffizienten bei unterschiedlicher Ausbringung konstant bleiben. Produktionskoeffizienten sind die Quotienten aus Einsatzmenge des Faktors i an der Maschine j bezogen auf die Ausbringungsmenge x. Sind zur Erstellung einer Einheit von X drei Einheiten von R notwendig resultiert der Produktionskoeffizient $\frac{3}{1}\left[\frac{ME\,R}{ME\,X}\right]$. Lassen sich dagegen mit einer Mengeneinheit von R drei Mengeneinheiten von X fertigen lautet der Produktionskoeffizient $\frac{1}{3}\left[\frac{ME\,R}{ME\,X}\right]$.

Im Falle konstanter Produktionskoeffizienten ändert sich somit die Einsatzmenge der Faktoren je Erzeugniseinheit nicht, die Mengenrelationen der Faktoren sind gegenüber Ausbringungsänderungen indifferent. Bezeichnen wir die Produktionskoeffizienten mit α_{ij}, so ergibt sich der in Gleichung 3-9 dargestellte lineare Zusammenhang.

3-9 $r_{ij} = \alpha_{ij} * x$

Gilt diese Beziehung für alle verschiedenen Betriebsmittel j, so entsteht zwischen dem Verbrauch des Faktors i und der Ausbringungsmenge ein linearer Zusammenhang. Er ist in Gleichung 3-10 angegeben.

3-10 $r_i = \sum_j \alpha_{ij} * x = a_i * x$

Dieser Spezialfall der Gutenberg-Funktion mit limitationaler Beziehung zwischen den Produktionsfaktoren und linearen Beziehungen zwischen Faktoreinsatz und der Ausbringungsmenge (d. h. konstante Produktionskoeffizienten) wurde von Leontief in einer Produktionsfunktion beschrieben. Man spricht daher auch von der Leontief-Produktionsfunktion. Diese stellt also einen Spezialfall der Produktionsfunktion vom Typ B mit konstanten Produktionskoeffizienten dar.

Als Folge der Limitationalität der Faktoreinsatzverhältnisse und der Konstanz der Produktionskoeffizienten liegen effiziente Faktorkombinationen auf einer Geraden, der sogenannten Prozeßgeraden oder dem Prozeßstrahl (siehe Abbildung 3-15; zum Effizienzbegriff siehe Abschnitt 2.11.6). Man spricht daher auch von linear-limitationaler Produktion. Soll in dieser Situation die Ausbringungsmenge erhöht werden, so erfolgt dies zweckmäßigerweise entlang dieser Prozeßgeraden. Weicht man von dieser Geraden ab, so führt dies zu Verschwendung von Einsatzfaktoren. Würde man bspw. die Einsatzmenge von r_2^* erhöhen, könnte damit die Ausbringungsmenge nicht gesteigert werden. Dazu wäre es notwendig, ebenfalls die Menge von r_1 entsprechend den fest vorgegebenen Einsatzverhältnissen anzuheben.

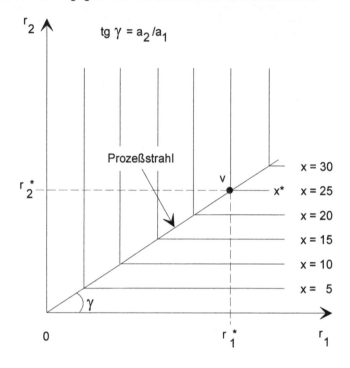

Abb. 3-15: Ertragsisoquantenschar der Leontief-Produktionsfunktion bei zwei Einsatzfaktoren (Fandel 1994, S. 94)

Sind für alle verschiedenen Produktionsfaktoren i und für alle verschiedenen Produkte solche linearen Beziehungen gegeben und haben wir darüber hinaus weiterhin eine lineare Zielfunktion, so können wir von der linearen Planungsrechnung Gebrauch machen. Das ist in der Tat sehr häufig der Fall. Auf die lineare Planungsrechnung gehen wir im Abschnitt 3.6 genauer ein.

Zu berücksichtigen ist allerdings, daß sich die Aussage von Gutenberg auf konkrete Produktionsfunktionen bezieht. In der Produktionsfunktion vom Typ B faßt er keinen Verfahrenswechsel ins Auge. Das durch die z-Situation charakterisierte Verfahren ist ja in der Produktionsfunktion vom Typ B als konstant angenommen. Beziehen wir aber die Möglichkeit von Verfahrenswechseln in unsere Betrachtung ein, so ändert sich die z-Situation. Wir erhalten dann ähnliche Substitutionsmöglichkeiten, wie sie bei der Produktionsfunktion vom Typ A enthalten sind.

In Abbildung 3-16 seien r_1 die Maschinenzeit in Stunden und r_2 die menschliche Arbeitszeit in Stunden. Aufgeführt sind weiterhin die Prozeßgeraden dreier Produktionsverfahren. Charakteristikum dieser Produktionsverfahren ist, daß die Produktionsfaktoren nicht substituiert werden können, sondern vielmehr in einem technisch determinierten, festen Einsatzverhältnis zueinander stehen. Die eingezeichneten Prozeßgeraden verbinden Punkte effizienter, technisch realisierbarer Kombinationen

Kap. 3: Grundzüge der Produktionswirtschaft 115

von Faktoreinsatzmengen. In Abbildung 3-16 sind je Verfahren zwei Punkte effizienter Faktorkombinationen eingezeichnet, die zu den Outputniveaus von x_1 und x_2 führen. Die von diesen Punkten ausgehenden Geraden verlaufen parallel zu den Achsen und deuten an, daß der über den Punkt auf der Prozeßgeraden hinausgehende Faktoreinsatz zu keiner Erhöhung der Ausbringungsmenge führt und daher ineffizient ist.

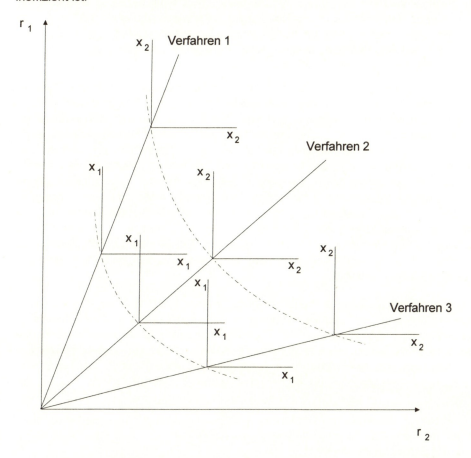

Abb. 3-16: Substitutionalität durch Verfahrenswechsel trotz Limitationalität der Einsatzfaktoren

Es sei Verfahren 1 stark automatisiert, Verfahren 2 automatisiert und Verfahren 3 minimal automatisiert. (Ein Wechsel zwischen den hier abgebildeten Produktionsverfahren kann bspw. durch eine Faktorpreisänderung sinnvoll werden, z. B. bei Erhöhung der Arbeitslöhne; siehe dazu die Abschnitte 3.5.1 und 3.5.2)

Verbindet man die Punkte gleichen Outputs der einzelnen Prozeßgeraden, so entsteht eine Kurve, die den Ertragsisoquanten der Produktionsfunktion vom Typ A ähnelt. Zu beachten ist allerdings, daß im konkreten Fall von Abbildung 3-16 keine kontinuierliche Verfahrensänderung möglich ist und damit auch keine kontinuierliche Ertragsisoquante wie beim Ertragsgebirge entsteht. Würde man jedoch die Zahl der möglichen Produktionsverfahren erhöhen, im Extremfall auf unendlich viele, so würde eine derartige kontinuierliche Ertragsisoquante resultieren. Die Substitutionalität würde in dieser Situation jedoch nicht durch direkten Ersatz der Faktoren, sondern durch Substitution von Produktionsverfahren mit festen Faktoreinsatzverhältnissen entstehen.

Halten wir fest, daß auch bei limitationalen Produktionsprozessen eine Substitution von Produktionsfaktoren möglich ist, wenn man Verfahrenswechsel berücksichtigt. In der Realität vollzieht sich dieser Verfahrenswechsel typischerweise in Sprüngen, d. h. man hat nur diskrete Alternativen zur Auswahl, wie in Abbildung 3-16 durch die drei Prozeßgeraden angedeutet. Kontinuierliche Ertragsisoquanten, wie in Abbildung 3-16 strichliert eingezeichnet, sind daher nur theoretisch ableitbar, zeigen dann aber die wesentlichen Wirkungszusammenhänge auf.

Wie gezeigt, stellt die Produktionsfunktion vom Typ A auf substitutionale Produktionsprozesse ab. Die Produktionsfunktion vom Typ B geht statt dessen von limitationalen Produktionsprozessen aus. Das wird in der ganzen Anlage der Verbrauchsfunktion deutlich. Um eine bestimmte Ausbringung an einem Betriebsmittel zu erreichen, ist eine bestimmte Leistungsintensität dieses Betriebsmittels erforderlich. Diese Leistungsintensität erfordert wiederum einen bestimmten Einsatz an Verbrauchsfaktoren. Es ist nicht möglich, die gleiche Leistungsintensität durch eine Erhöhung eines Verbrauchsfaktors bei gleichzeitiger Verringerung eines anderen Verbrauchsfaktors zu erzielen. Beispielsweise können Sie nicht eine bestimmte Geschwindigkeit mit einem Fahrzeug mit mehr oder weniger Benzin einerseits, weniger oder höherer Abnutzung des Motors andererseits sicherstellen. Ein bestimmter Faktorertrag pro Zeiteinheit ist also nur mit einer ganz bestimmten mengenmäßigen Konstellation des Faktorverbrauchs erzielbar.

Insgesamt zeichnet sich die Produktionsfunktion vom Typ B durch einen - insbesondere im Vergleich zur Produktionsfunktion vom Typ A - relativ großen Geltungsbereich aus. Eine Vielzahl industrieller Produktionsprozesse kann mittels Verbrauchsfunktionen und den mit ihnen aufgebauten Produktionsfunktionen abgebildet werden. Des weiteren ist auch der Bewährungsgrad der Produktionsfunktion vom Typ B relativ hoch. In einer Vielzahl von industriepraktischen Studien zeigte sich, daß mit der Produktionsfunktion vom Typ B Produktionsprozesse angemessen abgebildet werden können.

3.4.3 Grundgedanken der Produktionsfunktion vom Typ C

Die Produktionsfunktion vom Typ B erscheint für industrielle Prozesse angemessen, die sich in einem Fließgleichgewicht befinden. Damit sind Prozesse gemeint, die bei konstanter Leistungsintensität gefahren werden sollen oder Prozesse mit variabler Leistungsintensität, für die jedoch eine Durchschnittsbetrachtung ausreicht. Eine konstante Leistungsintensität führt zu einem kontinuierlichen Faktorverbrauch pro Zeiteinheit und auf der Output-Seite zu einem kontinuierlichen mengenmäßigen Ertrag pro Zeiteinheit. Wir finden eine derartige Situation häufig bei der Produktion von Fließgütern. Beispiele dafür sind die Erdöldestillation, viele chemische Prozesse, energietechnische Prozesse.

Im Rahmen von Stückgüter-Produktionsprozessen der industriellen Fertigung ist die Situation anders. Dort wechselt bei der Bearbeitung eines Werkstückes, etwa eines Drehteils, die Leistungsintensität des Betriebsmittels ständig. Beispielsweise erfordert das Abdrehen eines Werkstücks andere Leistungsintensitäten und Faktorverbräuche als eine Zustellbewegung der Werkzeugmaschine. Ähnlich verhält es sich beim Beispiel einer Stanzmaschine. Während des Arbeitshubes ändert sich die Inanspruchnahme der Stanzmaschine. Sie ist insbesondere dann beim Rückhub sehr gering. Ein weiteres Beispiel wäre ein zwischen zwei Orten beladen hin- und unbeladen zurückfahrender LKW.

Solche Prozesse der Stückgüterproduktion kann man mit der Produktionsfunktion vom Typ B nur in Form von Durchschnittswerten abbilden. Zur Abbildung wechselnder Belastungen im Zeitablauf bei der Stückgüterproduktion ist die Produktionsfunktion vom Typ C (Heinen) besser geeignet. Zugleich ist sie umfassender und in der Lage, sowohl die Produktionsfunktion vom Typ A als auch die Produktionsfunktion vom Typ B mit einzubeziehen. Andererseits ist sie auch komplizierter und weniger leicht handhabbar.

Erstes grundlegendes Merkmal dieser Produktionsfunktion ist ihre kinetische Betrachtungsweise. (Heinen 1988, S. 242) D. h. sie betrachtet nicht einen stationären Zustand oder eine Durchschnittsbelastung während einer Periode, sondern die sich verändernde Belastung über der Zeit. Eine derartige sich im Zeitablauf ändernde Belastung ist in Abb. 3-17 veranschaulicht.

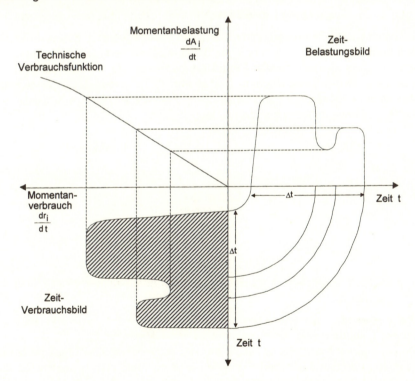

Abb. 3-17: Produktionsfunktion vom Typ C - Kinetische Betrachtungsweise

Das im ersten Quadranten dargestellte Zeit-Belastungsbild verdeutliche die wechselnde Belastung während eines Stanzvorgangs. Im zweiten Quadranten ist die zugehörige Verbrauchsfunktion dargestellt. Sie gibt den Momentanverbrauch in Abhängigkeit von der Momentanbelastung an. Im konkreten Fall kann es sich dabei etwa um den Verbrauch an Strom in Kilowatt in Abhängigkeit von der Momentanbelastung handeln.

Mit dieser Kurve läßt sich jeder Momentanbelastung zu jedem Zeitpunkt t ein Momentanverbrauch zuordnen, so daß wir daraus die im dritten Quadranten dargestellte Kurve mit dem Momentanverbrauch als Funktion der Zeit ableiten können. Diese Kurve wird auch als Zeit-Verbrauchsbild bezeichnet. Beispielsweise könnte sie den Momentanverbrauch an Strom über der Zeit während eines Stanzvorgangs darstellen. Durch Integration dieser Funktion erhalten wir den Gesamtverbrauch an Strom während dieses Stanzvorgangs.

Der zweite wesentliche Grundgedanke der Produktionsfunktion vom Typ C ist das Konzept der Elementarkombination. Eine Elementarkombination ist ein Ausschnitt bzw. eine Teilkombination aus der Gesamtheit von Faktorkombinationen eines Betriebes. Zur Abgrenzung einer Elementarkombination müssen zwei Bedingungen erfüllt sein. (Heinen 1988, S. 240f.)

Erstens müssen sich im Rahmen der Elementarkombination die Beziehungen zwischen dem Faktorverbrauch einerseits und der Leistung im technisch-physikalischen Sinn andererseits eindeutig darstellen lassen. In diesem Fall sind auch die Voraussetzungen für die Bestimmung von technischen Verbrauchsfunktionen gegeben.

Zweitens müssen die Elementarkombinationen so gewählt werden, daß stets eindeutige Beziehungen zwischen ihnen und der ökonomischen Leistung, d. h. den durch die Elementarkombination erstellten Produkten, bestehen. Man spricht hier auch von ökonomischen Verbrauchsfunktionen. (siehe Abb. 3-18) Diese Bedingungen sind nach Ansicht von Heinen nur dann erfüllt, wenn man die Produktionsprozesse ausreichend fein in einzelne Komponenten zerlegt.

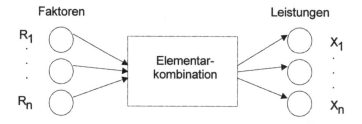

Abb. 3-18: Faktorkombination und Leistungserstellung im Rahmen einer Elementarkombination

Es möge in diesem Zusammenhang ausreichen, wenn man sich merkt, daß eine Elementarkombination eine Kombination von Produktionsfaktoren ist, die so beschaffen ist, daß wir einerseits angeben können, wieviele solcher Vorgänge bei der Erstellung des Produktes erforderlich werden, und wir andererseits bestimmen können, welcher Faktorverzehr bei einer solchen Elementarkombination entsteht. Noch stärker vereinfacht können wir uns eine solche Elementarkombination als einen Arbeitsgang vorstellen, beispielsweise als das Bohren eines Loches, das Stanzen eines Formteils, das Setzen einer Schweißnaht.

Der Grundgedanke ist also der: Man ermittelt erstens, wieviele Elementarkombinationen welcher Art für die Erstellung einer Leistungseinheit erforderlich werden. Zweitens ist bekannt, welcher Faktorverbrauch mit den jeweiligen Elementarkombinationen verbunden ist. Durch Zusammenfassung der Faktorverbräuche der notwendigen Elementarkombinationen kann man errechnen, welcher Faktorverbrauch mit den einzelnen Leistungseinheiten (Produkten) verbunden ist. Durch Multiplikation des Faktorverbrauchs eines Produktes mit der Anzahl der bspw. im Rahmen eines Fertigungsauftrages zu erstellenden Produktmenge kann der auftragsbezogene Faktorverzehr errechnet werden.

Die Einbeziehung der Produktionsfunktion A und der Produktionsfunktion vom Typ B gelingt Heinen, indem er vier Arten der Elementarkombinationen betrachtet: Er unterscheidet hinsichtlich des Faktoreinsatzes zwischen substitutionalen und limitationalen Prozessen und hinsichtlich des Ergebnisses zwischen output-fixen und outputvariablen Prozessen. Insgesamt erscheint die Produktionsfunktion vom Typ C als umfassenderer Ansatz, um die Beziehungen zwischen Faktoreinsatzmengen und Ertrag für den Bereich der industriellen Produktion zu strukturieren.

Als einen Vorteil dieser Funktion sehen wir auch ihre prinzipielle hierarchisch-rekursive Erweiterbarkeit. Beispielsweise läßt sich auch ein Motor als „Elementarkombination" sehen. Denn es läßt sich angeben, welche Subsysteme für dessen Erstellung notwendig sind und welchen wirtschaftlichen Zwecken der Motor selbst zugeführt werden kann.

3.4.4 Grundgedanken der Produktionsfunktionen vom Typ D und E

Die von Kloock (1969) entwickelte Produktionsfunktion vom Typ D stellt eine Verallgemeinerung der Produktionsfunktionen von Heinen und Gutenberg dar. Eine wichtige Ausweitung des Anwendungsbereiches ist die Berücksichtigung mehrerer Produktionsstufen in der Produktionsfunktion. Als Methodik zur Darstellung der Verflechtungen in und zwischen Produktionssystemen verwendet Kloock Input-Output-Matrizen. Die Symbole $\bar{x}$ bzw. $\bar{r}$ in Abb. 3-19 repräsentieren die von einer Fertigungsstelle an Absatzstellen bzw. weitere Fertigungsstellen abgegebenen Leistungen. Für jede Stelle wird eine Gleichung erstellt, die die Faktorverbräuche einer Stelle in Abhängigkeit der technischen Eigenschaften des Aggregats, der Leistungsintensität sowie der an nachgelagerte Fertigungs- und Absatzstellen abgegebenen Mengen ausdrückt.

Einige der möglichen Verflechtungen zwischen Fertigungs- und Absatzstellen, die mit der Produktionsfunktion vom Typ D abgebildet werden können, sind in der Abb. 3-19 angedeutet. Darstellbar sind mit Kloocks Ansatz auch zyklische Verflechtungen, bei denen erzeugte Produkte erneut als Einsatzfaktoren in vorgelagerte Produktionsstufen eingehen.

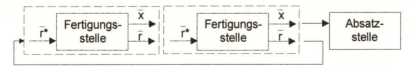

Abb. 3-19: Kopplung von Produktionssystemen im Rahmen der Produktionsfunktion vom Typ D

Die Produktionsfunktion vom Typ E von Küpper stellt ein dynamisches Modell dar, mit dessen Hilfe Zeitverzögerungen sowie die zeitliche Verfügbarkeit von Faktoren in Produktionsprozessen erfaßt werden können. Während die bisher behandelten Produktionsfunktionen sich auf den reinen Bearbeitungsprozeß von Werkstücken bezogen, gestattet die Produktionsfunktion vom Typ E die Berücksichtigung von Lagerbeständen und ihren Veränderungen sowie die Einbeziehung von Liege-, Transport- und Verweilzeiten. (Küpper 1979, S. 95ff.)

3.5 Grundzüge der Kostentheorie

3.5.1 Minimalkostenkombination bei substitutionaler Produktion

Die Produktionsfunktion vom Typ A bei totaler Faktorvariation machte deutlich, mit welcher Kombination von Faktoren ein bestimmtes Outputniveau erreicht werden kann. Die Vielzahl unterschiedlicher Kombinationsmöglichkeiten wird besonders deutlich in der Darstellung einer Ertragsisoquantenschar. (siehe Abb. 3-20) Um aufbauend auf diesen produktionstheoretischen Erkenntnissen Aussagen über die Vorteilhaftigkeit bestimmter Faktorkombinationen machen zu können, sind weitere Überlegungen notwendig. Diese setzen an einer Bewertung der Einsatzfaktoren an.

Es handelt sich bei den Ertragsisoquanten definitionsgemäß um Linien gleichen Ertrags. Auf diesen ist definitionsgemäß das vollständige Differential gleich Null.

$$3\text{-}11 \quad dx = \frac{\partial x}{\partial r_1} \cdot dr_1 + \frac{\partial x}{\partial r_2} \cdot dr_2 = 0$$

Durch Umformung erhält man die sogenannte Grenzrate der Substitution. Diese ist gleich dem negativen, reziproken Verhältnis der Grenzproduktivitäten beider Faktoren.

$$3\text{-}12 \Rightarrow \frac{dr_1}{dr_2} = -\frac{\partial x}{\partial r_2} : \frac{\partial x}{\partial r_1} \quad \text{oder} \quad \frac{dr_2}{dr_1} = -\frac{\partial x}{\partial r_1} : \frac{\partial x}{\partial r_2}$$

Die Gleichung verdeutlicht, daß die kompensierende Menge des ersetzenden Faktors umso größer sein muß, je niedriger seine Grenzproduktivität (Steigung der Ertragskurve) im Verhältnis zu der des verminderten Faktors ist. Oder anders ausgedrückt: die zum Ersatz erforderliche Menge ist umgekehrt proportional zum Verhältnis seiner Grenzproduktivität zu der des anderen Faktors.

Um eine Aussage über die Vorteilhaftigkeit einer Faktorkombination machen zu können, müssen die Faktoren bewertet werden. Dies erfolgt sinnvollerweise mit den Faktorpreisen. Diese werden in bekannter Weise mit den entsprechenden Faktoreinsatzmengen multipliziert. Dadurch erhält man die Kostenfunktion.

$$3\text{-}13 \quad r_1 \cdot p_1 + r_2 \cdot p_2 = k$$

Durch Umformung und Konstantsetzung der Gesamtkosten k (d. h. Betrachtung für einen gegebenen Kostenbetrag c), erhält man die Gleichung 3-14. Man nennt sie Isokostenlinie oder Kostenisoquante, da auf ihr Punkte enthalten sind, die zu gleichen (hier konstant gesetzten) Kosten führen. Sie stellt eine Gerade mit dem Steigungsmaß $-\frac{p_2}{p_1}$ und dem Absolutwert c dar.

$$3\text{-}14 \Rightarrow r_1 = c - \frac{p_2}{p_1} \cdot r_2$$

In der Abb. 3-20 wurden zwei Isokostenlinien zu der bereits behandelten Ertragsisoquantenschar hinzugefügt.

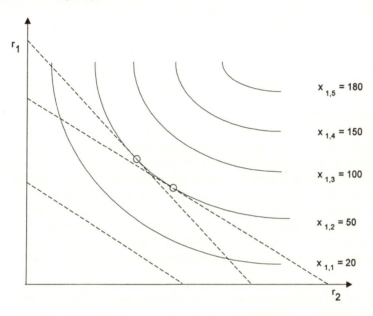

Abb. 3-20: Ertragsisoquanten und Isokostenlinien bei substitutionaler Produktion

Für jede Ertragsisoquante führt gerade diejenige Faktorkombination zu minimalen Kosten, in der die Kostenisoquante die Ertragsisoquante tangiert. In diesem Punkt ist die Steigung der Ertragsisoquante gleich der Steigung der Isokostenlinie. Setzt man das Steigungsmaß der Isokostenlinie (siehe Gleichung 3-14) mit dem der Ertragsisoquante gleich, so erhält man die Bedingung der Minimalkostenkombination:

$$3\text{-}15 \Rightarrow \frac{dr_1}{dr_2} = -\frac{p_2}{p_1}$$

Setzt man den in Gleichung 3-12 angegebenen Term für die Grenzrate der Substitution ein, so erhält man die Bedingung für die Minimalkostenkombination. Sie besagt, daß bei Realisierung der Minimalkostenkombination die Verhältnisse der Preise und der Grenzproduktivitäten der Faktoren gleich sein müssen.

$$3\text{-}16 \quad \frac{p_2}{p_1} = \frac{\partial x}{\partial r_2} : \frac{\partial x}{\partial r_1} \quad \text{oder} \quad \frac{p_1}{p_2} = \frac{\partial x}{\partial r_1} : \frac{\partial x}{\partial r_2}$$

Nach weiterer Umformung erhält man:

$$3\text{-}17 \Rightarrow \frac{p_1 \cdot \partial r_1}{\partial x} = \frac{p_2 \cdot \partial r_2}{\partial x}$$

Die wesentliche Erkenntnis aus dem Ganzen besteht u. E. in dem Verhältnis zwischen Preisen und Grenzproduktivitäten: im Optimum sind die pro zusätzlicher Mengeneinheit des Ertrages aufzuwendenden zusätzlichen Kosten $p_i \cdot \partial r_i$ beider Faktoren gleich. Es ist fraglich, ob man dafür den großen Apparat der Produktionstheorie benötigte. Grundkenntnisse der Suchtheorie (z. B. das Gradientenverfahren) reichten eigentlich zur Auffindung des Optimums aus. Denn so lange die für eine beliebig kleine zusätzliche Mengeneinheit aufzuwendenden Kosten nicht gleich sind, würde man den Faktor mit den niedrigeren Kosten pro zusätzlicher Mengeneinheit zu Lasten dessen mit den höheren Kosten einsetzen. Man befindet sich erst dann im Gleichgewicht, wenn die Kosten für die Einsatzfaktoren pro zusätzlicher Einheit des Ertrages gleich sind.

Aus diesen Ausführungen, formal auch aus den oben behandelten Gleichungen wird deutlich, daß, wenn der Preis eines Produktionsfaktors steigt, der hierdurch ausgelöste Substitutionseffekt in die Richtung wirkt, die Einsatzmengen des anderen Faktors zu erhöhen. Immerhin haben wir, wenn auch abstrakt formuliert, für den Fall der Substituierbarkeit von Faktoren eine Regel für eine rationale Produktionsgestaltung. Die Regel lautet: Von den für eine bestimmte Fabrikation benötigten produktiven Faktoren sind stets gerade so viel Mengeneinheiten zu verwenden, daß sich ihre Grenzproduktivitäten wie ihre Preise verhalten oder anders ausgedrückt, daß pro zusätzlicher Mengeneinheit der Ausbringung die zusätzlichen Kosten gleich sind.

3.5.2 Minimalkostenkombination bei limitationaler Produktion mit konstanten Produktionskoeffizienten

Es wurde bereits gezeigt, daß die Kostenfunktion durch Summierung der Produkte aus Faktorpreisen und Faktoreinsatzmengen ermittelt werden kann. In der Abb. 3-21 wurde für den Fall linear-limitationaler Produktion (siehe Abschnitt 3.4.2) beispielhaft das Kostenniveau K in Form einer Isokostenlinie der bereits bekannten Ertragsisoquantenschar hinzugefügt. Dabei ist vorausgesetzt, daß nur ein Produktionsverfahren existiert.

Derartige Kostenisoquanten haben im Falle zweier Faktoren und bei gegebenen Faktorpreisen grundsätzlich eine negative Steigung. Das niedrigste Kostenniveau eines bestimmten Outputniveaus ist dann immer im Punkt der effizienten Faktorkombination gegeben. Effiziente und kostenminimale Faktoreinsatzmengen sind daher identisch. Auch unter Kostengesichtspunkten ist es deshalb sinnvoll, die effizienten Faktorkombinationen zu realisieren. Eine Expansion der Ausbringungsmenge folgt zweckmäßigerweise dem Prozeßstrahl. (Fandel 1994, S. 242f.)

Kap. 3: Grundzüge der Produktionswirtschaft

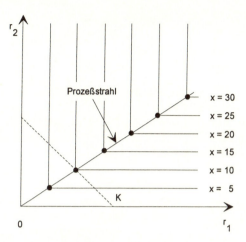

Abb. 3-21: Ertrags- und Kostenisoquanten bei linear-limitationaler Produktion mit einem Produktionsverfahren

Stehen mehrere linear-limitationale Produktionsverfahren zur Auswahl, so wird man jenes Verfahren wählen, mit dem man bei gegebenen Preisrelationen ein bestimmtes Outputniveau zu niedrigsten Kosten realisieren kann. Graphisch läßt sich dies realisieren durch Verschiebung der Kostenisoquante vom Koordinatenursprung aus. Jenes Verfahren, bei dem die effiziente Faktorkombination des gewünschten Outputniveaus zuerst berührt wird, ist das kostenminimale Verfahren. Verändern sich die Faktorpreisrelationen nicht, so folgt man bei einer Expansion dem Prozeßstrahl dieses Verfahrens. Die Wahl des Verfahrens bei gegebenen Preisrelationen ist also unabhängig vom Outputniveau und muß nur einmal durchgeführt werden.

3.5.3 Die s-förmig geschwungene Kostenfunktion

Für den Fall der partiellen Faktorvariation kann man aus der Produktionsfunktion vom Typ A eine s-förmig geschwungene Kostenfunktion ableiten. Diese Kostenfunktion ist geeignet, um einige spezielle Kostenbegriffe zu erläutern.

Die Kurve im oberen Diagramm von Abb. 3-22 stellt die Kurve der Gesamtkosten dar. Sie schneidet die Ordinate in der Höhe der Fixkosten K_f. Fixkosten sind Kosten, die unabhängig von der Ausbringungsmenge x anfallen. Man könnte auch von periodenfixen Kosten sprechen.

Bilden wir die erste Ableitung der Gesamtkostenkurve, so erhalten wir die unten eingetragene Kurve der Grenzkosten. Sie hat ihr Minimum dort, wo die Gesamtkostenkurve ihren Wendepunkt aufweist.

Die Durchschnittskosten k_g sind definiert als Quotient zugehöriger Kosten und Ausbringungsmengen. Geometrisch erhalten wir sie als Tangens des Fahrstrahles aus dem Koordinatenanfangspunkt an jeden Punkt der Kostenkurve. Die entsprechende Kurve der Durchschnittskosten hat ihr Minimum dort, wo der Fahrstrahl die Gesamtkostenkurve von unten tangiert. Dort ist der Wert der Durchschnittskosten zugleich gleich dem der Grenzkosten.

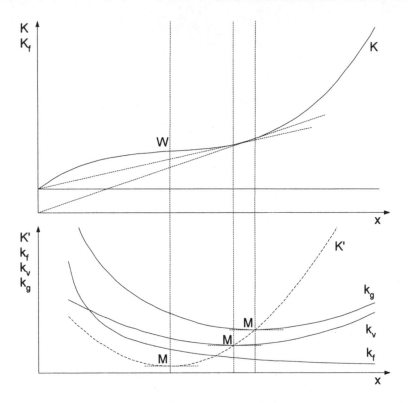

K	= Gesamtkosten	[GE]	x = Ausbringungsmenge	[ME]
K_f	= Fixe Kosten	[GE]	k_v = Variable Kosten je Einheit	$\left[\frac{GE}{ME}\right]$
$k_g = \frac{K}{x}$	= Durchschnittskosten	$\left[\frac{GE}{ME}\right]$	k_f = Fixe Kosten je Einheit	$\left[\frac{GE}{ME}\right]$
$K' = \frac{dK}{dx}$	= Grenzkosten	$\left[\frac{GE}{ME}\right]$		
W	= Wendepunkt		M = Minimum	

Abb. 3-22: Die s-förmig geschwungene Kostenfunktion

Entsprechend erhalten wir die variablen Kosten je Einheit als Quotient aus zugehörigen variablen Kosten und der entsprechenden Ausbringungsmenge. Geometrisch ergeben sie sich als Tangens des Fahrstrahles aus dem Schnittpunkt der Gesamtkostenkurve mit der Ordinate mit jedem entsprechenden Punkt der Kostenkurve. Die Kostenfunktion besitzt ihr Minimum dort, wo der entsprechende Fahrstrahl die Gesamtkostenkurve von unten tangiert. Dort ist der Wert zugleich gleich dem der Grenzkosten. Die Kurve der variablen Durchschnittskosten bzw. der gesamten Durchschnittskosten beginnt wieder zu steigen, wenn sie von der Grenzkostenkurve von unten geschnitten wird. Dies läßt sich mit folgender Überlegung begründen: Wenn wir zu einem Durchschnittswert einen größeren Wert hinzuaddieren, muß der neue Durchschnittswert größer werden.

Die fixen Kosten je Einheit schließlich ergeben sich als Differenz aus gesamten Durchschnittskosten und variablen Kosten je Einheit. Man kann sie auch ermitteln, indem man den Tangens des Fahrstrahls aus dem Koordinatenanfangspunkt an jedem Punkt der Kurve der Fixkosten, die hier eine Parallele zur x-Achse ist, ermittelt.

Diese Kostenfunktion wurde aus der ertragsgesetzlichen Funktion abgeleitet und weist damit zunächst zwangsläufig die gleichen Mängel hinsichtlich ihrer empirischen Bewährung auf. Bezogen auf einzelne Maschinen lassen sich aber zwei Argumente dafür anführen, daß entsprechende Kostenverläufe praktisch bedeutsam sind.

Erstens wird argumentiert, daß sich dieser s-förmige Kurvenverlauf empirisch nachweisen lasse. Mit zunehmender Ausbringung sinken die pro zusätzlicher Ausbringungsmenge erforderlichen Kosten, die sogenannten Grenzkosten. Das habe seine Gründe beispielsweise in größerer Erfahrung der Arbeitskräfte oder in besseren Organisationsformen. Von einem bestimmten Punkt aus, dem Wendepunkt, steigen dann die pro zusätzlich ausgebrachter Einheit erforderlichen Kosten wieder. Hier wird argumentiert, daß die Kapazitäten allmählich ausgelastet sind, daß improvisiert werden muß, daß evtl. Überstunden erforderlich sind u.ä.

Zweitens läßt sich die unterschiedliche Beanspruchungsintensität bei unterschiedlicher Ausbringung im Rahmen einer gegebenen Kapazität (optimaler Wirkungsgrad von Aggregaten) anführen. Bei einem Kraftfahrzeug seien die Benzinkosten per gefahrenen Kilometer dann am niedrigsten, wenn man etwa die Hälfte der Höchstgeschwindigkeit fährt. Angenommen man hätte ein Kraftfahrzeug, das in der Spitze 120 km/h fährt und man fahre mit diesem Kraftfahrzeug 10 Stunden lang auf der Autobahn. Bei niedriger Geschwindigkeit und mit niedrigem Gesamtoutput in Form von insgesamt gefahrenen Kilometern hat man pro gefahrenen Kilometer hohe Benzinkosten. Je mehr Kilometer gefahren werden, umso niedriger werden die Benzinkosten pro zusätzlich zurückgelegten Kilometer. Das geht jedoch nur bis zu einer Entfernung von etwa 600 Kilometern, also einer Geschwindigkeit von 60 km/h x 10 Stunden. Je mehr Kilometer man über 600 am Tag zurücklegt, um so höher werden die zusätzlichen Kosten für Benzin.

Diese letztgenannte Argumentation über die intensitätsmäßige Anpassung hat, wie wir auch später noch einmal sehen werden, eine gewisse Berechtigung, z. T. auch die empirische Herleitung. Keinesfalls kann man aber generell von einem solchen s-förmigen Kurvenverlauf ausgehen.

3.5.4 Betriebliche Kosteneinflußgrößen

Im Rahmen der bisherigen Ausführungen wurden die unmittelbaren Abhängigkeiten der Kosten von der Ausbringungsmenge untersucht. Gutenberg hat für die industrielle Produktion darauf hingewiesen, daß darüber hinaus weitere Faktoren mittelbar oder unmittelbar auf die Höhe der Kosten wirken. Im folgenden orientieren wir uns an den von Gutenberg herausgearbeiteten Kosteneinflußgrößen, die als Instrumentalvariablen durch unternehmenspolitische Maßnahmen verändert werden können: (Gutenberg 1971, S. 344-347)

– Beschäftigungsgrad und Art der Anpassung an diesen
– Faktorqualität
– Betriebsgröße
– Faktorpreise
– Fertigungsprogramm

3.5.4.1 Auswirkungen des Beschäftigungsgrades und der Art der Anpassung an diesen (intensitätsmäßig, zeitlich, quantitativ)

Während die auf der ertragsgesetzlichen Produktionsfunktion aufbauende Kostentheorie von einer hoch aggregierten Sicht auf die Zusammenhänge zwischen der Ausbringungsmenge und den Kosten ausgeht, stellt Gutenberg insbesondere einzelne Betriebsmittel bzw. Produkte in den Vordergrund der Analyse. Dadurch gelingt es, die Kostenverläufe detaillierter zu erfassen und zu analysieren.

Soll die Produktion auf den Absatz in Form der Synchronisation abgestimmt werden, so bieten sich mehrere Alternativen der Anpassung der Produktionsmenge an den schwankenden Absatz. Häufig verwendet wird in diesem Zusammenhang der Begriff des Beschäftigungsgrades. Die Beschäftigung stellt die - teilweise oder volle - Inanspruchnahme der Kapazität dar. Eine Kennziffer zur Messung der Beschäftigung ist der sogenannte Beschäftigungsgrad, bei dem die tatsächlich realisierte Inanspruchnahme der Kapazität auf die verfügbare Kapazität bezogen wird.

$$\text{Kapazitätsausnutzungsgrad} = \text{Beschäftigungsgrad} = \frac{\text{Istproduktion}}{\text{Kannproduktion}}$$

Üblicherweise ermittelt man den Beschäftigungsgrad auf der Basis der zu erstellenden (Planbeschäftigung) bzw. der erstellten (Istbeschäftigung) Leistungseinheiten. Die Anzahl der geplanten bzw. der tatsächlich gefertigten Produkte wird also auf die Anzahl maximal produzierbarer Produkteinheiten bezogen.

Im folgenden wollen wir die Abhängigkeit der Kosten von der Beschäftigung unter Zugrundelegung der Gutenbergschen Produktionsfunktion vom Typ B darlegen. Aus den früheren Ausführungen über diese Produktionsfunktion sind die beiden Gleichungen 3-18 und 3-19 bereits bekannt. Gleichung 3-18 gibt formal die Abhängigkeit der Verbrauchsmenge des Faktors i an Betriebsmittel j in Abhängigkeit von der Leistungsintensität dieses Betriebsmittels an. Die Leistungsintensität ist ihrerseits bei gegebener Produktionszeit eine Funktion der Ausbringungsmenge.

$$3\text{-}18 \quad r_{ij} = f_{ij}\bigl(\varphi_j(x)\bigr)$$

Gleichung 3-19 drückt aus, daß der Verbrauch des Faktors i am Betriebsmittel j in Abhängigkeit von der Nutzungszeit des Betriebsmittels j steht, die ihrerseits, bei konstanter Intensität wiederum abhängig ist von der Ausbringungsmenge x.

$$3\text{-}19 \quad r_{ij} = g_{ij}\bigl(\psi_j(x)\bigr)$$

Durch Aufsummierung über j erhalten wie die Faktorverbräuche r_i, die wir mit p_i multiplizieren, um die Kosten des einzelnen Faktors zu ermitteln. Summieren wir weiter über i auf, erhalten wir die Gesamtkosten.

$$3\text{-}20 \quad K = \sum_i p_i \cdot \sum_j f_{ij}\bigl(\varphi_j(x)\bigr)$$

$$3\text{-}21 \quad K = \sum_i p_i \cdot \sum_j g_{ij}\bigl(\psi_j(x)\bigr)$$

Die Abbildung 3-23 zeigt, daß eine Änderung der Ausbringungsmenge an einem Betriebsmittel zunächst auf zweierlei Art möglich ist: Die Abszisse dieser Darstellung ist charakterisiert durch die Produktionszeit t_j des Betriebsmittels, die Ordinate durch die Intensität d_j, mit der das Betriebsmittel genutzt wird. Die Ausbringung x ist proportional dem Produkt aus d_j und t_j. Wir erhalten also hyperbelförmige Ertragsisoquanten. Um von einer Ertragsisoquante, die die Ausbringungsmenge x_1 symbolisiert, auf eine, die höhere Ausbringungsmenge x_2 symbolisierende Ertragsisoquante überzugehen, haben wir zwei typische Anpassungsalternativen, die wir bereits bei der Formulierung der Produktionsfunktion vom Typ B kennengelernt haben. Entweder man erhöht die Produktionszeit t_j oder man erhöht die Intensität d_j. Das ist durch die beiden Pfeile dargestellt. Entsprechend bezeichnet man diese Formen als zeitliche Anpassung bzw. als intensitätsmäßige Anpassung. Selbstverständlich sind auch Kombinationen gleichzeitiger zeitlicher und intensitätsmäßiger Anpassung möglich. (Gutenberg 1971, S. 354ff.)

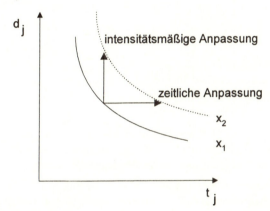

Abb. 3-23: Anpassungsformen auf einem Betriebsmittel

Neben diesen Anpassungsformen, die sich auf ein Betriebsmittel beziehen, kann die Ausbringungsmenge durch Vermehrung bzw. Verminderung der in der Produktion eingesetzten Betriebsmittel erfolgen. Gutenberg bezeichnet diese Alternative als quantitative Anpassung. Die zentrale Frage, die er im Zusammenhang mit diesen Anpassungsformen untersucht, bezieht sich auf deren Kostenwirkungen.

Eine quantitative Anpassung liegt vor, wenn auf die Ausbringungsmenge einer Periode - bei gleichbleibender Intensität und Einsatzdauer der Potentialfaktoren - durch Variation der eingesetzten Potentialfaktoren eingewirkt wird. Voraussetzung dafür ist das Vorhandensein gleichartiger (auch kostengleicher) Betriebsmittel in einer Produktionsstufe, von denen einige aus dem Produktionsprozeß entfernt bzw. ihm hinzugefügt werden können. Man geht in der Regel davon aus, daß bei kurzfristigen Anpassungsmaßnahmen im Hinblick auf Beschäftigungsschwankungen ein Verkauf der Anlagen nicht möglich oder nicht sinnvoll ist. Zeitabhängige jedoch beschäftigungsunabhängige Kosten können daher üblicherweise nicht eingespart werden.

Bei ausschließlich quantitativer Anpassung - mit konstanter Intensität und Einsatzdauer - an Beschäftigungsänderungen können lediglich ganz bestimmte Ausbringungsmengen realisiert werden. Die Kostenfunktion besteht dann nur aus einzelnen Punkten. Die anderen Punkte auf deren gestrichelten Verbindungslinien lassen sich nur durch eine Kombination mit anderen Anpassungsformen realisieren. (siehe Abb. 3-24)

Die in der Abb. 3-24 gewählte Darstellungsweise setzt voraus, daß bei einer Zurücknahme der Ausbringungsmenge eines Produktes um m nur variable Kosten K_v eingespart werden. Ist es dagegen möglich, die Maschinen und Arbeitskräfte für Produktionsprozesse anderer Produkte einzusetzen, so ist es zweckmäßig, die kurzfristig als fix anzusehenden Lohnkosten und die Abschreibungen für die Maschinen diesen anderen Kostenträgern zuzurechnen. Die Kostenfunktion bei quantitativer Anpassung hätte dann eine größere Steigung.

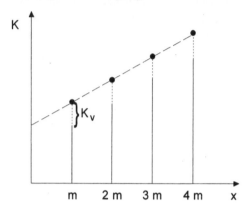

Abb. 3-24: Kostenverlauf bei quantitativer Anpassung

Im Rahmen der selektiven Anpassung - einer besonderen Form der quantitativen Anpassung - wird die Prämisse der Gleichartigkeit der Potentialfaktoren aufgegeben. Geht man wiederum davon aus, daß eine intensitätsmäßige bzw. zeitliche Anpassung ausgeschlossen wird, so erhält man ebenfalls nur bestimmte realisierbare Punkte der Kostenfunktion. (siehe Abb. 3-25)

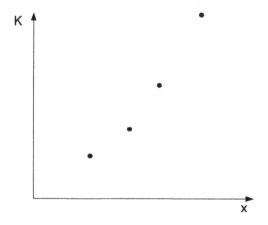

Abb. 3-25: Kostenverlauf bei selektiver Anpassung

Zunächst wird man die kostengünstigste Maschine einsetzen. Die weiteren Maschinen werden dann jedoch höhere Kosten je Outputeinheit verursachen, so daß die Steigung der gedachten Gerade zwischen den realisierbaren Punkten mit zunehmendem x überproportional anwächst. Die Entwicklung der Kosten ist also in diesem Fall abhängig von der Reihenfolge, in welcher die Maschinen außer Betrieb gesetzt bzw. in Betrieb genommen werden.

Zeitliche Anpassung an Beschäftigungsgradänderungen bedeutet eine Variation der Einsatzzeit der Faktoren bei konstanter Intensität und Anzahl der Potentialfaktoren. Wir nehmen an, daß eine Ausweitung der Produktionsmenge nur bis zur Menge x_1 ohne Überstunden möglich sei. Bis zur Ausbringungsmenge x_1 werden bei zeitlicher Anpassung die Gesamtkosten (K) linear, also mit gleichbleibenden Zuwachsraten, bei wachsender Ausbringungsmenge ansteigen. Die variablen Kosten pro Stück (k_v) sind also konstant, d. h. unabhängig von der Ausbringungsmenge. Die Grenzkosten (K´) sind ebenfalls konstant und gleich den variablen Kosten pro Stück. Die Kosten für die Betriebsbereitschaft, die Fixkosten also, bleiben konstant. Die auf die Produktionsmenge umgelegten Fixkosten (k_f) weisen einen hyperbolischen Verlauf auf. Die gesamten Stückkosten als Summe aus variablen und fixen Stückkosten (k_g) haben ebenfalls einen hyperbelähnlichen Verlauf. (siehe Abb 3-26)

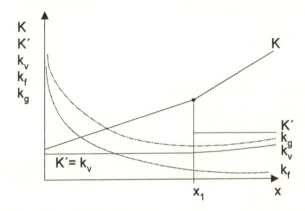

Abb. 3-26: Kostenwirkungen bei zeitlicher Anpassung

Nach Erreichen der Ausbringungsmenge x_1, die nur durch Überstunden überschritten werden kann, weist die Gesamtkostenkurve eine erhöhte Steigung auf. Diese erhöhte Steigung ist primär bedingt durch erhöhte variable Personalkosten, die durch Überstundenzuschläge entstehen. Die Funktion der Grenzkosten und jene der variablen Stückkosten besitzen an der Stelle x_1 eine Sprungstelle auf. K´ bleibt dann auf diesem erhöhten Niveau konstant, während k_v mit wachsender Ausbringungsmenge ansteigt. Die Fixkosten je Stück sinken weiter, während die gesamten Stückkosten an der Stelle x_1 ihr Minimum haben und mit wachsender Ausbringungsmenge ansteigen.

Bei intensitätsmäßiger Anpassung kann keine generelle Aussage über den Verlauf der Kostenfunktion gemacht werden. Der Verlauf hängt vielmehr ab von den einzelnen spezifischen Verbrauchsfunktionen der Betriebsmittel hinsichtlich der verschiedenen Produktionsfaktoren. Häufig wird jedoch eine u-förmige technische Verbrauchsfunktion vorliegen, die oben (siehe auch Abb. 3-14) bereits erläutert wurde. Daneben sind allerdings auch die in Abb. 3-27 strichliert eingezeichneten Verbrauchsfunktionen möglich; a_i repräsentiert darin wiederum den Verbrauch des Faktors R_i je ausgebrachter Mengeneinheit.

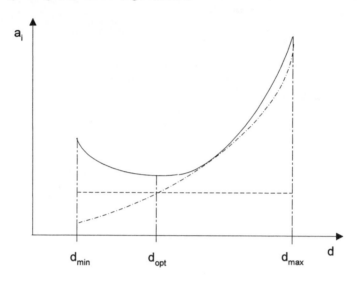

Abb. 3-27: Technische Verbrauchsfunktionen

Werden zur Erstellung eines Produktes mehrere Faktoren benötigt, so existieren entsprechend viele Verbrauchsfunktionen. Bewertet man diese Faktoreinsatzmengen mit ihren (konstanten) Preisen und faßt sie zu den Gesamtkosten zusammen, so entsteht bei mehreren (in etwa) u-förmigen Verbrauchsfunktionen eine s-förmige Kostenfunktion. Daneben sind auch weitere in Abb. 3-28 veranschaulichte Verläufe denkbar.

Die variablen Stückkosten einer s-förmigen Gesamtkostenfunktion haben, wie bereits anhand von Abb. 3-22 erläutert, einen u-förmigen Verlauf. Es existiert somit in der Regel eine stückkostenminimale Intensität. Ist eine derartige optimale Produktionsgeschwindigkeit gegeben, so ist es sinnvoll, zeitliche und intensitätsmäßige Anpassung zu kombinieren. Man sollte bei optimaler Intensität die Ausweitung der Produktionsmenge zunächst durch zeitliche Anpassung realisieren. Erst ab der Produktionsmenge, bei der keine weitere Steigerung durch zeitliche Anpassung mehr möglich ist, sollte eine intensitätsmäßige Anpassung einsetzen. Im Einzelfall sollte man allerdings die Steigungen der Kostenfunktionen bei zeitlicher Anpassung und intensitätsmäßiger Anpassung vergleichen. Eventuelle Überstundenzuschläge bewirken, daß die Steigung bei intensitätsmäßiger Anpassung geringer sein kann. In diesen Fällen wäre dann also eine intensitätsmäßige Anpassung vorzuziehen.

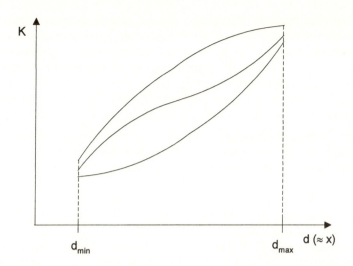

Abb. 3-28: Mögliche Kostenfunktionen bei intensitätsmäßiger Anpassung

Im Rahmen intensitätsmäßiger Anpassung an Beschäftigungsänderungen lassen sich bei bestimmten Verläufen der Kostenfunktion die Kosten durch die Maßnahme des sogenannten Intensitätssplitting senken. (Kistner/Steven 1999, S. 110) Angenommen es solle eine Ausbringungsmenge erzeugt werden, für die eine Intensität zwischen d_{min} und d_1 notwendig sei. In dem speziellen Fall, der in Abb. 3-29 dargestellt ist, wäre es dann nicht sinnvoll, diese Intensität über den gesamten notwendigen Produktionszeitraum zu wählen. Dies würde zu Gesamtkosten führen, die auf der durchgezogenen Gesamtkostenfunktion liegen.

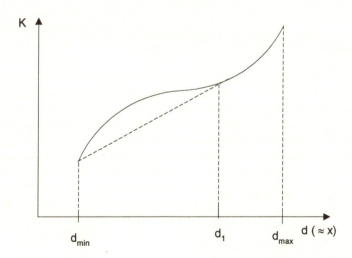

Abb. 3-29: Kostenverlauf bei Intensitätssplitting (in Anlehnung an Kistner/Steven 1999, S. 112)

Kombiniert man dagegen die Intensitäten von d_{min} und d_1, so lassen sich die niedrigeren Gesamtkosten realisieren, die auf der strichliert eingezeichneten Geraden liegen. Eine derartige Kombination würde bspw. bedeuten, daß in der ersten Hälfte der notwendigen Zeit die Intensität d_1 gewählt wird und in der zweiten Hälfte des Zeitraumes der Produktionsprozeß mit der Intensität von d_{min} abläuft. Bspw. soll mit Kraftfahrzeugen eine benzinkostenminimale Fahrweise dadurch erreichbar sein, daß zwischen Vollgas und Leerlauf mit Motorabschaltung gewechselt wird.

Beschäftigen wir uns abschließend noch kurz mit der Relevanz derartiger Anpassungsmaßnahmen. Grundsätzlich ist man bemüht die vorhandenen Kapazitäten möglichst weit auszulasten, da Fertigungskapazität zu Kosten für Löhne und Abschreibungen führt. Je besser die Fertigungskapazität ausgelastet ist, desto mehr Produkte stehen zur Verteilung der Fixkosten zur Verfügung. Da industrielle Produkte eine Vielzahl von Bearbeitungsschritten erfordern und häufig viele externe Lieferanten in die Produktionsprozesse einbezogen sind, kommt es häufiger zu Störungen, die einen laufenden Wechsel der Kapazitätsauslastung bei einzelnen Maschinen bewirken. Wechsel des Beschäftigungsgrades werden insbesondere in Betrieben, die nach dem Werkstattprinzip (siehe Abschnitt 3.6) arbeiten, durch die wechselnde Belastung einzelner Maschinen durch unterschiedliche Aufträge bewirkt. Hier kommt es häufig zu wechselnden Situationen der Minderauslastung bzw. Überlastung. Eine ökonomisch sinnvolle Anpassung an diese Wechsel des Beschäftigungsgrades ist daher in vielen Industriebetrieben laufend erforderlich.

3.5.4.2 Auswirkungen der Betriebsgröße sowie deren Variation

Es folgen einige kurze Ausführungen dazu, wie sich die Betriebsgröße auf die Produktionskosten auswirkt. Eine Variation der Betriebsgröße läßt sich von der bereits besprochenen quantitativen Anpassung abgrenzen. Im Zuge quantitativer Anpassung unterbleibt lediglich die Nutzung der Potentialfaktoren für die Produktion eines Produktes. Betriebsmittel können also stillgelegt oder zur Produktion anderer Produkte im Betrieb eingesetzt werden. In ähnlicher Weise würden Arbeitskräfte, die kurzfristig nicht entlassen werden können, unbeschäftigt bleiben oder in andere Bereiche der Produktion versetzt werden. Bei einer Variation der Betriebsgröße geht man dagegen davon aus, daß dem Betrieb bestimmte Produktionsfaktoren nicht mehr oder neu zur Verfügung stehen. Dies würde bei einer Zurücknahme der Beschäftigung bedeuten, daß Betriebsmittel verkauft oder Arbeitskräfte entlassen werden. Man würde in dieser Situation bspw. laufende Abschreibungen und Lohnkosten einsparen, müßte aber möglicherweise einmalige Abschreibungen oder Abfindungen in Kauf nehmen.

Zunächst einmal wollen wir uns vor Augen führen, wie eine Betriebsgrößenvariation überhaupt erfolgt. Im allgemeinen besitzt ein Betrieb unterschiedliche Betriebsmittel auf verschiedenen Produktionsstufen. Manche der Betriebsmittel sind voll ausgelastet, manche nur in geringem Maße. Insbesondere bei Werkstattfertigung ist ein zeitlicher Wechsel der voll ausgelasteten und damit den Engpaß bildenden Faktoren möglich.

Eine Ausdehnung der Betriebsgröße erfolgt in dieser Situation sinnvollerweise, indem der Betrieb die Engpaßkapazität erweitert. Wie bereits im Zuge der quantitativen Anpassung gezeigt wurde, erfolgt die Variation der Fertigungskapazität durch neue Betriebsmittel sprungförmig. Ein eventueller Engpaß kann durch Anschaffung einer neuen Maschine beseitigt werden. Angenommen die momentane Fertigung werde durch die drei Produktionsstufen 1, 2 und 3 realisiert. Die durchgezogenen Linien in Abb. 3-30 symbolisieren deren momentane Kapazität in Stück. Strebt man eine Produktionsmenge von x_2 an, so ist eine Erweiterung der Enpaßkapazität in Stufe 2 notwendig. Weitet man die Kapazität der Produktionsstufe 2 entsprechend der gepunkteten Linie aus, so entsteht ein neuer Engpaß in Produktionsstufe 1. Es kann jetzt höchstens die Menge x_3 produziert werden.

Anhand dieses Beispiels wird deutlich, daß in Produktionssystemen üblicherweise Wechsel in der Auslastung von Betriebsmitteln gegeben sind. Eine sprungförmige Erweiterung der Kapazität einer Anlage führt in der Regel dazu, daß die Kapazität dieser Anlage anschließend nicht voll in Anspruch genommen wird, da Engpässe auch in anderen Betriebsmitteln entstehen, welche die Werkstücke durchlaufen müssen. Eine Erhöhung der Betriebsgröße ist also mit einem ständigen Wechsel der Lokalisation der Engpässe verbunden.

Die hier kurz erläuterten Zusammenhänge zog Gutenberg zur Formulierung des sogenannten Ausgleichsgesetzes der Planung heran. In kurzfristiger Perspektive ist eine Dominanz des Minimumsektors gegeben. Eine Unternehmung muß also kurzfristig ihre Produktionsplanung an der geringsten Kapazität ausrichten. Das bedeutet im Beispiel der Abb. 3-30, daß kurzfristig lediglich die Produktionsmenge x_1 erzeugt werden kann. Längerfristig sollte man die Kapazitäten allerdings einander angleichen. In Abhängigkeit der Absatzsituation könnte wie beschrieben die Kapazität der Produktionsstufe 2 ausgeweitet werden, was eine maximale Fertigungskapazität von x_3 zur Folge hätte. Ist mit einer sinkenden Nachfrage zu rechnen wird man versuchen, die Kosten durch Reduktion der Kapazitäten der Produktionsstufen 1 und insbesondere 3 zu senken. Sollten die Kapazitäten allerdings unteilbar sein oder nur in großen Sprüngen erweiterbar, ist damit das Problem dennoch nicht vollständig zu lösen.

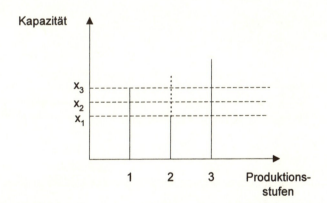

Abb. 3-30: Betriebsgrößenvariation und Kapazitätsauslastung

Hinsichtlich der Betriebsgrößenvariation sollen zwei grundlegende Formen unterschieden werden, die zu typischen Kostenverläufen führen: dimensionierende Betriebsgrößenvariation und multiple Betriebsgrößenvariation.

Bei der Anwendung dimensionierender Betriebsgrößenvariation erfolgt ein Ersatz des bisherigen Betriebsmittels durch ein neues. Tendenziell ergeben sich in Abhängigkeit von der Betriebsgröße die in Abb. 3-31 dargestellten Kostenverläufe. Mit zunehmender Betriebsgröße werden Verfahren angewendet, die durch höhere Fixkosten und niedrigere variable Stückkosten charakterisiert sind. Des weiteren weisen die neuen Betriebsmittel üblicherweise eine größere Maximalkapazität auf. (Gutenberg 1971, S. 433ff.)

In dieser Situation existieren kritische Mengen x_{k1} und x_{k2}, ab denen die Anlage 2 günstiger ist als die erste bzw. die Anlage 3 günstiger ist als die zweite. Dies verdeutlicht die Gefahr höherer Stückkosten bei geringer Auslastung beim Übergang auf Betriebsmittel mit höheren Fixkosten und geringeren variablen Kosten. Es entsteht also bei Anwendung von Fertigungsverfahren mit hohen Fixkostenanteilen ein Zwang zu einer ausreichenden Auslastung der Betriebsmittel.

Mit wachsender Betriebsgröße geht der Betrieb von einem auf das andere Verfahren über, so daß sich insgesamt angenähert eine (in Abb. 3-31 gepunktet eingezeichnete) langfristige Gesamtkostenkurve ergibt. Die entsprechenden Stückkosten sinken also mit wachsender Ausbringungsmenge ab.

Im Gegensatz zur quantitativen Anpassung erfolgt bei multipler Größenvariation eine Neuanschaffung bzw. ein Verkauf von gleichartigen Betriebsmitteln. Zusätzlich zu den variablen Kosten können auf diese Weise bei einem Rückgang der Beschäftigung die jeweiligen intervallfixen Kosten (z. B. Abschreibungen) eingespart werden, sofern der Verkauf nicht unter Buchwert erfolgt.

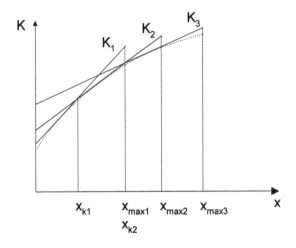

Abb. 3-31: Kostenverlauf bei dimensionierender Betriebsgrößenvariation

Bei multipler Betriebsgrößenvariation in Reinform, d. h. ohne Kombination mit anderen Anpassungsformen, entsteht eine Kostenfunktion, die wiederum nur aus einigen Punkten besteht. In der Abb. 3-32 ist die Kostenfunktion für vier Betriebsmittel dargestellt.

Ausgehend von einer Kapazität von 4 m kann z. B. durch zeitliche Anpassung ein Rückgang der variablen Kosten bewirkt werden. Dies ist in der Abb. 3-32 durch die schräg verlaufende, strich-punktierte Linie angedeutet. Das Absinken der Kosten auf den nächsten zum Wertebereich der Funktion gehörenden Punkt bei einer Kapazität von 3 m kann nur durch Verkauf des Betriebsmittels oder Entlassung der Arbeitskräfte erfolgen. Die zugehörigen fixen Lohnkosten und Abschreibungen können auf diese Weise eingespart werden. In analoger Weise können die Kosten durch Reduktion der Kapazität bis auf das Niveau von K_f gesenkt werden. Diese Fixkosten bspw. für das Gebäude können erst durch Stillegung der Produktion abgebaut werden.

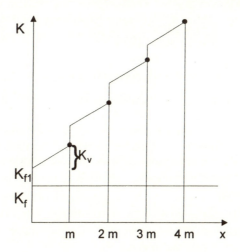

Abb. 3-32: Kostenverlauf bei multipler Betriebsgrößenvariation

Man kann im allgemeinen davon ausgehen, daß sich mit zunehmender Betriebsgröße die Stückkosten verringern. Folgende Gründe für eine Stückkostendegression bei wachsender Betriebsgröße können angeführt werden:

- Unteilbarkeit wichtiger Produktionsfaktoren: Viele Betriebsmittel werden auch von Kleinbetrieben benötigt, wenn der Produktionszweck erreicht werden soll. Diese sind dann nur im geringen Ausmaß genutzt. Je größer der Betrieb ist, um so niedriger wird der Anteil der aufgrund der Unteilbarkeit ungenutzten Faktoren im Vergleich zum Gesamtbestand gleichartiger Faktoren sein.
- Weitergehende Arbeitsteilung in Großbetrieben ermöglicht Spezialisierung und damit Leistungssteigerung.
- Einsatz produktiverer Anlagen: Bspw. kommen in Großbetrieben der Druckindustrie Vierfarb-Offsetdruckmaschinen gegenüber den einfarbigen Maschinen im Kleinbetrieb zum Einsatz. Sollen mit einer Einfarbdruckmaschine vierfarbige Drucke hergestellt werden, so sind vier Durchläufe mit kostenträchtigen Umrüstvorgängen (z. B. Farbwechsel) erforderlich. Typischerweise bleiben technisch ergiebigere Verfahren Großbetrieben vorbehalten. In der Regel gilt auch, daß der Großbetrieb Verfahren anwenden kann, die auch ein Kleinbetrieb verwendet. Umgekehrt gilt diese Beziehung jedoch nicht. Es liegt also eine Asymmetrie in der Kostensituation im Vergleich zwischen Kleinbetrieben und Großbetrieben vor.

Aufgrund der die Stückkostendegression bei wachsender Betriebsgröße fördernden Effekte müßte eigentlich jeder Betrieb eine Ausweitung der Betriebsgröße anstreben. Denn dann wären die Stückkosten minimal. Es gibt aber gegenläufige Tendenzen, die eine solche Entwicklung zu einer maximalen Betriebsgröße bremsen.

- Finanzierung: Bei gegebenem Eigenkapital ist die Höhe des beschaffbaren Fremdkapitals begrenzt. Ähnliches gilt auch für die Beschaffung von Eigenkapital.
- Absatzbereich: Im allgemeinen ist die Preisabsatzfunktion rechtsgeneigt, d. h. mit wachsender Menge können nur geringere Absatzpreise realisiert werden.
- Organisatorische Hemmnisse: Fraglich ist ab einer bestimmten Betriebsgröße, ob noch die Unternehmensziele in allen Unternehmensteilen verfolgt werden. Die relativ große Anzahl erfolgreicher Großunternehmen spricht jedoch dafür, daß dieses Problem beherrschbar ist. Ähnliches gilt für Probleme, die im Zusammenhang mit der Gestaltung des Informationssystems der Unternehmung entstehen.

3.5.4.3 Auswirkungen von Faktorqualität und Faktorpreisen

Mit dem Begriff der Faktorqualität bezeichnet man die Eignung von Produktionsfaktoren für deren Einsatz in der Produktion. Anzustreben ist in diesem Zusammenhang, daß die Qualität der Faktoren der erforderlichen Qualität des Produktionsprozesses entspricht. Weist ein Faktor eine wesentlich höhere Qualität auf, so werden in der Regel höhere Preise als notwendig gezahlt. Unterschreitet dagegen ein Produktionsfaktor die Qualitätsanforderungen, so kommt es zu Ausschuß, der wiederum höhere Kosten verursacht.

Gutenberg unterscheidet bezüglich der Auswirkungen der Faktorqualität zwischen oszillativen und mutativen Änderungen der Faktorqualitäten. Hier sollen zusätzlich noch stetige Änderungen einbezogen werden.

Bei den oszillativen Änderungen der Faktorqualität handelt es sich um Schwankungen um einen Mittelwert. Solche oszillativen Schwankungen in den Produktionsbedingungen können auf mancherlei Weise entstehen. Beispielsweise schwankt die menschliche Arbeitsleistung im Tagesrhythmus, im Wochenrhythmus und sogar im Jahresrhythmus. Beim Betriebsmittelbestand treten Alterungen ein, die Betriebsmittel werden ungenauer, auf der anderen Seite werden laufend alte Betriebsmittel wieder durch gleichartige neue ersetzt. Auch bei den Werkstoffen kann man von solchen Schwankungen ausgehen. Allgemein ist anzunehmen, daß sich die verschiedenen Einflüsse ausreichend genau während der Planungsperiode gegeneinander ausgleichen. Aus diesem Grund ist es nicht notwendig, diese Einflüsse in ein produktionstheoretisches oder Kostenkalkül im einzelnen mit einzubeziehen. Es reicht, wenn man mit Normalwerten oder Durchschnittswerten arbeitet.

Anders ist die Situation, wenn stetige oder mutative Änderungen in der Faktorqualität auftreten. Deren Auswirkungen gleichen sich nicht mehr aus und müssen deshalb berücksichtigt werden.

- Mutative Änderungen der Faktorqualität resultieren in einer sprunghaften Verbesserung der Qualitäten.
- Stetige Qualitätsänderungen vollziehen sich in einer langfristig angelegten und gleichmäßigen, trendartigen Entwicklung. In ständiger Kleinarbeit wird in den Betrieben versucht, die einzelnen Faktoren noch leistungsfähiger und noch ergiebiger zu machen. Betriebsmittel werden, ähnlich wie das hinsichtlich der Weiterentwicklung von Kraftfahrzeugen bekannt ist, ständig weiterentwickelt und dadurch effizienter. Noch stärker gilt dies für Werkstoffe. Das Gefüge von Stahl und damit seine Zugfestigkeit und andere Eigenschaften werden ständig besser.

Daß stetige Verbesserungen vorkommen ist plausibel. Denn, wenn man davon ausgeht, daß einmal erworbenes technologisches Wissen nicht verlorengeht, wird man bereits zufällig auf neue Möglichkeiten stoßen. Diese vergleicht man mit den bisherigen Vorgehensweisen und selektiert die Überlegenen. Dieser Verbesserungsprozeß wird in der Realität beschleunigt durch den Ersatz zufälligen Auffindens neuer Lösungen durch vielfach durchgeführte systematische Suchprozesse.

Fraglich ist, ob auch bezüglich der Arbeitskräfte eine stetige Entwicklung der Qualität gegeben ist, vor allem im Sinne einer Höherentwicklung der Qualität. Lernprozesse der Arbeitnehmer beim Aufbau einer Produktion führen zu einer Steigerung der Leistungen durch Verbesserung der Qualität des Faktors Arbeit. Anders ist die Situation, wenn diese Lernphase abgeschlossen ist. Zwar erfolgt heute eine immer intensivere Fachausbildung der Arbeitskräfte. Andererseits wird in der Literatur auf eine mit wachsendem technischen Fortschritt entstehende Dequalifizierung von Arbeitsplätzen gesprochen. Ob sich das Qualifikationsniveau insgesamt hebt, ist aufgrund dieser gegenläufigen Tendenzen fraglich.

In jedem Fall ist es sinnvoll, Aufgaben für die Arbeitskräfte vorzusehen, die ihren geistigen und körperlichen Fähigkeiten entsprechen. Zudem sollte die Produktivität der Arbeitskräfte durch zweckmäßige Arbeitstechniken, eine ergonomische Arbeitsplatzgestaltung, Arbeitszeit- und Pausenregelungen usw. verbessert werden.

In bezug auf den dispositiven Faktor zeigt die Praxis oft, wie schnell ein schlechtes Management die Qualität der Faktorkombination senkt, ein gutes Management sie verbessern kann. Bekannt wurden in diesem Zusammenhang Unternehmensaufkäufer, die sich darauf konzentrieren, schlecht geführte Unternehmungen aufzukaufen und das nicht geeignete Management durch ein neues zu ersetzen. Es ist evident, daß durch solche Maßnahmen mutative Änderungen in der Qualität des dispositiven Faktors entstehen.

Mutative Änderungen findet man auch sehr häufig bei den Betriebsmitteln. Beispielhaft seien die Übergänge einer PC-Generation auf die nächste genannt. Bekannt ist weiterhin die Ersetzung der alten Bleisetzmaschinen für den Buchdruck durch Satzsysteme auf PC- oder Workstation-Basis für das Offset-Druckverfahren.

Auch bei Werkstoffen findet man solche mutativen Änderungen. Erwähnt sei das Aufkommen der Kunststoffe, die in recht kurzer Zeit auf vielen Gebieten andere Werkstoffe verdrängten, bspw. Blech bei der Erzeugung von Eimern und Wannen.

Abschließend ist zu sagen, daß stetige oder mutative Verbesserungen der Faktorqualität - bei gleichen Faktorpreisen - grundsätzlich zu einer Kostensenkung führen. Diese Wirkung ergibt sich in der Regel dadurch, daß geringere Faktormengen eingesetzt werden können. Verändern sich jedoch gleichzeitig die Faktorpreise, so kann nur eine genaue Kosten-Nutzen-Abwägung die Vorteilhaftigkeit nachweisen.

Die vierte Hauptkosteneinflußgröße sind die Preise. Deren Einfluß wird offensichtlich bei Betrachtung der Kostendefinition als Produkt aus Faktormengen und -preisen.

$$K = \sum_{i=1}^{n} p_i \cdot r_i$$

Neben diesem pretialen Effekt, der unmittelbar auf die Kosten wirkt, müssen jedoch auch mengenmäßige Einflüsse berücksichtigt werden. Geht man von der Produktionsfunktion vom Typ B mit limitationalen Produktionsprozessen aus, so ist zunächst keine Veränderung der Mengenrelationen der Faktoren möglich, da sie technisch fixiert sind. Eine Substitution des im Preis gestiegenen Produktionsfaktors durch einen anderen ist also nicht möglich. Allerdings wurde bereits bei der Behandlung der Produktionsfunktion vom Typ B darauf hingewiesen, daß durch Verfahrenswechsel die Faktoreinsatzrelationen sehr wohl beeinflußt werden können. Auf diese Weise ist es also möglich, die Kostenwirkungen von Preissteigerungen eines Einsatzfaktors durch Reduktion der Einsatzmenge dieses Faktors abzuschwächen.

Wirkt sich die Faktorpreisänderung auf die Fixkosten aus, z. B. Zinssteigerung, so wird die Kostenfunktion parallel verschoben. Auswirkungen auf die variablen Kosten, z. B. Preise für Werkstoffe, wirken sich in Form einer Veränderung der Steigung der Kostenfunktion aus.

3.5.4.4 Das Produktionsprogramm als Kosteneinflußgröße

Als fünfte Hauptkosteneinflußgröße wird das Produktionsprogramm behandelt. Formal erkennt man die Bedeutung des Einflusses unmittelbar an der Kostenfunktion. Das Produktionsprogramm bestimmt die Faktorverbräuche, diese bestimmen ihrerseits wiederum die Kosten, und zwar entweder direkt oder indirekt.

$$K = \sum_{i=1}^{n} p_i \cdot r_i = \sum_{i=1}^{n} p_i \cdot g_i (x_1, x_2, ..., x_s) = h(x_1, x_2, ..., x_s)$$

Grundsätzlich führt die Veränderung des Produktionsprogramms, d. h. der Variation der Leistungsarten X_i zur Bildung einer neuen Produktionsfunktion und damit auch zu einer neuen Kostenfunktion. Im folgenden soll erläutert werden wie sich bei der Bildung dieser neuen Produktions- und Kostenfunktionen tendenziell die Kosten entwickeln.

Kommen wir zunächst zu einigen kurzfristig wirksamen, fertigungsprogrammspezifischen Einflüssen auf die Kosten. Tendenziell werden die Losgrößen erhöht, wenn die Unternehmung sich auf eine begrenzte Zahl von Produkten spezialisiert. Die Losgröße ist dabei die Menge an Produkten, die ohne Umrüstung auf einem Betriebsmittel gefertigt wird. Eine Erhöhung der Losgrößen führt zu einer Kostenreduktion, da bspw. Gesamtrüstkosten einer Periode gesenkt werden können. Durch Spezialisierung oder Einengung des Spektrums der gefertigten Produkte lassen sich also die Kosten reduzieren.

Andererseits kann eine Spezialisierung auf nur wenige Produkte dazu führen, daß Betriebsmittel, die von diesem Produkt nur relativ wenig genutzt werden, große Leerzeiten aufweisen. Eine größere Zahl unterschiedlicher Produkte erlaubt insofern eine weitergehende Auslastung der Potentialfaktoren. Grundsätzlich kann man aber davon ausgehen, daß eine Programmreduzierung kostensenkend wirkt. Die folgenden grundsätzlichen Alternativen zur Programmreduzierung, die bereits kurz in Abschnitt 3.2.3 angesprochen wurden, bieten sich an:

- Typung: Gutenberg sieht als Mittel zur Programmreduzierung an, die Produkte zu typen. Durch Anwendung von Typung faßt man Produkte, die gleichartige Bedürfnisse befriedigen sollen, zu einem Produkt zusammen. Beim Endprodukt (Auto) sind bspw. nur bestimmte Modelle mit einer besonderen Ausrüstung wählbar.
- Normung: Eine andere Möglichkeit ist die der Normung von Materialien und Zwischenprodukten. Sie erlaubt es, die Produktion zu rationalisieren, ohne die Zahl

der Produktarten im Programm reduzieren zu müssen. Das Normungswesen spielt in der Industrie eine sehr große Rolle, z. B. die DIN-Normen. Diese Normen sollen gewährleisten, daß einerseits alle Bedürfnisse befriedigt werden können, andererseits aber eine wirtschaftliche Fertigung möglich ist. Das führt bspw. dazu, daß man sich bei Gewinden von Schrauben im wesentlichen auf eines, das sog. metrische Gewinde, konzentriert. Weiterhin werden bspw. die Schraubenköpfe und die Ausgangsmaterialien genormt.

Soweit zu den kurzfristigen Überlegungen, in denen die Potentialfaktoren gegeben sind, und das Produktionsprogramm darauf abgestimmt werden muß. Längerfristig gesehen ist das Produktionsprogramm durch das Produktprogramm, also das Programm, welches am Markt angeboten wird, determiniert; das Produktionsprogramm sollte mit diesem Produktprogramm abgestimmt werden. Im Vergleich zur kurzfristigen Betrachtung wird die Problemstellung hier erweitert durch die Möglichkeit, die Potentialfaktoren an das Produktionsprogramm anzupassen.

– Eine starke Spezialisierung des Produktionsprogramms ermöglicht spezialisierte Maschinen, die in der Regel für bestimmte Zwecke leistungsfähiger sind. Dies wirkt sich stückkostenreduzierend aus.
– Andererseits wird die Unternehmung durch Spezialisierung auf wenige Produkte anfällig gegenüber Schwankungen der Absatzmenge oder, schlimmer, Absatzeinbrüche. Wenn diese wenigen Produkte, auf die sich die Unternehmung spezialisiert hat, in eine Absatzkrise geraten, hat dies möglicherweise die Existenz der Unternehmung bedrohende Folgen. Sie hat in diesem Fall eine nur geringe fertigungstechnische Elastizität. D. h., sie kann kaum auf andere Produkte ausweichen, um eine sinkende Nachfrage in der ersten Produktgruppe zu kompensieren.

Spezialisierung bzw. Reduzierung des Produktionsprogrammes zusammen mit entsprechender Ausrichtung der Potentialfaktoren führt also zu sinkenden Stückkosten. Andererseits reduzieren sie die Flexibilität der Unternehmung. Zwischen beiden gegenläufigen Tendenzen gilt es, in Abhängigkeit von der jeweiligen Marktsituation einen optimalen Ausgleich zu schaffen.

3.6 Grundzüge der Fertigungsorganisation

Aufgabe der Fertigungsorganisation ist die Entwicklung von Regelungen, welche die dauerhafte zielgerichtete Strukturierung des Fertigungsbereiches sicherstellen. (in Anlehnung an Frese/Theuvsen, Sp. 462)

3.6.1 Fertigungssystem / Organisationstyp der Fertigung

Eine grundlegende dauerhafte Strukturierung des Fertigungsbereiches erfolgt durch die Ausprägung des sogenannten Fertigungssystems (Schäfer 1978, S. 158). Vielfach spricht man auch von Organisationstypen der Fertigung (z. B. Reichwald/Dietel 1991, S. 432). Unter Berücksichtigung unterschiedlicher Ordnungskriterien unterscheidet Schäfer fünf Fertigungssysteme bzw. Organisationstypen der Fertigung.

Stellt man das Ordnungskriterium der Arbeitskraft in der Mittelpunkt, so läßt sich der Typ der Werkbankfertigung abgrenzen. Im Zuge der Werkbankfertigung werden die wichtigsten Betriebsmittel im Griffbereich der Arbeitskraft angeordnet. Dieses Organisationsprinzip wird insbesondere verwirklicht bei Reparaturarbeiten (z. B in einer Schlosserei) oder bei der Werkzeugerstellung.

Zieht man als Ordnungskriterium das zu erstellende Produkt heran, kann der Organisationstyp der Baustellenfertigung gebildet werden. Arbeitskräfte, Werkstoffe und Betriebsmittel werden dabei am Ort des zu erstellenden Objektes eingesetzt. Liegen die Baustellen außerhalb des Betriebes spricht man von äußerer Baustellenfertigung, z. B. Hausbau, Kraftwerksbau, Industrieanlagenbau. Baustellen können auch innerbetrieblich eingerichtet werden, was z. B. im Schiffbau üblich ist. Man bezeichnet diese Form als innere Baustellenfertigung. Außer in der Bauwirtschaft und im Schiffbau ist dieses Fertigungssystem in Industriebetrieben nur partiell verwirklicht. Man versucht, aufgrund der geringeren Kosten, so viele Produktionsschritte wie möglich in den Betrieb zu verlegen. Ein Beispiel für diese Tendenz ist der Fertighausbau.

Zum Organisationstyp der produktionsmittelorientierten Fertigung gelangt Schäfer, indem er ein wichtiges Produktionsmittel als Abgrenzungskriterium verwendet. Diese Bedingungen sind dann gegeben, wenn ein oder wenige Produktionsmittel eine überragende Bedeutung für den Produktionsprozeß aufweisen, z. B. Öfen bei der Glasherstellung oder Papiermaschinen in der papiererzeugenden Industrie. Weitere Betriebsmittel und Arbeitskräfte werden um dieses zentrale Betriebsmittel herum angeordnet.

Die größte Bedeutung in der industriellen Fertigung weisen die Fertigungssysteme der Werkstatt- und der Fließfertigung auf. Der Organisationstyp der Werkstattfertigung basiert auf einheitlichen Fertigungsfunktionen, während die Fließfertigung eine Organisation nach dem Produktionsprozeß beinhaltet.

– Werkstattfertigung (Werkstättensystem): Die Werkstücke werden in wechselnder, ungebundener Reihenfolge zwischen den verschiedenen Arten von Produktionssystemen hin und her transportiert, um dort in der jeweils erforderlichen Weise bearbeitet zu werden. (Schäfer 1978, S. 172)
– Fließfertigung: (a) Räumlich gebundene Fließfertigung ist gegeben, wenn die Betriebsmittel entsprechend der erforderlichen Folge der Bearbeitungsschritte angeordnet werden. Manche Autoren bezeichnen diese räumlich gebundene Fließfertigung auch als Reihenfertigung. (b) Häufig wird zusätzlich eine zeitliche Bindung zwischen den Betriebsmitteln vorgenommen, d. h. der Transport zwischen den nacheinander angeordneten Betriebsmitteln erfolgt mit einer Transporteinrichtung, die dauernd in einer festgelegten Geschwindigkeit arbeitet. Man spricht dann von Fließbandfertigung. (Schäfer 1978, S. 179 bzw. 192f.)

Diese beiden wichtigsten Organisationstypen der Fertigung seien an einem Beispiel erläutert. Gegeben sei die beispielhafte Prozeßfolge zur Bearbeitung eines Werkstückes: (1) Bohren (2) Hobeln (3) Fräsen (4) Leimen (5) Bohren (6) Fräsen (7) Schleifen.

Im Rahmen der Durchführung des Produktionsprozesses in Werkstattfertigung würden die Werkstücke in die jeweils erforderliche Werkstatt gebracht und dort bearbeitet. Sind, wie in diesem Beispiel, bestimmte Prozeßschritte mehrfach erforderlich, müssen die Werkstücke entsprechend häufiger in die Werkstätten transportiert und bearbeitet werden. (siehe Abb. 3-33)

Kap. 3: Grundzüge der Produktionswirtschaft 141

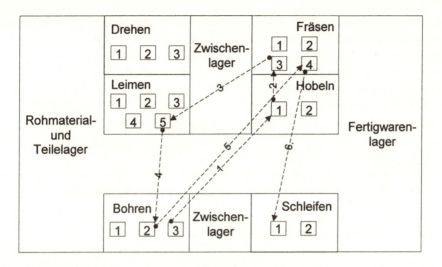

Abb. 3-33: Fertigungssystem Werkstattfertigung

Die Realisierung von Fließfertigung hätte zur Folge, daß Betriebsmittel zur Ausführung eines Bearbeitungsschrittes entsprechend häufig - orientiert an der Prozeßfolge - angeordnet werden, z. B. je eine Bohrmaschine an der 1. und 5. Position sowie je eine Fräse an 3. und 6. Stelle. (siehe Abb. 3-34)

Abb. 3-34: Fertigungssystem Fließfertigung

Werkstattfertigung hat den Vorteil einer hohen fertigungstechnischen Flexibilität, da insb. relativ stark unterschiedliche Werkstücke und Produktionsprozesse entsprechend ihrer individuellen technologischen Erfordernisse bearbeitet bzw. ausgeführt werden können. Nachteilig wirken sich ein hoher Zeitbedarf sowie hohe Kosten für innerbetrieblichen Transport und Zwischenlagerung aus. Des weiteren steigt die Komplexität der Planungsprozesse stark an.

Fließfertigung zeichnet sich dagegen durch eine Vereinfachung der Produktionsplanung aus, da die Reihenfolge der Arbeitsgänge organisatorisch fest vorgegeben ist. Räumlich und zeitlich gebundene Fließfertigung führt weiterhin zu kurzen Transportwegen und standardisierten Wartezeiten an den einzelnen Bearbeitungsstationen. Tendenziell sind daher die Durchlaufzeiten ceteris paribus kürzer als bei Werkstattfertigung. Aus diesen Gründen weist die Fließfertigung gegenüber der Werkstattfertigung einen Produktivitätsvorteil auf. Nachteilig wirken sich die hohen Investitionen für Transportvorrichtungen und ggf. die schlechte Auslastung der Betriebsmittel aus. Des weiteren ist die fertigungstechnische Flexibilität gering, da eine Spezialisierung auf einen (nur leicht variierbaren) Produktionsprozeß erfolgt.

Fließfertigung ist weit verbreitet in der verfahrenstechnischen, z. B. der chemischen oder pharmazeutischen Industrie. Verschiedene Betriebsmittel sind dort häufig mit Rohrleitungen verbunden. Ein Beispiel für einen Produktionsprozeß, der nach dem Fließprinzip organisiert ist, stellt die Antibiotika-Produktion dar. (siehe Abb. 3-35) Anzumerken ist noch, daß zur Realisierung der Fließfertigung keine Fließgüter erforderlich sind. Auch die Stückgüterproduktion kann nach dem Fließprinzip organisiert sein.

Folgende Schritte sind zur Antibiotika-Produktion im einzelnen erforderlich:

- Labor: Zwei- bis viertägige Anzucht der Schimmelpilze Penicillium mit einer Flüssigkeitsmenge von 1-2 Litern.
- Vorfermenter: Vermehrung der Schimmelpilze in einem mehrstufigen System von Vorfermentern. Die Kulturen werden belüftet und über Rohrleitungen zum nächsten Prozeßschritt weitergeführt.
- Hauptfermenter: Zentraler Produktionsschritt, bei dem die Schimmelpilzkulturen unter Nährstoffzugabe (z. B. Stärke, Traubenzucker, Sojamehl) die bakterienabtötenden Substanzen (z. B. Penicillin oder Cephalosporin) erzeugen. Die Hauptfermenter haben eine Größe von 40.000 und 120.000 Litern und erzeugen nach 10 Tagen bei 24 ° C ca. 3 t Penicillin.
- Abernten und Aufarbeitung: Die sogenannte Kulturbrühe wird nach Ablauf der Fermentationszeit abgepumpt und anschließend aufbereitet, d. h. die Wirkstoffe werden von den Schimmelpilzen und weiteren Substanzen getrennt.

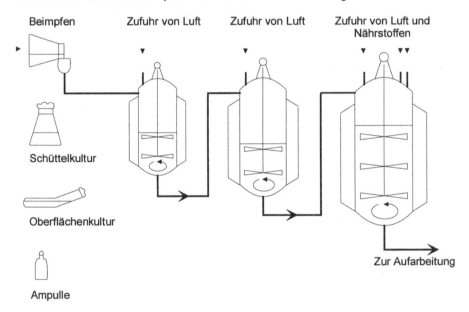

Abb. 3-35: Schematische Darstellung des Ablaufs der Antibiotika-Produktion (Informationsmaterial der Firma Hoechst AG, Frankfurt)

Im Rahmen der Produktion mehrteiliger Stückgüter (z. B. in der Automobilindustrie) wird die Fließfertigung als Organisationsprinzip häufig bei der Montage angewendet. In großen Produktionssystemen entstehen komplexe Gebilde von mit Transporteinrichtungen verknüpften Anlagen, die über mehrere Stufen die Fertigstellung des Endproduktes sicherstellen. Die gesamte Fließfertigung wird so durch Fließfertigung auf verschiedenen Ebenen (rekursiv) realisiert. Zur Gestaltung dieser Fertigungsstrecken auf den verschiedenen Ebenen wird man auf gleichartige Prinzipien zurückgreifen. In Anlehnung an Corsten ist in Abb. 3.36 ein solches Mehrebenensystem - Corsten spricht von "mehrdimensionaler Fließfertigung" - mit mehreren Haupt- und Nebenstrecken, auf denen einzelne Baugruppen gefertigt werden, die wiederum auf der Basisstrecke zum Endprodukt zusammengesetzt werden, dargestellt.

Bei der Herstellung von Einzelteilen, z. B. Wellen, Schrauben, Zahnräder des Getriebes oder Achskomponenten, wendet man den Organisationstyp Werkstattfertigung dagegen häufiger an. Auf einen Industriebetrieb als Ganzes bezogen, versucht man, jeweils homogene Produktionsprozesse abzugrenzen und wendet auf diese das jeweils günstigste Organisationsprinzip an. In neuerer Zeit gelang es vielen Unternehmen, durch Einführung von Mischformen der Werkstatt- und Fließfertigung Produktivitätsfortschritte zu erzielen. In großen Industrieunternehmen besteht also ein Nebeneinander der einzelnen Fertigungssysteme, die nach Maßgabe der konkreten Anforderungen des zu fertigenden Produktes und des anzuwenden Produktionsverfahrens eingesetzt werden.

Die beiden hier ausführlich behandelten Organisationstypen der Fertigung (Fertigungssysteme im Sinne Schäfers) wurden einerseits durch primär technische Entwicklungen und andererseits durch umfassende betriebswirtschaftlich-organisatorische Konzepte erweitert und in neuartiger Weise kombiniert, die in den folgenden Abschnitten erläutert werden.

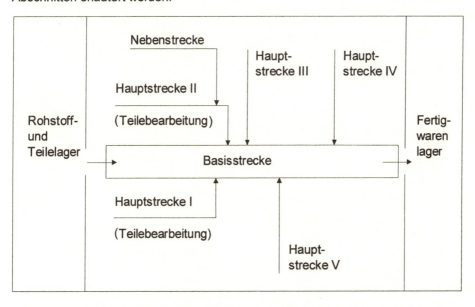

Abb. 3-36: "Mehrdimensionale Fließfertigung" (Corsten 2000, S. 35)

3.6.2 Technische Konzepte der Fertigungsorganisation

In technischer Hinsicht führte insbesondere der zunehmende Einsatz der Automatisierungstechnik (automatische Transporteinrichtungen, Industrieroboter, rechnergesteuerte Maschinen) zur Herausbildung typischer flexibler Fertigungstechniken. Als wichtige flexible Fertigungstechniken sollen hier flexible Fertigungszellen, flexible Fertigungssysteme, flexible Fertigungsinseln sowie flexible Fertigungslinien erläutert werden.

Unter dem Begriff der flexiblen Fertigungszelle versteht man üblicherweise eine einzelne hochautomatisierte Maschine. Durch automatischen Werkzeugwechsel besteht die Möglichkeit, auf der Maschine unterschiedliche Werkstücke bei geringer Umrüstzeit zu fertigen. Vorrichtungen zum automatischen Werkstückwechsel gestatten es, die Aufgaben menschlicher Bediener auf Qualitätskontrolle und Beschickung zu reduzieren.

In einem flexiblen Fertigungssystem sind typischerweise mehrere rechnergesteuerte Betriebsmittel zusammengefaßt, die durch automatische Transporteinrichtungen zur Abwicklung des Werkstücktransports verbunden sind. Durch Vorrichtungen zum automatischen Werkzeugwechsel wird sichergestellt, daß unterschiedlich geartete Werkstücke bearbeitet werden können. Typischerweise wird durch rechnergesteuerte Transporteinrichtungen auch eine beliebige Reihenfolge der Bearbeitung der Werkstücke an den Maschinen ermöglicht. Zur Realisierung der Transportvorgänge kommen bspw. Materialroboter zum Einsatz. (siehe Abb. 3-37)

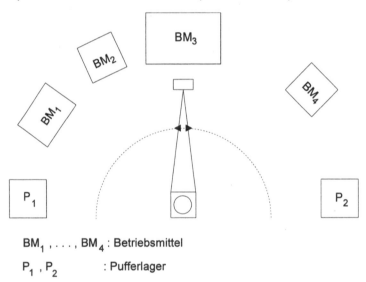

$BM_1, \ldots, BM_4$: Betriebsmittel

P_1, P_2 : Pufferlager

Abb. 3-37: Typisches Layout eines flexiblen Fertigungssystems mit Materialroboter (Wäscher 1993, S. 89)

Der Begriff der flexiblen Fertigungsinsel ähnelt jenem des flexiblen Fertigungssystems recht stark. Unterschiede werden vor allem darin gesehen, daß in Fertigungsinseln auch konventionelle, nicht rechnergesteuerte Maschinen integriert werden. Weiterhin erfolgt kein automatischer Werkstücktransport. Vielmehr werden die Transportvorgänge durch die Arbeitskräfte mit einfachen Hilfsmitteln bewältigt, z. B. mit Rollkarren oder Gabelstaplern. (Wäscher 1993, S. 91)

Neben dieser eher technischen Auffassung von Fertigungsinseln existieren auch organisationswissenschaftlich beeinflußte Begriffsprägungen, z. B. von Zäpfel und Corsten. Nach Zäpfel erfolgt in Fertigungsinseln (1) die „... Zusammenfassung von

Werkstückgruppen (Ablauffamilien), die mit den gleichen Produktiveinheiten gefertigt werden können; (2) räumliche und organisatorische Vereinigung der dazu notwendigen Produktiveinheiten zur möglichst vollständigen Bearbeitung jeder Ablauffamilie; (3) Übertragung möglichst aller den Ablauf vor Ort betreffenden betrieblichen Aufgaben jedes Fertigungsbereichs an eine Arbeitsgruppe, z. B. die Tätigkeiten der Arbeitsplanung, Terminsteuerung, des Qualitäts-, Werkzeug- und Vorrichtungswesens und der Instandhaltung." (Zäpfel 1993, S. 22f.) Damit ähnelt diese Begriffsauffassung eher den betriebswirtschaftlich-organisatorischen Konzepten, von denen im folgenden im wesentlichen das Konzept der Fertigungssegmentierung und z. T. Lean Production behandelt wird.

Man faßt unter dem Begriff flexibler Fertigungslinien oder flexibler Transferstraßen Produktionssysteme zusammen, die mehrere mittels automatisierter Transportsysteme, z. B. Fließband, verknüpfte Betriebsmittel enthalten. Die generellen Merkmale der nach dem Fließprinzip arbeitenden Transferlinien bzw. -straßen (erstens gerichteter Materialfluß und zweitens bei zeitlich gebundener Fließfertigung die taktgebundene Werkstückweitergabe) bleiben erhalten. Hauptziel ist es, im Vergleich zu konventionellen Transferstraßen, die Umrüstung zu vereinfachen und zu beschleunigen. Daher werden vielfach rechnergestützte Maschinen (mit automatischem Werkzeugwechsel) und Industrieroboter eingesetzt.

Die hier erläuterten flexiblen Fertigungstechniken eignen sich in unterschiedlicher Weise zur Erreichung der grundlegenden, gegenläufigen produktionswirtschaftlichen Zielsetzungen der Produktivität und der Flexibilität. Zur Veranschaulichung der Zielerreichung werden die Fertigungstechniken neben den Grundformen der Werkstattfertigung und der Fließfertigung mittels Transferstraßen in ein Koordinatensystem eingeordnet. Dieses enthält die Dimensionen Volumen je Erzeugnisart und Anzahl verschiedener Erzeugnisarten mit den Ausprägungen klein, mittel, groß und sehr groß. (siehe Abb. 3-38)

Die größte Flexibilität weist die Werkstattfertigung auf. Durch ihre Anwendung kann man den unterschiedlichen Anforderungen einer Vielzahl unterschiedlicher Erzeugnisarten gerecht werden. Durch Fertigungszellen wird für ein begrenztes Spektrum von Erzeugnisarten der Werkstückwechsel bzw. der Werkzeugwechsel automatisiert, was zu einer erhöhten Produktivität führt. Flexible Fertigungssysteme kommen primär zur Fertigung mittelgroßer Lose in bezug auf ein eher kleines Teilespektrum zum Einsatz. Durch zunehmende Beschränkung des Spektrums zu fertigender Teile können die nach dem Fließprinzip arbeitenden Transferstraßen sinnvoll eingesetzt werden.

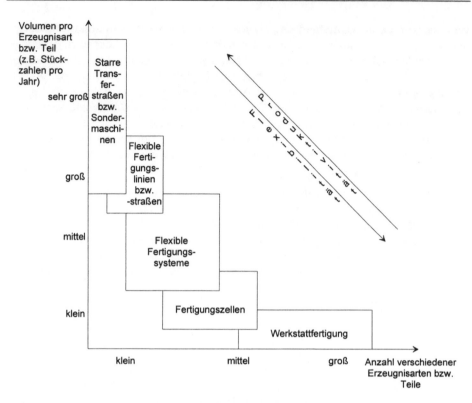

Abb. 3-38: Einsatzschwerpunkte flexibler Fertigungstechniken (Will 2000, S. 711)

3.6.3 Merkmale betriebswirtschaftlich-organisatorischer Konzepte der Fertigungsorganisation

Betriebswirtschaftlich-organisatorische Konzepte kombinieren in neuartiger Weise eine Vielzahl bislang bekannter Instrumente, um die Vorteile von Fließ- und Werkstattfertigung zu nutzen.

Insbesondere für Industrien, die in Form der Serienfertigung Stückgüter produzieren, wurden umfassende organisatorische Konzepte erarbeitet, mit denen die Vorteile von Werkstatt- und Fließfertigung kombiniert werden sollen. Zwei wichtige Vertreter derartiger Konzepte sind die sogenannte Lean Production und die Fertigungssegmentierung, insb. vertreten von Horst Wildemann. Wir wollen an dieser Stelle nicht den zeitraubenden Versuch unternehmen, diese genau voneinander abzugrenzen. Dies ist schwierig, da sie eine Vielzahl einzelner Instrumente zusammenfassen. Zudem wird die Zusammensetzung von unterschiedlichen Autoren jeweils anders interpretiert. Wir beschränken uns daher hier auf die Erläuterung einiger grundlegender Prinzipien moderner organisatorischer Gestaltung der Fertigung.

3.6.3.1 Fertigungssegmente und Gruppenfertigung

Ein erster wichtiger Bestandteil ist die Bildung (teil-) autonomer Bereiche in der Produktion. Diese (teil-) autonomen organisatorischen Einheiten werden im Konzept der Fertigungssegmentierung als Fertigungssegmente bezeichnet. Fertigungssegmente sind durch die folgenden Definitionsmerkmale charakterisiert: (Wildemann 1996, Sp. 476f.)

- Markt- und Zielausrichtung: Da die Produktion von Gütern, mit denen eine Wettbewerbsstrategie der Kostenführerschaft bzw. eine Strategie der Differenzierung (nach Porter) verfolgt wird, unterschiedliche Anforderungen an die Produktionsprozesse stellt, versucht man, diese Produktbereiche fertigungsorganisatorisch zu trennen und jeweils angemessen zu führen.
- Produktorientierung: Besteht in der Unternehmung ein heterogenes Leistungsprogramm, so dienen bspw. Bauart und Größe der Produkte als Abgrenzungskriterium für Fertigungssegmente. Innerhalb der Fertigungssegmente werden typischerweise mehrere Stufen des Geschäftsprozesses (Wareneingang, Vorfertigung, Bereitstellung, Montage, Prüfung, Fertigerzeugnisse, Versand) (Wildemann 1994, S. 74) abgewickelt.
- Ergebnisverantwortung: Es wird angestrebt, die Fertigungssegmente - unter der Voraussetzung der Vergabe entsprechender Kompetenzen - möglichst weitgehend für die erzielten Ergebnisse verantwortlich zu machen. Dementsprechend versucht man, die Fertigungssegmente als Cost-Center oder Profit-Center einzurichten.

Bei dem Kugellagerhersteller SKF erfolgte die Segmentierung des Fertigungsbereiches bspw. anhand der Kriterien Losgröße, Bauart und Abmessung der Produkte. (siehe Abb. 3-39)

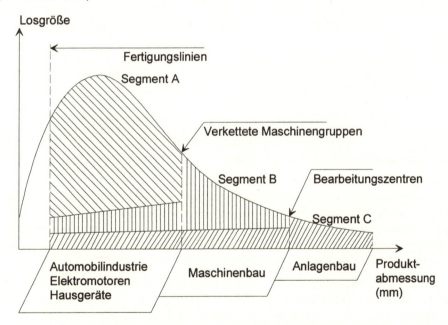

Abb. 3-39: Beispielhafte Abgrenzung von Fertigungssegmenten anhand der Bauart der Produkte, der Losgrößen und der Produktabmessungen (in Anlehnung an Wildemann 1994, S. 10)

Die einzelnen Teilefamilien werden dann mit geeignet organisierten Betriebsmitteln gefertigt. In Segment A werden in flexiblen Fertigungslinien Teile geringer Größe in großen Losen gefertigt, in Segment B dominiert der Einsatz verketteter Maschinengruppen, die am ehesten den oben beschriebenen flexiblen Fertigunsinseln bzw. flexiblen Fertigungssystemen entsprechen und in Segment C kommen vorwiegend flexible Fertigungszellen mit oder ohne Werkstückspeichereinrichtungen zum Einsatz. (Wildemann 1994, S. 10)

Eng verknüpft mit der Autonomie der organisatorischen Einheiten ist die Hervorhebung der Bedeutung der Arbeitsgruppe in der Produktion. Dies führt zu einer Gruppenorganisation in der Fertigung, die man auch als Gruppenfertigung bezeichnet. (Frese/Theuvsen 1996, Sp. 470) Darunter ist zu verstehen, daß teilautonomen Arbeitsgruppen Aufgabenkomplexe übertragen werden, deren Lösung gruppenintern und eigenverantwortlich erfolgt.

Grundtendenz der Gruppenfertigung ist im Vergleich zur Werkstattfertigung die Reduktion der Arbeitsteilung durch Reintegration von Führungs-, Instandhaltungs- und Qualitätssicherungsaufgaben. (Arbeitsbereicherung auf Gruppenebene) Dieses Vorgehen kann auch mit dem Begriff des Job Enrichment beschrieben werden. Durch Zuordnung von planenden, qualitätssichernden und Betriebsmittel instandhaltenden Aufgaben wird das Aufgabenspektrum einer Arbeitsgruppe qualitativ erweitert. (siehe Abb. 3-40)

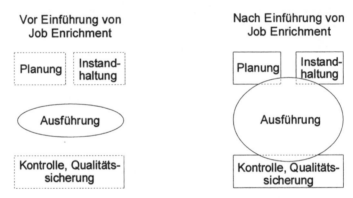

Abb. 3-40: Aufgabenzuordnung vor und nach Job Enrichment, in Anlehnung an (Corsten 2000, S. 297)

Hinsichtlich des Autonomiegrades besteht bei der Realisation teilautonomer Arbeitsgruppen, die für eine überschaubare Anzahl von Betriebsmitteln (z. B. 5-15) zuständig sind, eine große Spannweite, die „... von der Festlegung der internen Arbeitsteilung über die Fixierung der Aufgabeninhalte und Produktionsverfahren bis hin zur Entscheidung über die Führung der Gruppe..." reicht. (Corsten 2000, S. 297.)

Der Zweck der Einführung der Gruppenfertigung besteht aus der Sicht zentraler Instanzen darin, die Komplexität von Planungs- und Organisationsproblemen durch Delegation von Verantwortung an eine Arbeitsgruppe als Ganzes zu reduzieren und das der Zentralinstanz überlegene Wissen in bezug auf die Ausführungsprozesse zu deren Verbesserung zu nutzen. Eine derartige Verlagerung von Planungs- und Steuerungsaufgaben zu den dezentralen Einheiten ist in Abb. 3-41 veranschaulicht.

Während diese Aufgaben im Rahmen einer funktionsorientierten Fertigung durch eine zentrale Instanz ausgeführt werden, versucht man, durch Bildung von Fertigungssegmenten Planungs-, Dispositions- und Steuerungsaufgaben zu dezentralisieren. Im Fall teilautonomer Fertigungssegmente erfolgt die Abstimmung zwischen den

Fertigungssegmenten noch über die zentrale Instanz, die daneben insb. für die Kundenauftragsabwicklung zuständig ist. Bei autonomen Fertigungssegmenten wird diese Koordinationsaufgabe ebenfalls dezentral durch die Fertigungssegmente wahrgenommen.

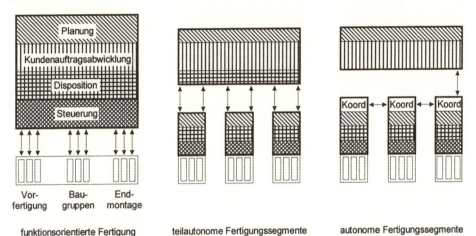

Abb. 3-41: Komplexitätsreduktion durch Reintegration von Planungs- und Steuerungsaufgaben in die Fertigungssegmente, in Anlehnung an (Wildemann 1994, S. 205)

Die typische Anordnung der in einer Arbeitsgruppe genutzten Betriebsmittel ist die U-Form, die zu kurzen Wegen führt und weiterhin eine flexible Zuordnung der Mitarbeiter zu Betriebsmitteln ermöglicht. Auch kann bei dieser Anordnung ein gegenseitiges Aushelfen innerhalb der Arbeitsgruppe beschleunigt ablaufen. Die flexible Zuordnung von Mitarbeitern zu Betriebsmitteln wird durch die verschiedenen Bewegungsrichtungen der Mitarbeiter in Abb. 3-42 angedeutet. Der Transport der Werkstücke zwischen den verschiedenen Arbeitsgruppen erfolgt - zur Sicherung der Flexibilität - typischerweise mit einfachen, nicht-automatisierten Hilfsmitteln, z. B. Handkarren oder Gabelstapler.

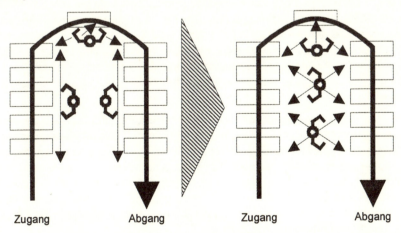

Abb. 3-42: Fabriklayout und Arbeitsorganisation (Wildemann 1994, S. 275)

Zur Verkürzung der Wege im Produktionsprozeß werden verschiedene solcher Gruppen von Betriebsmitteln derart angeordnet, daß Teile leicht zu den verbrauchenden Gruppen transportiert werden können. Dazu werden mehrere Betriebsmittel, die in U-Form angeordnet sind, um ein Montageband gruppiert. Auf diese Weise wird eine wege- und zeitsparende Versorgung von Montageprozessen mit Teilen realisiert, deren Fertigung eine mittlere Flexibilität erfordert. (siehe Abb. 3-42)

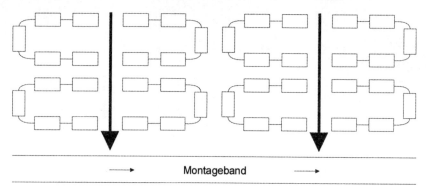

Abb. 3-43: U-Layout Kopplung zur Versorgung der Endmontage (Wildemann 1994, S. 88)

Die Aufgabe der Arbeitsgruppe geht dabei über die reine Ausführung der Produktionsschritte hinaus. Sie ist weiterhin dazu angehalten, die Ablauforganisation der von ihr ausgeführten Prozesse kontinuierlich und in kleinen Schritten zu verbessern. Im Konzept der Lean Production, das aus Japan stammt, bezeichnet man diesen Wechsel zwischen Standardisierung von Prozessen und der Veränderung (Verbesserung) der Standards als „Kaizen". Kaizen bedeutet im Deutschen soviel wie Veränderung zum Besseren. In der deutschsprachigen Literatur wird dieses Konzept bspw. als Kontinuierlicher Verbesserungsprozeß (KVP) bezeichnet.

3.6.3.2 Möglichst weitgehende Realisierung des Fließprinzips

Eine weitere Grundlage moderner Fertigungsorganisation stellt die möglichst weitgehende Realisation des Fließprinzips dar. Da die Produktivitäts-, Geschwindigkeits- und Kostenvorteile der Fließfertigung z. T. sehr groß sind, organisiert man auch Produktionsprozesse danach, die klassischerweise in Werkstattfertigung ausgeführt wurden. Die möglichst weitgehende Realisierung des Fließprinzips ist insb. für Fertigungssegmente notwendig, mit deren Produkten eine Strategie der Kostenführerschaft verfolgt wird.

Das Ausmaß der Veränderung der Fertigungsorganisation kann anhand der Abb. 3-44 verdeutlicht werden. In einer Gruppe von 48 Unternehmen arbeiteten vor der Reorganisation durch Fertigungssegmentierung 79 % in Werkstattfertigung. Nach der Umstrukturierung arbeiteten nur noch 12 % der Unternehmen in Werkstattfertigung, während die Anteile der Fließfertigung bzw. Gruppenfertigung auf 38 % bzw. 50 % anstiegen. (Wildemann 1994, S. 130f.) Es ist zu beachten, daß dies kein repräsentativer Querschnitt durch alle Betriebe ist. Wir können aber festhalten, daß der Anteil der Werkstattfertigung massiv reduziert wird.

Kap. 3: Grundzüge der Produktionswirtschaft 151

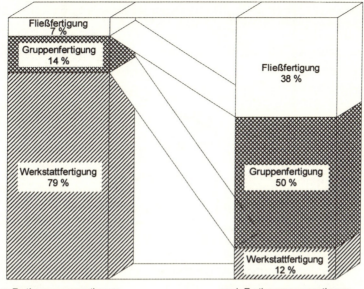

Abb. 3-44: Vorherrschender Organisationstyp der Fertigung nach einer Reorganisation (Wildemann 1994, S. 131)

Durch die möglichst weitgehende Realisierung des Fließprinzips wird primär der Zielsetzung der Produktivitätssteigerung - auf Kosten der Flexibilität bei Werkstattfertigung - Rechnung getragen. Um ein gewisses Maß an Flexibilität - trotz Fließ- bzw. Gruppenfertigung - zu sichern, sind einige organisatorische Maßnahmen erforderlich. Mit ihnen soll das Ausmaß an Flexibilität bei flußorientierter Fertigung gesteigert werden: (Wildemann 1994, S. 84ff.)

1. Reduzierung von Rüst- und Übergangszeiten
2. Steigerung der Flexibilität des eingesetzten Personals
3. Variable Gestaltung des Fabriklayouts

Primäres Anliegen bei der Flexibilitätssicherung ist eine radikale Reduzierung der Übergangs- und der Rüstzeiten durch ablauforganisatorische und technische Maßnahmen. Dadurch soll zunächst sichergestellt werden, daß unterschiedliche Erzeugnisarten bzw. Teile mit geringem Zeitverlust durch Umrüstung gefertigt werden können. Als weitere Effekte der Reduktion der Übergangs- und Rüstzeiten (siehe zu diesen Begriffen Abs. 3.7.4.2) ergeben sich Möglichkeiten, kleinere Lose - mit der Folge der Verringerung des im Lager gebundenen Kapitals - wirtschaftlich zu fertigen und die gesamten Durchlaufzeiten auf diese Weise zu verkürzen. (Lackes 1995, S. 1)

Technische Maßnahmen bestehen vor allem darin, bei der Beschaffung von Maschinen auf geringen Rüstaufwand zu achten. Weiterhin können Anregungen der Arbeitsgruppe zur Veränderung der konstruktiven Elemente des Betriebsmittels aufgenommen werden. Aus organisatorischer Sicht ergreift man insb. Maßnahmen einer möglichst weitgehenden Überlappung von Übergangszeiten und Fertigungszeiten. (Wildemann 1994, S. 92ff.) In Abb. 3-45 ist bspw. dargestellt, daß die Vorbereitung des Bearbeitungsprozesses von Teil B bereits während der Bearbeitung von Teil A erfolgt.

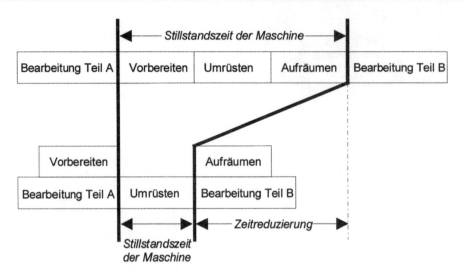

Abb. 3-45: Ablauforganisatorische Maßnahmen zur Verkürzung von Rüst- und Übergangszeiten (Wildemann 1994, S. 95)

Neben der Rüstzeitenreduktion wurde oben als zweite Maßnahme die Steigerung der Flexibilität des eingesetzten Personals genannt. Zur Steigerung und Sicherung der Flexibilität des im Produktionsprozeß eingesetzten Personals kommen primär zwei Instrumente zum Einsatz:

– Job Enlargement
– Job Rotation

Job Enlargement bedeutet eine quantitative Erweiterung des qualitativ gleichwertigen Aufgabenspektrums von Mitarbeitern in der Fertigung. Abb. 3-46 verdeutlicht, wie das Spektrum der ausführenden Tätigkeiten der einzelnen Personen zur Steigerung der flexibleren Einsetzbarkeit erweitert wird. Während anfangs jeder Person eine Aufgabe zugeordnet war, sind nach Job Enlargement je zwei Mitarbeiter für jeweils zwei Aufgaben zuständig. Nach Durchführung von Job Enlargement ist es möglich, flexibler auf Überlastungssituationen oder krankheitsbedingte Ausfälle zu reagieren, da mehrere Mitarbeiter einen Produktionsprozeß beherrschen. Da ein Mitarbeiter nach Job Enlargement über praktische Erfahrungen mehrerer Produktionsprozesse verfügt, werden Anlaufschwierigkeiten nach einer Versetzung von Personal aus unterbeschäftigten in überlastete Bereiche der Fertigung vermindert. Auf diese Weise wird also eine quantitative Anpassung an Beschäftigungsschwankungen durch personalwirtschaftliche Maßnahmen erleichtert.

Im Rahmen von Job Rotation durchlaufen Mitarbeiter in systematischen Qualifizierungsprogrammen eine Vielzahl verschiedener Arbeitsplätze in der Fertigung. Job Rotation ist daher als Instrument anzusehen, mit dem theoretische Kenntnisse um praktische Fähigkeiten erweitert und eingeübt werden. Job Rotation stellt insofern eine Voraussetzung für Einführung und Aufrechterhaltung von Job Enlargement und Job Enrichment dar.

Drittens versucht man, durch variable Gestaltung des Fabriklayouts (Anordnung der Betriebsmittel in der Fertigungsstätte) Anpassungsmaßnahmen an Beschäftigungsänderungen bzw. an eine Veränderung der Abfolge der Produktionsschritte zu vereinfachen. Dies wird zum einen durch eine Bevorzugung leicht transportabler Betriebsmittel mit geringen Rüstzeiten, z. B. rechnergesteuerte Maschinen mit vorgefertigten Umrüstprogrammen, angestrebt. Zum anderen werden ggf. mehrfach vorhandene Maschinen mit geringeren Kapazitäten eingesetzt, die zum Ausgleich von Beschäftigungsschwankungen zwischen den Segmenten leichter ausgetauscht werden können. Durch Aufteilung der Gesamtkapazität einer Fertigungsstufe in mehrere Einheiten, soll also eine quantitative Anpassung durch anlagenwirtschaftliche Maßnahmen erleichtert werden. Eine Veränderung der Kapazität wird dementsprechend primär durch eine multiple Betriebsgrößenvariation und weniger durch dimensionierende Betriebsgrößenvariation realisiert.

Abb. 3-46: Job Enlargement (Corsten 2000, S. 296)

Diese flexibilitätssichernden Maßnahmen und damit auch die Umsetzbarkeit der modernen Organisationskonzepte der Fertigung als Ganzes setzen einen hohen Ausbildungsstand der Mitarbeiter voraus, dem neben theoretischen Kenntnissen über die notwendigen Ausführungsschritte auch eine laufende praktische Schulung durch systematische Job Rotation zugrundeliegt. Weiterhin ist es erforderlich, daß die Mitarbeiter neben den Fähigkeiten zur Ausführung von Bearbeitungsschritten an den Werkstücken auch über Qualifikationen zur Übernahme von Planungs-, Führungs-, Qualitätssicherungs- und Instandhaltungsaufgaben verfügen.

Des weiteren wird insbesondere in Konzepten der Lean Production aber auch der Fertigungssegmentierung großer Wert auf eine hohe Anwesenheitsrate des Personals und auf die Weitergabe nur qualitativ einwandfreier Erzeugnisse an die folgende Fertigungsstufe gelegt. Dies ist insbesondere erforderlich, weil hohe Ausschuß- und Fehlquoten in Produktionssystemen, die mit fertigungssynchroner Belieferung arbeiten, aufgrund der geringen Pufferläger zu empfindlichen Störungen des gesamten Produktionsprozesses führen können.

3.6.3.3 Das Just-in-time-Prinzip

Moderne Organisationskonzepte der Produktion basieren auch auf dem Just-in-Time-Prinzip oder der fertigungssynchronen Belieferung. Man bezweckt durch das

Just-in-Time-Prinzip, Lagerbestände an End- und Zwischenprodukten und - als Folge daraus - auch die Kapitalbindungskosten dadurch abzusenken, „... daß Materialien und Produkte nicht mehr in großen Mengen vorproduziert werden, sondern erst gefertigt und montiert werden, wenn sich der Bedarf konkretisiert hat." Bezogen auf Endprodukte würde dies bedeuten, daß die Fertigung bei Eingang eines Kundenauftrags beginnen würde. Auf Zwischenproduktebene würde die Fertigung einsetzen, wenn der Lagerbestand ein bestimmtes Niveau unterschreitet. (Lackes 1995, S. 7)

Eng verknüpft mit dem Just-in-Time-Prinzip ist die Planung nach dem sogenannten Kanban-System. Danach werden Zwischenprodukte erst gefertigt, wenn ein entsprechender Auftrag aus einer nachgelagerten Produktionsstufe eingeht. (Pull-Prinzip) Die Informationen über Art und Menge der zu fertigenden Produkte können auf einfachen Karten übermittelt werden. Die Waren werden in Behältern mit einer begrenzten Kapazität zwischen den einzelnen Bearbeitungsstationen transportiert. Durch Festlegung der Anzahl der Karten, der Behälterkapazität und der Anzahl der umlaufenden Behälter kann der Umfang der Bestände an Zwischenprodukten fixiert werden.

3.6.3.4 Neudefinition der Fertigungstiefe

Unter der Fertigungs- oder Produktionstiefe versteht man den Anteil von Prozessen der Herstellung von Produkten, der innerhalb der eigenen Unternehmung durchgeführt wird. Je größer dieser Anteil wird, desto größer ist die Fertigungstiefe. Dagegen sinkt die Fertigungstiefe, wenn ein Industrieunternehmen vermehrt Teile oder Baugruppen von externen Lieferanten zukauft. Eine Veränderung der Fertigungstiefe hat typischerweise eine Veränderung der betrieblichen Wertschöpfung zur Folge. Veränderungen der Fertigungstiefe sind außerdem mit z. T. erheblichen Investitionen (bzw. Desinvestitionen) in Betriebsmittel und den Ausbildungsstand der Mitarbeiter verbunden. Sie sind daher als unternehmenspolitische Entscheidungen einzustufen.

Eine Neudefinition der Fertigungstiefe wird notwendig, weil Industrieunternehmen oft nicht mehr in der Lage sind, ihre Produkte in der erforderlichen Qualität zu fertigen. Ein wichtiger Grund dafür ist die zunehmende Komplexität industrieller Produkte. Die Kundenbedürfnisse entwickeln sich momentan in vielen Produktbereichen dahin, daß rechnergesteuerte Systeme die Funktionalität der Industrieprodukte erweitern sollen, z. B. Bordcomputer in Autos. Vielen Unternehmen fehlen das Know-how und die finanziellen Mittel zum Aufbau einer entsprechenden Fertigung. Derartige Systeme werden dann von spezialisierten Zulieferern gefertigt und zum Einbau in das Endprodukt angeliefert.

Auf der Basis transaktionskostentheoretischer Überlegungen können folgende Strategieempfehlungen zur Gestaltung der Fertigungstiefe abgegeben werden. (Helber 1996, Sp. 1615f.)

- Strategieempfehlung für bislang eigenerstellte Produkte: Je geringer das Erfordernis der Anpassung der Produkte an unternehmensspezifische Besonderheiten, die strategische Bedeutung und die Unsicherheit über die kontinuierliche Belieferung mit den Produkten sind, desto eher werden die Produkte von externen Lieferanten zugekauft (Outsourcing). Zu berücksichtigen sind in diesem Zusammenhang eventuell vorhandene Auslagerungsbarrieren, z. B. weil kein Lieferant verfügbar ist oder Personal nicht freigesetzt werden kann.

– Strategieempfehlung für bislang fremdbezogene Produkte: Je größer das Erfordernis der Anpassung der Produkte an unternehmensspezifische Besonderheiten, und die strategische Bedeutung und die Unsicherheit über die kontinuierliche Belieferung mit den Produkten sind, desto eher werden die Produkte innerhalb des eigenen Unternehmens gefertigt. Dabei sind jedoch spezielle Barrieren für die Eigenfertigung zu beachten. An erster Stelle ist hier die Eignung der Betriebsmittel und der Arbeitskräfte (Kompetenzen, Fähigkeiten) zur Fertigung der Produkte auf einem marktüblichen Qualitäts- und Kostenniveau zu nennen.

Wurde die Eigenfertigung von Produkten als Strategieempfehlung ermittelt, sind aber die personellen und technischen Voraussetzungen nicht im erforderlichen Ausmaß gegeben, so bietet sich als Zwischenform eine Kooperation mit Lieferanten an, die über die erforderlichen Kompetenzen verfügen. Entsprechende Kooperationen erfolgen z. B. in der Form von Lieferabrufsystemen, langfristigen Rahmenlieferverträgen oder Joint Ventures (Gemeinschaftsunternehmen) zum Betrieb von Produktionsanlagen.

3.6.3.5 Produktionsnetzwerke

Kooperationen entstehen häufig durch Verfestigung der Marktbeziehungen. Werden mehrere Kooperationen realisiert, so führt das zu netzwerkartigen, unternehmensübergreifenden Strukturen in der Produktion, die als Produktions- und Zuliefernetzwerke bezeichnet werden. In Netzwerken arbeiten rechtlich selbständige, wirtschaftlich zumeist abhängige Unternehmen über einen längeren Zeitraum in einer stabilen Beziehung zusammen. Die Zuordnung der zu erfüllenden Aufgaben zu Unternehmen, die am Netzwerk beteiligt sind, erfolgt anhand der Fähigkeit, diese Aufgaben relativ am besten zu erfüllen. Kapitalbeteiligungen sind zwar möglich, bringen aber nicht den spezifischen Charakter einer Netzwerkorganisation zum Ausdruck. Mit Hilfe dieses Merkmals kann das Netzwerk von einem Konzern abgegrenzt werden, bei dem Kapitalverflechtungen bestehen.

Die Form der Netzwerkbeziehung wird typischerweise durch langfristige Lieferverträge, Lizenz- oder Franchiseverträge oder durch Gründung von Joint-Ventures (Gemeinschaftsunternehmen) institutionalisiert. Die Stärke der Kopplung von Unternehmen liegt damit zwischen jener, die bei marktlicher (einmaliger Kaufvertrag) bzw. hierarchischer (z. B. rechtlich begründete Weisungsbefugnis) Koordination anzutreffen ist. Zur Lenkung von Netzwerken werden einerseits Marktmechanismen angewendet, da Netzwerkpartner prinzipiell auch ersetzt werden können. Andererseits kommen Instrumente zur Lenkung hierarchisch gegliederter Organisationen (Intersystemhierarchie) zum Einsatz, z. B. einzelne Zielvorgaben und Kennzahlensysteme. Lenkungsprobleme entstehen insb. dann, wenn zwei Unternehmen in begrenzten Bereichen in einem Netzwerk kooperieren, während sie in anderen Produktbereichen konkurrieren.

Diese Auflösung klassischer Unternehmensgrenzen durch Zusammenarbeit verschiedener Unternehmen wird auch mit dem Schlagwort von der "virtuellen Organisation" oder - mit besonderem Bezug zum Produktionsbereich - von der "virtuellen Fabrik" bezeichnet.

Die Bedeutung des Begriffs "virtuell" ist hier in Analogie zur virtuellen Speicherverwaltung der Informatik zu sehen. Danach wird unterschieden in einen logischen und einen physikalischen Speicherplatz. Um den für die Ausführung von Programmen benötigten Speicherplatz über den - knappen und damit teuren - schnellen Hauptspeicher (RAM) auszudehnen, werden Blöcke seitens des Betriebssystems auf Sekundärspeichermedien (Festplatte) ausgelagert. Aus der Perspektive der Programme wird der logische Speicherplatz wesentlich ausgeweitet, obwohl der physikalische Hauptspeicherumfang begrenzt ist. (Als-ob-Speicher) Erkauft wird dies mit einer Geschwindigkeitseinbuße bei der Ausführung der Programme. (Klein 1994, S. 309)

Der Begriff der virtuellen Organisation oder des virtuellen Unternehmens wird mit unterschiedlichen Bedeutungen belegt. Grundsätzlich lassen sich zwei Strömungen differenzieren: (Reiß 1998, S. 128f.)

- Der Begriff der virtuellen Organisation im weiteren Sinne ähnelt jenem des Netzwerks recht stark. Derartige virtuelle Organisationen basieren darauf, daß eine die Unternehmensgrenzen übergreifende, dauerhaft angelegte Zusammenarbeit der effizienteren Gestaltung von Informations- und Warenflüssen dient. Einzelne Prozesse werden dann von jenem Unternehmen ausgeführt, das in diesem Bereich über die am besten geeigneten Fähigkeiten verfügt.
- Virtuelle Organisationen im engeren Sinne werden primär als spontan gebildete Gruppierungen von Unternehmen aufgefaßt, die zur Erfüllung einer zeitlich befristeten Aufgabe konstituiert werden. Bei der Gestaltung der Beziehungen zwischen Partnern in virtuellen Organisationen bildet der gezielte Einsatz von Informations- und Kommunikationssystemen die wesentliche Grundlage. Die Zusammenarbeit bezieht sich daher primär auf die Gestaltung der Informations- und weniger der Warenflüsse. Aus der Sicht der Kunden einer virtuellen Organisation entsteht der Eindruck einer herkömmlichen Organisation. Man spricht bei virtuellen Organisationen daher auch von Als-Ob-Organisationen. Die Koordination zwischen den Partnern einer virtuellen Organisation erfolgt - aufgrund der zeitlich begrenzten Dauer der Zusammenarbeit - mittels marktlicher Koordinationsmechanismen, d. h. ohne langfristige Verträge. (Klein 1994, S. 309)

Bezogen auf den Fertigungsbereich von Unternehmen lassen sich - zwei in Abb. 3-47 dargestellte - grundlegende Varianten der räumlichen Anordnung der Partner einer virtuellen Organisation im weiteren Sinne oder eines Produktionsnetzwerkes unterscheiden: (1) räumlich verteilte Produktion und (2) räumlich konzentrierte Produktion. (Reiß 1998, S. 130f.)

In Fall (1) liefern die Zulieferer, die an räumlich verteilten Orten produzierten Teile an, die dann zusammen mit selbsterstellten Teilen vom Hersteller zum Endprodukt montiert werden. Diese räumlich verteilte Anordnung ist typisch, wenn zum Zulieferer normale Marktbeziehungen aufrechterhalten werden. Dies würde bedeuten, daß keine langfristige Bindung an den Zulieferer besteht und die folgende Lieferung von einem anderen Unternehmen erfolgen könnte.

Fall (2) bedeutet, daß Zulieferer sich in unmittelbarer Nähe des Herstellers ansiedeln. Dies kann dazu führen, daß in einem Werk Mitarbeiter unterschiedlicher Zulieferer mit der Teilefertigung und Vormontage beschäftigt sind, während der Hersteller im wesentlichen die Integration der Komponenten vornimmt, z. B. im Skoda-Octavia-Werk in der Tschechischen Republik. Der Austausch der Werkstücke erfolgt dann auch über automatische Transporteinrichtungen. Eine derartige Konzentration der Produktion, die mit erheblichen Investitionen in die Standortverlagerung verbunden ist, ist nur sinnvoll, wenn langfristig stabile Beziehungen im Produktionsnetzwerk gesichert sind.

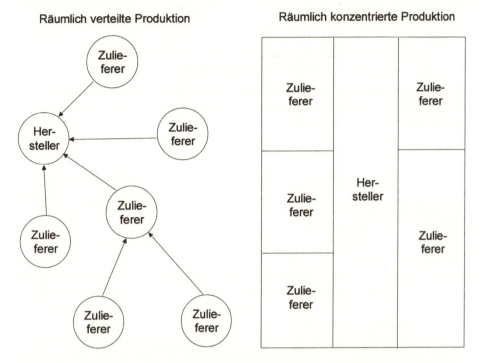

Abb. 3-47: Alternativen der Anordnung von Produktionsstätten virtueller Fabriken, in Anlehnung an (Reiß 1998, S. 130)

Grundsätzlich besteht zur Reduktion der Komplexität der Produktionsprozesse eines Herstellers von Sachgütern die Tendenz, die Zahl der Zulieferer zu senken. Diese zahlenmäßig geringere Menge von Zulieferern übernimmt dann zusätzlich zu den Prozessen der Teilefertigung auch (Vor-) Montageprozesse, die zuvor der Hersteller ausgeführt hat. Der Extremfall wäre hier das Single Sourcing, bei dem ein Modul nur von einem Lieferanten bezogen wird, dem z. T. auch der Einbau im Werk des Herstellers übertragen wird. (Wildemann 1994, S. 143-146)

3.7 Grundzüge der Produktionsplanung und -steuerung

Aufgabe der Produktionsplanung und -steuerung ist es, reale Produktionsprozesse systematisch vorzubereiten und deren Durchführung zu überwachen. Im folgenden wollen wir primär auf Fragestellungen der operativen Produktionsplanung und -steuerung eingehen.

3.7.1 Übersicht über den Gesamtprozeß der operativen Produktionsplanung

Aufgrund der Komplexität betrieblicher Planungsprobleme ist zu deren praktischer Handhabung vielfach eine Vereinfachung erforderlich. Dies führt dazu, daß die Planungsmodelle zwar weniger realitätsnah sind, aber dadurch in der industriellen Praxis einsetzbar sind. Eine Form derartiger Vereinfachung ist die Wahl eines sukzessiven Planungsansatzes. Sukzessivplanung bedeutet, daß ein Gesamtplanungsproblem in Teilprobleme aufgelöst wird. Diese Teilprobleme werden getrennt voneinander gelöst. Ergebnisse eines vorgelagerten Problems stellen Vorgaben für das nachgelagerte Problem dar. Etwaige Interdependenzen zwischen den Teilproblemen können bei dieser Vorgehensweise zwar häufig nicht berücksichtigt werden. Aber auf diese Weise gelingt es, das komplexe Problem überhaupt einer Lösung zuzuführen.

Wir werden im folgenden die traditionelle Vorgehensweise der Produktionsplanung und -steuerung behandeln, die ebenfalls nach diesem Prinzip der Sukzessivplanung arbeitet. Konzepte, die einzelne Planungsschritte simultan lösen - sogenannte integrative Ansätze wie belastungsorientierte Auftragsfreigabe oder das Fortschrittszahlenkonzept - werden nicht erläutert.

Eine weitere Vereinfachung der Planungsprobleme im Produktionsbereich erfolgt hinsichtlich der verfolgten Zielsetzungen. Während im Rahmen der Produktionsprogrammplanung noch vielfach mit Gewinn- bzw. Deckungsbeitragsgrößen als Zielkriterien gearbeitet wird, kommen in den nachgelagerten Planungsstufen häufig Kostenkriterien oder weitere, mit Gewinnzielen komplementäre Ersatzkriterien (z. B. Durchlaufzeiten im Rahmen der Maschinenbelegungsplanung) zum Einsatz.

Kommen wir nun zu einer Übersicht über den Ablauf der Produktionsplanung und -steuerung. Die wesentlichen Planungsschritte und deren mögliche Unterteilung ist in Abb. 3-48 veranschaulicht. Auf die wichtigsten Planungsprobleme gehen wir im weiteren Verlauf dieses Kapitels genauer ein.

Produktionsplanung	Produktionsprogrammplanung	
	Planung der Bereitstellung von Produktionsfaktoren	Materialbedarfsplanung
		Bestellmengenplanung
	Produktionsprozeßplanung	Losgrößenplanung
		Terminplanung
		Maschinenbelegungsplanung
Produktionssteuerung		Verfügbarkeitsprüfung
		Auftragsfreigabe

Abb. 3-48: Übersicht über den Prozeß der Produktionsplanung und -steuerung

Die Produktionsprogrammplanung kann in eine strategische und eine operative Komponente aufgeteilt werden. Die wesentlichen Fragestellungen der strategischen Produktionsprogrammplanung wurden bereits in Abschnitt 3.2.3 erörtert. Dort wurde beschrieben, daß langfristig neue Produkte in das Produktprogramm integriert werden müssen. Des weiteren ist langfristig eine Verbesserung der Produktionsverfahren notwendig, um im Wettbewerb um die qualitativ hochwertige und kostengünstige Erfüllung von Kundenbedürfnissen bestehen zu können. Dazu sind systematische Bemühungen der Forschung und Entwicklung erforderlich, deren Ergebnisse in der

Produktion implementiert werden. Hilfreich bei der Entdeckung neuer Handlungsmöglichkeiten sind die in Abschnitt 2.6.2 beschriebenen Kreativitätstechniken.

Aufgabe der operativen Produktionsprogrammplanung ist dagegen die Festlegung der in einem gegebenen Zeitraum zu fertigenden Produkte hinsichtlich ihrer Art, der Menge und der zeitlichen Rahmenbedingungen. Zur Lösung von Problemen der operativen Produktionsprogrammplanung kommen typischerweise Modelle der linearen Optimierung zum Einsatz. Wir werden darauf genauer im Abschnitt 3.7.2 eingehen.

An die art- und mengenmäßige Konkretisierung des Produktionsprogramms schließt sich der Schritt der Bereitstellungsplanung an. Es gilt festzulegen, welche Arten und Mengen von Produktionsfaktoren verfügbar gemacht werden müssen, um die geplanten Mengen an Endprodukten erstellen zu können.

Eine erste Faktorgruppe beinhaltet die immobilen Betriebsmittel, d. h. Grundstücke und Gebäude. Aufgrund der mangelnden Transportfähigkeit immobiler Betriebsmittel, wird die Ansiedlung des Betriebes langfristig festgelegt. Man bezeichnet daher die Festlegung des Standortes der Produktion als konstitutive Entscheidung. Der Planungsschritt der Standortplanung wird hier als abgeschlossen angesehen und wird daher nicht weiter behandelt.

Neben Grundstücken und Gebäuden sind auch die maschinellen Einrichtungen des Betriebes bereitzustellen. Die Behandlung von Fragen der Bereitstellung derartiger Betriebsmittel erfolgt in der Betriebswirtschaftslehre vorwiegend aus der Perspektive investitions- und finanzierungstheoretischer Fragestellungen. Typische Problemstellungen und entsprechende Lösungsverfahren sind Gegenstand eigenständiger Werke zur Investition und Finanzierung und sollen hier nicht erörtert werden. Ähnliches gilt für die Planung der Bereitstellung der Arbeitskräfte, die in personalwirtschaftlichen Veröffentlichungen erläutert wird.

Fragen der Bereitstellung von Werkstoffen stellen dagegen einen wichtigen Bestandteil der Planung aus produktionswirtschaftlicher Sicht dar. Wir werden im Abschnitt 3.7.3 genauer auf das Grundproblem und Lösungsverfahren eingehen. Da in der Regel auch extern zugekaufte Produkte in der Produktion benötigt werden, ist im Rahmen der Faktorbereitstellungsplanung auch zu klären, welche Mengen an Vorprodukten und Materialien von unternehmensexternen Lieferanten hinzugekauft werden. Derartige Problemstellungen geht man im Rahmen der Bestell- und Lagermengenplanung an.

An die Planung der Bereitstellung von Produktionsfaktoren schließt sich der Schritt der Produktionsprozeßplanung an. Es gilt die im Unternehmen durchzuführenden Produktionsprozesse mengenmäßig, zeitlich und kapazitativ zu konkretisieren. Die Produktionsprozeßplanung läßt sich untergliedern in die Losgrößen-, die Termin und die Maschinenbelegungsplanung.

Hinsichtlich der im eigenen Unternehmen zu produzierenden Produkte ist unter Berücksichtigung der Lagerkosten für die gefertigten Produkte festzulegen, welche Produktionsmengen zu einem Fertigungsauftrag (Los) zusammengefaßt werden. Unter einem Los versteht man die Menge an Produkten, die ohne Umrüstung gefertigt wird.

Im Zuge der Terminplanung werden die frühestmöglichen und die spätesterlaubten Start- und Endtermine der einzelnen Arbeitsgänge eines Auftrages ermittelt. Die Arbeitsgänge werden in eine technologisch bedingte, zeitliche Reihenfolge gebracht und im Vergleich zur Materialbedarfsplanung terminlich weiter spezifiziert. Zur Vereinfachung der Terminplanung führt man in der Regel zunächst eine Durchlaufterminierung durch, bei der kapazitative Beschränkungen unberücksichtigt bleiben. Im Rahmen der sich anschließenden Kapazitätsterminierung werden die bislang unberücksichtigten kapazitativen Beschränkungen, z. B. hinsichtlich der in einer Planungsperiode zur Verfügung stehenden Maschinen- und Arbeitsstunden, in die Planung integriert. Dazu wird die bisher geplante Inanspruchnahme der Produktionsfaktoren und deren verfügbare Kapazität gegenübergestellt. Überschreitet die Kapazitätsnachfrage das -angebot, so sind beim Kapazitätsabgleich geeignete Maßnahmen zum Abbau der Überlastung zu ergreifen, z. B. Überstunden oder Verschiebung von Arbeitsgängen.

Da in einer Mehrproduktunternehmung typischerweise mehrere Aufträge bzw. Arbeitsgänge um die vorhandenen Kapazitäten konkurrieren, müssen diese an den einzelnen Bearbeitungsstationen in eine Reihenfolge gebracht werden, die hinsichtlich des gewählten Zieles, oft kürzeste Durchlaufzeit, den Erreichungsgrad maximiert. Es erfolgt deshalb im Rahmen der Maschinenbelegungsplanung eine Feinterminierung, bei der der detaillierte Beginn der einzelnen Arbeitsgänge z. B. auf Tagesbasis festgelegt wird.

Gegenstand des abschließenden Schrittes der Produktionssteuerung ist die Durchführung von Tätigkeiten, die zur Abwicklung der Fertigungsprozesse notwendig sind, z. B. die Prüfung der Verfügbarkeit der benötigten Betriebsmittel, die Erstellung von auftragsbegleitenden Fertigungsbelegen, die tatsächliche Zuteilung von Aufträgen zu Bearbeitungsstationen sowie - im Rahmen der Produktionskontrolle - die Erfassung des momentanen Zustands des Produktionssystems, z. B. hinsichtlich der tatsächlichen Abwicklung einzelner Fertigungsaufträge oder der Feststellung der momentanen Betriebsmittelzustände.

3.7.2 Operative Produktionsprogrammplanung und Simplex-Verfahren

Im folgenden wird gezeigt, wie mittels der linearen Planungsrechnung bei gegebenem Potentialfaktorbestand, bekannten Absatzmöglichkeiten und anderen Restriktionen bei Vorliegen linearer Beziehungen das optimale Produktionsprogramm ermittelt werden kann. Auf die lineare Planungsrechnung wird in diesem Zusammenhang sehr häufig zurückgegriffen. Man verwendet sie aber auch in vielen anderen Entscheidungssituationen.

Wir gehen zunächst auf ein konkretes Problem der Produktionsprogrammplanung und dessen graphische Lösung ein. Anschließend wird dasselbe Problem rechnerisch gelöst. Zum Abschluß des Abschnitts erläutern wir die verallgemeinerte Problemstellung der linearen Planungsrechnung bzw. der Produktionsprogrammplanung mittels linearer Planungsrechnung.

Betrachten wir den folgenden industriellen Produktionsprozeß. Unter Verwendung der Faktoren R_1 Rohstoff und R_2 Arbeit sollen die Produkte X_1 und X_2 in den Mengen x_1 und x_2 produziert werden. Zwar benötigen wir auch noch Betriebsmittel. Diese sind aber nicht knapp und müssen deshalb hier nicht berücksichtigt werden. Das Produkt X_1 erbringt einen Brutto-Ertrag p_1 von 80,- Geldeinheiten (GE) je Mengeneinheit (ME). Der Brutto-Ertrag des Produktes X_2 beträgt 20,- GE je Mengeneinheit. Der Begriff Brutto-Ertrag soll hier bedeuten, daß bei diesem Preis die Kosten des Rohstoffes bereits abgezogen sind. Die Kosten der Arbeitsstunde von 10,- GE müssen allerdings noch berücksichtigt werden.

In der Matrix in Abb. 3-49 sind die Produktionskoeffizienten des Übungsbeispiels angegeben. Die Unternehmung benötigt je ME von Produkt X_1 eine vierzigstel ME Rohstoff und drei Stunden Arbeit. Für eine ME des Produktes X_2 müssen eine dreihundertstel ME Rohstoff und eine Arbeitsstunde eingesetzt werden. Gesucht wird der maximale Deckungsbeitrag, d. h. das Maximum der Differenz von Erlösen und direkt zurechenbaren Kosten für den Faktor menschliche Arbeitsleistung.

	Produkt	
	X_1	X_2
Produktor	($p_1 = 80 \left[\frac{GE}{ME\ X_1}\right]$)	($p_2 = 20 \left[\frac{GE}{ME\ X_2}\right]$)
Rohstoff R_1	$\frac{1}{40} \left[\frac{ME\ R_1}{ME\ X_1}\right]$	$\frac{1}{300} \left[\frac{ME\ R_1}{ME\ X_2}\right]$
Arbeit R_2 ($p_A = 10 \left[\frac{GE}{Std.}\right]$)	$3 \left[\frac{Std.}{ME\ X_1}\right]$	$1 \left[\frac{Std.}{ME\ X_2}\right]$

Abb. 3-49: Koeffizientenmatrix des Übungsbeispiels zur Produktionsprogrammplanung

Aus dieser Koeffizientenmatrix lassen sich als Gleichungen die Produktorfunktionen und, durch Hinzufügen der Kapazitäten, als Ungleichungen die Restriktionen ableiten.

3-22 Rohstoff: $\quad r_1 = \frac{1}{40} \cdot x_1 + \frac{1}{300} \cdot x_2 \leq 800$

3-23 Arbeit: $\quad r_2 = 3 \cdot x_1 + 1 \cdot x_2 \leq 150\,000$

Der Bedarf r_1 an Faktor Rohstoff ergibt sich gemäß der Produktorfunktion der Gleichung 3-22. Wir nehmen an, daß der verfügbare Rohstoff 800 ME beträgt. Der Bedarf an Arbeit in Abhängigkeit von den Produktionsmengen ergibt sich entsprechend der Gleichung 3-23. Wir nehmen an, daß in der Planungsperiode maximal 150.000 Arbeitsstunden zur Verfügung stehen.

Zu maximieren ist der Deckungsbeitrag DB, der sich wie folgt errechnet:

$$\begin{aligned} DB &= p_1 \cdot x_1 + p_2 \cdot x_2 - p_A \cdot r_2 \\ &= 80 \cdot x_1 + 20 \cdot x_2 - 10\,(3 \cdot x_1 + 1 \cdot x_2) \\ \text{3-24} \quad &= 50 \cdot x_1 + 10 \cdot x_2 \Rightarrow \max! \end{aligned}$$

Für den Fall, daß nur zwei Produkte erzeugt werden, lassen sich lineare Probleme der Produktionsprogrammplanung in einfacher Weise graphisch lösen. Wir tragen dazu in ein x_1-x_2 Koordinatensystem die zulässigen Produktionsprogramme ein. Der Lösungsraum wird zunächst beschränkt von den Koordinatenachsen, da negative Produktmengen nicht sinnvoll interpretiert werden können. Es muß also die Bedingung x_1, $x_2 \geq 0$ gelten. Man bezeichnet diesen Ausdruck auch als Nichtnegativitätsbedingung.

Des weiteren wird der Lösungsraum von der verfügbaren Faktormenge (Kapazität) begrenzt Man überträgt daher eine Gerade in das Koordinatensystem, bei der die Kapazität gerade voll in Anspruch genommen wird. (siehe Abb. 3-50) Um dies zu bewerkstelligen, berechnet man die Schnittpunkte mit den Koordinatenachsen, indem man jeweils eine Variable der Restriktionsungleichung gleich Null setzt. Anschließend werden diese beiden Punkte verbunden.

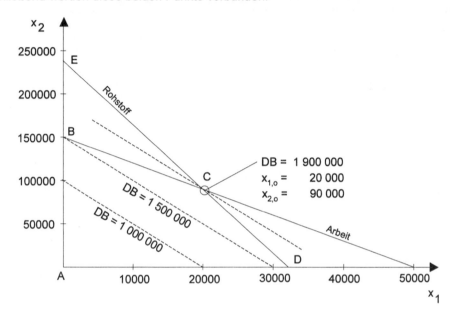

Abb. 3-50: Graphische Lösung des Übungsbeispiels zur Produktionsprogrammplanung

Nur links unterhalb dieser Restriktionsgeraden und auf diesen Restriktionsgeraden liegende Produktionsprogramme sind im Hinblick auf die zur Verfügung stehenden Faktoren zulässig. Da sowohl Rohstoff als auch Arbeit benötigt werden, sind nur Programme in dem Viereck zwischen den Punkten ABCD möglich. Bspw. stünde zur Realisierung der Produktionsprogramme in dem Dreieck BCE oberhalb der Restriktion für Arbeit nicht genügend Arbeit zur Verfügung.

In der Zeichnung sind weiterhin strichlierte Iso-Zielwertlinien eingetragen. Dazu geht man analog vor wie bei der Einzeichnung der Restriktionsgeraden. Ergänzend muß hier jedoch ein fiktiver Deckungsbeitrag angenommen werden. Die untere Linie ist der geometrische Ort für alle Produktionsprogramme mit einem Deckungsbeitrag von 1 Mio GE. Die zweite Linie charakterisiert einen Deckungsbeitrag von 1.500.000 GE. Man erkennt, daß mit zunehmender Entfernung vom Koordinatenanfangspunkt der Deckungsbeitrag ansteigt. Wir finden im zulässigen Lösungsbereich, also in dem unter Berücksichtigung der technologischen Restriktionen für Rohstoff und Arbeit zulässigen Viereck ABCD, dasjenige Produktionsprogramm mit maximalem Deckungsbeitrag dort, wo bei Parallelverschiebung diese Linien gleichen Deckungsbeitrages den zulässigen Raum gerade noch berühren. Das ist in diesem konkreten Fall der Schnittpunkt der beiden Restriktionsgeraden für Rohstoff und Arbeit im Punkt C. Bei genügend exakter Zeichnung läßt sich das optimale Produktionsprogramm ablesen, indem man von Punkt C aus jeweils das Lot auf die Koordinatenachsen fällt. Alternativ können bspw. die Gleichungen der Geraden, die sich im Optimum schneiden, gleichgesetzt werden. Durch weitere Auflösung dieses Gleichungssystems ermittelt man optimale Produktionsmengen für X_1 von 20.000 ME und für X_2 von 90.000 ME. Bei Realisierung dieses Produktionsprogramms beträgt der Deckungsbeitrag 1.900.000 GE.

Dieses graphische Verfahren, das allerdings sehr eingängig ist, ist nur für zwei Instrumentalvariablen einsetzbar. Die Zahl der Restriktionen kann allerdings beliebig sein. Existieren mehr als zwei Instrumentalvariablen müssen andere Lösungsverfahren herangezogen werden.

An der Vorgehensweise bei der graphischen Lösung erkennt man, daß der optimale Punkt stets ein Eckpunkt ist. Nur in Entartungsfällen verläuft die Iso-Zielwertlinie parallel zu einer begrenzenden Bedingung. Dann sind alle Punkte optimal, die auf diesem Teilstück zwischen den beiden Eckpunkten liegen, einschließlich der Eckpunkte. Da die Zwischenwerte jedoch keine größeren Zielfunktionswerte erreichen, genügt es, wenn man nur Eckpunkte untersucht. Dadurch wird die Zahl möglicher zielrelevanter Lösungen bereits stark eingeschränkt. Nach diesem Grundprinzip, der Überprüfung der Eckpunkte des Lösungsraumes, arbeitet das sogenannte Simplex-Verfahren.

Das Simplex-Verfahren kann zur Lösung auch umfangreicher Probleme der Produktionsprogrammplanung verwendet werden. Es ist eine Methode zur Umformung linearer Gleichungssysteme, die während der Umrechnung permanent eine feste Struktur der Gleichungen einhält.

Um das Problem mittels Simplex-Verfahren lösen zu können, formen wir das System der Ungleichungen 3-22, 3-23 und 3-24 (die zwei Restriktionen und die Zielfunktion) durch Einführen von Schlupfvariablen in ein Gleichungssystem um. Konkret addiert man dazu in der ersten Ungleichung 3-22 eine Größe y_1 (Schlupfvariable) auf der linken Seite hinzu. Wenn y_1 die ungenutzte Rohstoffmenge bedeutet, so enthält die linke Seite der Gleichung die Summe aus ungenutzter Rohstoffmenge und genutzter Rohstoffmenge; diese Summe muß genau gleich 800 sein. Die ursprüngliche Ungleichung ist dann und nur dann erfüllt, wenn $y_1 \geq 0$ ist. Ein negativer Wert für y_1 würde bedeuten, daß mehr als 800 ME verwendet würden.

In analoger Weise können wir auf der linken Seite der Gleichung für Arbeit eine Größe y_2 addieren, die Menge nicht genutzter Arbeit. Auch die zweite Ungleichung wird so zu einer Gleichung transformiert, y_2 darf nicht kleiner als Null werden. Wir erhalten so das in Abb. 3-51 dargestellte Gleichungssystem.

In der untersten Zeile sind die Nichtnegativitätsbedingungen aufgeführt, die über die Strukturvariablen hinaus auch für die Schlupfvariablen gelten. Die Gleichung II besagt, um exemplarisch nochmals eine Interpretation zu geben: die ungenutzte Menge des Rohstoffs plus dem Rohstoffverbrauch für Produkt 1 plus dem Rohstoffverbrauch für Produkt 2 müssen zusammen genau die Gesamtkapazität von 800 ME ergeben. Entsprechendes gilt für die Arbeitszeit in Gleichung III.

Des weiteren ist die Zielfunktion (Gleichung I in Abb. 3-51) so umgeformt, daß alle Variablen auf die linke Gleichungsseite gebracht wurden. Wir erhalten auf diese

Weise ein einheitlicheres Bild. Formal kennzeichnet DB die Schlupfvariable der Zielfunktion, für die die Nichtnegativitätsbedingung nicht gilt.

$$\text{I} \quad DB - 50 * x_1 - 10 * x_2 = 0$$

$$\text{II} \quad y_1 + \left(\frac{1}{40}\right) * x_1 + \frac{1}{300} * x_2 = 800$$

$$\text{III} \quad y_2 + 3 * x_1 + 1 * x_2 = 150.000$$

$$y_1, y_2, x_1, x_2 \geq 0$$

Abb. 3-51: Ausgangslösung des Übungsbeispiels

Die Gleichungen II und III enthalten insgesamt 4 Variablen, nämlich x_1, x_2, y_1 und y_2. Ein solches lineares Gleichungssystem aus 2 Gleichungen bei 4 Unbekannten ist unterbestimmt, d. h. es hat keine eindeutige Lösung. Deutlich wird dies anhand der graphischen Darstellung in Abb. 3-50. Alle Punkte innerhalb des zulässigen Bereiches sind mögliche Lösungen.

Von den unendlich vielen Lösungen des Lösungsraumes sind für die Optimumbestimmung aber nur die Eckpunkte interessant. Im Falle zweier Instrumentalvariablen sind diese Eckpunkte gerade dadurch charakterisiert, daß zwei Unbekannte gleich Null werden. Im Falle von n Instrumentalvariablen gilt entsprechend, daß an den Eckpunkten im mehrdimensionalen Lösungsraum genau n Unbekannte gleich Null sind. Bspw. gilt für den Koordinatenursprung (Punkt A in Abb. 3-50), daß x_1 und x_2 gleich Null sind. Für den Punkt B gilt, daß x_1 gleich Null ist und y_2 gleich Null ist. Im Punkt C sind y_1 und y_2 gleich Null. Im Punkt D nehmen y_1 und x_2 den Wert Null an. Zwei benachbarte Punkte unterscheiden sich also gerade dadurch, daß eine der gleich Null gesetzten Variablen geändert wurde.

Wir nennen die gleich Null gesetzten Variablen Nichtbasisvariablen und nennen die anderen Variablen, die dann nur zufällig einen Wert von Null annehmen, im allgemeinen jedoch einen davon abweichenden Wert haben, Basisvariablen. Die Werte der Basisvariablen bilden die sogenannte Basis einer Lösung.

Startpunkt der Simplex-Methode ist der Koordinatenursprung. D. h., man behandelt zunächst die Strukturvariablen als Nichtbasisvariablen, setzt sie also gleich Null. Das hat den Vorteil, daß man die Werte der Schlupfvariablen für diese erste Basislösung sofort aus dem Gleichungssystem ablesen kann. In unserem Beispiel nehmen im Koordinatenursprung die Variablen x_1, x_2, und DB den Wert Null an. Die Schlupfvariablen y_1 bzw. y_2 weisen die Werte 800 bzw. 150.000 auf.

Offensichtlich ist diese erste Basislösung noch nicht optimal. Besonders anschaulich wird dies in der graphischen Lösung von Abb. 3-50, da oberhalb des Koordinatenursprungs zulässige Produktionsprogramme existieren, die zu einem höheren Deckungsbeitrag führen. Im Gleichungssystem wird die Möglichkeit der Verbesserung der Lösung deutlich anhand der auf der linken Seite der Zielfunktionszeile vorhandenen negativen Koeffizienten der Instrumentalvariablen. Solange ein negativer Koeffizient auf der linken Seite der Zielfunktionszeile gegeben ist, kann das Ergebnis verbessert werden. Erhöhen wir bspw. die Ausbringungsmenge x_1 des Produktes X_1 um eine ME, so wird der Deckungsbeitrag um 50 GE steigen. Denn wegen der Konstanz der anderen Bestandteile der Zielfunktion kann die Reduktion in der Gleichung nur durch Erhöhung der Variable DB um 50 GE ausgeglichen werden. Analog steigt bei Erhöhung von x_2 um eine Einheit der Deckungsbeitrag um 10 GE.

Ausgehend von dieser Basislösung beginnt die Umrechnung des Gleichungssystems nach dem Simplex-Verfahren mit der Auswahl einer Nichtbasisvariablen, die in ihrem Wert erhöht werden soll. Die Nichtbasisvariablen nehmen den Wert Null an. Sollen Produktionsprogramme oberhalb des Koordinatenursprungs erreicht werden, so müssen wir diese Variable in die Basis bringen. Zieht man zur Bestimmung dieser Nichtbasisvariable das leichter handhabbare Auswahlkriterium des steilsten Anstiegs (Steepest unit ascent) heran, so wird die Nichtbasisvariable mit dem kleinsten negativen (absolut größten) Koeffizienten ausgewählt. Das bedeutet, daß jene Nichtbasisvariable zum Variablentausch vorgesehen wird, die pro Einheit die stärkste Änderung im Zielkriterium bewirkt. Wendet man dieses Kriterium im Übungsbeispiel an, so ermitteln wir x_1 als diejenige Nichtbasisvariable, die in die Basis gelangen soll. Sie charakterisiert die sogenannte „Pivotspalte".

Der Wert der in die Basis gelangenden Nichtbasisvariablen, hier also x_1, soll so groß wie möglich werden. Gleichzeitig darf aber keine Restriktion verletzt werden. Das bedeutet, daß keine Basisvariable (der Restriktionen) negativ werden darf. Nun erkennt man am Gleichungssystem der Basislösung in Abb. 3-51, daß die Basisvariable y_1 negative Werte annimmt, wenn x_1 größer wird als 800 · 40, also größer als 32.000. Denn für x_1 = 32.000 ist y_1 = 0. Würde x_1 größer, hätte dies zur Folge, daß y_1 negativ wird. Entsprechend würde y_2 negative Werte annehmen, wenn x_1 größer wird als 50.000. Die Rohstoffmenge stellt damit die engste Restriktion dar. Wie man auch an der graphischen Lösung erkennt, stehen für Produktionsprogramme mit mehr als 32.000 ME von X_1 keine ausreichenden Rohstoffmengen bereit. Die Zeile II wird daher zur sogenannten Pivotzeile.

Führen wir nun den Variablentausch zwischen y_1 und x_1 tatsächlich durch, so resultiert als neues Produktionsprogramm, x_1 = 32.0000 und x_2 = 0. Die Variable x_1 ist zur Basisvariablen geworden, während die Variable y_1 in der Nichtbasis steht.

Bei der Simplex-Methode werden nach jeder Vertauschung einer Nichtbasisvariablen mit einer Basisvariablen die Gleichungen so umgerechnet, daß die Basisvariablen in je einer anderen Gleichung mit dem Koeffizienten 1 vorkommen, die Nichtbasisvariablen dagegen beliebig in allen Gleichungen vorhanden sein dürfen. Diese Form der Umrechnung hat den Vorteil, daß man die Werte der Basisvariablen jederzeit direkt an den rechten Seiten des Gleichungssystems ablesen kann. Dies ist möglich, weil die Nichtbasisvariablen stets den Wert Null aufweisen.

Die Umformung des linearen Gleichungssystems läßt sich mit den gleichen Methoden vornehmen, wie sie beim Lösen von linearen Gleichungssystemen Verwendung finden. Als erstes (a) rechnen wir die Pivotzeile um. Bezeichnen wir zunächst als Pivotelement den Koeffizienten in Pivotspalte und Pivotzeile, hier also $1/40$. Wir erhalten dann die neue Pivotzeile indem wir die alte Pivotzeile durch das Pivotelement dividieren und die Gleichung umstellen. Weil durch das Pivotelement dividiert wird hat die in die Basis gelangte Variable x_1 - wie angestrebt - den Koeffizienten 1. Die Schlupfvariable y_1 verläßt durch die Multiplikation mit dem Faktor 40 die Basis und wird Nichtbasisvariable. Für y_1 und x_2 = 0 können wir aus dieser Zeile wieder unmittelbar ablesen, daß x_1 in diesem Fall den Wert 32.000 annimmt. (siehe Abb. 3-52)

Weiterhin soll die in die Basis gelangende Nichtbasisvariable, hier also x_1, in allen anderen Gleichungen eliminiert werden. Wir bewerkstelligen das recht einfach, indem wir die neue umgerechnete Pivotzeile, in der x_1 den Koeffizienten 1 hat, so oft von den anderen Zeilen subtrahieren, wie der in diesen anderen Zeilen stehende Koeffizient von x_1 angibt. Bspw. erhält man die umgerechnete Gleichung III', indem man von der alten Gleichung III dreimal die neue Gleichung II' abzieht. Gleichung I' resultiert, indem wir von Gleichung I die Gleichung II' - 50 mal abziehen, also 50 mal addieren.

c   I' = I + 50 · II' $DB + 2.000 \cdot y_1 - \frac{10}{3} \cdot x_2 = 1.600.000$

→ a   II' = 40 · II $x_1 + 40 \cdot y_1 + \frac{2}{15} \cdot x_2 = 32.000$

b   III' = III - 3 · II' $y_2 - 120 \cdot y_1 + \left(\frac{3}{5}\right) \cdot x_2 = 54.000$

Abb. 3-52: Zwischenlösung des Übungsbeispiels

Damit ist die in Abb. 3-52 dargestellte Zwischenlösung erreicht. Graphisch entspricht dies dem Punkt D in Abb. 3-50. Wir lesen im Gleichungssystem unmittelbar ab, daß an diesem Punkt der Deckungsbeitrag 1.600.000 GE beträgt, x_1 32.000 Mengeneinheiten und die nichtausgenutzte Menge an Arbeit 54.000 Stunden erreicht.

In der Zielfunktion der Zwischenlösung (Gleichung I') erkennt man anhand des negativen Koeffizienten $-\frac{10}{3}$ bei x_2, daß man durch Vergrößerung von x_2 den Gewinn weiter steigern kann, und zwar um $\frac{10}{3}$ GE je produzierter Mengeneinheit von x_2.

Das mag zunächst verwundern, denn der Deckungsbeitrag des Produktes X_2 beträgt schließlich 10 GE. In der graphischen Lösung von Abb. 3-50 erkennt man jedoch, daß x_2 nur dann von Punkt D aus steigt, wenn gleichzeitig x_1 reduziert wird. Die Lösung bewegt sich dann von Punkt D in Richtung Punkt C. Mathematisch wird die Beziehung in Gleichung II' deutlich. Wird x_2 um eine Mengeneinheit erhöht, muß gleichzeitig x_1 um $\frac{2}{15}$ Mengeneinheiten reduziert werden. Nur dann ist die Gleichung weiter erfüllt. Eine Erhöhung von x_2 um eine Mengeneinheit erhöht den Deckungsbeitrag um 10 GE, eine Reduktion von x_1 um $\frac{2}{15}$ Mengeneinheiten reduziert den Deckungsbeitrag um $\frac{20}{3}$ GE. Die Differenz ist die erwähnte Erhöhung des Deckungsbeitrages bzw. Gewinns um $\frac{10}{3}$ GE je Einheit x_2.

Durch Tausch von x_2 aus der Nichtbasis in die Basis kann der erzielte Deckungsbeitrag also erhöht werden. Wir wählen daher x_2 als Kandidat für die Basis und legen damit die Pivotspalte fest. Durch Division der rechten Seite durch den bei x_2 in der entsprechenden Zeile stehenden Koeffizienten, erhält man die maximal mögliche Änderung von x_2. So könnte x_2 bspw. auf 240.000 ME wachsen, ohne daß x_1 negativ würde. (Das ist der Schnittpunkt der betrachteten Geraden mit der Ordinate) Die Variable y_2 würde negativ, wenn x_2 auf über 90.000 Einheiten wachsen würde. Das ist oberhalb des Punktes C der Fall. Offensichtlich ist die Gleichung III' die engste Restriktion und charakterisiert somit unsere Pivotzeile. x_2 wird also neue Basisvariable, während y_2 in die Nichtbasis gelangt. Das Pivotelement ist $\frac{3}{5}$.

An die Auswahl von Pivotzeile und -spalte schließt sich die erneute Umformung des Gleichungssystems an. Zunächst dividiert man die Pivotzeile durch das Pivotelement

Kap. 3: Grundzüge der Produktionswirtschaft

$3/5$ und stellt die Gleichung um. Diese umgerechnete Pivotzeile wird entsprechend den Koeffizienten in der Pivotspalte $10/3$ mal zur Gleichung I' addiert und $2/15$ mal von Gleichung II' abgezogen. An den positiven Koeffizienten der Zielfunktion erkennt man, daß die Optimallösung gefunden ist. (siehe Abb. 3-53)

In dieser Optimallösung kann das optimale Produktionsprogramm abgelesen werden. Von Produkt X_1 sollen 20.000 ME und von Produkt X_2 sollen 90.000 ME produziert werden. Wird dieses Produktionsprogramm umgesetzt, so wird ein Deckungsbeitrag von 1.900.000 GE erzielt.

b $\quad$ I'' = I' + $\frac{10}{3}$ · III'' $\qquad$ DB + $\frac{4000}{3}$ · y_1 + $\frac{50}{9}$ · y_2 = 1.900.000

c $\quad$ II'' = II' - $\frac{2}{15}$ · III'' $\qquad$ x_1 + $\frac{200}{3}$ · y_1 - $\frac{2}{9}$ · y_2 = 20.000

→ a $\quad$ III'' = III' · $\frac{5}{3}$ $\qquad\qquad$ x_2 - 200 · y_1 + $\frac{5}{3}$ · y_2 = 90.000

Abb. 3-53: Optimallösung des Übungsbeispiels zur Produktionsprogrammplanung

Allerdings lassen sich aus dem obigen Gleichungssystem noch weitere Informationen entnehmen. Da beide Schlupfvariablen in der Nichtbasis stehen, also den Wert Null annehmen, werden die verfügbaren Faktormengen voll in Anspruch genommen.

Die Koeffizienten in der Zielfunktionszeile stellen Opportunitätskosten dar. Könnte man bspw. y_2 in den negativen Bereich bringen, d. h. die ursprüngliche verfügbare Menge von 150.000 Arbeitsstunden überschreiten, könnte man pro zusätzliche Arbeitsstunde den Deckungsbeitrag um $50/9$ GE erhöhen. Diese Information liefert wertvolle Anregungen im Hinblick auf die Kapazitätsplanung. Entstehen bspw. je Arbeitsstunde geringere Kosten als $50/9$ GE, so erscheint eine Erweiterung der Kapazität sinnvoll. Pro Mengeneinheit an Rohstoff, die bereitsteht, könnte man den Deckungsbeitrag um $\frac{4000}{3}$ GE erhöhen.

Die anderen Koeffizienten im Ergebnistableau geben weiterhin an, wie sich die Größen x_1 und x_2 ändern würden, wenn wir in der Lage wären, y_2 in den negativen Bereich zu bringen. Dies wäre gleichbedeutend mit einer Ausdehnung der ursprünglich gegebenen Kapazität. Bspw. würde eine Veränderung von y_2 auf -1 bedeuten, daß die Produktionsmenge von X_1 um $2/9$ ME zurückgeht, während die Produktionsmenge von X_2 um $5/3$ ME ansteigt. Die Variable y_1 bleibt unverändert bei Null. Graphisch bewegt man sich dabei vom Punkt C in Abb. 3-50 in Richtung zu Punkt E. Entsprechende Überlegungen gelten dafür, daß unsere Kapazität gegenüber den ursprünglich angenommenen Werten reduziert würde, d. h. die Schlupfvariablen in der Optimallösung positive Werte annehmen. Ein Anstieg von y_2 auf 1 hätte zur Folge, daß der Deckungsbeitrag um $50/9$ GE zurückgeht.

Kommen wir zum Abschluß der Lösung eines konkreten Problems der Produktionsprogrammplanung zur Verallgemeinerung der Problemstellung. Sie lautet für den Fall der linearen Optimierung: maximiere y_0 unter der Bedingung

$$3\text{-}25 \quad y_i + \sum_{j=1}^{n} a_{ij} \cdot x_j = a_{i0} \quad ; i = 0,1,...,m$$

$$y_i \geq 0 \quad ; i = 1,2,...,m$$

$$x_j \geq 0 \quad ; j = 1,2,...,n$$

Siehe auch die weiter verallgemeinerte Problemstellung der mathematischen Programmierung in Abschnitt 2.11.3.

In der folgenden Aufstellung werden in Klammern die Bedeutungen der Variablen für den spezielleren Fall der Produktionsprogrammplanung mittels linearer Planungsrechnung zusätzlich zum Fall der linearen Planungsrechnung angegeben. Die Bedeutungen der verwendeten Symbole sind:

i	Index der Restriktionen (Einsatzfaktoren)
j	Index der (Struktur-) Variablen (Produkte)
y_0	Zielfunktionswert (z. B. Deckungsbeitrag)
$y_{i>0}$	Schlupfvariablen (ungenutzte Kapazität)
a_{ij}	Koeffizienten (Produktionskoeffizienten)
x_j	Strukturvariablen (Produkte)
a_{0j}	Zielfunktionskoeffizienten (z. B. Stückdeckungsbeiträge)
a_{i0}	Rechte Seite (Kapazität)

In der Zeile 0 des oben allgemein beschriebenen Gleichungssystems finden wir die Zielfunktion wieder. Der Zielerreichungswert y_0 soll maximiert werden (bzw. minimiert, wenn es sich um Kostengrößen handelt). Die Elemente a_{0j} repräsentieren die sogenannten Zielfunktionskoeffizienten, z. B. den Stückgewinn, der durch Verkauf einer Mengeneinheit von X_j erzielt werden kann. Die Variablen x_j repräsentieren im Falle der Produktionsprogrammplanung die Mengen zu fertigender Produkte. Im allgemeineren Fall können sie prinzipiell beliebige Bedeutungen annehmen. Die Variablen x_j stellen also die Unbekannten dar, deren optimale Ausprägung bestimmt werden soll.

In den weiteren Zeilen sind die linearen Restriktionen aufgeführt. Die Elemente a_{ij} - die Koeffizienten des allgemeineren Falles - sind, für den Fall der Produktionsprogrammplanung die uns bereits von den Produktionsfunktionen her bekannten (hier konstanten) Produktionskoeffizienten. Die Elemente a_{i0} geben bei der Produktionsprogrammplanung an, welche Kapazität maximal von einem bestimmten Einsatzfaktor zur Verfügung steht.

Das hier in seiner Struktur und hinsichtlich der graphischen und rechnerischen Lösung beschriebene Grundmodell der Produktionsprogrammplanung mittels linearer Planungsrechnung ist ein stark vereinfachtes Modell. Es beruht auf einigen Annahmen, die damit auch die Einsatzmöglichkeiten beschränken: (Zäpfel 1982, S. 93ff.)

- Zwischen den verschiedenen Produkten werden nur die Interdependenzen hinsichtlich der Kapazitäten der Einsatzfaktoren berücksichtigt. Man nimmt an, daß Restriktionen im Beschaffungs- oder Finanzbereich nicht existieren.
- Produktions- und Absatzmengen werden als identisch angenommen. Die Absatzmengen sind im voraus bekannt.
- Erlöse und variable Kosten je Mengeneinheit werden als konstant über die Planungsperiode angesehen.
- Es wird lediglich eine Planungsperiode betrachtet. Periodenübergreifende Abhängigkeiten sind nicht einbezogen.
- Die Kapazitäten aller Einsatzfaktoren sind bekannt und konstant während der Planungsperiode.
- Die Produktionskoeffizienten werden als konstant angenommen. Produktionsprogrammplanung mittels linearer Planungsrechnung behandelt damit limitationale Produktionen, die auch mit der Leontief Produktionsfunktion beschrieben werden können. Produktionsprozesse mit nichtlinearen Verbrauchsfunktionen, wie sie in der Gutenberg-Produktionsfunktion möglich sind, können mittels LP nicht ohne weiteres gelöst werden.
- Rüstkosten, die beim Wechsel zwischen verschiedenen Produkten entstehen, werden nicht berücksichtigt.
- Eine Kuppelproduktion, bei der sich die Mengenverhältnisse zwischen den Produkten verändern, wird ausgeschlossen.
- Als alleiniges Ziel wird die Maximierung des Deckungsbeitrages angenommen.

Der Großteil der hier genannten Prämissen kann durch eine Erweiterung des Modells fallengelassen werden. Damit wird das Anwendungsspektrum der linearen Planungsrechnung zur Produktionsprogrammplanung erweitert. So existieren Modelle für Mehrfachzielsetzungen, Modelle zur Berücksichtigung unsicherer Erwartungen hinsichtlich des Absatzes, Modelle für Kuppelproduktion, Modelle bei mehrstufiger und mehrperiodiger Fertigung. Prinzipiell ist also eine Anpassung an die besonderen Anforderungen einzelner Betriebe oder Produktionsprozesse möglich. Allerdings steigt damit der Aufwand zur Modellierung und Lösung entsprechend an.

Schwierigkeiten hinsichtlich des Modellierungsaufwandes und der Rechenzeit zur Lösung der Probleme ergeben sich auch durch die Vielzahl von Produkten, die in Industriebetrieben gefertigt werden. Daher lassen sich die LP-Modelle der Produktionsprogrammplanung häufig nur auf relativ hohem Abstraktionsniveau einsetzen. Bspw. wird dann nicht für jeden Einsatzfaktor eine Restriktion und für jedes Produkt eine Strukturvariable eingeführt, sondern man faßt die Produkte zu Produktgruppen und die Einsatzfaktoren zu Faktorgruppen zusammen. Auf diese Weise kann die Zahl der Modellkomponenten erheblich reduziert werden. Erkauft wird dies natürlich mit einem Verlust an Detaillierung der Ergebnisse. Weiterhin bemüht man sich, das Problem auf einem bearbeitbaren Niveau zu halten, indem man lediglich knappe Einsatzfaktoren im Modell berücksichtigt.

3.7.3 Planung der Bereitstellung von Produktionsfaktoren

3.7.3.1 Materialbedarfsplanung

Ausgangspunkt der Planung des Materialbedarfs ist eine Klassifizierung der bereitzustellenden Werkstoffe. Eine derartige Klassifizierung erfolgt, um die begrenzten Planungskapazitäten zweckmäßig einzusetzen. Für Material mit hohem wertmäßigen und geringem mengenmäßigen Anteil wird eine aufwendigere Prozedur der Ermittlung des Materialbedarfs gewählt, weil Fehleinschätzungen dann zu relativ hohen Kapitalbindungskosten (Materialbedarf überschätzt) oder Fehlmengenkosten (Materialbedarf unterschätzt) führen.

Ein einfaches Verfahren zur Klassifizierung der Materialien ist die ABC-Analyse, bei der die Materialarten in die Klassen A-Güter, B-Güter und C-Güter eingeteilt werden. Einteilungskriterien sind die Anteile einzelner Materialgruppen am Gesamtwert aller eingesetzten Materialien. Die Grenzziehung der einzelnen Klassen beruht auf Vereinbarungen, die im Einzelfall sinnvoll getroffen werden müssen. Typisch ist die Wahl der Klassengrenzen anhand der in Abb. 3-54 angegebenen prozentualen Anteile am Gesamtverbrauchswert. Ca. 10 % der im Produktionsprozeß eingesetzten Materialien repräsentieren bspw. einen Anteil am Gesamtverbrauchswert von ca. 80 %. (Reichwald/Dietel 1991, S. 500ff.)

Materialklasse	Anteil am Gesamtverbrauchswert [%]	Anteil an der Gesamtheit der Teilegruppen [%]
A-Güter	ca. 80	ca. 10
B-Güter	ca. 15	ca. 20
C-Güter	ca. 5	ca. 70

Abb. 3-54: Typische Klassengrenzen der ABC-Analyse

Die Vorgehensweise der Materialklassifizierung sei an einem Beispiel erläutert. Gegeben seien die in Abb. 3-55 aufgelisteten Verbrauchsmengen und Einstandspreise mit den zugehörigen Teilenummern. Diese Daten mögen auf der Erhebung der konkreten Wert in einem Betrieb beruhen. Man ermittelt daraus die prozentualen Anteile der einzelnen Teilegruppen am Gesamtverbrauchswert. Auf der Basis dieser Anteile wird eine Rangziffer vergeben, wobei die Teilegruppe mit dem höchsten relativen Verbrauchswert die Rangziffer 1 erhält. In analoger Weise werden die weiteren Rangziffern nach absteigendem relativen Verbrauchswert vergeben.

Nach aufsteigender Rangziffer werden die Teilegruppen in einer neuen Tabelle angeordnet. Die Verbrauchswerte, die prozentualen Anteile der einzelnen Teilegruppen am Gesamtverbrauchswert sowie die prozentualen Anteile an der Gesamtheit der Teilegruppen werden über die verschiedenen Teilegruppen hinaus kumuliert. Erreichen die kumulierten Werte die oben angegebenen typischen Klassengrenzen, so werden die entsprechenden Teilegruppen den Klassen A, B und C zugeordnet. Siehe dazu die neu sortierte Tabelle des Übungsbeispiels in Abb. 3-56.

Anhand der Ergebnisse der ABC-Analyse erfolgt eine differenzierte Zuordnung der begrenzten Planungskapazitäten. Aufwendigere Planungsprozeduren werden nur für jene Klassen angewendet, bei denen wertmäßig große Einsparungen durch exakte Berechnung des Materialbedarfs möglich sind.

Teile-nr.	Verbrauchs-menge [ME/Jahr]	Anteil an Gesamtheit der Teilegruppen [%]	Einstands-preis [GE/ME]	Verbrauchs-wert [GE/Jahr]	Anteil am Gesamtver-brauchswert [%]	Rang-ziffer
I	3000	10	0,5	1500	1,5	4
II	395	10	200	79000	79,0	1
III	120000	10	0,005	600	0,6	8
IV	2000	10	4	8000	8,0	2
V	3000	10	0,4	1200	1,2	5
VI	25000	10	0,02	500	0,5	10
VII	20000	10	0,04	800	0,8	7
VIII	31250	10	0,016	500	0,5	9
IX	18000	10	0,05	900	0,9	6
X	1400	10	5	7000	7,0	3
Σ	224045	100		100000	100	

Abb. 3-55: Ausgangsdaten und Rangziffernbildung bei der ABC-Analyse

Teile-nr.	Verbrauchs-wert (kum.) [GE/Jahr]	Anteil am Gesamtver-brauchswert (kum) [%]	Verbrauchs-wert je Klasse [%]	Anteil an Gesamtheit der Teilegruppen (kum.) [%]	Anteil an Gesamtheit der Teilegruppen (je Klasse) [%]	Klasse
II	79000	79	79	10	10	A
IV	87000	87		20		B
X	94000	94	15	30	20	B
I	95500	95,5		40		C
V	96700	96,7		50		C
IX	97600	97,6		60		C
VII	98400	98,4		70		C
III	99000	99		80		C
VIII	99500	99,5		90		C
VI	100000	100	6	100	70	C

Abb. 3-56: Nach Verbrauchswerten sortierte und durch ABC-Analyse klassifizierte Teilegruppen

Zur Ermittlung des mengenmäßigen Materialbedarfs existieren zwei Verfahrensgruppen. Erstens wendet man verbrauchsgebundene Verfahren der Materialbedarfsermittlung an, die am Schluß dieses Abschnitts kurz erläutert werden sollen. Zweitens kommen bedarfs- oder programmgebundene Verfahren zum Einsatz, die darauf beruhen, den Materialbedarf anhand der bekannten Zusammensetzung der Endprodukte aus Teilen und Baugruppen (Erzeugnisstruktur) zu ermitteln. Große Bedeutung zur Berechnung des Materialbedarfs anhand der Erzeugnisstrukturen haben Stücklisten.

Stücklisten sind Verzeichnisse, in denen die genaue strukturelle und mengenmäßige Zusammensetzung mehrteiliger Stückgüter festgehalten wird. Bei Gemischen von Fließgütern, z. B. Flüssigkeiten, Teige, Pasten, spricht man von Rezepturen. Bspw. wird in einer Mengenübersichtsstückliste für ein Freistromventil aufgelistet, aus welcher Anzahl von Komponenten es besteht, z. B. Gehäusen, Schrauben, Dichtringen und Stopfen. Ergänzt werden kann dies auch durch eine graphische Darstellung des Produktes.

In Strukturstücklisten wird dagegen die mengenmäßige Zusammensetzung von mehrteiligen Stückgütern beschrieben, die in mehreren Fertigungsstufen erzeugt werden. Fertigungstechnisch zusammengefaßte Baugruppen und Einzelteile werden dann als Zwischenprodukte eingeführt und in ihrer Zusammensetzung beschrieben.

Besondere Bedeutung in der industriellen Praxis haben sogenannte Baukastenstücklisten, die jeweils die Zusammensetzung einzelner Komponenten (Baugruppen) eines Produktes widerspiegeln. Besteht das Produkt X aus den Baugruppen A und B, so wird in der Stückliste des Produktes X lediglich eingetragen, daß es aus einer bestimmten Anzahl von Komponenten A und B besteht. In den Stücklisten der Baugruppen A und B wird dann deren weitere Zusammensetzung aufgeschlüsselt. Derartige Baukastenstücklisten lassen sich in den weit verbreiteten relationalen Datenbanken relativ leicht verarbeiten, nicht zuletzt wegen ihrer rekursiven Struktur.

Daneben kommen Teileverwendungsnachweise zum Einsatz, die aufzeigen in welche Produkte bzw. Baugruppen ein Teil eingeht. Kommt es zu Lieferschwierigkeiten bei einem Teil kann anhand dieser Nachweise festgestellt werden, welche Produktionsaufträge und Kunden davon betroffen sind.

Die Darstellung derartiger Erzeugnisstrukturen erfolgt in anschaulicher Weise anhand sogenannter Gozinto-Graphen. Die Knoten des Gozinto-Graphen stellen Fertigerzeugnisse, Baugruppen und Einzelteile dar. Angegebene positive Zahlen an den Knoten geben die Primärbedarfsmengen der einzelnen Erzeugnisse an, negative Werte kennzeichnen einen Lagerbestand. Folgende Formen von Bedarfen werden unterschieden:

– Der Primärbedarf PB_i ist jener Bedarf an Fertigerzeugnissen bzw. Ersatzteilen, der für den Verkauf bestimmt ist.
– Der Sekundärbedarf umfaßt Rohstoffe, Einzelteile und Baugruppen, die im Fertigungsprozeß als Bestandteile in Zwischen- oder Enderzeugnisse eingehen.
– Bruttobedarf: Bedarfsmengen vor Berücksichtigung von Lagerbeständen.
– Nettobedarf: Bedarfsmengen nach Berücksichtigung von Lagerbeständen.

Die Pfeile und die an ihnen abgetragenen Werte geben an, aus welchen Mengen an Einzelteilen und untergeordneten Baugruppen sich die übergeordneten Baugruppen bzw. Fertigerzeugnisse zusammensetzen. Die Werte an den Kanten werden auch als Mengenrelationen bezeichnet. (Müller-Merbach 1973, S. 259ff.) Wir kennen diese Mengenrelationen bereits von den Produktionsfunktionen und der Produktionsprogrammplanung her. Letztlich haben sie die gleiche Bedeutung wie die dort behandelten Produktionskoeffizienten. Gozinto-Graphen erlauben insgesamt im Vergleich zu Stücklisten eine übersichtliche Darstellung mehrstufiger Erzeugnisstrukturen.

Gozinto-Graphen dienen jedoch nicht nur der Veranschaulichung der Erzeugnisstrukturen, sondern können zur Berechnung der Teilebedarfe genutzt werden. Die Vorgehensweise der Bedarfsermittlung im Graphen ist in Abbildung 3-57 zusammengefaßt. Ausgangspunkt der retrograden, entgegen der Pfeilrichtung erfolgenden Berechnung der Teilebedarfsmengen im Gozinto-Graphen ist ein Knoten, für den die Gesamtbedarfsmengen (GB) feststehen. Man erkennt dies daran, daß der Knoten keine hinausführenden Pfeile aufweist. Im hier behandelten Beispiel ist dies der Knoten des Enderzeugnisses E in Abb. 3-58.

Die Sekundärbedarfsmengen der Vorprodukte SB_{ij} werden ermittelt, indem der Gesamtbedarf des Enderzeugnisses (oder des übergeordneten Zwischenproduktes) GB_j mit den jeweiligen Mengenrelationen m_{ij} multipliziert wird. Das resultierende Produkt vermerkt man am Anfang des Pfeils, der aus dem untergeordneten Knoten hinausführt.

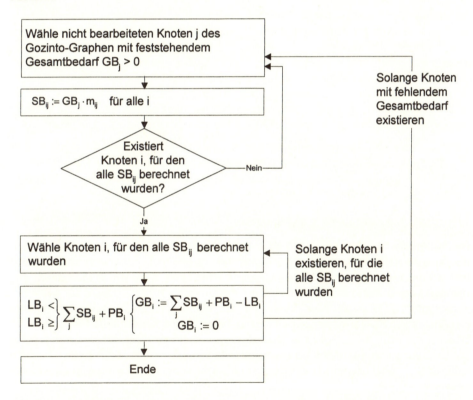

Abb. 3-57: Berechnungsschritte bei der Materialbedarfsermittlung im Gozinto-Graphen

Anschließend wird der Gesamtbedarf derjenigen Knoten ermittelt, bei denen an allen hinausführenden Pfeilen Sekundärbedarfe für die übergeordneten Erzeugnisse angegeben sind. Die Ermittlung des Gesamtbedarfs erfolgt durch Addition der einzelnen an einem Knoten angegebenen Bedarfe eines Teiles oder einer Baugruppe. Berücksichtigt werden müssen auch etwaige angegebene Primärbedarfe PB_i (z. B. für

Ersatzteillieferungen) und vorhandene Lagerbestände LB_i. Primärbedarfe von Baugruppen oder Teilen werden hinzuaddiert, Lagerbestände abgezogen, sofern letztere kleiner als die Summe aus Primärbedarf und Sekundärbedarfen sind. Sind die Lagerbestände größer oder gleich der Summe aus Primärbedarf und Sekundärbedarfen, so wird der Gesamtbedarf gleich Null gesetzt. Wurde auf diese Weise erneut ein Knoten mit feststehendem Gesamtbedarf ermittelt, so kann die Berechnung in analoger Weise fortgesetzt werden. Die Berechnung ist abgeschlossen, wenn die Bedarfe für alle Knoten ermittelt wurden.

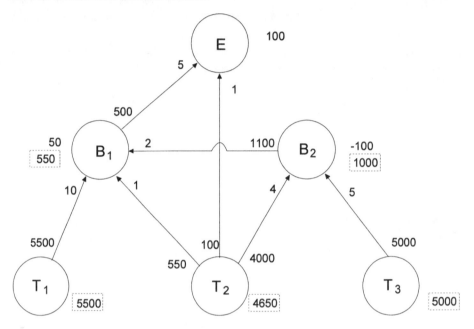

Abb. 3-58: Beispiel zum Gozinto-Verfahren

Die Materialbedarfsermittlung mittels Gozinto-Verfahren wurde bereits in Kapitel 2 als Beispiel für Rekursion bei der Problemlösung genannt. Rekursion liegt insofern vor, als die Berechnung der Gesamtbedarfe aller Teile stufenweise erfolgt. Die Errechnung der Bedarfe der Stufe n wird auf die Errechnung der Bedarfe der Stufe n-1 zurückgeführt. Die Anzahl der Stufen n ergibt sich durch Ermittlung des Maximums der Anzahl von Kantenzügen zwischen den Teilen T_i und dem Endprodukt E, d. h. im Beispiel der Abb. 3-58 liegt eine dreistufige Rekursion vor. Die Berechnungsschritte zur Ermittlung von Sekundär- und Gesamtbedarfen, die in Abb. 3-57 veranschaulicht sind, werden also wiederholt auf Bedarfe weniger komplexer Zwischenprodukte angewendet.

Das Gozinto-Verfahren oder verwandte Verfahren der programmgebundenen Bestimmung des Materialbedarfs (insb. die Stücklistenauflösung mittels Dispositionsstufenverfahren) kommen aufgrund des relativ aufwendigen Rechenverfahrens und des Datenbedarfs primär bei den A- und B-Gütern zum Einsatz.

Methoden der verbrauchsgebundenen Bedarfsermittlung werden in der betrieblichen Planungspraxis angewendet, wenn

- programmgebundene Methoden in Relation zum Wert des Materials zu aufwendig sind oder
- die Daten, die zur programmgebundenen Materialbedarfsermittlung benötigt werden, nicht bereit stehen.

Vorgehensweise der verbrauchsgebundenen Materialbedarfsplanung ist die Bestimmung der Materialbedarfe zukünftiger Perioden durch Prognosen, die auf tatsächlichen Verläufen der Verbrauchsmengen an Werkstoffen in der Vergangenheit beruhen. Voraussetzung für deren Anwendung ist das Vorhandensein leistungsfähiger Materialrechnungen (Erfassung und Fortschreibung der Lagerbestände und Lagerbewegungen) und Materialverbrauchsstatistiken (Zeitreihen der Periodenverbrauchsstatistiken).

Da eine ursächliche Verknüpfung zwischen dem Verbrauch in der Vergangenheit und jenem in der Zukunft typischerweise nicht gegeben ist, wird die Beschränkung dieses Ansatzes offensichtlich. Der Einsatz verbrauchsgebundener Materialbedarfsermittlung ist weiterhin nur sinnvoll, wenn die Zeitreihen der Verbrauchsverläufe bestimmten statistischen Gesetzmäßigkeiten folgen.

- Bei konstanten Bedarfsverläufen, mit geringen Schwankungen um einen Mittelwert, sind die Verfahren der Berechnung des einfachen Mittelwertes, des gleitenden Mittelwertes und des gewogenen gleitenden Mittelwertes geeignet.
- Trendartige oder saisonale Bedarfsverläufe erfordern dagegen den Einsatz der einfachen bzw. der multiplen Regression sowie von Verfahren der exponentiellen Glättung.

Auch wenn für einen konkreten Bedarfsverlauf geeignete Prognoseverfahren eingesetzt werden, bleibt das Grundproblem der mangelnden Erfassung zukünftiger Entwicklungen (z. B. Änderungen des Fertigungsverfahrens oder Änderungen der Form der Bedarfsschwankungen) bestehen. Verfahren der verbrauchsgebundenen Materialbedarfsplanung werden daher primär für Materialarten eingesetzt, bei denen Fehleinschätzungen zu keinen gravierenden Kostensteigerungen (z. B. Lager- oder Fehlmengenkosten) führen, d. h. insbesondere bei den oben ermittelten C-Gütern.

3.7.3.2 Bestellmengenplanung und Bestellpolitiken

Nachdem bekannt ist, welche Mengen bestimmter Materialarten bzw. Zwischenprodukte benötigt werden, geht es im Rahmen der Bestellmengenplanung zunächst darum, die Beschaffung von externen Lieferanten zu planen. Häufig lassen sich die Bedarfe zu beschaffender Produkte insbesondere auf kurze Sicht recht genau abschätzen. In Fertigungssystemen, die nach dem Just-in-Time-Prinzip arbeiten, wird daher die Konkretisierung dieser Bedarfe soweit hinausgezögert, bis eine exakte Ableitung aus dem tages- bzw. wochenspezifischen Produktionsprogramm möglich ist. Lohnend ist diese Vorgehensweise insbesondere für A-Güter, da umfangreiche Anpassungen der Organisation und der Planungsmethoden - auch beim Lieferanten - erforderlich sind.

Für geringerwertige Güter und in Fertigungssystemen, die nicht nach dem Just-in-time-Prinzip organisiert sind, kommen spezielle Planungsmethoden zum Einsatz. Im folgenden werden wir dazu auf das Problem der optimalen Bestellmenge und auf weitere Bestellpolitiken eingehen.

Das Modell der optimalen Bestellmenge, das auch als Andler- oder Harris-Formel bezeichnet wird, geht von verschiedenen Voraussetzungen oder Prämissen aus: (Zäpfel 1982, S. 195f.)

- Statisches Modell, d. h. Zusammenhänge zwischen verschiedenen Planungszeiträumen werden nicht beachtet.
- Isolierte Analyse eines Produktes
- Rabatte werden nicht berücksichtigt
- Restriktionen der Lagerkapazität werden nicht abgebildet
- Konstante bestellfixe und proportionale Kosten während des Planungszeitraumes
- Unendliche Liefergeschwindigkeit führt zu einer sofortigen Auffüllung des Materiallagers.
- Konstanter Lagerabgang, d. h. die Verwendung der Materialien in der Fertigung, führt zu einer kontinuierlichen Abnahme des Lagerbestandes (siehe Abb. 3-60, links)

Die Herleitung der Formel der optimalen Bestellmenge basiert auf der in Abb. 3-59 dargestellten Bedeutung der Variablen. Dieses klassische Grundmodell der Bestellmengenbestimmung stellt einen typischen Anwendungsfall der Differentialrechnung dar.

m = Jahresbedarf, d. h. zu beschaffende Menge $[ME/Jahr]$

s = Preis je Stück $[GE/ME]$

E = Bestellfixe Kosten (Kosten für einen Bestellvorgang) $[GE]$

x = Bestellmenge $[ME]$

q = Lagerhaltungskostensatz $[GE/ME \cdot Jahr]$

$y = \frac{m}{x}$ = Bestellhäufigkeit, d. h. Anzahl der Bestellvorgänge $[Jahr^{-1}]$

K = Gesamtkosten $[GE]$

Abb. 3-59: Bedeutung der Variablen bei der Ermittlung der optimalen Bestellmenge

Aufbauend darauf lassen sich die Kostenfunktionen aufstellen. Die Gleichungen 3-26, 3-27 und 3-28 enthalten die einzelnen Kostenbestandteile, die in die Bestellmengenformel integriert werden. Als Kostenbestandteile werden mit K_1 der Kaufpreis, mit K_2 die Bestellkosten und mit K_3 die Lagerkosten berücksichtigt. Durch Addition der einzelnen Kostenbestandteile ergeben sich die Gesamtkosten in Gleichung 3-29.

3-26 $\quad K_1 = m \cdot s$

3-27 $\quad K_2 = E \cdot \frac{m}{x}$

3-28 $\quad K_3 = q \cdot \frac{x}{2}$

3-29 $\quad K = K_1 + K_2 + K_3 = m \cdot s + E \cdot \frac{m}{x} + q \cdot \frac{x}{2}$

Der Kaufpreis wird als Produkt aus Jahresbedarf und Stückpreis berechnet. Der Kaufpreis für den gesamten Jahresbedarf ändert sich nicht in Abhängigkeit von der

Bestellmenge, d. h. er ist konstant und hat daher keinen Einfluß auf die Bestimmung der optimalen Bestellmenge. Bei der Bildung der ersten Ableitung der Kostenfunktion fällt er als Konstante weg. Im Schaubild der Gesamtkostenfunktion in Abb. 3-60 rechts ist deshalb nur die Summe der relevanten Kosten $K_2 + K_3 = K - m \cdot s$ dargestellt. Die Lage der optimalen Bestellmenge wird von K_1 nicht beeinflußt.

Die Bestellkosten werden in Formel K_2 durch Multiplikation der bestellfixen Kosten mit der Anzahl der Bestellungen (pro Jahr) errechnet. Mit wachsender Bestellmenge haben sie wegen der damit sinkenden Bestellhäufigkeit einen degressiven Verlauf. (siehe Abb. 3-60 rechts)

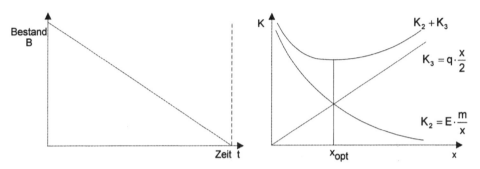

Abb. 3-60: Lagerbestandsverlauf und Kostenfunktionen

Der Kostenbestandteil K_3 enthält die Lagerkosten. Sie entwickeln sich proportional zum durchschnittlichen Lagerbestand und damit auch proportional zur Bestellmenge. (siehe Abb. 3-60 rechts) Bei kontinuierlichem Lagerabgang (Prämisse!) entspricht der durchschnittliche Lagerbestand der Hälfte der Bestellmenge. Der in der Zeit bis zur Anlieferung abnehmende Lagerbestand ist in Abb. 3-60 links veranschaulicht. Proportionalitätsfaktor bei der Lagerkostenberechnung ist der Lagerkostensatz. Der Lagerkostensatz wird in GE/ME*Jahr angegeben und enthält nicht nur - wie das z. T. in der Literatur geschieht - kalkulatorische Zinsen. Auch Kosten für Schwund und insb. für Lagerraum und -verwaltung sind in ihm enthalten.

Gleichung 3-29 faßt die einzelnen Kostenbestandteile zu den Gesamtkosten zusammen. Aufgrund der gegenläufigen Tendenzen der Bestellkosten und der Lagerkosten haben die Gesamtkosten einen geschwungenen Verlauf mit einem Minimum. (siehe Abb. 3-60) Um dieses Minimum zu ermitteln, berechnet man die erste Ableitung der Gesamtkostenfunktion, die in Gleichung 3-30 dargestellt ist. In dieser Gleichung deutet das Ausrufezeichen an, daß die Gleichung nur für ganz bestimmte Werte erfüllt ist.

$$3\text{-}30 \quad \frac{dK}{dx} = -E \cdot \frac{m}{x^2} + \frac{q}{2} \stackrel{!}{=} 0$$

Nach weiterer Umformung erhält man in 3-31 die Formel der optimalen Bestellmenge mit den zugehörigen Dimensionen in eckigen Klammern.

$$3\text{-}31 \quad x_{opt} = \sqrt{\frac{2 \cdot E \cdot m}{q}} \quad \left[\sqrt{\frac{GE \cdot ME \cdot ME \cdot Jahr}{Jahr \cdot GE}} \right]$$

Das Ergebnis ist ein kompakter Ausdruck, in den konkrete Werte für den Jahresbedarf, die bestellfixen Kosten sowie den Lagerkostensatz eingesetzt werden können. Als Resultat erhält man die optimale Bestellmenge in einer konkreten Entscheidungssituation. Bei der Arbeit mit dieser Formel der optimalen Bestellmenge sollten die Dimensionen unbedingt berücksichtigt werden, da es ansonsten schnell zu Abweichungen kommen kann. Idealerweise sollten sie immer mitgeführt werden.

Zur Beantwortung der Frage, ob ein Minimum wirklich vorliegt, muß noch die 2. Ableitung (hinreichende Bedingung) gebildet werden. Da diese größer als Null ist, liegt ein Minimum vor. Dividiert man den Jahresbedarf durch die optimale Bestellmenge ergibt sich die Formel der optimalen Bestellhäufigkeit.

$$3\text{-}32 \quad y_{opt} = \sqrt{\frac{q \cdot m}{2 \cdot E}}$$

Zur Bewertung dieses Modells der optimalen Bestellmenge bleibt festzuhalten, daß die praktische Einsetzbarkeit dieser Formel begrenzt ist. Dies ist insbesondere dadurch begründet, daß die restriktiven Prämissen, z. B. die unendliche Liefergeschwindigkeit, in praktischen Problemen häufig nicht vorliegen. Eine Anwendung dieser Formel in der Praxis ist daher nur mit Erweiterungen sinnvoll, die z. B. Fehlmengenkosten, schwankende Bedarfsmengen im Zeitablauf, Kapazitätsrestriktionen sowie eine simultane Planung mehrerer Einsatzfaktoren im Entscheidungsmodell berücksichtigen.

Negative Folgen schwankender Bedarfsverläufe auf die betrieblichen Kosten lassen sich auch durch Anwendung spezieller Bestellpolitiken verhindern. Diese können im wesentlichen unterschieden werden nach den Merkmalen Bestellperiode und Bestellmenge. Hinsichtlich dieser beiden Merkmale werden jeweils die Merkmalsausprägungen fix und variabel eingeführt. Auf diese Weise können vier Bestellpolitiken unterschieden werden (siehe Abb. 3-61), die im folgenden in Anlehnung an Grün (Grün 1994, S. 487-490) erläutert werden.

Bestellmenge \ Bestellperiode	fix	variabel
fix	(t,q)-Politik	(s,q)-Politik
variabel	(t,S)-Politik	(s,S)-Politik

t = fixierter Zeitabstand zwischen zwei Bestellvorgängen
q = im voraus mengenmäßig festgelegte Bestellmenge
s = Lagerbestand, bei dem die Bestellung ausgelöst wird
S = Sollbestand des Lagers

Abb. 3-61: Bestellpolitiken bei schwankendem Bedarfsverlauf (Grün 1994, S. 487)

Bei Anwendung der t,q-Politik werden im voraus festgelegte Mengen an Materialien in festgelegten Zeitabständen bestellt. Nach Ablauf des Zeitraumes t_f wird die Menge q_f bestellt und führt zu einer Wiederauffüllung des Lagers. Vorteil dieser Vorgehensweise ist der geringe Dispositionsaufwand, da die wichtigsten Bestellparameter fixiert sind und eine Kontrolle des Lagerbestandes nicht durchgeführt wird. Als Nachteile resultieren daraus bei stark schwankenden Bedarfsverläufen z. T. erhebliche Fehlmengen- oder Lagerkosten. Ist der Periodenbedarf relativ niedrig, wie im zweiten Zeitabschnitt in Abb. 3-62, so steigt der Lagerbestand stark an. Es kommt zu einem

Kostenanstieg durch erhöhte Kapitalbindung. Steigt der Periodenbedarf dagegen außergewöhnlich stark an, so stehen nicht genügend Materialien bereit. Die Materialien müssen dann zu ungünstigeren Konditionen durch Eilbestellungen beschafft werden oder es kommt im schlimmsten Fall zu einem Stillstand der Produktion. Die Politik ist auch völlig ungeeignet, wenn mit einer Änderung des Durchschnittsbedarfs gerechnet werden muß. Da sie allein dem Steuerungsprinzip (siehe Abschnitt 2.9.1) folgt, würde eine solche Änderung nicht einmal erkannt.

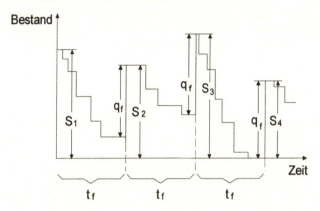

Abb. 3-62: Beispielhafte Bedarfs- und Lagerbestandsverläufe bei Anwendung der t,q-Politik

Die Anwendung der s,q-Politik zur Disposition des Lagers hat weiterhin konstante Bestellmengen jedoch eine Flexibilisierung der Bestellzeitpunkte zur Folge. Dazu wird ein Sicherheitsbestand s für das Lager der betreffenden Materialarten festgelegt. Wird dieser Sicherheitsbestand unterschritten, kommt es zu einer Bestellung im zuvor für alle Perioden fixierten Ausmaß von q_f. Der Bestellzeitpunkt ist also variabel. (siehe Abb. 3-63)

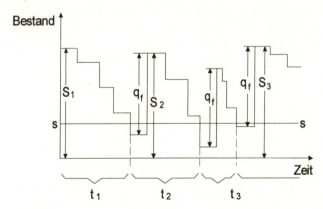

Abb. 3-63: Beispielhafte Bedarfs- und Lagerbestandsverläufe bei Anwendung der s,q-Politik

Der Dispositionsaufwand bei diesem Verfahren ist größer, da die Lagerbestände permanent daraufhin untersucht werden müssen, ob der Sicherheitsbestand unterschritten ist. Als Vorteil dieser Bestellpolitik ist anzuführen, daß auch bei stärker schwankenden Bedarfen die Gefahr einer starken Kostensteigerung durch Kapitalbindung oder Fehlmengen geringer ist, denn sie koppelt den Lagerbestand zurück, folgt also dem Regelungsprinzip (siehe Abschnitt 2.9.2).

Die t,S-Politik beinhaltet festgelegte Bestellzeitpunkte, zu denen das Lager auf einen Sollbestand aufgefüllt wird. Es ist also zu fixierten Zeitpunkten die Differenz zwischen Sollbestand und tatsächlichem Lagerbestand zu ermitteln. Diese variable Differenz dient dann als Bestellmenge q bei der Bestellung. (siehe Abb. 3-64) Auf diese Weise werden die Lagerbestände zwar noch oben begrenzt. Aufgrund der fixierten Bestelltermine besteht aber die Gefahr von Fehlmengenkosten, wenn die Bedarfe in einer Periode außergewöhnlich groß sind.

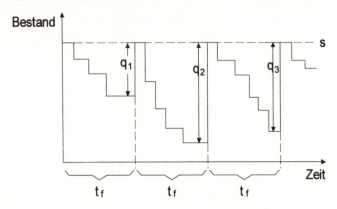

Abb. 3-64: Beispielhafte Bedarfs- und Lagerbestandsverläufe bei Anwendung der t,S-Politik

Die s,S-Politik operiert mit variablen Bestellmengen und Bestellperioden. Es wird für eine Planungsperiode ein Soll- und ein Sicherheitsbestand für das Lager bestimmt. Wird der Sicherheitsbestand erreicht, so wird eine Bestellung ausgelöst, mit der das Lager bis zum Sollbestand aufgefüllt wird. (siehe Abb. 3-65) Durch Anwendung der s,S-Politik ist die Wahrscheinlichkeit eines starken Kostenanstiegs durch Fehlmengen und Kapitalbindung relativ gering.

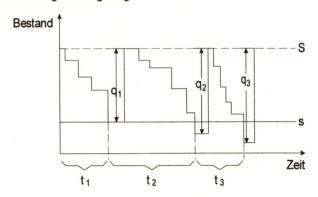

Abb. 3-65: Beispielhafte Bedarfs- und Lagerbestandsverläufe bei Anwendung der s,S-Politik

Um eine angemessene Zuordnung von knappen Kapazitäten zur Lagerdisposition vorzunehmen, kann auf die Ergebnisse einer ABC-Analyse der Werkstoffe zurückgegriffen werden. Grundsätzlich läßt sich dazu folgende Empfehlung abgeben: Je höher der Verbrauchswertanteil der einzelnen Materialgruppen ist, desto eher wird man auf eine Bestellpolitik mit variabler Bestellmenge und variabler Bestellperiode übergehen. Des weiteren kann es in speziellen Entscheidungssituationen sinnvoll sein, Kombinationen der hier behandelten Grundformen von Bestellpolitiken anzuwenden.

3.7.4 Produktionsprozeßplanung

Aufgabe der Prozeßplanung ist es, den Ablauf der einzelnen Bearbeitungsschritte in der Produktion systematisch vorzubereiten. Planungsobjekte sind vorwiegend Fertigungsaufträge, die bspw. im Rahmen der Losgrößenplanung bestimmt wurden. Fertigungsaufträge sehen verschiedene Bearbeitungsschritte, sogenannte Arbeitsgänge, auf den unterschiedlichen Maschinen vor.

3.7.4.1 Losgrößenplanung

Die Losgrößenplanung hat insb. bei Sorten- bzw. Serienfertigung und dem Organisationstyp der Werkstattfertigung eine große Bedeutung. Die zentrale Fragestellung besteht darin, die Menge gleichartiger Güter zu bestimmen, die in einem Produktionssystem ohne Umrüstung hergestellt werden kann. Diese Produktionsmenge bezeichnet man allgemein als Losgröße.

Es können unterschiedliche innerbetriebliche oder Kundenbedarfe zu einem Los zusammengefaßt werden. Je größer die Menge eines Loses ist, desto geringer sind die Stückkosten für die Umrüstung der Betriebsmittel. Allerdings steigen mit wachsender Losgröße auch die Lagerkosten an, da Bedarfe späterer Perioden früher gefertigt werden und entsprechend länger im Lager verbleiben.

Zur Bestimmung der optimalen Losgröße, bei der die Summe aus Lager- und Rüstkosten minimal ist, kann man die bereits bekannte Andler-Harris-Formel einsetzen. Die Probleme der optimalen Losgröße und der optimalen Bestellmenge sind isomorph. Isomorphie liegt vor, da Variablen eineindeutig (d. h. sowohl in die eine als auch die andere Richtung) zugeordnet werden können. Eine derartige Übertragbarkeit spart Modellierungsaufwand und führt zu Komplexitätsreduktion. Letztlich wird den Variablen lediglich eine andere Bedeutung zugewiesen. Die folgende Übersicht zeigt die Semantik der Variablen beim Problem der optimalen Losgröße:

m = Jahresbedarf, d. h. zu fertigende Menge $[ME/Jahr]$

s = Herstellkosten je Stück $[GE/ME]$

E = Losfixe Kosten (z. B. Kosten der Umrüstung) $[GE]$

q = Losproportionaler Kostensatz, z. B. Lagerhaltungskostensatz $[GE/ME \cdot Jahr]$

x = Losgröße $[ME]$

y = Auflagehäufigkeit, d. h. Anzahl der Lose $[Jahr^{-1}]$

Durch Einsetzen der konkreten Werte eines Losgrößenproblems in die bereits bekannte Formel $x_{opt} = \sqrt{\dfrac{2 \cdot E \cdot m}{q}}$ kann die optimale Losgröße ermittelt werden.

Dieses Modell zur Losgrößenermittlung ist jedoch statischer Natur, da nur eine Planungsperiode berücksichtigt wird, z. B. ein Jahr. Existieren unterschiedliche Bedarfe in einzelnen Teilperioden (z. B. Monaten), so werden möglicherweise zu geringe Losgrößen eingeplant, die kurzfristig durch aufwendige Steuerungsmaßnahmen ausgeglichen werden müßten. Nachteilig wirkt sich ebenfalls aus, daß häufig eine Losgrößenpolitik vorgeschlagen wird, die - im Vergleich zur Berücksichtigung schwankender Bedarfe - zu wesentlich höheren Gesamtkosten führt.

Zur Berücksichtigung von im Zeitablauf schwankenden, aber im voraus bekannten Bedarfen wurden dynamische Verfahren entwickelt, die einige der Nachteile des statischen Verfahrens der optimalen Losgröße vermeiden. Ein exaktes Verfahren zur dynamischen Losgrößenplanung wurde von Wagner und Whitin konzipiert. Es basiert auf der bereits in Grundzügen in Kapitel 2 behandelten Dynamischen Planungsrechnung.

In der Praxis weiter verbreitet sind allerdings einfacher zu handhabende heuristische Verfahren. Diese garantieren nicht das Auffinden einer optimalen Lösung. Besonders häufig wird das Verfahren der gleitenden wirtschaftlichen Losgröße eingesetzt, das deshalb hier behandelt wird. Den gesamten Planungszeitraum unterteilt man in gleich große Planungsperioden, für die ein jeweils unterschiedlicher Bedarf bestimmbar ist . Somit lassen sich im Zeitablauf schwankende Bedarfe genauer berücksichtigen, als dies bei der Berechnung der optimalen Losgröße mit der Andler-Harris-Formel der Fall war. Es wird angenommen, daß der Bedarfsverlauf innerhalb dieser Perioden kontinuierlich ist, d. h. die Lagerabgangsgeschwindigkeit ist konstant. Aufrechterhalten bleibt ebenfalls die Prämisse der unendlichen Fertigungsgeschwindigkeit.

Man sucht in einem iterativen Vorgehen die Folge von Fertigungslosgrößen, deren Produktion zu minimalen Stückkosten führt. Ausgehend von der Bedarfsmenge der ersten Periode werden solange einzelne Periodenbedarfe zu diesem Ausgangslos hinzugefügt, wie sich dadurch die losbezogenen Stückkosten senken lassen. Steigen die Stückkosten an, so wird das Verfahren zunächst unterbrochen und die Bedarfe bis zum vorhergehenden Schritt zu einem Los gebündelt. Anschließend beginnt man erneut mit der Bündelung von Bedarfen, bis wiederum ein Anstieg der losbezogenen Stückkosten erfolgt. Die losbezogenen Stückkosten werden folgendermaßen berechnet:

3-33 $\quad \dfrac{\text{Losbezogene}}{\text{Stückkosten}} = \dfrac{\text{Losfixe Kosten} + \text{Lagerhaltungskostensatz} \cdot \text{durchschn. Lagerbestand}}{\text{Fertigungslosgröße}}$

Die Berechnung der gleitenden wirtschaftlichen Losgröße sei anhand eines einfachen Beispiels veranschaulicht. Für die Auflage eines Loses muß mit Kosten von 500 GE gerechnet werden. Als Lagerkosten entstehen eine GE pro Stück und Zwei-Monats-Planungszeitraum. Angenommen der Jahresbedarf einer Materialgruppe verteile sich folgendermaßen auf sechs Zwei-Monats-Planungszeiträume:

Planungszeitraum	1	2	3	4	5	6
Bedarf [ME]	300	100	100	100	200	200

Man wählt entsprechend der oben angegebenen Vorgehensweise als Ausgangslosgröße den Bedarf von 300 ME für den ersten Planungszeitraum aus und berechnet die losbezogenen Stückkosten. Sie betragen für dieses erste zu untersuchende Los:

$$\text{Los 300 ME:} \quad \frac{500\,[\text{GE}] + 1\left[\frac{\text{GE}}{\text{ME} \cdot \text{Planungszeitraum}}\right] \cdot \frac{300}{2}\,[\text{ME} \cdot \text{Planungszeitraum}]}{300\,[\text{ME}]} = 2{,}166 \left[\frac{\text{GE}}{\text{ME}}\right]$$

Die Ermittlung des variablen Kostenanteils, d. h. der Lagerkosten für die produzierten aber noch nicht verbrauchten Teile kann anhand der folgenden Graphik veranschaulicht werden. Aus den Prämissen der unendlichen Fertigungsgeschwindigkeit und des konstanten Lagerabgangs ergibt sich der Lagerbestandsverlauf bei einer Losgröße von 300 ME als Gerade zwischen den Punkten B und F der Abbildung 3-66. Der Durchschnittsbestand in diesem 1. Planungszeitraum beträgt $\frac{300}{2}$ = 150 ME und wird mit dem Kostensatz von einer GE je ME multipliziert.

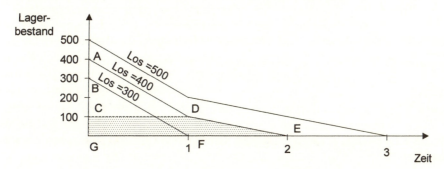

Abb. 3-66: Lagerbestandsverlauf bei alternativen Losgrößen

Im zweiten Berechnungsschritt dieses iterativen Verfahrens wird dann der Bedarf des zweiten Planungszeitraums von 100 ME zum Los hinzugenommen. Graphisch bedeutet dies in Abb. 3-66, daß die Gerade nach oben verschoben wird und zwischen den Punkten A und D verläuft. Da die zusätzlich produzierten Teile erst im Planungszeitraum 2 verbraucht werden, kommt bei einer Losgröße von 400 ME die Gerade zwischen den Punkten D und E hinzu. Bei der Berechnung der Lagerkosten muß dann berücksichtigt werden, daß diese 100 ME während des ersten Planungszeitraums vollständig und während des zweiten Planungszeitraums durchschnittlich zur Hälfte im Lager verbleiben (siehe schraffierte Fläche in Abb. 3-66). Die dadurch entstehenden zusätzlichen Lagerbestände in Höhe von 100 plus $\frac{100}{2}$ müssen dann zu den bisher berücksichtigten Lagerbeständen addiert werden. Dementsprechend berechnet man die losbezogenen Stückkosten für die Lose von 400 ME und analog dazu 500 ME wie folgt:

Los 400 ME: $\dfrac{500 + 1 \cdot \left(\dfrac{300}{2} + 100 + \dfrac{100}{2}\right)}{400} = 2{,}0$

Los 500 ME: $\dfrac{500 + 1 \cdot \left(\dfrac{300}{2} + 100 + \dfrac{100}{2} + 2 \cdot 100 + \dfrac{100}{2}\right)}{500} = 2{,}1$

Da die losbezogenen Stückkosten bei einer Losgröße von 500 ME im Vergleich zur Losgröße von 400 ME ansteigen, unterbricht man das Verfahren an dieser Stelle und legt die Losgröße auf 400 ME fest. Anschließend beginnt man erneut und untersucht als Losgröße den Bedarf des Planungszeitraumes 3 von 100 ME. Die Ergebnisse dieser weiteren Rechnung sind in der Abb. 3-67 zusammengefaßt.

Untersuchte Losgröße	losbezogene Stückkosten	festgelegte Losgröße
300	2,166	
400	2,0	400
500	2,1	
100	5,5	
200	3,5	
400	3	400
600	3,166	
200	3	200

Abb. 3-67: Beispielrechnung zur gleitenden wirtschaftlichen Losgröße

Zweckmäßig ist es, die Losgrößenplanung mittels gleitender wirtschaftlicher Losgröße als rollende Planung (siehe Abschnitt 2.10.1) zu konzipieren. Dies hätte zur Folge, daß sich die Losgrößenplanung nach Ablauf der Periode 1 auf die Planungszeiträume 2 bis 7 bezieht. Es wäre dann zu untersuchen, ob durch Hinzunahme des Bedarfs des Planungszeitraumes 7 zur bislang untersuchten Losgröße (Bedarf des Planungszeitraumes 6 von 200 ME) die losbezogenen Stückkosten gesenkt werden können.

Aufgrund der Isomorphie der Problemstellungen ist dieses Verfahren analog für die Bestellmengenplanung einsetzbar wie umgekehrt die in Abschnitt 3.7.3.2 beschriebenen Bestellpolitiken für die Bestimmung der Produktionspolitik anwendbar sind.

3.7.4.2 Termin- und Kapazitätsplanung

Wesentliche Aufgabe der Terminplanung ist die Festlegung von Anfangs- und Endzeitpunkten für die mengenmäßig fixierten Fertigungsaufträge. Die Terminierung der Aufträge erfolgt unter Berücksichtigung typischer produktionswirtschaftlicher Zielsetzungen, die im Einzelfall festgelegt werden müssen, z. B. kurze Lieferzeiten, minimale Durchlaufzeiten, zügige Auftragsabwicklung, hohe Termintreue, maximale Auslastung der Kapazitäten oder geringe Kapitalbindung. Zweckmäßigerweise sollten die gewählten Zielsetzungen Komplementarität zu den übergeordneten Gewinn- oder Kostenzielen aufweisen.

Die Terminplanung hat in Produktionssystemen, die nach dem Werkstattprinzip organisiert sind und das Massenprinzip lediglich in geringem Ausmaß umsetzen, d. h. kundenauftragsbezogene Einzel- oder Kleinserienfertigung betreiben, eine besondere Bedeutung. Hier ist die Einhaltung der kundenindividuell zugesagten Liefertermine ein kritischer Erfolgsfaktor zur langfristigen Bindung des Kunden. In Produktionssystemen, die nach dem Fließprinzip und in Massenfertigung arbeiten, ist eine auftragsbezogene Terminplanung in der Regel nicht notwendig, da unterschiedliche Fertigungsaufträge nicht existieren. Der Ablauf der Fertigung ein und desselben Produktes ist durch die Anordnung der Maschinen fest vorgegeben. Die Terminplanung ist indirekt im Fabriklayout enthalten.

Im Zuge des weit verbreiteten sukzessiven Planungsansatzes wird die Terminplanung in einzelnen Schritten durchgeführt. In einem ersten Planungsschritt, der sogenannten Durchlaufterminierung, werden die frühestmöglichen oder spätesterlaubten Start- und Endtermine der einzelnen Arbeitsgänge eines Auftrages berechnet. Dabei werden Kapazitätsrestriktionen und weitere verzögernde Faktoren (Maschinenausfälle, Erkrankungen des Personals oder mangelnde Verfügbarkeit von Materialien) nicht berücksichtigt. Aufgebaut wird die Spezifikation der Start- und Endtermine auf den in den vorangegangenen Planungsschritten (Programmplanung und Materialbereitstellungsplanung) ermittelten Eckdaten. Eine Konkretisierung der Termine auf Tages- oder Stundenbasis erfolgt jedoch erst im anschließenden Planungsschritt, der Maschinenbelegungsplanung.

Die Zeit, die ein Fertigungsauftrag zur vollständigen Abwicklung im Produktionssystem benötigt, bezeichnet man als Durchlaufzeit. Sie setzt sich bei Werkstattfertigung zusammen aus den fünf Komponenten: (Zäpfel 1982, S. 222ff.)

- Rüstzeit: Zeitspanne, die zur Vorbereitung der Produktiveinheit für die Erfüllung der Arbeitsaufgabe benötigt wird, z. B. Einrichten und Einstellen von Maschinen, Werkzeugwechsel, Einweisen von Arbeitskräften, Reinigung von Maschinen.
- Bearbeitungszeit: Vornahme des eigentlichen Bearbeitungsschrittes, z. B. Bohren oder Stanzen eines Werkstückes.
- Kontroll- und Liegezeit: Zeitspannen für Qualitätskontrollen und ablaufbedingte Liegezeiten, z. B. bei besetzten Transportmitteln.
- Transportzeit: Zeitspanne, die benötigt wird zur Weiterleitung der Werkstücke eines Auftrages zur nächsten Bearbeitungsstation.
- Liege- und Wartezeit: Zeitspannen für das Warten auf freiwerdende Bearbeitungsstationen.

Da während der Umrüstung und der Bearbeitung die Maschine nicht für andere Aufträge bereit steht, faßt man die Rüst- und Bearbeitungszeit auch zur Maschinenbelegungszeit zusammen. Die Summe aus Kontroll-, Liege-, Transport- und Wartezeiten bezeichnet man auch als Übergangszeit.

Das Ausmaß der Rüst- und Bearbeitungszeiten läßt sich anhand der Arbeitspläne ausreichend genau angeben. Die verbleibenden Übergangszeiten lassen sich dagegen nur mit großen Unsicherheiten auf der Basis vergangener Erfahrungen schätzen. Da letztere bei reiner Werkstattfertigung typischerweise 85 % der vorgangsbezogenen Durchlaufzeit ausmachen, hängt die Güte der Durchlaufterminierung entscheidend von der Qualität der Schätzung dieser Übergangszeiten ab. (Zäpfel 1982, 222f.) Bei Fließfertigung tritt dieses Problem aufgrund des geringeren Anteils der Übergangszeiten nicht in dieser scharfen Form auf.

Methodisch kann die Durchlaufterminierung im wesentlichen durch Balken- bzw. Gantt-Diagramme sowie die bereits behandelte Netzplantechnik unterstützt werden.

Wurde mittels Balkendiagramm- bzw. Netzplantechnik ein Terminplan ermittelt, der nicht zulässig ist, weil bspw. der resultierende Fertigstellungstermin dem vereinbarten Liefertermin zeitlich nachgelagert ist, müssen Maßnahmen zur Verkürzung der Durchlaufzeit ergriffen werden. Dazu bieten sich zunächst drei grundlegende Alternativen an: (Zäpfel 1982, S. 329ff.)

- Überlappung von Arbeitsgängen: Zwei aufeinanderfolgende Arbeitsgänge werden teilweise zeitlich parallel abgearbeitet. Dazu wird der folgende Arbeitsgang gestartet, wenn für eine bestimmte Teilmenge des Loses der vorhergehende Arbeitsgang abgeschlossen wurde. Dieses Verfahren ist nur anwendbar für Lose mit relativ großen Stückzahlen. Zudem hat die Überlappung von Arbeitsgängen einen Anstieg der innerbetrieblichen Transportvorgänge zur Folge. Zusätzliche Transportkosten sind daher gegen die Kosten für Terminüberschreitungen abzuwägen.
- Splittung von Arbeitsgängen: Ein Arbeitsgang wird an zwei oder mehreren Arbeitsplätzen parallel ausgeführt. Splittung setzt das Vorhandensein funktionsgleicher Betriebsmittel voraus und ist nur dann sinnvoll einsetzbar, wenn der Anteil der Rüstzeiten im Vergleich zur Bearbeitungszeit recht gering ist.
- Aufteilung von Losen: Eng verwandt mit Splittung und Überlappung ist die Aufteilung von Losen. Dabei wird vom gesamten Los eine Teilmenge abgespalten, die als eigener Fertigungsauftrag bevorzugt durch das Produktionssystem geschleust wird.

Bei einem sukzessiven Planungsansatz liegt nach Abschluß der Durchlaufterminierung ein Terminplan vor, der möglicherweise gegen Kapazitätsrestriktionen verstößt. Bspw. ist es möglich, daß eine Arbeitskraft zur Abwicklung mehr als die verfügbare Arbeitszeit arbeiten müßte. Es ist deshalb notwendig eine sogenannte Kapazitätsterminierung durchzuführen. Zentrale Aufgabe der Kapazitätsterminierung ist die Berücksichtigung der vorhandenen Kapazitäten an Betriebsmitteln und Arbeitskraft bei der Festlegung der endgültigen Start- und Endtermine. Es muß in diesem Planungsschritt insbesondere eine Lösung für die Fälle gefunden werden, in denen zwei oder mehrere Arbeitsgänge zu einem Zeitpunkt um ein Betriebsmittel konkurrieren und daher nicht alle vorläufigen Start- und Endtermine realisiert werden können.

Die Planung der Kapazitätsterminierung gliedert sich im wesentlichen in die Schritte der Kapazitätsbelastungsanalyse und des Kapazitätsabgleichs. Im Zuge der Kapazitätsbelastungsanalyse wird für jede Ressource (z. B. Maschinen oder Arbeitskräfte) die tatsächliche Belastung aufgrund des Terminplans ermittelt. Diese geplante Belastung wird in Kapazitätsbelastungsprofilen der verfügbaren Kapazität gegenübergestellt. (siehe Abb. 3-68)

Kommt es zu Überlastungen einzelner Ressourcen, wie dies in Abb. 3-68 für mehrere Abschnitte des Planungszeitraumes der Fall ist, bieten sich im Rahmen des folgenden Planungsschrittes des Kapazitätsabgleichs grundlegende Anpassungsmöglichkeiten. (siehe Abb. 3-69)

Eine naheliegende Lösungsmöglichkeit wäre das zeitliche Hinausschieben oder Vorziehen von Aufträgen. Dies würde erfordern, daß der bisherige Terminplan überarbeitet wird. Zu bedenken ist allerdings, daß in der Regel mehrere Ressourcen an der Abarbeitung eines Fertigungsauftrages beteiligt sind und es bei einer zeitlichen Verschiebung in andere Perioden zu Engpässen bei anderen Ressourcen kommen kann.

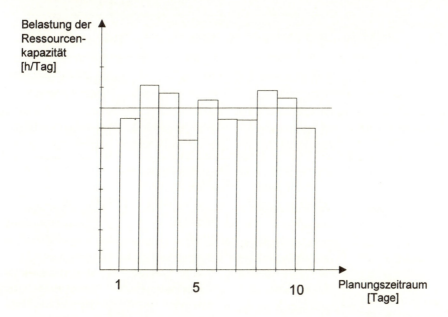

Abb. 3-68: Kapazitätsbelastungsprofil

Eine weitere Alternative, die sich auf die Anpassung der Nachfrage nach Kapazitäten richtet, wäre die Verkleinerung des Loses, das an der Überlastung einer Ressource beteiligt ist. Dem Auftraggeber würde dann vorab eine kleinere Menge geliefert, so daß die Lieferverpflichtungen oft eingehalten werden können. Nachteilig wirken sich jedoch höhere Rüstkosten aus, da erneut ein Los aufgelegt werden muß. Zudem kann es bei übermäßigem Gebrauch dieser Anpassungsalternative zu einer Erhöhung der gesamten Durchlaufzeiten im Produktionssystem kommen.

In der industriellen Praxis wird in Überlastungssituationen daher oft eine Anpassung des Kapazitätsangebotes vorgezogen. Insbesondere durch zeitliche Anpassung lassen sich Überlastungssituationen flexibel und zu überschaubaren Kosten auflösen. Zudem wird - wie bereits in Abschnitt 3.6.3.2 erläutert - zunehmend versucht, durch Flexibilisierung von Betriebsmitteln und Personal eine quantitative Anpassung zu erleichtern.

Auch in Situationen, in denen die verfügbaren Kapazitäten unzureichend ausgelastet sind, wird man zunächst Maßnahmen der quantitativen und zeitlichen Anpassung ergreifen. Maßnahmen zur Erhöhung der Nachfrage im Produktionsbereich führen bei konstanter Marktnachfrage zu einem Anstieg der Gesamtkosten. Zwar führen größere Lose einerseits zu einer besseren Auslastung des Produktionssystems. Andererseits steigen die Lagerkosten an. Derartige Maßnahmen sind daher primär bei Nachfragemangel geeignet, dessen Ende zeitlich absehbar ist, z. B. bei saisonalen Schwankungen der Nachfrage.

Ergebnis der Zeit- und Kapazitätsplanung, einschließlich des erfolgten Kapazitätsabgleichs, ist ein zulässiger, grober Zeitplan des Produktionsprozesses. Durch die hier beschriebene sukzessive Planung kann das dabei angestrebte Erreichen des Kostenminimums allerdings nicht garantiert werden. Im anschließenden Schritt der Maschinenbelegungsplanung erfolgt eine weitergehende Konkretisierung dieser Pläne.

Maßnahmen zur Abstimmung von verfügbarer und nachgefragter Kapazität			
Maßnahmen zur Anpassung der Kapazitätsnachfrage (Ändern von Belegungsprofilen)		Maßnahmen zur Anpassung des Kapazitätsangebots (Ändern von Kapazitätsgrenzen)	
verfügbare größer als nachgefragte Kapazität	verfügbare kleiner als nachgefragte Kapazität	verfügbare größer als nachgefragte Kapazität	verfügbare kleiner als nachgefragte Kapazität
Kapazitätsnachfrage erhöhen, z.B. durch • Erhöhung der Losgrößen • Hereinnahme zusätzlicher Aufträge • Vorzeitige Auftragsfreigabe • Ausführen von Lohnarbeiten für andere Betriebe • Vorziehen von Instandhaltungsarbeiten	Kapazitätsnachfrage vermindern, z.B. durch • Verkleinerung der Losgrößen • Zeitliches Vorziehen oder Hinausschieben der Lose in Perioden mit Leerzeiten • Fremdbezug von Teilen • Vergabe von Lohnarbeiten an Fertigungsbetriebe	Kapazitätsangebot vermindern, z.B. durch • Zeitliche Anpassung (Schichtabbau, Kurzarbeit) • Intensitätsmäßige Anpassung (geringere Produktionsgeschwindigkeit) • Quantitative Anpassung (Stillegung von Maschinen, Personalverlagerung zu überbeschäftigten Produktiveinheiten)	Kapazitätsangebot erhöhen, z.B. durch • Zeitliche Anpassung (Überstunden, zusätzliche Schichten) • Intensitätsmäßige Anpassung (höhere Geschwindigkeiten der Betriebsmittel, Fließbandtakt) • Quantitative Anpassung (Inbetriebnahme von Reservemaschinen, innerbetrieblicher Austausch von Arbeitskräften von unterbeschäftigten zu überlasteten Produktiveinheiten

Abb. 3-69: Alternativen des Kapazitätsabgleichs (in Anlehnung an Zäpfel 1982, S. 233)

3.7.4.3 Maschinenbelegungsplanung

Im Zuge der Maschinenbelegungsplanung sind zwei wichtige Aufgaben zu erfüllen. Erstens werden zulässige und zweckmäßige Reihenfolgen der Fertigungsaufträge an den verschiedenen Bearbeitungsstationen gebildet. (Reihenfolgeplanung) Zweitens gilt es, den Terminplan weiter zu spezifizieren, d. h. es erfolgt eine Feinterminierung. Bei dezentraler Organisation im Fertigungsbereich wird diese Aufgabe bereits von den Meistern ausgeführt, die für einzelne Produktionssysteme zuständig sind.

Im Rahmen der Maschinenbelegungsplanung wird - wie bereits im Abschnitt 3.6.1 angesprochen - vielfach die Durchlaufzeit als Ersatzkriterium für Ziele der Kostenminimierung bzw. Gewinnmaximierung verwendet. Man unterscheidet im Rahmen der Maschinenbelegung zwei grundlegende Klassen von Problemen, die an den bereits erläuterten Organisationstypen der Fertigung anknüpfen:

– Fließfertigungs- (Flow Shop-) Probleme
– Werkstattfertigungs- (Job Shop-) Probleme

Die Werkstattfertigung stellt aus dem Blickwinkel der Reihenfolgeplanung den allgemeineren und auch komplexeren Fall dar. Betrachtet wird typischerweise eine fest vorgegebene, beliebige Reihenfolge, in der ein Auftrag auf den einzelnen Maschinen zu bearbeiten ist. Bei Reihenfolgeproblemen in Werkstattfertigung ist es auch möglich, daß ein Auftrag mehrfach auf einer Maschine bearbeitet wird oder eine Maschine ausgelassen wird.

Aufgrund der kombinatorischen Problemstellung existiert bei Werkstattfertigung eine Vielzahl möglicher Reihenfolgen, deren Anzahl nach Formel 3-34 berechnet werden kann.

$$3\text{-}34 \quad m!^n$$
m = Zahl der Aufträge
n = Zahl der Maschinen

Bei m = 3 Aufträgen und n = 2 Maschinen existieren 36 mögliche Reihenfolgen, die zu unterschiedlichen Durchlaufzeiten führen können. Typischerweise sind nicht alle Reihenfolgen realisierbar, da der Ablauf der Produktionsschritte häufig technologisch determiniert ist. So muß ein Druckauftrag zunächst die Werkstätten Setzerei und Druckerei durchlaufen, bevor Buchbindearbeiten vorgenommen werden können.

Auch wenn man technologische Beschränkungen der Reihenfolgebildung berücksichtigt, steigt die Größe des Alternativenraums bei der Reihenfolgeplanung bei Werkstattfertigung sehr rasch an. Für viele praxisrelevante Probleme ist eine Berechnung der Durchlaufzeiten aller möglichen Reihenfolgen (Vollenumeration) und die Auswahl der durchlaufzeitminimalen Alternative auch bei Verwendung leistungsfähiger Rechner unmöglich bzw. nicht sinnvoll.

Ist das Produktionssystem nach dem Organisationstyp der Fließfertigung gestaltet, so vereinfacht sich die Problemstellung der Reihenfolgeplanung. Im Unterschied zur Werkstattfertigung durchlaufen bei Fließfertigung typischerweise alle Aufträge die Maschinen in identischer Reihenfolge, d. h. die Auftragsreihenfolge der ersten Maschine wird an allen weiteren Maschinen beibehalten. In Reihenfolgeproblemen bei Fließfertigung ist weiterhin nicht vorgesehen, daß ein Auftrag einen anderen passiert (überholt). Des weiteren wird vorausgesetzt, daß jeder Auftrag an einer Maschine genau einmal bearbeitet wird. (Domschke/Scholl/Voß 1993, S. 255) Die Zahl der möglichen Reihenfolgen beträgt bei Fließfertigung:

$$3\text{-}35 \quad m!$$

Für einfache Problemstellungen bei Fließfertigung existieren Verfahren, die das Auffinden des Optimums garantieren, ohne daß eine Vollenumeration durchgeführt werden muß, z. B. der Johnson Algorithmus, der für bis zu drei Maschinen angewendet werden kann.

In der industriellen Praxis kommen allerdings vorwiegend sogenannte Prioritätsregeln zum Einsatz, die helfen sollen, Reihenfolgen zu finden, die relativ geringe Durchlaufzeiten (oder allgemein günstige Erreichungsgrade der jeweiligen Zielsetzungen) aufweisen. Als heuristische Verfahren garantieren Prioritätsregeln jedoch nicht das Auffinden der optimalen Alternative.

Betrachten wir zur Anwendung von Prioritätsregeln ein einfaches Job-Shop-Problem, mit m = 3 Fertigungsaufträgen A, B und C, die in einem zweistufigen Produktionsprozeß auf n = 2 Maschinen herzustellen sind. Gesucht wird die optimale Auftragsfolge. Hierzu werden sowohl Angaben über die Bearbeitungszeiten der einzelnen Fertigungsaufträge auf den beiden Betriebsmitteln als auch Angaben über die durch technologische Erfordernisse bedingten Maschinenfolgen benötigt. In Abb. 3-70 sind diese Angaben für ein konkretes Beispiel zusammengefaßt.

Bearbeitungszeit-Matrix

	Maschine 1	Maschine 2
Auftrag A	6	3
Auftrag B	4	7
Auftrag C	3	5

Maschinenfolge-Matrix

	Maschine 1	Maschine 2
Auftrag A	2	1
Auftrag B	1	2
Auftrag C	1	2

Abb. 3-70: Beispiel zur Bearbeitungszeit- und Maschinenfolge-Matrix

Kombinatorische Überlegungen führen für dieses Beispiel zu dem Ergebnis, daß $3!^2$ = 36 mögliche Arbeitsgangfolgen existieren, die in Abb. 3-71 zusammengestellt sind. Am konkreten Beispiel kann nochmals verdeutlicht werden, daß nicht alle diese Folgen technologisch möglich sind. Bspw. muß laut Maschinenfolge-Matrix Auftrag A zunächst auf Maschine 2 bearbeitet werden, so daß die Folgen 3 und 4 nicht durchführbar sind.

Unter Berücksichtigung der Vorgaben der Bearbeitungszeit-Matrix und der technologischen Vorgaben der Maschinenfolge-Matrix können die Aufträge entsprechend der Arbeitsgangfolgen terminiert werden. Betrachten wir zwei dieser Auftragsfolgen etwas genauer und übertragen diese in ein Auftragsfolgediagramm. Die Darstellung dieses Auftragsfolgediagramms beruht auf den sogenannten Balken- oder Gantt-Diagrammen, welche die zeitliche Anordnung einfacher Fertigungsabläufe auf einer Zeitachse veranschaulichen.

Die Auftragsfolge Nr. 1, die für die Maschine 1 die Auftragsfolge A-B-C und für die Maschine 2 die Auftragsfolge A-B-C vorsieht, führt insgesamt zu einer Durchlaufzeit von 25 Perioden. (siehe Abb. 3-72) Die ablaufbedingten Leerzeiten betragen für Maschine 1 zwölf Zeiteinheiten und für Maschine 2 zehn Zeiteinheiten. Die Bearbeitungszeiten betragen entsprechend auf Maschine 1 13 Zeiteinheiten und 15 Zeiteinheiten auf Maschine 2.

Die Auftragsfolge Nr. 32 aus Abb. 3-71 hingegen, die für die Maschine 1 die Folge C-B-A und für die Maschine 2 die Folge A-C-B vorsieht, führt insgesamt zu einer Durchlaufzeit von nur 15 Perioden. Die ablaufbedingte Leerzeit beträgt für Maschine 1 zwei Zeiteinheiten und für Maschine 2 null Zeiteinheiten. (siehe Abb. 3-73) Diese durchlaufzeitminimale Reihenfolge kann in diesem konkreten Fall auch durch Anwendung der oben genannten Kürzesten-Operationszeit-(KOZ-) Regel ermittelt werden.

Kap. 3: Grundzüge der Produktionswirtschaft

	Maschine 1			Maschine 2		
	1	2	3	1	2	3
1	A	B	C	A	B	C
2	A	B	C	A	C	B
3	A	B	C	B	A	C
4	A	B	C	B	C	A
5	A	B	C	C	A	B
6	A	B	C	C	B	A
7	A	C	B	A	B	C
8	A	C	B	A	C	B
9	A	C	B	B	A	C
10	A	C	B	B	C	A
11	A	C	B	C	A	B
12	A	C	B	C	B	A
13	B	A	C	A	B	C
14	B	A	C	A	C	B
15	B	A	C	B	A	C
16	B	A	C	B	C	A
17	B	A	C	C	A	B
18	B	A	C	C	B	A
19	B	C	A	A	B	C
20	B	C	A	A	C	B
21	B	C	A	B	A	C
22	B	C	A	B	C	A
23	B	C	A	C	A	B
24	B	C	A	C	B	A
25	C	A	B	A	B	C
26	C	A	B	A	C	B
27	C	A	B	B	A	C
28	C	A	B	B	C	A
29	C	A	B	C	A	B
30	C	A	B	C	B	A
31	C	B	A	A	B	C
32	C	B	A	A	C	B
33	C	B	A	B	A	C
34	C	B	A	B	C	A
35	C	B	A	C	A	B
36	C	B	A	C	B	A

Abb. 3-71: Theoretisch mögliche Reihenfolgen bei 3 Aufträgen, 2 Maschinen und Werkstattfertigung

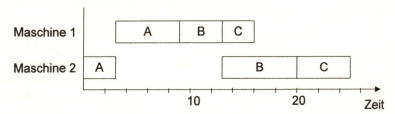

Abb. 3-72: Auftragsfolgediagramm der Reihenfolge Nr. 1

Die KOZ-Regel besagt: falls an einer Maschine eine Warteschlange entsteht, so wird jener Auftrag zuerst abgearbeitet, der die kürzeste Bearbeitungszeit auf der Maschine aufweist. Um dies zu realisieren, werden die Arbeitsgänge zunächst nach aufsteigender Bearbeitungszeit sortiert. Anschließend werden die Arbeitsgänge entsprechend dieser Reihenfolge auf den Maschinen eingeplant. Dabei muß erstens beachtet werden, daß zwei Arbeitsgänge eines Auftrags nicht parallel auf beiden Maschinen ausgeführt werden können und zweitens, daß die vorgegebene Maschinenfolge eingehalten wird.

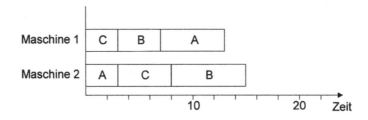

Abb. 3-73: Auftragsfolgediagramm der Reihenfolge Nr. 32

An diesem Beispiel wird deutlich, daß Prioritätsregeln ein leistungsfähiges Instrument zur Reduzierung der Durchlaufzeit sein können. Dies gilt allerdings nicht für beliebige Problemstrukturen. Neben der bereits erläuterten KOZ-Regel kommen weitere Heuristiken zum Einsatz.

Nach der Fertigungsrestzeitregel räumt man jenem Fertigungsauftrag die höchste Priorität ein, der anläßlich der Maschinenbelegung den geringsten Zeitraum zur Bearbeitung in den sich anschließenden Produktionsstufen erfordert. Bei Anwendung der dynamischen Wertregel wird jener Auftrag vorgezogen, der bis zur aktuellen Produktionsstufe den höchsten Wert akkumuliert hat. Die letzte hier angesprochene Regel basiert auf der Schlupfzeit, welche die Differenz zwischen dem Zeitraum bis zur vereinbarten Auslieferung und der erforderlichen Restbearbeitungszeit bildet. Nach der Schlupfzeitregel werden die Fertigungsaufträge bevorzugt freigegeben, die die geringste Schlupfzeit aufweisen. Die Erreichungsgrade der Prioritätsregeln hinsichtlich wichtiger Zielkriterien sind in der folgenden Abb. 3-74 aufgeführt.

Prioritätsregel Zielkriterium	1 Kürzeste Operations- zeit-Regel	2 Fertigungs- restzeit- Regel	3 Dynami- sche-Wert- Regel	4 Schlupfzeit- Regel
1 Maximale Kapazitätsausnutzung	ca. **84-99 %** **sehr gut**	ca. 80-95 % gut	ca. 79-92 % mäßig	ca. 80-94 % gut
2 Minimale Durchlaufzeit	**sehr gut**	gut	mäßig	mäßig
3 Minimale Zwischenlagerungskosten	gut	mäßig	**sehr gut**	mäßig
4 Geringe Terminabweichungen	schlecht	mäßig	mäßig	**sehr gut**

Abb. 3-74: Wirkungen wichtiger Prioritätsregeln auf die Zielerreichung (Hoss 1965, S. 168)

3.7.5 Produktionssteuerung

Unter dem Begriff der Produktionssteuerung werden alle Tätigkeiten zusammengefaßt, welche die detaillierte Festlegung und Kontrolle der Produktionsdurchführung gemäß den Vorgaben der Prozeßplanung bezwecken. Wichtige zu erfüllende Aufgaben sind die Verfügbarkeitsprüfung, Auftragsfreigabe, Fertigungsbelegerstellung, Arbeitsverteilung sowie die Produktionskontrolle.

Zur Abwicklung eines Fertigungsauftrages werden die zuvor geplanten Materialmengen, Arbeitskräfte- und Maschinenkapazitäten benötigt. Steht eine Faktorart in der Planungsperiode nicht zur Verfügung, so kann der Auftrag nicht abgewickelt werden. In der Regel ist es dann sinnvoll, die Freigabe des Fertigungsauftrages solange zu verzögern, bis die Faktoren in ausreichender Menge verfügbar sind. Ansonsten würde es zu mehrfachen Umrüstvorgängen und zu erhöhten Lagerbeständen an Halbfertigprodukten kommen, die wiederum zu höheren Kosten führen. Man führt daher vor dem Start eines Produktionsprozesses eine sogenannte Verfügbarkeitsprüfung durch. Sofern alle benötigten Produktionsfaktoren bereitstehen, erfolgt die Freigabe des Fertigungsauftrages. Mit der Auftragsfreigabe sind die vorbereitenden Phasen der Produktionsplanung abgeschlossen und die Durchführung des Fertigungsauftrages beginnt.

Zur Durchführung der Produktionsaufträge werden Belege benötigt, die einerseits die durchführenden Stellen mit den notwendigen Informationen versorgen und andererseits zur Dokumentation der vorgenommenen Bearbeitungsschritte dienen. Die dazu erforderlichen Aktivitäten werden in der Phase der Fertigungsbelegerstellung ausgeführt. Des weiteren muß die konkrete Zuteilung von Fertigungsaufträgen zu Bearbeitungsstationen im Rahmen der Arbeitsverteilung erfolgen. Bei Anwendung einer dezentralen Lösung wird diese Aufgabe durch die zuständigen Meister erfüllt, während eine zentrale Lösung in der Abwicklung durch eine zentrale Arbeitsverteileinheit (Leitstand) liegt. (Zäpfel 1982, S. 277ff.)

Aufgabe der Produktionskontrolle ist es, zu überprüfen, ob im Produktionsprozeß Abweichungen von den geplanten Werten auftreten. Wichtiger Bestandteil der Produktionskontrolle ist die Erfassung der Ist-Daten, die Gegenstand der sogenannten Betriebsdatenerfassung ist. Erfaßt werden Betriebsdaten, also technische und organisatorische Daten, die im Produktionsprozeß anfallen, z. B. Angaben über produzierte Mengen, Durchlaufzeiten von Aufträgen, Rüst-, Stillstands-, Produktionszeiten an Betriebsmitteln, Arbeitsstunden, Fehlzeiten oder Ausschuß. Die Erfassung erfolgt mit Hilfe von Betriebsdatenerfassungssystemen, die Daten mittels Sensoren (z. B. mechanische Kontakte, Lichtschranken am Transportweg oder Druckmesser an Behältern) oder personell bedienter Eingabestationen sammeln. Letztere haben den Vorteil, daß sie auch die Angabe von Gründen für einen eventuellen Stillstand oder eine Störung ermöglichen. (Roschmann 1996, Sp. 219ff.)

Auf der Basis dieser Daten erfolgt eine Auswertung, die zunächst in einem regelmäßigen Soll-Ist-Vergleich besteht. Dazu werden die geplanten Mengen, Termine, Qualitäten und Kosten den tatsächlich eingetretenen Werten gegenübergestellt. Um eine eventuelle Abweichung möglichst frühzeitig zu erkennen, ist eine permanente Verarbeitung der Betriebsdaten auf der Grundlage einer Online-Verbindung sinnvoll. Im Anschluß an die Diagnose von Abweichungen der Istwerte von den Sollwerten müssen im Rahmen einer Abweichungsanalyse die Ursachen dafür ermittelt und geeignete Sicherungsmaßnahmen (z. B. Einleitung von Reparaturen, Aussonderung von Ausschuß, Rückgriff auf Lagerbestände bzw. Reservekapazitäten) ergriffen werden.

Literatur zu Kapitel 3

Corsten, Hans (1996): Dienstleistungsproduktion, in: Kern, Werner; Schröder, Hans-Horst; Weber, Jürgen (Hrsg.): Handwörterbuch der Produktionswirtschaft, 2. Aufl., Stuttgart 1996, Sp. 339-352.

Corsten, Hans (2000): Produktionswirtschaft - Einführung in das industrielle Produktionsmanagement, 9. Aufl., München, Wien 2000.

Diederich, Helmut (1992): Allgemeine Betriebswirtschaftslehre, 7. Aufl., Stuttgart, Berlin und Köln 1992.

Dinkelbach, Werner; Rosenberg, Otto (2002): Erfolgs- und umweltorientierte Produktionstheorie, 4. Aufl., Berlin u. a., 2002.

Domschke, Wolfgang; Scholl, Armin; Voß, Stefan (1993): Produktionsplanung - Ablauforganisatorische Aspekte, Berlin u. a. 1993.

Dyckhoff, Harald (1994): Betriebliche Produktion - Theoretische Grundlagen einer umweltorientierten Produktionswirtschaft, 2. Aufl., Berlin u. a. 1994.

Ellinger, Theodor; Haupt, Reinhard (1996): Produktions- und Kostentheorie, 3. Aufl., Stuttgart 1996.

Engelhardt, Werner H. (1996): Dienstleistungen als Produktkomponenten, in: Kern, Werner; Schröder, Hans-Horst; Weber, Jürgen (Hrsg.): Handwörterbuch der Produktionswirtschaft, 2. Aufl., Stuttgart 1996, Sp. 327-338.

Eversheim, Walter (1996): Produktionstechnik und -verfahren, in: Kern, Werner; Schröder, Hans-Horst; Weber, Jürgen (Hrsg.): Handwörterbuch der Produktionswirtschaft, 2. Aufl., Stuttgart 1996, Sp. 1534-1544.

Fandel, Günter (1994): Produktion I - Produktions- und Kostentheorie, 4. Aufl., Berlin u. a. 1994.

Fandel, Günter; François, Peter; Gubitz, Klaus-Martin (1997): PPS- und integrierte betriebliche Softwaresysteme - Grundlagen, Methoden, Marktanalyse, 2. Aufl., Berlin u. a. 1997.

Frese, Erich; Theuvsen, Ludwig (1996): Fertigungsorganisation, in: Kern, Werner; Schröder, Hans-Horst; Weber, Jürgen (Hrsg.): Handwörterbuch der Produktionswirtschaft, 2. Aufl., Stuttgart 1996, Sp. 461-473.

Grün, Oskar (1994): Industrielle Materialwirtschaft, in: Schweitzer, Marcell (Hrsg.): Industriebetriebslehre - Das Wirtschaften in Industrieunternehmungen, 2. Aufl., München 1994, S. 449-568.

Gutenberg, Erich (1971): Grundlagen der Betriebswirtschaftslehre, 1. Band - Die Produktion, 18. Aufl., Berlin, Heidelberg, New York 1971.

Helber, Stefan (1996): Produktionstiefenbestimmung, in: Kern, Werner; Schröder, Hans-Horst; Weber, Jürgen (Hrsg.): Handwörterbuch der Produktionswirtschaft, 2. Aufl., Stuttgart 1996, Sp. 1603-1617.

Heinen, Edmund (1988): Produktions- und Kostentheorie, in: Jacob, Herbert (Hrsg.): Allgemeine Betriebswirtschaftslehre, 5. Aufl., Wiesbaden 1988, S. 209-299.

Hoss, Klaus (1965): Fertigungsablaufplanung mittels operationsanalytischer Methode, Würzburg und Wien 1965.

Kern, Werner; Fallaschinski, Karlheinz (1979): Betriebswirtschaftliche Produktionsfaktoren (II), in: Wisu, 1/1979, S. 15-18.

Kern, Werner (1988): Der Betrieb als Faktorkombination, in: Jacob, Herbert (Hrsg.): Allgemeine Betriebswirtschaftslehre, 5. Aufl., Wiesbaden 1988, S. 117-208.

Kistner, Klaus-Peter; Steven, Marion (1999): Betriebswirtschaftslehre im Grundstudium, Band 1 - Produktion, Absatz, Finanzierung, 3. Aufl., Heidelberg 1999.

Klein, Stefan (1994): Virtuelle Organisation, in: Wirtschaftsstudium, 6/1994, S. 309-311.

Kloock, Josef (1969): Betriebswirtschaftliche Input-Output-Modelle - Ein Beitrag zur Produktionstheorie, Wiesbaden 1969.

Küpper, Hans-Ulrich (1979): Dynamische Produktionsfunktionen der Unternehmung auf der Basis des Input-Output-Ansatzes, in: Zeitschrift für Betriebswirtschaft, 1979, S. 93-106.

Lackes, Richard (1995): Just-in-Time-Produktion - Systemarchitektur, Wissensbasierte Planungsunterstützung, Informationssysteme, Wiesbaden 1995.

Mellerowicz, Konrad (1968): Betriebswirtschaftslehre der Industrie, Band 1, 6. Aufl. Freiburg i. Br. 1968.

Müller-Merbach, Heiner (1973): Operations Research - Methoden und Modelle der Optimalplanung, 3. Aufl. 1973.

Pay, Diana de (1996): Schutzrechte und Schutzrechtspolitik, in: Kern, Werner et al. (Hrsg.): Handwörterbuch der Produktionswirtschaft, 2. Aufl., Stuttgart 1996, Sp. 1829-1840.

Reichwald, Ralf; Dietel, Bernhard (1991): Produktionswirtschaft, in: Heinen, Edmund (Hrsg.): Industriebetriebslehre - Entscheidungen im Industriebetrieb, 9. Aufl., Wiesbaden 1991, S. 395-622.

Reichwald, Ralf; Piller, Frank T. (2002): Mass Customization-Konzepte im Electronic Business, in: Weiber, Rolf (Hrsg.): Handbuch Electronic Business, 2. Auflage, Wiesbaden 2002, S. 360-383.

Reiß, Michael (1998): Organisatorische Entwicklungen, in: Corsten, Hans; Gössinger, Ralf (Hrsg.): Dezentrale Produktionsplanungs- und -steuerungs-Systeme - Eine Einführung in zehn Lektionen, Stuttgart u. a. 1998, S. 109-141.

Roschmann, Karlheinz (1996): BDE (Betriebsdatenerfassung), in: Kern, Werner; Schröder, Hans-Horst; Weber, Jürgen (Hrsg.): Handwörterbuch der Produktionswirtschaft, 2. Aufl., Stuttgart 1996, Sp. 219-232.

Schäfer, Erich (1978): Der Industriebetrieb - Betriebswirtschaftslehre auf typologischer Grundlage, 2. Aufl., Wiesbaden 1978.

Schiemenz, Bernd (1996): Komplexität von Produktionssystemen, in: Kern, Werner; Schröder, Hans-Horst; Jürgen Weber (Hrsg.): Handwörterbuch der Produktionswirtschaft, 2. Aufl., Stuttgart 1996, Sp. 895-904.

Schönert, Olaf (1997): Frühaufklärung im internationalen Strategiekontext - Betriebliche Einsatzpotentiale von Informations- und Kommunikationstechnologien, Wiesbaden 1997.

Schumpeter, Joseph Alois (1926): Theorie der wirtschaftlichen Entwicklung - eine Untersuchung über Unternehmergewinn, Kapital, Kredit, Zins und den Konjunkturzyklus, 2. Aufl., München, Leipzig 1926.

Schumpeter, Joseph Alois (1928): Unternehmer, in: Elster, Ludwig (Hrsg.): Handwörterbuch der Staatswissenschaften, Band 8, 4. Auflage, Jena 1928.

Sydow, Jörg (1992): Strategische Netzwerke - Evolution und Organisation, Wiesbaden 1992.

Wäscher, Gerhard (1993): Logistikorientiertes Layout von Fertigungssystemen, in: Milling, Peter; Zäpfel, Günter (Hrsg.): Betriebswirtschaftliche Grundlagen moderner Produktionsstrukturen, Herne, Berlin 1993, S. 77-104.

Wassmuth, Belinda (1997): Entwicklungslinien der Betriebswirtschaftslehre - 100 Jahre Betriebswirtschaftslehre als Wissenschaft, Marburg 1997, S. 47-61.

Wildemann, Horst (1994): Die modulare Fabrik - Kundennahe Produktion durch Fertigungssegmentierung, 4. Aufl., München 1994.

Wildemann, Horst (1996): Management von Produktions- und Zuliefernetzwerken, in: Wildemann, Horst (Hrsg.): Produktions- und Zuliefernetzwerke, München 1996, S. 15-45.

Will, Thomas (2000): Organisationstypen der Produktion, in: Corsten, Hans (Hrsg.): Lexikon der Betriebswirtschaftslehre, 4. Aufl., München, Wien 2000, S. 707-712.

Wöhe, Günter; Döring, Ulrich (2000): Einführung in die Allgemeine Betriebswirtschaftslehre, 20. Aufl., München 2000.

Zäpfel, Günter (1982): Produktionswirtschaft - Operatives Produktions-Management, Berlin, New York 1982.

Zäpfel, Günter (1993): Moderne Produktionsstrukturen auf dem Weg zur „Fabrik der Zukunft", in: Milling, Peter; Zäpfel, Günter (Hrsg.): Betriebswirtschaftliche Grundlagen moderner Produktionsstrukturen, Herne, Berlin 1993, S. 9-54.

Zahn, Erich; Schmid, Uwe (1996): Produktionswirtschaft I - Grundlagen und operatives Produktionsmanagement, Stuttgart 1996.

Kap. 3: Grundzüge der Produktionswirtschaft 197

Thematische Zuordnung (sortiert nach dem Fortgang der Argumentation im Text)

Produktionsfaktoren	– Gutenberg 1971, S. 2ff.
	– Kern 1988, S. 121-126
Überblick über den faktortheoretischen Ansatz der BWL von Gutenberg	– Wassmuth 1997, S. 47-61
Begriff von Produktionsverfahren	– Eversheim 1996, Sp. 1542
Klassifikationen von Produktionsverfahren	– Schäfer 1978, S. 39 und 59ff.
Produkte, Forschung und Entwicklung	– Corsten 2000, S. 141ff.
Schutzrechte	– de Pay 1996, Sp. 1830ff.
Produktionsfunktion Typ A	– Diederich 1992, S. 281-286
	– Wöhe/Döring 2000, S. 396ff.
Produktionsfunktion Typ B	– Gutenberg 1971, S. 326ff.
Produktionsfunktion Typ C + D	– Diederich 1992, S. 290-293
	– Heinen 1988, S. 240-249
Kostentheorie (Überblick)	– Diederich 1992, S. 294-301
	– Wöhe/Döring 2000, S. 375ff.
Minimalkostenkombination bei substitutionaler Produktion	– Gutenberg 1971, S.314-318
Minimalkostenkombination bei linear-limitationaler Produktion	– Fandel 1994, S. 242-246
Kosteneinflußgrößen	– Gutenberg 1971, S.344-347
Kostenwirkungen der Anpassungsformen an Beschäftigungsänderungen	– Kistner/Steven 1999, S. 86-114
	– Gutenberg 1971, S. 361ff.
Kostenwirkungen der Betriebsgröße	– Gutenberg 1971, S. 421ff.
Kostenwirkungen von Faktorqualität und -preisen	– Gutenberg 1971, S. 415ff.
Kostenwirkungen des Produktionsprogramms	– Gutenberg 1971, S. 444ff.
Organisationstypen der Fertigung (Fertigungssystem)	– Schäfer 1978, S. 172ff.
Übersicht über den Prozeß der Produktionsplanung und -steuerung	– Diederich 1992, S. 318-322 und 330f.
Fertigungssegmentierung	– Wildemann 1996, Sp. 474ff.
Gruppenfertigung	– Frese/Theuvsen 1996, Sp. 469ff.
Teilautonome Gruppen in der Fertigung	– Corsten 2000, S. 297f.

Fabriklayout	– Wildemann 1994, S. 273-278
Just-in-Time-Prinzip, Kanban	– Corsten 2000, S. 541ff.
	– Lackes 1995, S. 7ff.
Begriff und Vorgehensweise bei der Neudefinition der Fertigungstiefe	– Helber 1996, Sp. 1603ff.
Unternehmensnetzwerke	– Sydow 1992
Virtuelle Organisation	– Klein 1994
Virtuelle Fabrik	– Reiß 1998
Operative Produktionsprogrammplanung mittels linearer Planungsrechnung	– Müller-Merbach 1973, S. 88-105
Materialklassifikation	– Zahn/Schmid 1996, S. 331-334
Materialbedarfsermittlung (Überblick)	– Wöhe/Döring 2000, S. 426ff.
Stücklisten	– Zahn/Schmid 1996, S. 347ff.
Gozinto-Verfahren	– Müller-Merbach 1973, S. 259ff.
Bestellmengenplanung	– Wöhe/Döring 2000, S. 434ff.
Bestellpolitiken bei schwankendem Bedarf	– Grün 1994, S. 487ff.
Gleitende wirtschaftliche Losgröße	– Zahn/Schmid 1996, S. 436-439.
Durchlaufterminierung, Kapazitätsabgleich	– Zäpfel 1982, S. 221ff.
Maschinenbelegungsplanung	– Zahn/Schmid 1996, S. 486-514
Produktionssteuerung	– Zahn/Schmid 1996, S. 515-527
	– Fandel/François/Gubitz 1997, S. 424-430
	– Roschmann 1996

Übungsaufgaben zu Kapitel 3

3 (1) Erläutern Sie das System der produktiven Faktoren nach Gutenberg!

3 (2) Erläutern Sie, unter Verwendung von Beispielen, die Unterscheidung zwischen Potentialfaktoren und Repetierfaktoren!

3 (3) Was versteht man unter Einzel- und Massenfertigung? Geben Sie jeweils Beispiele an!

3 (4) Geben Sie an, welche der folgenden Aktivitäten durch welche andere(n) dominiert werden und welche effizient sind: $a_1 = (-7, -8, +9, +6)$; $a_2 = (-7, -5, +9, +6)$; $a_3 = (-8, -7, +9, +6)$; $a_4 = (-5, -5, +5, +4)$; $a_5 = (-4, -5, +4, +5)$ und $a_6 = (-4, -4, +4, +5)$

Kap. 3: Grundzüge der Produktionswirtschaft 199

3 (5) Warum sind Innovationen für Volks- und Betriebswirtschaften bedeutsam und wie versucht man, innovatives Handeln zu fördern?

3 (6) Wie läßt sich aus einer Produktionsfunktion die zugehörige Kostenfunktion ermitteln?

3 (7) Ein Unternehmen erzeugt die beiden Produkte X_1 und X_2. Im Produktionsprozeß werden die Produktionsfaktoren R_1 und R_2 eingesetzt. Zur Produktion einer Mengeneinheit des Produktes X_1 werden drei Mengeneinheiten von R_1 und zwei Mengeneinheiten von R_2 benötigt. Zur Erstellung einer Mengeneinheit des Produktes X_2 setzt man eine Mengeneinheit von R_1 und vier Mengeneinheiten von R_2 ein. Eine Mengeneinheit des Faktors R_1 kostet 35 GE. Für R_2 betragen die Kosten 25 GE je Mengeneinheit. Weitere Faktoren seien nicht relevant.

a) Ermitteln Sie die Produktorfunktionen des Unternehmens!

b) Geben Sie die Gesamtkostenfunktion für den obigen, konkreten Fall an!

3 (8) Zur Montage eines Holztisches (X) werden eine Tischplatte (R_1), vier Tischbeine (R_2) und 8 Schrauben (R_3) benötigt. Formulieren Sie geeignete Produktionsfunktionen!

3 (9) Nennen und erläutern Sie kurz die Anpassungsmöglichkeiten an Veränderungen des Beschäftigungsgrades!

3 (10) Skizzieren Sie die Kostenverläufe in Abhängigkeit der Formen der Anpassung an Beschäftigungsänderungen!

3 (11) Mit welchen Kostenverläufen ist bei einer Variation der Betriebsgröße zu rechnen?

3 (12) Sie wollen mit Ihrem PKW aus Frankfurt (Entfernung: 100 km) 2 t Marmorplatten holen. Da Sie nicht mehr als 0,2 t/Fahrt laden können, erfordert dies 10 Fahrten. Der Benzinverbrauch beträgt bei einer Durchschnittsgeschwindigkeit d [km/h] r_b [l/Fahrt]:

d	50	60	70	80	90	100	110	120
r_b	14	14,6	15,8	17,6	20	23	26,6	30,8

a) Zeichnen Sie die Verbrauchsfunktionen für Benzin und Ihre Arbeitsleistung/Fahrt als Funktionen der Durchschnittsgeschwindigkeit d.

b) Ein Liter Benzin kostet 1,50 GE. Den Wert (Opportunitätskosten) Ihrer Arbeitszeit rechnen Sie mit 8 GE/h. Weitere relevante (d. h. hier: geschwindigkeitsabhängige) Kosten fallen nicht an. Wo liegt die Minimalkostenkombination von Arbeitszeit und Benzin, d. h. bei welchem Arbeits- und Benzineinsatz wird die Summe der Kosten für Benzin und Arbeit minimal? Wie wirken sich ein höherer Stundensatz des Fahrers einerseits und höhere Benzinpreise andererseits auf diese Minimalkostenkombination aus?

c) Erläutern Sie an diesem Beispiel die zeitliche und intensitätsmäßige Anpassung. Wie entwickeln sich dann die Kosten?

3 (13) Beschreiben Sie anhand von Beispielen die Werkstattfertigung und die Fließfertigung als Ausprägungen des Organisationstyps der industriellen Fertigung!

3 (14) Was versteht man unter Gruppenfertigung und welche Zwecke verfolgt man damit?

3 (15) Mit welchen Maßnahmen kann in Produktionssystemen, die in Fließ- und Gruppenfertigung arbeiten, die Flexibilität gesteigert werden?

3 (16) Welche Aufgabe ist im Rahmen der operativen Produktionsprogrammplanung zu lösen?

3 (17) Beschreiben Sie kurz die Vorgehensweise der graphischen Lösung linearer Modelle!

3 (18) Eine kleinere Gießerei produziert Ventilgehäuse und Schiebergehäuse. Pro Ventilgehäuse benötigt sie 1 Kernmacherstunde, 1 Formerstunde und 40 kg Stahlguß. Pro Schiebergehäuse benötigt sie 1 Kernmacherstunde, 2 Formerstunden und 16 kg Stahlguß. Pro Woche stehen 200 Kernmacherstunden, 200 Formerstunden und 6400 kg Stahlguß zur Verfügung.

Wieviele Ventilgehäuse und wieviele Schiebergehäuse sollen produziert werden, wenn die Deckungsbeiträge 75 GE pro Ventilgehäuse und 100 GE pro Schiebergehäuse betragen und maximaler Gesamtdeckungsbeitrag angestrebt wird?

Es seien: x_v die Menge der Ventilgehäuse und x_s die Menge der Schiebergehäuse

3 (19) Eine Unternehmung fertigt die beiden Produkte X_1 und X_2. Die zur Herstellung benutzten Maschinen 1 und 2 müssen beide durchlaufen werden. Die Fertigstellung einer Einheit des Produktes X_1 benötigt auf Maschine 1 zwei Zeiteinheiten und auf Maschine 2 eine Zeiteinheit. Die Produktion einer Einheit des Produktes X_2 erfordert eine Bearbeitung von fünf Zeiteinheiten auf Maschine 1 und von zwei Zeiteinheiten auf Maschine 2.

Die zur Verfügung stehenden Kapazitäten der Maschinen sind begrenzt. Sie betragen für Maschine 1 siebzig Zeiteinheiten und für die Maschine 2 einunddreißig Zeiteinheiten. Des weiteren meldet die Absatzabteilung, daß die Absatzmöglichkeiten von Produkt X_1 auf achtzehn Mengeneinheiten beschränkt seien.

Durch Verkauf erlöst die Unternehmung 400 Geldeinheiten je Mengeneinheit des Produktes X_1 und 900 Geldeinheiten je Mengeneinheit des Produktes X_2.

a) Stellen Sie die Produktorfunktionen der Unternehmung auf!

b) Ermitteln Sie graphisch das erlösmaximale Produktionsprogramm und den maximal erzielbaren Erlös!

3 (20) Eine Unternehmung fertigt die beiden Produkte X_1 und X_2. Zur Produktion stehen zwei Maschinengattungen A und B sowie eine Montagegruppe zur Verfügung. Zur Fertigung einer Einheit des Produktes X_1 benötigt man auf Maschinengruppe A fünf Zeiteinheiten, auf Maschinengruppe B eine Zeiteinheit und sechs Zeiteinheiten der Montagekräfte. Zur Herstellung des Produktes X_2 wird die Maschinengruppe A zwei Zeiteinheiten, die Maschinengruppe B fünf Zeiteinheiten und die Montagegruppe sechs Zeiteinheiten beansprucht.

Die Kapazitäten der einzelnen Maschinen sind begrenzt. Die vorhandene Kapazität beträgt für Maschinengruppe A 24 Zeiteinheiten, für Maschinengruppe B ebenfalls 24 Zeiteinheiten und für die Montagegruppe 36 Zeiteinheiten.

Durch Verkauf wird ein Stückgewinn von 500 Geldeinheiten für das Produkt X_1 und von 800 Geldeinheiten für das Produkt X_2. erzielt.

a) Geben Sie die Produktorfunktionen der Unternehmung an!

b) Ermitteln Sie mittels linearer Planungsrechnung rechnerisch das gewinnmaximale Produktionsprogramm sowie den maximalen Gewinn!

3 (21) Erläutern Sie Vorgehensweise und Zweck der Materialklassifikation!

3 (22) Bestimmen Sie anhand der Werte der Ausgangstabelle die Zuteilung der Materialien in die Klassen A, B und C.

Teilenr.	Verbrauchsmenge [ME/Jahr]	Anteil an Gesamtzahl der Teilegruppen [%]	Einstandspreis [GE/ME]	Verbrauchswert [GE/Jahr]	Anteil am Gesamtverbrauchswert [%]	Rangziffer
I	1800		1,00			
II	12500		0,10			
III	800		200,00			
IV	11500		1,50			
V	10000		0,08			
VI	4250		3,00			
VII	32500		0,04			
VIII	10000		0,065			
IX	20000		0,05			
X	6400		0,5			

Tei-lenr.	Verbrauchswert (kum.) [GE/Jahr]	Anteil am Gesamtverbrauchswert [%]	Verbrauchswert je Klasse [%]	Anteil an Gesamtzahl der Teilegruppen [%]	Anteil an Gesamtzahl der Teilegruppen (kum) [%]	Klasse

3 (23) Stellen Sie den Ablauf der Berechnung der Gesamtbedarfe im Zuge des Gozinto-Verfahrens in seinen Grundzügen dar!

3 (24) Ein Industriebetrieb fertigt unter Verwendung der zwei Vorprodukte VP1 und VP2, der drei Baugruppen BG1, BG2 und BG3, der vier Einzelteile ET1, ET2, ET3 und ET4 sowie der drei Rohmaterialien M1, M2 und M3 die zwei Endprodukte P1 und P2.

Die Zielsetzungen für den Absatz betragen 200 Einheiten für P1 und 300 Einheiten für P2. Des weiteren bestehen Lieferverpflichtungen von 300 Einheiten VP2 und 200 Einheiten BG1. Die Lagerbestände von VP1 und BG3 betragen 300 bzw. 200 Mengeneinheiten.

Zur Fertigung je einer Einheit der Endprodukte P1 und P2 werden 2 Einheiten BG1 und eine Einheit VP1 bzw. 2 Einheiten VP1 und 3 Einheiten VP2 benötigt. In die Vorprodukte VP1 bzw. VP2 gehen 2 Einheiten BG1 und 3 Einheiten BG2 bzw. 3 Einheiten BG3 ein. Eine Einheit der Baugruppe BG1 setzt sich aus 4 Einheiten ET1 und 5 Einheiten M1 zusammen. Eine Einheit der Baugruppe BG2 besteht aus einer Einheit ET2, 4 Einheiten ET3 und 2 Einheiten BG3. Eine Einheit der Baugruppe BG3 wird gefertigt aus 3 Einheiten M3 und einer Einheit ET4. Die Einzelteile ET1 bzw. ET2 bestehen aus 2 Einheiten M1 bzw. 6 Einheiten M1 und 3 Einheiten M2. Eine Einheit des Einzelteils ET3 wird montiert aus 5 Einheiten M2 und 2 Einheiten M3.

Entwickeln Sie den zugehörigen Gozinto-Graphen und ermitteln Sie die Gesamtbedarfsmengen unter Berücksichtigung der angegebenen Lieferverpflichtungen und Lagerbestände!

3 (25) Ein Industriebetrieb erstellt unter Verwendung der 3 Baugruppen BG1, BG2 und BG3, der 4 Bauteile BT1, BT2, BT3 und BT4, sowie der 5 Einzelteile ET1, ET2, ET3, ET4 und ET5 die beiden Endprodukte P1 und P2.

Von P1 will er 100 Einheiten absetzen, von P2 200 Einheiten. Daneben will er, im Rahmen des Ersatzteildienstes, 100 Einheiten BG2, 200 Einheiten BT2 und 300 Einheiten BT3 absetzen. Auf Lager hat er 100 Einheiten BT1, 200 Einheiten BT4 und 500 Einheiten ET3.

Für eine Einheit P1 benötigt er 1 Einheit BT1, 2 Einheiten BG1 und 3 Einheiten BG2. Für eine Einheit P2 benötigt er 1 Einheit BG2, 2 Einheiten BG3 und 3 Einheiten BT4. Für eine Einheit BG1 benötigt er 1 Einheit BT1, 2 Einheiten ET2 und 3 Einheiten BT2. Für eine Einheit BG2 sind 1 Einheit BT2, 2 Einheiten ET3 und 3 Einheiten BT3 erforderlich. Für 1 Einheit BG3 werden 1 Einheit BT3, 2 Einheiten ET4 und 3 Einheiten BT4 benötigt. Für 1 Einheit BT1 sind 1 Einheit ET1 und 2 Einheiten ET2 erforderlich. Für 1 Einheit BT2 benötigt er 1 Einheit ET2 und 2 Einheiten ET3. Für 1 Einheit BT3 werden 1 Einheit ET3 und 2 Einheiten ET4 benötigt und für 1 Einheit BT4 1 Einheit ET4 und 2 Einheiten ET5.

a) Zeichnen Sie den zugehörigen Gozinto-Graphen!

b) Errechnen Sie, wieviele Einheiten der verschiedenen Baugruppen, Bauteile und Einzelteile (unter Berücksichtigung des Ersatzteilbedarfes und des Lagerbestandes) noch produziert werden müssen!

3 (26) Bewerten Sie die Einsatzmöglichkeiten des Modells der optimalen Losgröße zur Lösung industrieller Planungsprobleme!

3 (27) Angenommen die Vorlesungsunterlagen würden in den nächsten Jahren nicht geändert und sollten als Kopie verteilt werden. Jedes Jahr werden, gleichmäßig über das Jahr verteilt (!), 400 dieser Umdrucke benötigt. Für jeden Neudruck entstehen feste Kosten (zur Erstellung der Klischees, Einrichtung der Maschinen, für Organisation etc.) in Höhe von 100.- GE. Auf Lager befindliche Umdrucke verursachen Lagerkosten in Höhe von 0,32 GE pro Stück und Jahr. Es wird eine Minimierung der entstehenden Kosten angestrebt.

a) Analysieren Sie diese Entscheidungssituation auf Ihre Bestandteile!

b) Entwickeln Sie Modelle, die Ihnen die Höhe der Lagerhaltungskosten und der Herstellungskosten durch die Höhe der Auflage erklären!

c) Ermitteln Sie, wenn möglich unter Verwendung eines Entscheidungsmodells, wieviele Umdrucke mit jeder Drucklegung gedruckt werden sollen!

3 (28) Eine Druckerei benötigt auf lange Sicht monatlich 900 Werbebroschüren. Das Werbematerial wird in der eigenen Druckerei erstellt. Jeder Neudruck bei unveränderter Druckvorlage verursacht zusätzlich Kosten in Höhe von 16,20 GE. Die Weiterverarbeitung des Werbematerials, insb. Arbeiten in der Buchbinderei, erfolgt nach Bedarf und soll hier nicht betrachtet werden. Der Lagerhaltungskostensatz für die Halbfertigprodukte beträgt 0,009 GE je Werbebroschüre und Monat.

Ermitteln Sie die kostenminimale Losgröße!

3 (29) Beschreiben Sie Problemstellung und Vorgehensweise im Rahmen der Termin- und Kapazitätsplanung von Produktionsprozessen!

3 (30) Erläutern Sie die Komplexität von Problemen der Reihenfolgeplanung in der industriellen Fertigung!

3 (31) Erläutern Sie Verfahren zur Lösung von Problemen der Reihenfolgeplanung in der industriellen Fertigung?

3 (32) Nachfolgend finden Sie die Bearbeitungszeit- und die Maschinenfolge-Matrix eines einfachen Produktionssystems mit drei Maschinen, das in Werkstattfertigung arbeitet.

Bearbeitungszeit-Matrix			
	M 1	M 2	M 3
Auftrag A	5	2	4
Auftrag B	2	3	4
Auftrag C	3	4	1

Maschinenfolge-Matrix			
	M 1	M 2	M 3
Auftrag A	3	1	2
Auftrag B	1	2	3
Auftrag C	2	3	1

Ermitteln Sie auf der Basis einer Ihnen bekannten und mit den angegebenen Daten anwendbaren Prioritätsregel einen zulässigen Plan der Maschinenbelegung mit möglichst geringer Durchlaufzeit der Aufträge!

Lösungshinweise zu den Übungsaufgaben

Aufgabe 1 (1)

Charakteristika der Systemsicht
- Abbildung realer Phänomene als System
- Berücksichtigung der Teil-Ganzes-Problematik
- Mehrere Sichten auf ein Objekt

Systembegriff
- Ein System ist ein allgemeiner Modellrahmen, in den hinein die Realität bei Verwendung der Systemsicht abgebildet wird. Es besteht aus einer Menge von Elementen (Objekten, Systemen niedrigerer Ordnung, Subsystemen) mit Attributen und den zwischen diesen gegebenen Beziehungen.
- Zugleich ist das System Bestandteil eines umfassenderen Systems (System höherer Ordnung, Supersystem), mit dem es interagiert. Sowohl die Elemente als auch das umfassendere System können dabei wiederum als Systeme im definierten Sinne aufgefaßt werden. (Hierarchieaspekt)

Aufgabe 1 (2)

Hierarchie
- Eine Hierarchie ist ein sich nach der Art eines Stammbaumes verzweigendes System von Mengen und Teilmengen
- Beispiele von Hierarchien für die Menge der Teilnehmer einer Übung: Aufteilung nach Geschlecht, Altersklassen oder Studiengängen
- Aufteilung eines Fachbereichs in Abteilungen, die für verschiedene Fachgebiete zuständig sind
- Abgrenzung zur Weisungshierarchie

Rekursion
- Rekursion bei der Modellbildung: Ein Modell heißt rekursiv, wenn es sich selbst als Element enthält oder durch sich selbst definiert ist.
- Konzept der „Unternehmung in der Unternehmung". Unternehmensbereiche verschiedener Ebenen werden anhand ihrer Ergebnisse (z. B. Gewinn) bewertet. In dieser Situation wird insbesondere die Lenkung auf der obersten Rekursionsebene vereinfacht.
- Gleichartige Strukturierungsansätze und Führungsgrundsätze können auf verschiedenen Unternehmensebenen angewendet werden.
- Rekursive Problemlösung: Ein Problem wird gelöst, indem es auf ein einfacheres Problem der gleichen Klasse zurückgeführt wird. Beispiele: Berechnung der Fakultät, Regelung.

Abgrenzung von Hierarchie und Rekursion
- Der wesentliche Unterschied zwischen Hierarchie und Rekursion besteht darin, daß bei Rekursion auf verschiedenen Ebenen gleichartige Teilmengen gebildet werden. Bei Hierarchie wird eine Menge auch in voneinander verschiedene Teilmengen unterteilt.
- Rekursion ist insofern ein Teilproblem oder Spezialfall der Hierarchie

Aufgabe 1 (3)

Kaffeeautomat als System

- Elemente und Attribute: Wassertank (Füllmenge, Material), Heizeinheit (Wärmeleistung), Filtereinheit (Filtergröße, Material), Kaffeekanne (Größe, Material), Warmhalteplatte (Wärmeleistung)

Beziehungen zwischen den Elementen ergeben sich primär durch den Wasserfluß durch die mit Rohrleitungen verbundenen Elemente

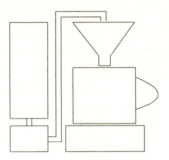

Beziehungen zum Umsystem

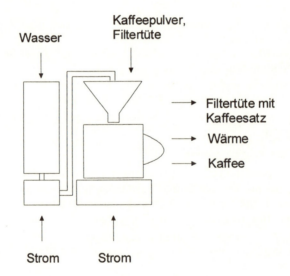

Aufgabe 1 (4)

Produktion

- Produktion bedeutet das Hervorbringen von Sachgütern oder Dienstleistungen durch Transformation von Einsatzfaktoren. Einsatzfaktoren sind bspw. Werkstoffe, die der Natur entnommen werden.
- Ein naturnahes Beispiel sind Eisenerze, die zur Eisen- und Stahlproduktion und schließlich bspw. auch zur Erzeugung von Autos verwendet werden. Bei der Produktion entstehen Abfälle, die die Natur als Senke aufnimmt, z. B. Schlacken, Abgase, Abwärme.

Konsumtion

- Durch Konsumtion werden Güter oder Dienstleistungen verbraucht oder genutzt. Z. B. wird ein Auto während einer begrenzten Nutzungsdauer als Transportmittel genutzt.
- Nach Ende der Nutzungszeit werden Teile davon als Recyclingwaren erneut der Produktion zugeführt, z. B. Stahl der Karosserie. Bei der Konsumtion entstehen jedoch auch Abfälle, bspw. durch Emissionen von Kohlenmonoxid oder Stickoxiden, aber auch in Form nicht verwertbarer Reste eines nicht mehr nutzbaren Autos.
- Kreislaufwirtschaft bedeutet, daß möglichst wenige Werkstoffe der Natur entnommen werden, möglichst wenig Abfälle die Natur belasten und möglichst viele Güter recycelt und erneut der Produktion oder Konsumtion zugeführt werden.

Aufgabe 1 (5)

- Menschen sind Elemente des Systems Betrieb. Die einzelnen Elemente können durch Attribute näher beschrieben werden, z. B. Leitungsbefugnis (Geschäftsleitung, Abteilungsleiter, Mitarbeiter), Ausbildung, Geschlecht etc.
- Innerhalb des sozialen Systems bestehen Beziehungen formaler (z. B. Unter- und Überstellungsverhältnisse) und informaler (z. B. Freundschaft, Verwandtschaft) Art. (vgl. auch die Abb. 1-7 im Text)
- Im Einzelfall ist die Ausgestaltung der formalen Beziehungen abhängig von Organisationsform, Führungsstil und Rechtsform.
- Beziehungen zum Umsystem bestehen u. a. mit den Elementen Kunden, Staat, Anwohner, Lieferanten, Wettbewerber, Banken.

Aufgabe 1 (6)

- Als Elemente des technischen Systems Betrieb kann man Betriebsmittel sehen, z. B. Maschinen, Rechner, Gebäude, Werkzeuge, Fahrzeuge, mit den Attributen Größe und Anschaffungskosten.
- Beziehungen zwischen den verschiedenen technischen Elementen des Betriebs entstehen z. B. durch Güterflüsse (s. Abbildung) und Informationsflüsse zwischen den einzelnen Betriebsmitteln. So werden bspw. nicht unmittelbar benötigte Baugruppen und Teile in einem Zwischenlager gelagert.

- Mit zunehmender Automatisierung der Produktion entstehen Verflechtungen zwischen den einzelnen Elementen ohne direkten Eingriff durch Menschen, z. B. wenn Werkstücke zwischen Betriebsmitteln durch automatische Transporteinrichtungen bewegt werden. Besonders deutlich wird dies in der prozeßtechnischen Industrie, wo Betriebsmittel durch Rohrleitungen verknüpft sind. Siehe dazu auch das Beispiel der Antibiotika-Produktion in Abb. 3-35 im Text.

Aufgabe 1 (7)

- Eigentümer und Mitarbeiter sind Mitglieder des Betriebes.
- Eigentümer errichten einen Betrieb bzw. Mitarbeiter treten in einen Betrieb ein, weil sie sich dadurch eine weitergehende Erreichung ihrer persönlichen Ziele ver-

sprechen, d. h. der Betrieb ist ein Instrument zur Verbesserung der Zielerreichung der Mitglieder.
- Seitens des Betriebes erfolgt allerdings eine Beschränkung der Aufnahme neuer Mitglieder: Neue Mitglieder werden nur aufgenommen, wenn sie einen entsprechenden Beitrag für den Betrieb leisten, z. B. Arbeitsleistung. In diesem Falle bietet der Betrieb den Mitgliedern Anreize, z. B. materieller Natur (Lohn, Gehalt, Sozialleistungen) oder immaterieller Natur (interessante Arbeitsinhalte, Aufstiegsmöglichkeiten, Auslandsaufenthalt, Weiterbildung). Entsprechende Überlegungen werden in der Anreiz-Beitrags-Theorie angestellt.

Aufgabe 1 (8)

- Der Betrieb kann als soziales System gesehen werden, da er Menschen als Elemente enthält.
- Der Betrieb kann als technisches System gesehen werden, weil er Betriebsmittel als Elemente enthält, also Maschinen, Rechner, Gebäude, Werkzeuge usw.
- Betriebe können als Bestandteil des Supersystems Volkswirtschaft interpretiert werden, das daneben weitere Elemente umfaßt, z. B. Staat und private Haushalte.
- Sowohl innerhalb des sozialen Subsystems als auch innerhalb des technischen Subsystems weisen die Elemente Beziehungen untereinander auf. Daneben existieren auch Beziehungen zwischen sozialem und technischem Subsystem, wenn bspw. ein Mitarbeiter eine Maschine bedient. Aufgrund dieses Zusammenwirkens der Subsysteme wird der Betrieb auch als sozio-technisches System bezeichnet.
- Unter Produktion verstehen wir die Kombination und Transformation von Produktionsfaktoren (Einsatzgütern) nach bestimmten Verfahren zu Produkten (Ausbringungsgütern). Sowohl die Einsatzgüter als auch die Ausbringungsgüter können materielle Güter (Sachgüter) oder/und immaterielle Güter (Arbeitsleistungen, Dienstleistungen, Informationen) sein. Möglich ist auch die Transformation von Gütern mit negativem Wert, sogenannter „Ungüter". Sinnvoll ist Produktion in allen Fällen, wenn durch sie ein Mehrwert geschaffen wird, d. h. das Produkt wird höher bewertet als die Summe der Einsatzfaktoren.
- Man bezeichnet also den Betrieb als produzierendes sozio-technisches System, weil u. a. die Produktionsfaktoren Betriebsmittel und menschliche Arbeitsleistung mit dem Zweck der Erstellung von Produkten kombiniert und nach konkreten Fertigungsverfahren transformiert werden.

Aufgabe 1 (9)

Ausprägungen des Rationalprinzips
- Das Ergiebigkeitsprinzip stellt eine der beiden extremen Ausprägungen des Rationalprinzips dar. Es fordert, mit gegebenen Mitteln ein als optimal angesehenes, im besonderen das größte Ergebnis, zu erzielen.
- Das Sparprinzip fordert, mit optimalen, im besonderen den geringsten Mitteln, ein bestimmtes Ergebnis zu erzielen.

Beziehungen zwischen Zwecken und Mitteln
- Mittelhomogenität der Zwecke: kennzeichnet den Tatbestand, daß gleichartige Mittel existieren, die mehreren Zwecken dienen können. Bsp.: Ein Rohstoff dient der Herstellung verschiedener Produkte (Gold für Schmuck, Zahnersatz, Elektronik).

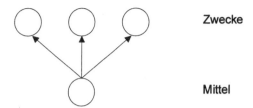

Zwecke

Mittel

- Zweckhomogenität der Mittel: kennzeichnet den Tatbestand, daß unterschiedliche Mittel hinsichtlich des Einsatzes zur Erreichung eines Zwecks konkurrieren. Bsp.: Herstellung eines Produkts mit Maschinen oder Arbeitskraft (Schweißarbeiten durch Facharbeiter oder Schweißautomaten).

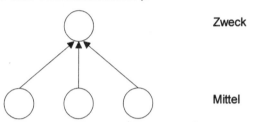

Zweck

Mittel

Zusammenhang zwischen Ausprägungen des Rationalprinzips und Zweck-Mittel-Beziehungen

- Im Falle des Ergiebigkeitsprinzips sind die Mittel vorgegeben, der Ertrag (Zweck, Ziel) ist veränderlich; daher liegt hier Mittelhomogenität der Zwecke vor.
- Im Falle des Sparprinzips ist der Ertrag (Zweck, Ziel) fest vorgegeben, der Mitteleinsatz ist variierbar; also liegt Zweckhomogenität der Mittel vor.

Aufgabe 1 (10)

- Technizität: Die Technizität stellt auf die mengenmäßige Ergiebigkeit bzw. Sparsamkeit ab. Sie besagt z. B., daß für jede einzelne Handlung ein minimaler Mengenverbrauch an Einsatzgütern zu fordern ist. (Messung anhand des Produktivitätsgrades)
- Ökonomität: Zur Bestimmung der Ökonomität, als Ausdruck wertmäßiger Ergiebigkeit, werden ökonomische Bewertungskriterien genutzt, z. B. die mit Preisen bewerteten Mengen der Einsatzgüter. (Die Messung erfolgt anhand des marktorientierten Wirtschaftlichkeitsgrades und der Rentabilitäten)
- Aus betriebswirtschaftlicher Sicht sind für die Wahl einer Handlungsalternative in einem Entscheidungsprozeß ökonomische Kriterien ausschlaggebend. Die Ökonomität umschließt daher die Technizität.
- Beispiel: Auf mengenmäßiger Ebene würde man den minimalen mengenmäßigen Einsatz an Arbeitsleistung (gemessen in Arbeitsstunden), Betriebsmitteln (gemessen in Betriebsmittelstunden) und Werkstoffen (z. B. kwh Strom und m^2 Blech) für einen Produktionsprozeß fordern. Zur Beurteilung der Ökonomität zieht man die Preise der Güter als Bewertungskriterien heran. Die Werte können z. B. in der Kennziffer der marktorientierten Wirtschaftlichkeit zusammengefaßt werden.

Aufgabe 1 (11)

Allgemeine Form des Produktivitätsgrades

$$\text{Produktivitätsgrad} = \frac{\text{quantitatives Ergebnis der Faktorkombination}}{\text{Faktoreinsatzmengen}}$$

Berechnung der Teilproduktivitäten

$$\text{Arbeitsproduktivität (Maschine)} = \frac{40 \text{ Teile}}{1 \text{ Arbeitsstunde}}$$

$$\text{Arbeitsproduktivität (Automat)} = \frac{90 \text{ Teile}}{1 \text{ Arbeitsstunde}}$$

$$\text{Kapitalproduktivität (Maschine)} = \frac{40 \text{ Teile}}{1 \text{ Maschinenstunde}}$$

$$\text{Kapitalproduktivität (Automat)} = \frac{90 \text{ Teile}}{1 \text{ Automatenstunde}}$$

Ermittlung der Gesamtproduktivitäten mittels Äquivalenzziffern

$$\text{Gesamtproduktivität (Maschine)} = \frac{40 \text{ Teile}}{1 \text{ Arbeitsstunde} * 70 \frac{GE}{\text{Arbeitsstunde}} + 1 \text{Maschinenstunde} * 30 \frac{GE}{\text{Maschinenstunde}}} = \frac{0,4 \text{ Teile}}{1 GE}$$

$$\text{Gesamtproduktivität (Automat)} = \frac{90 \text{ Teile}}{1 \text{ Arbeitsstunde} * 70 \frac{GE}{\text{Arbeitsstunde}} + 1 \text{Automatenstunde} * 50 \frac{GE}{\text{Automatenstunde}}} = \frac{0,75 \text{ Teile}}{1 GE}$$

Aufgabe 1 (12) a)

Allgemeine Form des Produktivitätsgrades

$$\text{Produktivitätsgrad} = \frac{\text{quantitatives Ergebnis der Faktorkombination}}{\text{Faktoreinsatzmengen}}$$

$$= \frac{1500 \text{ [ME Schrauben]}}{10 \text{ [kg Draht]}} = \frac{150 \text{ [ME Schrauben]}}{1 \text{ [kg Draht]}}$$

Der Produktivitätsgrad für den Prozeß beträgt 150 Schrauben je kg Draht.

Allgemeine Form der marktorientierten Wirtschaftlichkeit

$$\text{marktorientierte Wirtschaftlichkeit} = \frac{\text{Ertrag}}{\text{Aufwand}}$$

$$= \frac{1500 \text{ [ME Schrauben]} \cdot 0,03 \left[\frac{GE}{\text{ME Schrauben}}\right]}{10 \text{ [kg Draht]} \cdot 3 \left[\frac{GE}{\text{kg Draht}}\right]} = \frac{45 \text{ [GE]}}{30 \text{ [GE]}} = 1,5$$

Die marktorientierte Wirtschaftlichkeit beträgt 1,5

b) Anwendung des Ergiebigkeitsprinzips

$$\text{Produktivität} = \frac{x\,[\text{ME Schrauben}]}{10\,[\text{kg Draht}]} = 180 \left[\frac{\text{ME Schrauben}}{\text{kg Draht}}\right]$$

$$x = 1800\,[\text{ME Schrauben}]$$

Die Produktivität der Schraubenherstellung kann durch Erhöhung der Ausbringungsmenge auf 1800 ME Schrauben um 20% gesteigert werden.

Verfolgung des Sparsamkeitsprinzips

$$\text{Produktivität} = \frac{1500\,[\text{ME Schrauben}]}{x\,[\text{kg Draht}]} = 180 \left[\frac{\text{ME Schrauben}}{\text{kg Draht}}\right]$$

$$x = 8{,}33\,[\text{kg Draht}]$$

Durch Reduktion der Menge des eingesetzten Drahts läßt sich die Produktivität ebenfalls um 20% erhöhen.

c) Zunächst ist die Veränderung auf mengenmäßiger Ebene wie unter b) beschrieben möglich. Darüber hinaus bietet sich die Beeinflussung der Preise an.

Grundformen der Einflußnahme auf die Faktor- und Produktpreise

1.
$$\frac{1500\,[\text{ME Schrauben}] \cdot x \left[\frac{\text{GE}}{\text{ME Schrauben}}\right]}{10\,[\text{kg Draht}] \cdot 3 \left[\frac{\text{GE}}{\text{kg Draht}}\right]} = 1{,}8$$

$$1500\,[\text{ME Schrauben}] \cdot x \left[\frac{\text{GE}}{\text{ME Schrauben}}\right] = 1{,}8 \cdot 10\,[\text{kg Draht}] \cdot 3 \left[\frac{\text{GE}}{\text{kg Draht}}\right]$$

$$x = 0{,}036 \left[\frac{\text{GE}}{\text{ME Schrauben}}\right]$$

Durch Erhöhung der Verkaufspreise auf 0,036 GE je ME Schrauben kann die marktorientierte Wirtschaftlichkeit um 20% erhöht werden.

2.
$$\frac{1500\,[\text{ME Schrauben}] \cdot 0{,}03 \left[\frac{\text{GE}}{\text{ME Schrauben}}\right]}{10\,[\text{kg Draht}] \cdot x \left[\frac{\text{GE}}{\text{kg Draht}}\right]} = 1{,}8$$

$$1500\,[\text{ME Schrauben}] \cdot 0{,}03 \left[\frac{\text{GE}}{\text{ME Schrauben}}\right] = 1{,}8 \cdot 10\,[\text{kg Draht}] \cdot x \left[\frac{\text{GE}}{\text{kg Draht}}\right]$$

$$x = 2{,}5 \left[\frac{\text{GE}}{\text{kg Draht}}\right].$$

Die Verringerung der Einkaufspreise für Draht auf 2,5 GE je kg Draht erbringt eine Steigerung der marktorientierten Wirtschaftlichkeit um 20%.

Aufgabe 1 (13)

Allgemeine Beziehungen

Gesamtkapital (GK) = Eigenkapital (EK) + Fremdkapital (FK)

Fremdkapitalzinsen (FKZ) = FK * Fremdkapitalzinssatz (ZS)

Erfolg = Gewinn + FKZ

$$\text{Eigenkapitalrentabilität (EKR)} = \frac{\text{Gewinn}}{\text{EK}}$$

$$\text{Gesamtkapitalrentab. (GKR)} = \frac{\text{Erfolg}}{\text{Kapital}} = \frac{\text{Gewinn} + \text{FKZ}}{\text{EK} + \text{FK}} \qquad | * (\text{FK}+\text{EK})$$

$$\text{GKR} * \text{EK} + \text{GKR} * \text{FK} = \text{Gewinn} + \text{FKZ} \qquad | - \text{FKZ} \;|\; : \text{FK}$$

$$\frac{\text{GKR}*\text{EK}}{\text{FK}} + \text{GKR} - \frac{\text{FKZ}}{\text{FK}} = \frac{\text{Gewinn}}{\text{FK}} \qquad | \; \frac{\text{FKZ}}{\text{FK}} = \text{ZS}$$

$$\frac{\text{GKR}*\text{EK}}{\text{FK}} + \text{GKR} - \text{ZS} = \frac{\text{Gewinn}}{\text{FK}} \qquad | * \text{FK}$$

$$\text{GKR} * \text{EK} + (\text{GKR} - \text{ZS}) * \text{FK} = \text{Gewinn} \qquad | \text{ Gewinn eingesetzt in Formel für EKR}$$

$$\text{EKR} = \frac{\text{GKR}*\text{EK} + (\text{GKR} - \text{ZS})*\text{FK}}{\text{EK}} \Rightarrow \text{EKR} = \text{GKR} + (\text{GKR} - \text{ZS}) * \frac{\text{FK}}{\text{EK}}$$

Leverage-Effekt (Hebelwirkung des Fremdkapitals)

- Solange Kapital in der Unternehmung rentabler eingesetzt werden kann als der zu zahlende Fremdkapitalzins beträgt, kann durch zunehmende Fremdfinanzierung die EKR erhöht werden.
- Dieser Effekt ist um so stärker, je größer der Quotient aus FK und EK ist. (Leverage-Chance) Nach Einsetzen der Werte der Tabelle in die eben berechnete Formel ergibt sich z. B. für : GKR = 15% und ZS = 10%

FK/EK	EKR
0	15%
1	20%
2	25%
5	40%

- In einer Hochzinsphase oder bei geringer Gesamtkapitalrentabilität wirkt dieser Hebel jedoch umgekehrt und kann für Unternehmungen eine Existenzgefährdung darstellen. (Leverage-Risiko) Siehe dazu das Beispiel mit GKR = 7% und ZS = 12%

FK/EK	EKR
0	7%
1	2%
2	-3%
5	-18%

Aufgabe 1 (14)

a) Gesamtkapitalrentabilität

$$\text{Gesamtkapitalrentabilität (GKR)} = \frac{\text{Erfolg}}{\text{Kapital}} = \frac{\text{Gewinn} + \text{Fremdkapitalzinsen}}{\text{Eigenkapital} + \text{Fremdkapital}}$$

$$GKR = \frac{0 + 560.000}{10.000.000}$$

$$GKR = 0,056 = 5,6\%$$

Die GKR muß mindestens 5,6 % betragen, um einen Verlust vermeiden zu können.

b) Umsatz

$$\text{Kapitalumschlaghäufigkeit} = \frac{\text{Umsatz}}{\text{Kapital}}$$

$$4 = \frac{\text{Umsatz}}{10.000.000} \Rightarrow \text{Umsatz} = 40.000.000$$

Der Umsatz beträgt 40.000.000 GE

Umsatzrentabilität

$$\text{Umsatzrentabilität} = \frac{\text{Erfolg}}{\text{Umsatz}}$$

$$\text{Umsatzrentabilität} = \frac{\text{Gewinn} + \text{Fremdkapitalzinsen}}{\text{Umsatz}}$$

$$\text{Umsatzrentabilität} = \frac{540.000 + 560.000}{40.000.000} = 0,0275$$

Die Umsatzrentabilität beträgt 2,75 %

c) Solange Kapital unternehmensintern höher verzinst wird als der marktübliche Fremdkapitalzinssatz beträgt, kann durch Erhöhung des Fremdkapitalanteils die Eigenkapitalrentabilität gesteigert werden. (Leverage-Effekt)

Aufgabe 1 (15) a)

Berechnung des Fremdkapitals

Fremdkapital = Gesamtkapital - Eigenkapital

= 4 Mio GE - 1 Mio GE

= 3 Mio GE

Ermittlung der Fremdkapitalzinsen

Fremdkapitalzinsen = Fremdkapitalzinssatz * Fremdkapital

= 0,08 * 3 Mio GE

= 240.000 GE

Ermittlung des Gewinns

Gewinn = Gesamtkapitalrentabilität * (EK + FK) - FK-Zinsen

= 0,12 * (1 Mio GE + 3 Mio GE) - 240.000 GE

= 480.000 GE - 240.000 GE

= 240.000 GE

Der Gewinn beträgt 240.000 GE.

b) Berechnung der Umsatzrentabilität

$$\text{Umsatzrentabilität} = \frac{\text{Gewinn} + \text{Fremdkapitalzinsen}}{\text{Umsatz}}$$

$$\text{Umsatzrentabilität} = \frac{240.000 \text{ GE} + 240.000 \text{ GE}}{10 \text{ Mio. GE}} = 0,048 = 4,8\%$$

Die Umsatzrentabilität beträgt 4,8%.

Berechnung der Umschlaghäufigkeit

$$\text{Umschlaghäufigkeit} = \frac{\text{Umsatz}}{\text{Gesamtkapital}}$$

$$= \frac{10 \text{ Mio GE}}{4 \text{ Mio GE}} = 2,5$$

Die Umschlaghäufigkeit beträgt 2,5.

Aufgabe 1 (16)

a) Allgemeine Form der Kapitalrentabilität

$$\text{Kapitalrentabilität} = \frac{\text{Erfolg}}{\text{Kapital}}$$

mit Erfolg = Gewinn + Fremdkapitalzinsen

Kapital = Eigenkapital + Fremdkapital

$$\text{Gesamtkapitalrentabilität (GKR)} = \frac{\text{Gewinn} + \text{Fremdkapitalzinsen}}{\text{Eigenkapital} + \text{Fremdkapital}}$$

$$\text{Eigenkapitalrentabilität} = \frac{\text{Gewinn}}{\text{Eigenkapital}}$$

Werte der Aufgabenstellung

Gesamtkapital	= X (gesuchte Größe)
Eigenkapital	= 100.000 GE
Fremdkapital	= X - 100.000 GE
Fremdkapitalzinsen	= 0,04 * (X - 100.000 GE)
Erfolg	= 24.000 GE
Gewinn	= Ertrag - Fremdkapitalzinsen
	= 24.000 GE - 0,04 (X - 100.000 GE)

Kaufpreis durch Einsetzen der Werte berechnen

$$\text{GKR} = \frac{\text{Erfolg} - \text{Fremdkapitalzinsen} + \text{Fremdkapitalzinsen}}{\text{Eigenkapital} + \text{Fremdkapital}}$$

$$0{,}12 = \frac{24.000 \text{ GE}}{X \text{ GE}}$$

X = 200.000 GE

Der Kaufpreis beträgt 200.000 GE.

b) Kaufpreis durch Einsetzen der Werte berechnen

$$\text{EKR} = \frac{\text{Erfolg} - \text{Fremdkapitalzinsen}}{\text{Eigenkapital}}$$

$$0{,}12 = \frac{24.000 \text{ GE} - 0{,}04 \, (X - 100.000 \text{ GE})}{100.000 \text{ GE}}$$

X = 400.000 GE

Der Kaufpreis beträgt 400.000 GE.

Aufgabe 2 (1)

Charakteristische Elemente (Merkmale) von Entscheidungssituationen

- Die möglichen Verhaltensweisen (Handlungsalternativen), also jene Größen, welche der Entscheidungsträger beeinflussen kann. Man differenziert diese in Instrumentalvariablen und Entscheidungsalternativen.
- Größen, welche die Entscheidungsergebnisse beeinflussen, jedoch selbst als durch die Entscheidung nicht beeinflußbar angenommen werden. Man unterscheidet exogene (Beschreibung einer Zustandseigenschaft außerhalb des Betriebes) und endogene (Beschreibung einer Zustandseigenschaft innerhalb des Betriebes) Entscheidungsparameter.
- Das Ziel als Bewertungs- und Auswahlkriterium. Als Zielausmaße unterscheidet man zuvor festgelegte Anspruchsniveaus (Satisfizierung) und die Extremierung der Zielerreichung.

Aufgabe 2 (2)

In einer Übung genannte beispielhafte Ausprägungen der Merkmale einer Entscheidungssituation

- Ziele: Einkommen, Einfluß, wissenschaftliches Arbeiten (Erkenntnisstreben)
- Alternativen: Studium in weiteren Studienfächern, z. B. Medizin, Informatik, Psychologie, Ernährungswissenschaften, Jura etc.
- Endogene Entscheidungsparameter: Fähigkeiten, Interessen, z. B. mathematische, fremdsprachliche etc.
- Exogene Entscheidungsparameter: wirtschaftliche Entwicklung, Verschuldung der öffentlichen Haushalte, elterliche Vorbelastung.

Aufgabe 2 (3)

Phasen des betrieblichen Entscheidungsprozesses nach Heinen

- Anregung: Problemerkenntnis und Problemdeterminierung
- Suche: Festlegung von Auswahlkriterien, Ermittlung von Handlungsalternativen, deren Beschreibung, Prognose der Parameter und Bewertung der (geschätzten) Entscheidungsergebnisse der einzelnen Alternativen.
- Optimierung: Auswahl der günstigsten Alternative (der eigentliche Entscheidungsakt)
- Durchsetzung: Realisation der Entscheidung und deren Kontrolle (Rückinformation)

Weitere Merkmale

- Die Phasen der Anregung, Suche und Optimierung werden zusammengefaßt unter dem Begriff der Willensbildung. Die Phase der Realisation wird demgegenüber als Willensdurchsetzung bezeichnet.
- In der Realität ist häufig eine Überschneidung der Phasen festzustellen. Die Phasen laufen also nicht scharf abgegrenzt nacheinander ab, sondern überlappen sich teilweise.
- In allen Phasen des Entscheidungsprozesses können Rückkopplungen (Rückinformationen) notwendig werden (z. B. Erkenntnis eines neuen Problembereichs,

Neubewertung der Alternativen, neue Erkenntnisse über Auswahlverfahren, Realisationsprobleme).
- Rekursion in Entscheidungsprozessen

Aufgabe 2 (4)

a) Optimierung b) Anregung c) Durchsetzung d) Suche

Aufgabe 2 (5)

Informationssystem
- Ein Informationssystem besteht aus Menschen und Sachmitteln.
- Ein Informationssystem dient der Rezeption, Transformation, Übertragung, Speicherung, Verarbeitung und der Wiedergewinnung von Informationen.
- In allen Phasen des Entscheidungsprozesses werden Informationen benötigt. Es ist daher durch eine systematische Durchführung der Informationsprozesse sicherzustellen, daß benötigte Informationen rechtzeitig den relevanten Mitarbeitern zur Verfügung stehen.
- Z. B. Rezeption von Veränderungen der Ausschußquote, Speicherung und Retrieval von Informationen über relevante Alternativen, geeignete Verarbeitung zur Ermittlung der bestgeeigneten Handlungsalternative.

Zielsystem
- Das Zielsystem der Unternehmung lenkt die Aufmerksamkeit in den einzelnen Phasen auf einen bestimmten, zielrelevanten Ausschnitt der Problem-, Alternativen- und Parametermenge.
- Das Zielsystem ermöglicht somit eine zielgerechte Zuordnung der knappen Informationsverarbeitungs-, Planungs- und Entscheidungskapazitäten.

Sozialsystem
- Informationen im Entscheidungsprozeß werden auch von Menschen verarbeitet, die Teil des Sozialsystems sind.
- Damit sind neben den formalen Beziehungen und Aufgaben auch (positive und negative) informale Einflüsse auf den Entscheidungsprozeß zu berücksichtigen, z. B. Informationsaustausch über bestehende Probleme zwischen Freunden (Anregungsphase) oder das Zurückhalten wichtiger Informationen über einzelne Alternativen (Suchphase) zwischen sich nicht wohlgesonnenen Mitarbeitern.

Aufgabe 2 (6)

Indifferenz, Konkurrenz, Komplementarität (Unterscheidung nach der Art des Einflusses auf ein anderes Ziel)
- Zwei Ziele werden als indifferent bezeichnet, wenn Maßnahmen zur Erhöhung des Erfüllungsgrades des einen Zieles den Erfüllungsgrad des anderen Ziels nicht beeinflussen. Vollständige Indifferenz ist in der betrieblichen Realität jedoch selten vorzufinden.
- Zwei Ziele werden als komplementär bezeichnet, wenn Maßnahmen zur Erhöhung des Erfüllungsgrades des einen Zieles den Erfüllungsgrad des anderen Ziels erhöhen. Beispiel: Erlössteigerungen führen (bei unverändertem Aufwand) zu einem höheren Gewinn.

- Zwei Ziele werden als konkurrierend bezeichnet, wenn Maßnahmen zur Erhöhung des Erfüllungsgrades des einen Zieles den Erfüllungsgrad des anderen Ziels vermindern. Beispiel: Gewinnverwendung (Ausschüttung oder Thesaurierung von Überschüssen).

Unterziel, Zwischenziel und Oberziel (Unterscheidung nach ursächlicher Verkettung bzw. Position in einer Zweck-Mittelkette)

- Wenn Ziel A Mittel zur Erreichung von Ziel B ist, und Ziel B Mittel zur Erreichung von Ziel C ist, dann ist A Unterziel, B Zwischenziel und C Oberziel (Beispiel: Durch die Verbesserung des Betriebsklimas (Unterziel) wird eine Produktivitätssteigerung (Zwischenziel) erreicht, die dann den Gewinn erhöht (Oberziel))

Haupt- und Nebenziel (Unterscheidung nach Wichtigkeit)

- Das Ziel mit dem höheren Gewicht wird Hauptziel, das mit dem geringeren Gewicht Nebenziel genannt. Bspw. kann eine Unternehmung das Hauptziel Umsatzwachstum und die Nebenziele hohe Löhne und hohe Dividendenausschüttung aufweisen.

Weitere Zielbeziehungen

- Entscheidungsfeldbezogene Zielbeziehungen: Ergeben sich aus der inhaltlichen Struktur der Entscheidungssituation, z. B. Komplementarität und Konkurrenz von Zielen.

- Entscheidungsträgerbezogene Zielbeziehungen: Es wird eine Wertung des Entscheidungsträgers benötigt, z. B. Haupt- und Nebenziel.

- Totale Zielbeziehungen: Ausprägung der Zielbeziehung ist im gesamten Entscheidungsfeld gleichartig.

- Partielle Zielbeziehungen: Innerhalb einer Entscheidungssituation wechseln die Zielbeziehungen, z. B. von komplementär nach konkurrierend. (siehe dazu auch Abb. 2-3 im Text)

Aufgabe 2 (7)

Ziele der Unternehmungsleitung

- Sicherheitsziele: Existenzsicherung
- Expansionsziele: Entfaltung, Einfluß, Arbeitszufriedenheit (Betriebsklima), Image, Macht
- Gewinnziele: Überschuß, Einkommen, Vermögen

Ziele der Mitarbeiter

- Existenzsicherung (soziale Sicherung, Erhalt der Arbeitsplätze)
- Einkommen (Gewinnbeteiligung), Vermögen (Kapitalbeteiligung)
- Betriebsklima, Arbeitszufriedenheit, allgemein soziale Aspekte
- Mitbestimmung und Entfaltung am Arbeitsplatz (Selbstentfaltung, Streben nach interessanten Tätigkeiten)
- Verbesserung der Arbeitssituation (Arbeitszeit, Urlaubsregelung usw.)

Ziele der Kapitaleigner

- Erwerbsinteresse (Möglichst hoher ausgeschütteter Gewinn), Sicherheitsinteresse (Sicherung des eingesetzten Kapitals), Shareholder Value
- Einflußnahme auf die Unternehmensführung

- Einflußnahme auf weitere Entscheidungsprozesse im Unternehmen, z. B. Einrichtung von Stiftungen für soziale Projekte

Aufgabe 2 (8)

Brainstorming

- Konferenztechnik, die von Alex S. Osborn entwickelt wurde. Es wird bezweckt, eine Problemlösung durch spontan hervorgebrachte Ideen zu finden.
- Es versammeln sich 5 - 12 Personen für einen begrenzten Zeitraum (ca. eine Stunde) abgeschirmt von Störungen in einem Raum. Dabei erfolgt auch eine Beteiligung fachfremder Mitarbeiter, um eine größere Varietät bei der Problemsicht zu erreichen.
- Freier Lauf des Ideenflusses: Je ausgefallener die Ideen, desto besser
- Möglichst viele Ideen sollen geäußert werden (Quantität soll Qualität sichern)
- Weiterentwicklung bereits geäußerter Ideen anderer Teilnehmer ist erwünscht
- Ausschaltung jeglicher Kritik an den hervorgebrachten Ideen. Die Würdigung der Ideen erfolgt in einer späteren Bewertungssitzung.

Synektik

- Von W. J. Gordon entwickelte Kreativitätstechnik, bei der das Ausgangsproblem verfremdet wird. Auf der Basis der durch Verfremdung entstehenden Spannung soll das Ausgangsproblem gelöst werden.
- Zusammenstellung von Teams mit 5 - 7 hochqualifizierten kreativen Personen.
- Die teilnehmenden Personen werden bis zu einem Jahr intensiv in dieser Technik geschult.
- Die Sitzungen dieser Synektikteams dauern wesentlich länger als normale Brainstormingsitzungen und können sich über Wochen hinziehen.
- Im Vergleich zum Brainstorming ist die Außergewöhnlichkeit der erarbeiteten Lösungen in der Regel größer.

Vorgehensweise

- Durch Bildung von Analogien (z. B. persönliche Analogien: Wie würde ich wirklich fühlen, wenn ich ein Schwungrad wäre?) wird das Ausgangsproblem verfremdet.
- Für dieses Problem wird nun eine Lösung gesucht.
- Mit Hilfe des sogenannten "force fitting" wird versucht, diese Lösung auf das Ausgangsproblem zu übertragen.

Aufgabe 2 (9)

Vorgehen

- Generieren einer Merkmalsliste mit zugehörigen Merkmalsausprägungen
- Erzeugen von Alternativen durch sinnvolle Verknüpfung von Merkmalsausprägungen

Beispiel

Merkmale	Merkmalsausprägungen		
Kaufkraft der Zielgruppe	hoch	mittel	niedrig
Wettbewerbsstrategie	Kostenführerschaft	Differenzierung	Nischenpolitik
Betriebstyp	Discounter	Versand	Fachgeschäft
Lage	Innenstadt	Industriegebiet	„Garage"
Absatzkontakt	WWW	Telefon	persönlich
Werbemedien	Zeitschriften	WWW	Flugblätter
Warenart	No name	Handelsware	Markenware

- Markiert sind zwei Alternativen mit den entsprechenden Kombinationen von Merkmalsausprägungen: ein Versandunternehmen und ein „Fachgeschäft in der Garage"

Aufgabe 2 (10) a)

- Modell: Vereinfachtes Abbild der Realität, das deren wesentliche Züge enthält
- Ein Beschreibungsmodell dient der Veranschaulichung komplexer realer Phänomene, z. B. anhand von verbalen Erläuterungen, Skizzen, Symbolen, Tabellen
- Einfache Beschreibungsmodelle sind bspw. Angaben über Kapazitätsgrenzen, Faktorverbräuche, Produktions- und Verkaufsmengen. Komplexe Beschreibungsmodelle sind bspw. die Buchhaltung, Kennzahlensysteme

b) Der Zweck eines Erklärungsmodells besteht darin, die Konsequenzen der Ausprägung von Entscheidungsalternativen ggf. unter Berücksichtigung von Entscheidungsparameterkonstellationen aufzuzeigen.

- Man unterscheidet im wesentlichen verbale Erklärungen von Ursache-Wirkungszusammenhängen und symbolische Modelle, die mit mathematisch-formalen Hilfsmitteln Zusammenhänge zwischen den unabhängigen und abhängigen Variablen aufzeigen.
- Beispiele: Produktionsfunktion als Graphik oder als Formel und verbale Erläuterung der Zusammenhänge

c) Durch Hinzunahme einer Zielsetzung zu einem Erklärungsmodell mit anschließender Umformung kann ein Entscheidungsmodell konstruiert werden.

- Beispiele: Modell des Mengenanpassers einschließlich der Zielsetzung der Minimierung der gesamten Durchschnittskosten oder Maximierung des Gewinns, LP-Modell zur Produktionsprogrammplanung

Aufgabe 2 (11)

Gründe für die Unvollkommenheit von Informationen am Beispiel der Beschaffung eines Rohstoffs

- Unvollständigkeit: Problemrelevante Informationen fehlen. Dies kann sich beziehen auf Ziele, Alternativen und Parameter einer Entscheidung. Das Zielkriterium im Rahmen der Beschaffungsentscheidung ist nicht angegeben z. B. Preis oder

Qualität. Wichtige Alternativen, z. B. wichtige Lieferanten und deren Lieferkonditionen, sind nicht bekannt. Die zukünftige Preisentwicklung des zu beschaffenden Rohstoffes ist nicht bekannt, d. h. Unvollständigkeit in bezug auf die Parameterausprägungen der Entscheidung.

- Unbestimmtheit: Die Informationen können unbestimmt, unpräzise oder unscharf formuliert sein. Bezogen auf die Entscheidungssituation liegen nicht operationale Ziele vor (z. B. günstiger Preis und hohe Qualität), Alternativen sind nicht ausreichend präzisiert, z. B. ist ein Artikel eines Lieferanten lediglich als preiswert bekannt. Außerdem können Parameter unscharf formuliert sein.
- Fehlende Sicherheit: Betriebliche Entscheidungen beziehen sich immer auf die Zukunft. Aus erkenntnistheoretischer Sicht ist es bedenklich, aus Beobachtungen der Vergangenheit ein allgemeines betriebswirtschaftliches Gesetz zu formulieren. Betriebliche Entscheidungen, insb. die zukünftigen Ausprägungen der Entscheidungsparameter, sind daher häufig durch fehlende Sicherheit gekennzeichnet.

Aufgabe 2 (12)

- Regelung ist ein Lenkungsprinzip, das insbesondere für Prozesse eingesetzt werden kann, die über einen längeren Zeitraum laufen und Entscheidungen unter fehlender Sicherheit beinhalten.
- Wesentliche Elemente eines Regelkreises sind die Regeleinrichtung und die Regelstrecke, Sollwert, Stellgröße, Störgrößen, Regelgröße und als eigentliches Ckarakteristikum die Rückkopplung (Rückinformation).
- Den von außen gegebenen Sollwert (Absatzmenge) versucht die Regeleinrichtung (Absatzleitung) durch entsprechende Wahl der Stellgröße (Preis, Werbung) zu erreichen. Die Stellgröße wirkt dann auf das zu lenkende System, d. h. die Regelstrecke (Absatzmarkt), ein. Die Regelstrecke, auf die neben der Stellgröße auch die Störgrößen (Kaufkraft, Konkurrenz) einwirken erzeugt die Regelgröße (tatsächliche Absatzmenge). Diese wird erfaßt und mit dem Sollwert verglichen. Besteht eine Regelabweichung, wird die Regeleinrichtung einen weiteren Eingriff vornehmen. (siehe dazu auch Abb. 2-12 im Text)

Aufgabe 2 (13)

Integration von Planungssystemen

- Integration von Planungssystemen bedeutet, daß die kürzerfristigen Planungsperioden eine Teilmenge der längerfristigen Planungsperioden darstellen.
- Angenommen es wird eine Planung der Produktionsmengen für das kommende Quartal, das kommende Jahr und die kommenden vier Jahre vorgenommen. Dieses Planungssystem ist dann integriert, wenn die kurzfristige Quartalsplanung Teil der mittelfristigen Jahresplanung ist und diese wiederum Teil der langfristigen Vier-Jahresplanung ist. (siehe auch Abb. 2-16 im Text)

Rollende Planung

- Das Grundprinzip der rollenden Planung bezieht sich auf die Fortschreibung der Planungen im Zeitablauf. Rollend ist die Planung, wenn nach Ablauf einer Planungsperiode der Planungshorizont konstant bleibt. Dazu wird bspw. nach Ablauf eines Quartals eine kurzfristige Planung der Produktionsmengen für die Quartale 2 bis 5 erstellt. Dazu muß lediglich die Planung für das fünfte Quartal neu erstellt werden.
- Ähnlich verfährt man mit den längerfristigen Planungen. Allerdings wird insbesondere in langfristiger Perspektive die Planung erst dann erneuert, wenn die Be-

zugsperiode (ein Jahr) abgelaufen ist. D. h. also im Beispiel der Produktionsmengenplanung, daß die Planung für das fünfte Jahr (die Quartale 17 bis 20) erst erstellt wird, wenn das erste Jahr abgelaufen ist.

Aufgabe 2 (14)

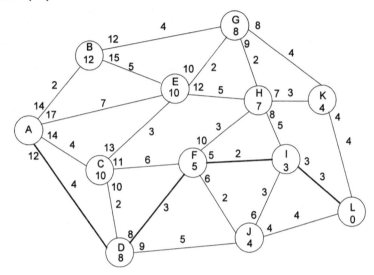

Die kürzeste Wegstrecke beträgt 12 Entfernungseinheiten. Der kürzeste Weg führt über die Knoten A-D-F-I zum Knoten L

Aufgabe 2 (15)

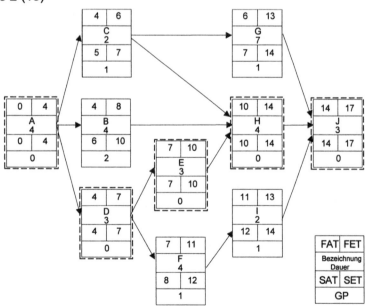

Aufgabe 2 (16)

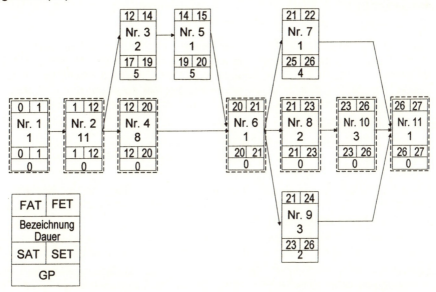

Der kritische Vorgangsfolge verläuft entlang der Knoten 1, 2, 4, 6, 8, 10 bis zum Knoten 11

Aufgabe 2 (17)

a) Problemstruktur

- In Entscheidungssituationen bei mehrfacher Zielsetzung wird diejenige Alternative gesucht, die im Hinblick auf mehrere Ziele zu einem insgesamt "maximalen" Zielerreichungsgrad führt. Zur Unterstützung einer Lösung derartiger Entscheidungsprobleme kommen zunächst Dominanz- und Effizienzbetrachtungen zum Einsatz.

Dominanzbegriff

- Eine Alternative x´ dominiert eine weitere Alternative x´´, wenn die Erreichungswerte der ersten Alternative hinsichtlich aller Ziele größer oder gleich jener der zweiten Alternative sind und die Alternative x´ hinsichtlich mindestens eines Zieles eine bessere Ausprägung des Zielerreichungswertes aufweist.

Effizienzbegriff

- Eine Handlungsalternative ist effizient hinsichtlich der untersuchten Zielkriterien, wenn keine andere Handlungsalternative existiert, die zumindest ein Ziel weitergehend erreicht, ohne zugleich mindestens im Hinblick auf ein weiteres Ziel eine geringere Ausprägung des Zielerreichungswertes aufzuweisen.
- Von Interesse sind jene Alternativen, die nicht dominiert werden. Effiziente Alternativen werden nicht dominiert. („Effizienter Rand")

b) Beispiele für dominierte bzw. dominierende Alternativen

- Alternative 6 dominiert Alternative 8, Alternative 2 dominiert Alternative 9
- Alternative 8 wird bspw. von den Alternativen 6 und 9 dominiert

Effiziente Alternativen

- Alternativen 1, 3, 4, 7, 10

Aufgabe 2 (18)

Problemstellung

- Die weitere Einengung des Alternativenraumes und die Auswahl der besten Handlungsalternative aus der Menge der effizienten Alternativen erfordert zusätzliche Informationen darüber, welche Bedeutung der Entscheidungsträger den einzelnen Zielen beimißt. Da es letztlich auf einen Kompromiß zwischen den Zielsetzungen hinausläuft, bezeichnet man die Ansätze auch als Kompromißmodelle.

Kompromißmodelle

- Interaktive Bewertung der Alternativen: Jeweils zwei Alternativen werden verglichen. Die bessere wird dann wiederum mit einer weiteren Alternative solange verglichen, bis keine weitere Verbesserung mehr möglich ist.
- Vorgabe von Intervallen für die Zielerreichungswerte: Vorgabe von Mindest- und Höchstwerten für die Zielerreichungswerte der Alternativen zur Reduktion der Anzahl der zu bewertenden Alternativen.
- Bildung einer - hypothetischen - idealen Alternative mit anschließender Bestimmung der (realen) Alternative mit dem geringsten Abstand zu dieser Ideallösung.
- Multiattributive Nutzentheorie, die z. B. in der Form von Scoring-Modellen, Nutzwertanalysen oder Punktbewertungsmodellen die Zusammenfassung der Erreichungswerte einzelner Alternativen in bezug auf mehrere gewichtete Zielkriterien zu einer skalaren Größe bezwecken. Anhand der Rangfolge der Werte dieses Ersatzkriteriums erfolgt die Auswahl.

Aufgabe 2 (19)

Zweck

- Zweck der Anwendung der multiattributiven Nutzentheorie ist die Ermittlung eines Ersatzkriteriums, mit dessen Hilfe der Zielerreichungsvektor Z (u) zu einer skalaren Größe G (u) für jede Alternative zusammengefaßt werden kann.
- Auf diese Weise wird das Entscheidungsproblem bei mehrfacher Zielsetzung auf eines mit einfacher Zielsetzung reduziert.

Vorgehensweise

- Bei Anwendung von Verfahren der multiattributiven Nutzentheorie werden Gewichtungsfaktoren für die einzelnen Ziele eingeführt, mit denen die Bewertung der Wichtigkeit der einzelnen Ziele durch den Entscheidungsträger abgebildet wird.
- Anschließend werden jeder Alternative Zielerreichungsgrade (z. B. Geschwindigkeit im Beispiel der Vorlesung) zugeordnet, die dann mit dem gewählten Gewichtungsfaktor gewichtet werden. Ist eine Addition der Werte möglich, kann das Problem folgendermaßen formalisiert werden:

$$G(u) = \sum_i g_i \cdot Z_i(u)$$

- Anhand des skalaren Wertes G (u) können die einzelnen Alternativen in eine Rangfolge gebracht werden, welche die Auswahl der bestgeeigneten ermöglicht.

Aufgabe 2 (20)

a) Lösungsansatz
- Visualisierung der Zielerreichungsgrade in einem Polarkoordinatensystem
- Paarvergleiche der einzelnen Alternativen, z. B. indem geringere Zielerreichungsgrade einer Alternative mit Kosten belegt werden. Man wählt dann die Alternative, die insgesamt zu geringsten Kosten führt.

b) Ein mögliches, subjektives Ergebnis inkl. Bewertung der Methodik
- Bevorzugt wird Alternative 1. Ausschlaggebend gegenüber Alternative 2 sind die niedrigen Betriebskosten (1000 GE weniger bei einer Laufleistung von 20.000 km/Jahr) und die gute Ausstattung (Klimaanlage, Zentralverriegelung). Schwächen beim Geradeauslauf und bei den Sicherheitseinrichtungen werden jeweils mit Kosten für eine Reparatur bzw. einer Nutzeneinbuße von 250 GE kalkuliert. Alternative 1 hat also geringere Kosten. Alternative 3 ist in der Unterhaltung zu teuer und insb. zu langsam. Sie wird daher aus der Betrachtung ausgeschlossen.
- Vorteil von Paarvergleichen ist bei wenigen Alternativen die unkomplizierte Durchführung. Nachteilig wirkt sich aus, daß die Entscheidungsfindung ausgesprochen subjektiv erfolgt.

Einsatz von Punktbewertungsmodellen
- Problem der Scheingenauigkeit, da auch Gewichte und Punktwerte auf individuellen, subjektiven Bewertungen beruhen. Relativ aufwendig.
- Soll eine gewichtete Durchschnittspunktsumme berechnet werden, so ist es erforderlich, daß die Punktwerte verhältnisskaliert sind. Damit müssen erstens die Abstände zwischen den Punktwerten interpretierbar sein, d. h. der Punktwert 2 muß im Vergleich zum Punktwert 1 doppelt soviel wert sein. Der Punktwert 3 muß entsprechend genau dreimal so groß sein. Zweitens muß ein absoluter Nullpunkt existieren. Bspw. muß dann eine Alternative 0 mit dem Meßwert 0 existieren, ohne daß sich die Bewertung der anderen Alternativen ändert.
- Vorsicht ist insbesondere geboten, wenn viele Zielkriterien eingeführt werden, da dann häufig Abhängigkeiten zwischen diesen Zielkriterien entstehen. Dies hat eine Verfälschung der Gewichtung und möglicherweise nichtlineare Beziehungen zur Folge. Trifft letzteres zu, so dürfte das additive Modell nicht angewendet werden.
- Weiterhin dürfen keine Abhängigkeiten zwischen einzelnen Attributausprägungen vorliegen. Bspw. darf man hinsichtlich der Sicherheitseinrichtungen bei Alternative 3 den höchsten Punktwert nicht mit der Begründung vergeben, daß man einen Airbag und Seitenaufprallschutz bei der niedrigen Höchstgeschwindigkeit für nicht notwendig erachtet. Sollten derartige Abhängigkeiten existieren, liegen nichtlineare Beziehungen vor. Die Punktwerte dürften dann zur Durchschnittsbildung nicht addiert werden.

Aufgabe 3 (1)

1. Schritt
- Menschliche Arbeitsleistung
- Betriebsmittel
- Werkstoffe

2. Schritt

Aufteilung des Elementarfaktors menschliche Arbeitsleistung in dispositive Arbeit und objektbezogene Arbeit. Der dispositive Faktor wird als Geschäfts- und Betriebsleitung abgespalten.

3. Schritt

Aufteilung des dispositiven Faktors in Geschäfts- und Betriebsleitung, Planung und Betriebsorganisation.

Elementarfaktoren

- Objektbezogene, menschliche Arbeitsleistung: Unter objektbezogenen menschlichen Arbeitsleistungen werden alle diejenigen Tätigkeiten verstanden, die unmittelbar mit der Leistungserstellung, mit der Leistungsverwertung und mit finanziellen Aufgaben im Zusammenhang stehen, also ausführende Arbeitsleistungen.
- Betriebsmittel: Man faßt darunter alle Einrichtungen und Anlagen zusammen, welche die technische Voraussetzung zur Leistungserstellung bilden. Zu den Arbeits- und Betriebsmitteln gehören alle bebauten oder unbebauten Grundstücke des Betriebes, die Gesamtheit aller maschinellen Apparaturen, wie z. B. Arbeits- und Kraftmaschinen, Behälter, Öfen, Fördereinrichtungen usw. Gutenberg zählt auch die sogenannten Betriebsstoffe (z. B. Schmiermittel) zu den Betriebsmitteln.
- Werkstoffe: alle Rohstoffe, Halb- und Fertigerzeugnisse, die als Ausgangs- oder Grundstoffe für die Herstellung von Erzeugnissen zu dienen bestimmt sind.

Dispositiver Faktor

- Geschäfts- und Betriebsleitung (originär): ist mit der Leitung und der Lenkung der betrieblichen Vorgänge betraut. Es handelt sich um führende, planende, organisierende Arbeiten.
- Planung (derivativ): Durch Planung soll das von der Geschäfts- und Betriebsleitung Gewollte in rational formulierte betriebliche Handlungsanleitungen umgesetzt werden.
- Betriebsorganisation (derivativ): Organisation ist nach Gutenberg die konkrete betriebliche Realisierung der geplanten Maßnahmen.

Aufgabe 3 (2)

Potentialfaktoren

- Potentialfaktoren stellen ein Potential dar, das auf längere Zeit in der Lage ist, genutzt zu werden und dadurch Leistungen abzugeben.
- Beispiele: menschliche Arbeitskräfte und Betriebsmittel ohne Betriebsstoffe, z. B. Grundstücke, Gebäude, Maschinen.

Repetierfaktoren

- Repetierfaktoren bzw. Verbrauchsfaktoren werden dagegen durch den Produktionsprozeß verbraucht. Sie können substantiell in die Produkte eingehen (z. B. Werkstoffe) oder auch nicht (z. B. Betriebsstoffe).
- Beispiele: Werkstoffe und Betriebsstoffe.
- Siehe dazu auch Abb. 3-6 im Text

Aufgabe 3 (3)

Extremformen der Verwirklichung des Massenprinzips nach Schäfer

Massenfertigung

- Bei reiner Massenfertigung wird fortlaufend das gleiche Produkt erzeugt, z. B. Wassergewinnung oder Schwefelsäureproduktion.
- Zeitlich wechselnde Massenfertigung beinhaltet die Produktion nah verwandter Produkte in zeitlichem Nacheinander auf den gleichen Maschinen, z. B. Brauen verschiedener Biersorten in einem Kessel.

Einzelfertigung

- Fertigung von Produkten im Hinblick auf kundenindividuelle Anforderungen. In der Regel beginnt die Fertigung erst, wenn der Auftrag eines Kunden eingegangen ist.
- Produkte stellen häufig für den Kunden Investitionsgüter dar, z. B. Werkzeugmaschinen. Einzelfertigung im Konsumbereich ist momentan von untergeordneter Bedeutung, z. B. Maßanzüge.

Aufgabe 3 (4)

a_2 dominiert a_1 und a_3; a_6 dominiert a_5. a_2, a_4 und a_6 sind effizient.

Aufgabe 3 (5)

Bedeutung von Innovationen

- Innovatoren und Innovationen haben einen großen Einfluß auf die wirtschaftliche Entwicklung einer Volkswirtschaft. Die Steigerung des Volkseinkommens erfolgt durch erhöhte Faktorentgelte, die der Innovator zahlt.
- Betriebe, die erhöhte Faktorentgelte nicht zahlen können oder deren Produkte nicht mehr mit den innovativen Produkten konkurrieren können, scheiden aus dem Markt aus. („Schöpferische Zerstörung")
- Aus betriebswirtschaftliche Sicht durchlaufen Produkte einen Lebenszyklus. Sie sollten daher rechtzeitig durch neue Produkte ersetzt werden.
- In der Wachstumsphase hat das innovative Unternehmen eine zeitlich begrenzte Monopolstellung, aus der es erhöhte Gewinne ziehen kann.

Förderung von Innovationen

- Schutzrechte, d. h. insbesondere Patente und Gebrauchsmuster, sollen es dem Innovator ermöglichen, ausreichende Einzahlungsüberschüsse zu realisieren, um aufgenommene Kredite zu tilgen oder neue Innovationsprozesse zu finanzieren.
- Steigerung der Fähigkeiten der Mitarbeiter des Unternehmens. („Intrapreneure") Systematische Forschungs- Entwicklungsprozesse durchführen.
- Angemessene Gestaltung der Handlungsrechte. Bspw. sollte die höhere Scheiternswahrscheinlichkeit innovativen Handelns bei der Sanktionierung der Verantwortlichen einer gescheiterten Markteinführung berücksichtigt werden.

Aufgabe 3 (6)

Produktionsfunktion

$$r_i = g_i(x_1, x_2, ..., x_s); i = 1, 2, ..., n$$

Ableitung der Kostenfunktion

- Die Kostenfunktion wird ermittelt durch Multiplikation der in der Produktorfunktion angegebenen Faktoreinsatzmengen (r_i) mit den jeweiligen Faktorpreisen (p_i).
- Es resultiert eine (monetäre) Produktionsfunktion, die zur Kostenfunktion umgeformt wird.

$$K = \sum_{i=1}^{n} p_i * r_i = \sum_{i=1}^{n} p_i * g_i(x_1, x_2, \ldots, x_s) = h(x_1, x_2, \ldots, x_s)$$

Aufgabe 3 (7) a)

Allgemeine Produktorfunktion
$\quad R_1 : r_1 = g_1(x_1, x_2)$
$\quad R_2 : r_2 = g_2(x_1, x_2)$

Produktorfunktionen der Unternehmung
$\quad R_1 : r_1 = 3 x_1 + 1 x_2$
$\quad R_2 : r_2 = 2 x_1 + 4 x_2$

b)

$$K = \sum_{i=1}^{2} p_i * r_i = p_1 * r_1 + p_2 * r_2$$

$$\begin{aligned} K = \sum_{i=1}^{2} p_i * g_i(x_1, x_2) &= p_1 * g_1(x_1, x_2) + p_2 * g_2(x_1, x_2) \\ &= 35 * (3 x_1 + 1 x_2) + 25 * (2 x_1 + 4 x_2) \\ &= 105 x_1 + 35 x_2 + 50 x_1 + 100 x_2 \\ &= 155 x_1 + 135 x_2 \end{aligned}$$

Aufgabe 3 (8)

Falsch ist folgende Vorgehensweise

$$x[ME\,X] = \frac{1}{1}\left[\frac{ME\,R_1}{ME\,X}\right] \cdot r_1[ME\,R_1] + \frac{4}{1}\left[\frac{ME\,R_2}{ME\,X}\right] \cdot r_2[ME\,R_2] + \frac{8}{1}\left[\frac{ME\,R_3}{ME\,X}\right] \cdot r_3[ME\,R_3]$$

- Man erkennt deutlich, wenn man die Dimensionen mitführt, daß die Gleichung falsch formuliert ist. Die Dimensionen der beiden Seiten sind verschieden.
- Man sollte daher die Dimensionen mitführen, wenn man sich bei der Formulierung der Produktionsfunktion nicht sicher ist.

Falsch ist auch folgende Produktfunktion

$$x[ME\,X] = \frac{1}{1}\left[\frac{ME\,X}{ME\,R_1}\right] \cdot r_1[ME\,R_1] + \frac{1}{4}\left[\frac{ME\,X}{ME\,R_2}\right] \cdot r_2[ME\,R_2] + \frac{1}{8}\left[\frac{ME\,X}{ME\,R_3}\right] \cdot r_3[ME\,R_3]$$

- Zwar sind die Produktionskoeffizienten nun richtig formuliert.
- Doch beim Einsetzen konkreter Werte für die unabhängigen Variablen erkennt man, daß dies kein gangbarer Weg ist.

- Seien folgende Werte gegeben: $r_1 = 5$, $r_2 = 0$ und $r_3 = 0$

$$x\,[ME\ X] = \frac{1}{1} \cdot 5 + \frac{1}{4} \cdot 0 + \frac{1}{8} \cdot 0 = 5$$

- Offensichtlich kann man mit den gegebenen Faktormengen nicht fünf Tische, sondern keinen montieren.
- Eine solche Produktfunktion ist falsch, weil die Faktoreinsatzmengen in diesem Montageprozeß nicht unabhängig voneinander sind. Vielmehr müssen die Faktoreinsatzmengen in einem festen Verhältnis zueinander stehen und können gegeneinander nicht substituiert werden (Limitationalität). Dies ist bei obiger Funktion nicht modelliert.

Möglich ist folgende Produktfunktion

$$x = \text{größte ganze Zahl} \leq \min\left\{1 \cdot r_1\,;\,\frac{1}{4} \cdot r_2\,;\,\frac{1}{8} \cdot r_3\right\}$$

Einsetzen der oben gegebenen konkreten Werte führt zu

$$x = \text{größte ganze Zahl} \leq \min\left\{1 \cdot 5\,;\,\frac{1}{4} \cdot 0\,;\,\frac{1}{8} \cdot 0\right\} = 0$$

- Mit dieser Funktion wird zum Ausdruck gebracht, daß eine Abhängigkeit zwischen den Faktoreinsatzmengen existiert. Der Engpaßfaktor begrenzt hier die Endproduktmenge.
- Mit Hilfe dieser Produktfunktion wird die Fragestellung beantwortet, wieviele Einheiten an Endprodukten man mit gegebenen Faktoreinsatzmengen erzeugen kann.

Richtig sind auch die folgenden Produktorfunktionen

$$r_1 = \frac{1}{1}\left[\frac{ME\ R_1}{ME\ X}\right] \cdot x\,[ME\ X]$$

$$r_2 = \frac{4}{1}\left[\frac{ME\ R_2}{ME\ X}\right] \cdot x\,[ME\ X]$$

$$r_3 = \frac{8}{1}\left[\frac{ME\ R_3}{ME\ X}\right] \cdot x\,[ME\ X]$$

- Sollen bspw. fünf Tische montiert werden, so resultiert als notwendiger Faktoreinsatz $r_1 = 5$, $r_2 = 20$ und $r_3 = 40$
- Mittels Produktorfunktionen wird die Frage nach den notwendigen Faktoreinsatzmengen bei gegebener Endproduktmenge beantwortet.

Aufgabe 3 (9)

Veränderungen des Beschäftigungsgrades
- Variation des Verhältnisses von Istproduktion zur Kannproduktion

Anpassungsmöglichkeiten an Veränderungen des Beschäftigungsgrades
- Intensitätsmäßige Anpassung: Dies bedeutet eine höhere Leistung je Zeiteinheit bei unveränderter Betriebszeit und gleichbleibender Betriebsmittelzahl; z. B. wird

ein Dieselaggregat mit höherer Geschwindigkeit betrieben oder die Geschwindigkeit eines Fließbandes wird erhöht
- Quantitative Anpassung: Stillegung bzw. Wiedereingliederung homogener Produktionsfaktoren bei Konstanthaltung der Intensität und Zeit; z. B. werden Maschinen bei einer Anpassung an eine sinkende Beschäftigung zeitweilig stillgelegt und bei Bedarf wieder in den Produktionsprozeß integriert, jedoch nicht verkauft
- Zeitliche Anpassung: Variation der Betriebszeit bei konstanter Intensität und unveränderter Anzahl von Betriebsmitteln; z. B. Überstunden, Kurzarbeit, Streichung oder Einführung einer Schicht

Aufgabe 3 (10)

- Im Hinblick auf den Kostenverlauf bei intensitätsmäßiger Anpassung kann keine generelle Aussage gemacht werden, da dieser von den technischen Bedingungen der einzelnen Betriebsmittel abhängig ist. Möglich sind bspw. u-förmige Verbrauchsfunktionen, die dann zu s-förmigen Kostenfunktionen führen.
- Der Gesamtkostenverlauf bei zeitlicher Anpassung ist linear. Die Steigung erhöht sich ab der Produktionsmenge, die nur durch Überstunden erreicht werden kann. (siehe dazu und auch zum Verlauf der Grenz- und Durchschnittskosten Abb. 3-26 im Text)
- Bei rein quantitativer Anpassung besteht die Kostenfunktion aus einzelnen Punkten. Lediglich die variablen Kosten ändern sich in Abhängigkeit der Ausbringungsmenge. (siehe auch Abb. 3-24 im Text)

Aufgabe 3 (11)

Dimensionierende Betriebsgrößenvariation (Ersatz vorhandener Anlagen durch Betriebsmittel mit einer anderen Kapazität)
- Bei einer Expansion sind die neuen Produktionsverfahren typischerweise durch höhere Fixkosten und niedrigere variable Stückkosten gekennzeichnet
- Des weiteren ist üblicherweise die Maximalkapazität der neuen Betriebsmittel größer als die der ersetzten
- Durch fortlaufende Anwendung dimensionierender Betriebsgrößenvariation entsteht eine in Abb. 3-31 beispielhaft veranschaulichte langfristige Gesamtkostenkurve

Multiple Betriebsgrößenvariation (Neuanschaffung bzw. Verkauf gleichartiger Betriebsmittel)
- Im Vergleich zur quantitativen Anpassung ist hier auch Einsparung intervallfixer Kosten bei Verkauf möglich
- Die Kostenfunktion, die bei rein multipler Betriebsgrößenvariation aus einzelnen Punkten besteht, hat daher eine größere Steigung als bei quantitativer Anpassung
- Die Einsparung von Abschreibungen erfolgt allerdings nur teilweise, wenn der Verkauf unter Buchwert erfolgt
- Oft wird diese Kostenfunktion treppenförmig dargestellt. Diese Teile der Funktion sind allerdings nur in Kombination mit zeitlicher oder intensitätsmäßiger Anpassung realisierbar. (siehe auch Abb. 3-32 im Text)

Aufgabe 3 (12) a)

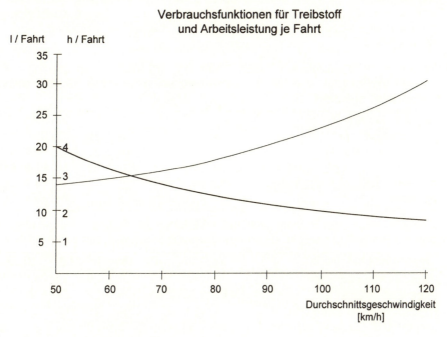

b)

Geschwindigkeit [km/h]	50	60	70	80	90	100	110	120
Treibstoffverbrauch [l/Fahrt]	14	14,6	15,8	17,6	20	23	26,6	30,8
Arbeitszeit [h/Fahrt]	4,00	3,33	2,86	2,50	2,22	2,00	1,82	1,67
Treibstoffkosten [GE/Fahrt]	21	21,9	23,7	26,4	30	34,5	39,9	46,2
Opportunitätskosten [GE/Fahrt]	32	26,7	22,9	20	17,8	16	14,5	13,3
Gesamtkosten [GE/Fahrt]	53	48,6	46,6	46,4	47,8	50,5	54,4	59,5

Bei einem Treibstoffpreis von 1,50 GE und Opportunitätskosten von 8 GE je Stunde wird die Minimalkostenkombination bei einer Geschwindigkeit von 80 km/h errechnet. Der notwendige Faktoreinsatz beträgt für Treibstoff 17,6 l/Fahrt und für die Arbeitszeit 2,5 h/Fahrt. (Da der Kostenanstieg beim Übergang von 80 auf 90 km/h wesentlich größer ist als beim Übergang von 80 auf 70 km/h würde eine genauere Diskretisierung der Geschwindigkeiten zu einem Wert zwischen 70 und 80 km/h führen.)

Wird der Treibstoffpreis auf 2 GE/l erhöht, so wird bei den hier gewählten Geschwindigkeitswerten die Minimalkostenkombination bei einer Geschwindigkeit von 70 km/h errechnet.

Geschwindigkeit [km/h]	50	60	70	80	90	100	110	120
Treibstoffverbrauch [l/Fahrt]	14	14,6	15,8	17,6	20	23	26,6	30,8
Arbeitszeit [h/Fahrt]	4,00	3,33	2,86	2,50	2,22	2,00	1,82	1,67
Treibstoffkosten [GE/Fahrt]	28	29,2	31,6	35,2	40	46	53,2	61,8
Opportunitätskosten [GE/Fahrt]	32	26,7	22,9	20	17,8	16	14,5	13,3
Gesamtkosten [GE/Fahrt]	60	55,9	54,5	55,2	57,8	62	67,7	75,1

Beträgt dagegen der Stundensatz statt 8 GE/h nun 15 GE/h, so wird die Minimalkostenkombination bei einer Geschwindigkeit von 90 km/h errechnet.

Geschwindigkeit [km/h]	50	60	70	80	90	100	110	120
Treibstoffverbrauch [l/Fahrt]	14	14,6	15,8	17,6	20	23	26,6	30,8
Arbeitszeit [h/Fahrt]	4,00	3,33	2,86	2,50	2,22	2,00	1,82	1,67
Treibstoffkosten [GE/Fahrt]	21	21,9	23,7	26,4	30	34,5	39,9	46,2
Opportunitätskosten [GE/Fahrt]	60	50	42,9	37,5	33,3	30	27,3	25
Gesamtkosten [GE/Fahrt]	81	71,9	66,6	63,9	63,3	64,5	67,2	71,2

c)

Geschwindigkeit [km/h]	50	60	70	80	90	100	110	120
Treibstoffverbrauch [l/Fahrt]	14	14,6	15,8	17,6	20	23	26,6	30,8
Gesamttreibstoffverbrauch in [l]	140	146	158	176	200	230	266	308
Arbeitszeit [h/Fahrt]	4,00	3,33	2,86	2,50	2,22	2,00	1,82	1,67
Gesamtarbeitszeit in [h]	40	33,3	28,6	25	22,2	20	18,2	16,7
Treibstoffkosten [GE/Fahrt]	21	21,9	23,7	26,4	30	34,5	39,9	46,2
Opportunitätskosten [GE/Fahrt]	32	26,7	22,9	20	17,8	16	14,5	13,3
Gesamtkosten [GE/Fahrt]	53	48,6	46,6	46,4	47,8	50,5	54,4	59,5
Gesamtkosten [GE] für 2,0t	530	486	466	464	478	505	544	595

Erhöht sich in dieser Situation die Beschäftigung bspw. um 10% auf die Transportmenge von 2,2 t Marmor, entwickeln sich die Gesamtkosten bei intensitätsmäßiger Anpassung wie folgt:

Gesamtarbeitszeit konstant	40	33,3	28,6	25	22,2	20	18,2	16,7
Arbeitszeit [h/Fahrt]	3,64	3,03	2,6	2,27	2,02	1,82	1,65	1,52
Geschwindigkeit [km/h]	55	66	77	88	99	110	121	132
Treibstoffverbrauch [l/Fahrt]	14,3	15,3	17,1	19,5	22,7	26,6	31,2	35,8
Treibstoffkosten [GE/Fahrt]	21,5	23	25,6	29,3	34,1	39,9	46,8	53,8
Opportunitätskosten [GE/Fahrt]	29,1	24,2	20,8	18,2	16,2	14,5	13,2	12,1
Gesamtkosten [GE/Fahrt]	50,5	47,2	46,4	47,5	50,2	54,4	60,1	65,9
Gesamtkosten [GE] für 2,2t	556	519	510	522	552	599	661	725

In der folgenden Tabelle ist angegeben, inwiefern sich eine zeitliche Anpassung an diese Beschäftigungsänderung (d. h. hier 10% längere Gesamtarbeitszeit) auf die Gesamtkosten auswirkt.

Geschwindigkeit konstant	50	60	70	80	90	100	110	120
Treibstoffverbrauch [l/Fahrt]	14	14,6	15,8	17,6	20	23	26,6	30,8
Gesamttreibstoffverbrauch in [l]	154	161	174	194	220	253	293	339
Arbeitszeit [h/Fahrt]	4,00	3,33	2,86	2,50	2,22	2,00	1,82	1,67
Gesamtarbeitszeit in [h]	44	36,7	31,4	27,5	24,4	22	20	18,3
Treibstoffkosten [GE/Fahrt]	21	21,9	23,7	26,4	30	34,5	39,9	46,2
Opportunitätskosten [GE/Fahrt]	32	26,7	22,9	20	17,8	16	14,5	13,3
Gesamtkosten [GE/Fahrt]	53	48,6	46,6	46,4	47,8	50,5	54,4	59,5
Gesamtkosten [GE] für 2,2t	583	534	512	510	526	556	599	655

Aufgabe 3 (13)

Werkstattfertigung

- Betriebsmittel, die ähnliche Fertigungsverfahren ausführen, werden zusammengefaßt, z. B. Fräs-, Bohr- oder Schweißmaschinen.
- Die Werkstücke werden in wechselnder, ungebundener Reihenfolge zwischen den verschiedenen Arten von Produktionssystemen hin und her transportiert, um dort in der jeweils erforderlichen Weise bearbeitet zu werden.
- Beispiel zur Werkstattfertigung siehe Abb. 3-33 im Text

Fließfertigung

- Betriebsmittel und Arbeitskräfte werden so angeordnet, wie es der Ablauf der Produktion erfordert.

   (a) Räumlich gebundene Fließfertigung ist gegeben, wenn die Betriebsmittel entsprechend der erforderlichen Folge der Bearbeitungsschritte angeordnet werden.

   (b) Häufig wird zusätzlich eine zeitliche Bindung zwischen den Betriebsmitteln vorgenommen, d. h. der Transport zwischen den nacheinander angeordneten Betriebsmitteln erfolgt mit einer Transporteinrichtung, die dauerhaft nach einem festgelegten Tempo arbeitet. (z. B. Fließbandfertigung)

- Beispiel zur Fließfertigung siehe Abb. 3-34 im Text

Aufgabe 3 (14)

Begriff der Gruppenfertigung

- Gruppenfertigung bedeutet, daß teilautonomen Arbeitsgruppen in der Fertigung größere Aufgabenkomplexe übertragen werden, deren Lösung gruppenintern und eigenverantwortlich erfolgt.
- Typischerweise werden der Gruppe Planungs-, Instandhaltungs-, Kontroll- und Qualitätssicherungsaufgaben übertragen, die zuvor eine zentrale Instanz wahrnahm. Danach bestimmt bspw. die Gruppe über die Zuordnung von Aufgaben zu Personen und über die Leitung des Teams.
- Häufig erfolgt die Anordnung der Betriebsmittel in U-Form. (siehe Abb. 3-42)

Zwecke, die man mit der Einführung der Gruppenfertigung verfolgt

- Realisierung einer erhöhten fertigungstechnischen Flexibilität im Vergleich zur Fließfertigung und einer höheren Produktivität im Vergleich zur Werkstattfertigung.
- Durch Übertragung von Aufgaben an die teilautonomen Arbeitsgruppen werden die übergeordneten Instanzen entlastet.
- Gruppenfertigung ermöglicht es, die detaillierten Prozeßkenntnisse der Arbeitsgruppe weitergehend und schneller in die Gestaltung der Fertigung einzubringen.
- Man erhofft sich außerdem durch die qualitative Erweiterung des Aufgabenspektrums eine Steigerung der Motivation der Mitarbeiter.

Aufgabe 3 (15)

Reduzierung von Rüst- und Übergangszeiten

- Geringe Rüstzeiten erleichtern es, verschiedene Produkte auf einem Betriebsmittel zu fertigen. Außerdem werden dadurch kleinere Losgrößen ermöglicht, die eine flexiblere Reaktion auf Bedarfsschwankungen erlauben.
- Bevorzugung von Maschinen mit geringem Rüstaufwand und Einsetzen organisatorischer Maßnahmen zur Senkung von Übergangszeiten.

Steigerung der Flexibilität des Personals

- Quantitative Erweiterung des Aufgabenspektrums von Mitarbeitern (Job Enlargement)
- Zur Aufrechterhaltung der durch Job Enlargement bzw. Job Enrichment erworbenen Fähigkeiten ist ein wiederholtes, systematisches Durchlaufen der verschiedenen Arbeitsplätze sinnvoll.

Realisierung eines variablen Fabriklayouts

- Die Variabilität des Fabriklayouts wird durch eine Erleichterung der quantitativen Anpassung erreicht. Maßnahmen der quantitativen Anpassung werden gefördert durch Bevorzugung leicht transportabler Betriebsmittel bei der Beschaffung und mehrfache Verfügbarkeit gleichartiger Maschinen mit eher geringer Kapazität.
- Bevorzugung der multiplen im Vergleich zur dimensionierenden Betriebsgrößenvariation.

Aufgabe 3 (16)

- Aufgabe der operativen Produktionsprogrammplanung ist die art- und mengenmäßige Festlegung der in einem gegebenen Zeitraum zu fertigenden Produkte.
- Zur Lösung von Problemen der operativen Produktionsprogrammplanung werden häufig Modelle der Linearen Optimierung eingesetzt.

Aufgabe 3 (17)

1. Instrumentalvariablen bestimmen
2. Lineares Modell formulieren, bestehend aus
    - Zielfunktion
    - Restriktionen, einschließlich Nichtnegativitätsbedingungen
3. Berechnung der Schnittpunkte der Restriktionsgeraden mit den Koordinatenachsen, indem je eine Variable gleich Null gesetzt wird

4. Ermittlung der Schnittpunkte der Geraden der Zielfunktion mit den Koordinatenachsen
   - Wahl eines fiktiven Zielfunktionswertes ist notwendig
   - Berechnung der Schnittpunkte durch Nullstellenbestimmung
5. Lösungsraum bestimmen
   - Entwurf eines geeigneten Koordinatensystems
   - Einzeichnen der ermittelten Geraden
   - Raum zulässiger Lösungen wird begrenzt durch Nichtnegativitätsbedingungen und - vom Koordinatenursprung aus gesehen - durch die jeweils engste Restriktion
6. Optimallösung bestimmen
   - Gesucht sind die Werte der Instrumentalvariablen, die den Zielerreichungsgrad extremieren, d. h. z. B. bei Gewinnzielen maximieren
   - Da bei Maximierungsproblemen die Zielerreichungswerte mit zunehmender Entfernung vom Koordinatenursprung ansteigen, ermittelt man das Optimum durch entsprechende Parallelverschiebung der Geraden der Zielfunktion
   - Das Optimum ist in jenem Punkt erreicht, in dem die parallelverschobene Gerade der Zielfunktion den Raum zulässiger Lösungen tangiert
   - Die Mengen im Optimum werden abgelesen, indem jeweils das Lot auf die Koordinatenachsen gefällt wird.
   - Durch Einsetzen der optimalen Mengen in die Zielfunktion erhält man den maximalen Zielfunktionswert

Bemerkungen zur Optimallösung
- Bei linearen Problemstellungen befindet sich die Optimallösung - abgesehen von Entartungsfällen - nur auf einem Eckpunkt des Lösungsraums
- Mengen von 0 sind nicht ausgeschlossen, d. h. das Optimum kann auch im Schnittpunkt einer Koordinatenachse und einer Restriktion liegen
- Bei ungenauer Zeichnung ist ggf. eine rechnerische Lösung, z. B. durch Gleich- oder Einsetzungsverfahren nötig

Aufgabe 3 (18)

Zielfunktion

Deckungsbeitrag $75 x_v + 100 x_s \Rightarrow$ max! (DB)

Restriktionen

Kernmacherstunden:	$1 x_v +$	$1 x_s \leq$	200	(K)
Formerstunden:	$1 x_v +$	$2 x_s \leq$	200	(F)
Stahlguß:	$40 x_v +$	$16 x_s \leq$	6400	(S)

Nichtnegativitätsbedingung

$$x_v, x_s \geq 0$$

Berechnung der Achsenschnittpunkte der Restriktionsgeraden

$1 x_v + 1 x_s \leq 200$ (K)

$x_v \leq 200$

$x_s \leq 200$

$1 x_v + 2 x_s \leq 200$ (F)

$x_v \leq 200$

$x_s \leq 100$

$40 x_v + 16 x_s \leq 6400$ (S)

$x_v \leq 160$

$x_s \leq 400$

Ermittlung der Achsenschnittpunkte der Deckungsbeitragsgeraden durch Annahme eines fiktiven Deckungsbeitrags, hier 22.500 GE

$75 x_v + 100 x_s = 22.500$

$x_v = 300$

$x_s = 225$

Einzeichnen der Geraden in geeignetes Koordinatensystem und Parallelverschiebung der Zielfunktionsgeraden

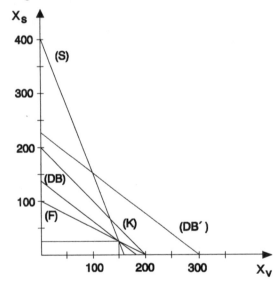

Antwortsatz zur Optimallösung

Das deckungsbeitragsmaximale Produktionsprogramm lautet: Produktion von 150 Ventilgehäusen und 25 Schiebergehäusen. Damit wird ein Deckungsbeitrag von 13.750 GE erzielt.

Lösungshinweise zu den Übungsaufgaben

Rechnerische Lösung anhand der Gleichungen der Restriktionsgeraden

Kernmacherstunden:	$1 x_v +$	$1 x_s =$	200	(K)
Formerstunden:	$1 x_v +$	$2 x_s =$	200	(F)
Stahlguß:	$40 x_v +$	$16 x_s =$	6400	(S)

In der Zeichnung erkennt man, daß das Optimum im Schnittpunkt der Restriktionen S (Stahlguß) und F (Former) liegt. Anwendung des Gleichsetzungsverfahrens führt zu:

$1 x_{vopt} = -2 x_{sopt} + 200$ (F)

Einsetzen in (S)

$40 (-2 x_{sopt} + 200) + 16 x_{sopt} = 6400$
$-80 x_{sopt} + 8000 + 16 x_{sopt} = 6400$
$64 x_{sopt} = 1600$
$1 x_{sopt} = 25$

Einsetzen in (F)

$1 x_{vopt} + 2 * 25 = 200$
$1 x_{vopt} = 150$

Einsetzen in (DB)

$DB_{max} = 75 * 150 + 100 * 25 = 13.750$ GE

Aufgabe 3 (19) a)

Produktorfunktionen

Maschine 1: $r_1 = 2 x_1 + 5 x_2$
Maschine 2: $r_2 = 1 x_1 + 2 x_2$

b) Formulierung des linearen Modells

$400 x_1 + 900 x_2 \Rightarrow$ max !
$2 x_1 + 5 x_2 \leq 70$
$1 x_1 + 2 x_2 \leq 31$
$1 x_1 \leq 18$
$x_1, x_2 \geq 0$

Bestimmen der Nullstellen

Restriktion R_1:	$2 x_1 + 5 x_2 \leq 70$		
$x_1 = 0$ ergibt	$5 x_2 \leq 70$	$x_2 = 0$ ergibt	$2 x_1 \leq 70$
	$x_2 \leq 14$		$x_1 \leq 35$
Restriktion R_2:	$1 x_1 + 2 x_2 \leq 31$		
$x_1 = 0$ ergibt	$2 x_2 \leq 31$	$x_2 = 0$ ergibt	$1 x_1 \leq 31$
	$x_2 \leq 15,5$		$x_1 \leq 31$
Restriktion A:	$x_1 \leq 18$		
	$x_1 \leq 18$		
Erlösgerade	$400 x_1 + 900 x_2$	$= 9.000$	(fiktiver Erlös)
$x_1 = 0$ ergibt	$900 x_2 \leq 9000$	$x_2 = 0$ ergibt	$400 x_1 \leq 9000$
	$x_2 \leq 10$		$x_1 \leq 22,5$

Einzeichnen von Restriktionen und Erlösgerade in ein geeignetes Koordinatensystem

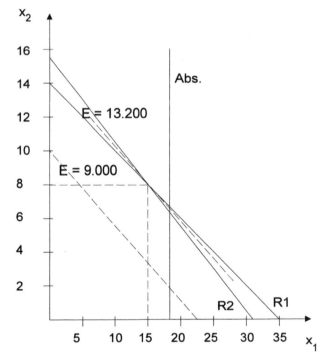

Das erlösmaximale Produktionsprogramm lautet: $x_{1opt} = 15$ und $x_{2opt} = 8$. Der maximal erzielbare Erlös beträgt 13.200 Geldeinheiten.

Aufgabe 3 (20) a)

Produktorfunktionen

Maschinengattung A: $r_A = 5 x_1 + 2 x_2$

Maschinengattung B: $r_B = 1 x_1 + 5 x_2$

Montagegruppe: $r_M = 6 x_1 + 6 x_2$

b) Formulierung des linearen Modells

$$500 x_1 + 800 x_2 \Rightarrow \max!$$
$$5 x_1 + 2 x_2 \leq 24 \text{ (Maschinengruppe A)}$$
$$1 x_1 + 5 x_2 \leq 24 \text{ (Maschinengruppe B)}$$
$$6 x_1 + 6 x_2 \leq 36 \text{ (Montagegruppe M)}$$
$$x_1, x_2 \geq 0$$

Umwandlung der Ungleichungen in Gleichungen
- Werte der Schlupfvariablen geben die nicht ausgenutzte Kapazität eines Faktors wieder.
- Die Summe aus genutzter Kapazität und nicht genutzter Kapazität ist gleich der Kapazität.

Umwandlung der Zielfunktion durch Einführen der (formalen) Schlupfvariablen G

$G = 500 x_1 + 800 x_2$

Nach Subtraktion von $500 x_1$ und $800 x_2$ erhält man

$G - 500 x_1 - 800 x_2 = 0$

Umwandlung der Restriktionsungleichungen in Gleichungen durch Einführen der Schlupfvariablen. Schlupfvariablen dürfen nur Werte größer oder gleich Null annehmen.

$$y_1 + 5 x_1 + 2 x_2 = 24 \text{ (Maschinengruppe A)}$$
$$y_2 + 1 x_1 + 5 x_2 = 24 \text{ (Maschinengruppe B)}$$
$$y_3 + 6 x_1 + 6 x_1 = 36 \text{ (Montagegruppe M)}$$
$$x_1, x_2, y_1, y_2, y_3 \geq 0$$

Anschließend werden diese Gleichungen sowie die Zielfunktion zum Gleichungssystem zusammengefaßt und umgeformt

$$\text{I} \quad G - 500 * x_1 - 800 * x_2 = 0$$
$$\text{II} \quad y_1 + 5 * x_1 + 2 * x_2 = 24$$
$$\text{III} \quad y_2 + 1 * x_1 + \boxed{5} * x_2 = 24$$
$$\text{IV} \quad y_3 + 6 * x_1 + 6 * x_2 = 36$$

c	$I' = I + 800 * III'$		$G - 340 * x_1 + 160 * y_2 = 3.840$
d	$II' = II - 2 * III'$		$y_1 + \frac{23}{5} * x_1 - \frac{2}{5} * y_2 = 14,4$
→ a	$III' = \frac{1}{5} * III$		$x_2 + \frac{1}{5} * x_1 + \frac{1}{5} * y_2 = 4,8$
b	$IV' = IV - 6 * III'$		$y_3 + \boxed{\frac{24}{5}} * x_1 - \frac{6}{5} * y_2 = 7,2$
b	$I'' = I' + 340 * IV''$		$G + \frac{425}{6} * y_3 + 75 * y_2 = 4.350$
c	$II'' = II' - \frac{23}{5} * IV''$		$y_1 - \frac{23}{24} * y_3 + \frac{3}{4} * y_2 = 7,5$
d	$III'' = III' - \frac{1}{5} * IV''$		$x_2 - \frac{1}{24} * y_3 + \frac{1}{4} * y_2 = 4,5$
→ a	$IV'' = IV' * \frac{5}{24}$		$x_1 + \frac{5}{24} * y_3 - \frac{1}{4} * y_2 = 1,5$

Die Optimallösung lautet

$x_{1opt} = 1,5$; $x_{2opt} = 4,5$; $G_{max} = 4350$

Aufgabe 3 (21)

Vorgehensweise

- Im Rahmen der Materialklassifikation wird das eingesetzte Material anhand des Gesamtwertes einzelner Teilemengen in Klassen eingeteilt.
- Im Zuge einer ABC-Analyse geht man von typischen Klassengrenzen aus: Anteil am Gesamtwert von A-Gütern ca. 80%, von B-Gütern ca. 15% und von C-Gütern ca. 5%. Der Anteil an der Menge aller Teilegruppen beträgt oft für A-Güter ca. 10%, für B-Güter ca. 20% und für C-Güter ca. 70%.
- Als Ausgangsdaten stehen die nach Teilenummern sortierten Verbrauchsmengen, die Einstandspreise und/oder die Verbrauchswerte der einzelnen Teile zur Verfügung.
- Aufbauend darauf werden die Anteile am Gesamtverbrauchswert ermittelt und eine Rangziffer ausgehend von 1 nach absteigendem Anteil am Gesamtverbrauchswert vergeben.
- Abschließend wird die Tabelle nach absteigendem Verbrauchswert umsortiert und die Werte kumuliert. Wird bei der Kumulation eine typische Klassengrenze hinsichtlich des Verbrauchswertes erreicht, erfolgt die entsprechende Einteilung der Teile in die Klassen A, B oder C.

Zweck
- Der Zweck der Materialklassifikation besteht in der sinnvollen Zuordnung von begrenzten Planungskapazitäten zu Planungsaufgaben.
- Daher wird nur der Bedarf von Materialien mit relativ hohem Verbrauchswert programmgebunden geplant. Die Bedarfe von Materialien mit geringem Verbrauchswert werden verbrauchsgebunden ermittelt.

Aufgabe 3 (22)

Tei-lenr.	Verbrauchs-menge [ME/Jahr]	Anteil an Gesamtzahl der Teile-gruppen [%]	Einstands-preis [GE/ME]	Verbrauchs-wert [GE/Jahr]	Anteil am Gesamtver-brauchs-wert [%]	Rang-ziffer
I	1800	10	1,00	1800	0,9	5
II	12500	10	0,10	1250	0,625	7
III	800	10	200,00	160000	80	1
IV	11500	10	1,50	17250	8,625	2
V	10000	10	0,08	800	0,4	9
VI	4250	10	3,00	12750	6,375	3
VII	32500	10	0,04	1300	0,65	6
VIII	10000	10	0,065	650	0,325	10
IX	20000	10	0,05	1000	0,5	8
X	6400	10	0,5	3200	1,6	4
		100		200000	100	

Umsortierte Tabelle

Tei-lenr.	Verbrauchs-wert (kum.) [GE/Jahr]	Anteil am Gesamtver-brauchs-wert [%]	Verbrauchs-wert je Klasse [%]	Anteil an Gesamtzahl der Teile-gruppen [%]	Anteil an Gesamtzahl der Teile-gruppen (kum) [%]	Klasse
III	160000	80	80	10	10	A
IV	177250	88,625		10	20	B
VI	190000	95	15	10	30	B
X	193200	96,6		10	40	C
I	195000	97,5		10	50	C
VII	196300	98,15		10	60	C
II	197550	98,775		10	70	C
IX	198550	99,275		10	80	C
V	199350	99,675		10	90	C
VIII	200000	100	5	10	100	C

- Die Teile mit der Nr. III werden der Klasse A, Teile mit den Nr. IV und VI werden der Klasse B und Teile mit den Nr. I, II, V, VII, VIII, IX und X werden der Klasse C zugeordnet.

Aufgabe 3 (23)

Zum Ablauf der Berechnung der Gesamtbedarfe siehe Abb. 3-57 im Text

Aufgabe 3 (24)

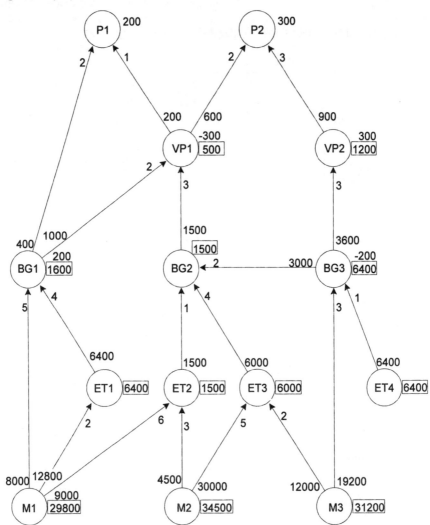

Aufgabe 3 (25)

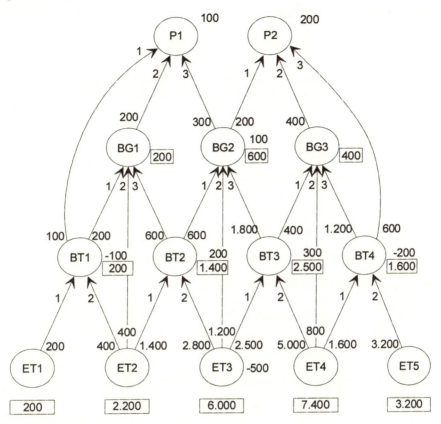

Aufgabe 3 (26)

Beschränkte Aussagekraft des Grundmodells
- Für das Grundmodell der optimalen Losgröße gelten einige Prämissen, z. B. konstanter Lagerabgang und unendliche Fertigungsgeschwindigkeit, die in der industriellen Praxis so nicht gegeben sind. Eine Anwendung erscheint daher nur in beschränktem Umfang sinnvoll.

Erweiterungen des Grundmodells und heuristische Verfahren
- Das Grundmodell der optimalen Losgröße kann allerdings durch Aufheben bestimmter Prämissen stärker an die realen Gegebenheiten angepaßt werden. Bspw. kann im Modell eine endliche Produktionsgeschwindigkeit abgebildet werden. Die Komplexität der Berechnung und der Bedarf an Daten steigt durch eine Modellerweiterung allerdings oft an.
- Daher setzt man in der Praxis häufig heuristische Verfahren ein, die - im Vergleich zu analytischen Verfahren - häufig einfacher anwendbar sind. Bspw. können mit dem Verfahren der gleitenden wirtschaftlichen Losgröße schwankende Bedarfsverläufe bei der Losgrößenermittlung einfach berücksichtigt werden. Nachteilig an derartigen Verfahren ist allerdings, daß sie das Auffinden des Optimums nicht garantieren.

Aufgabe 3 (27) a)

- Alternativen: Unterschiedliche Ausprägungen der Losgröße, d. h. der Menge an Umdrucken, die ohne Umrüstung auf einem Betriebsmittel gefertigt wird.
- Ziel: Kostenminimierung, die Summe aus Lager- und Rüstkosten soll minimal werden.
- Entscheidungsparameter: Größen, welche die Entscheidungsergebnisse beeinflussen, aber im Rahmen dieser Entscheidungssituation selbst nicht verändert werden können.

   - Jahresbedarf: 400 Stück
   - Losfixe Kosten: 100 GE
   - Lagerkostensatz: 0,32 GE/Stück·Jahr

b)

S = mengenproportionale Herstellkosten je Stück

$K_1 = m \cdot s$ (mengenproportionale Herstellkosten)

$K_2 = E \cdot \dfrac{m}{x}$ (losfixe Herstellkosten)

$K_3 = q \cdot \dfrac{x}{2}$ (Lagerhaltungskosten)

$K = K_1 + K_2 + K_3 = m \cdot s + E \cdot \dfrac{m}{x} + q \cdot \dfrac{x}{2}$

Obiges Erklärungsmodell zur Abhängigkeit der Kosten K von der Auflage x wird um die Zielsetzung der Kostenminimierung ergänzt

$$\frac{dK}{dx} = -E \cdot \frac{m}{x^2} + \frac{q}{2} \stackrel{!}{=} 0$$

Weitere Umformung führt zur Formel der opt. Losgröße

$$x_{opt} = \sqrt{\frac{2 \cdot E \cdot m}{q}}$$

Einsetzen der Werte des konkreten Entscheidungsproblems

$$= \sqrt{\frac{2 \cdot 100 \text{ GE} \cdot 400 \text{ Umdrucke} \cdot \text{Umdrucke} \cdot \text{Jahr}}{\text{Jahr} \cdot 0{,}32 \cdot \text{GE}}}$$

= 500 Umdrucke

Die optimale Losgröße beträgt 500 Stück, d. h. es sollen bei jeder Drucklegung 500 Umdrucke erstellt werden.

Aufgabe 3 (28)

Bestimmung der einzusetzenden Werte so, daß sie kompatible Dimensionen aufweisen

Jahresbedarf: m = 10.800 $\left[\frac{ME}{Jahr}\right]$

Auflagenfixe Kosten: E = 16,20 [GE]

Lagerkosten: q = 0,108 $\left[\frac{GE}{ME \cdot Jahr}\right]$

Formel der optimalen Losgröße

$$x_{opt} = \sqrt{\frac{2 \cdot E \cdot m}{q}}$$

Einsetzen der angegebenen Parameterwerte

$$x_{opt} = \sqrt{\frac{2 \cdot 16,2 \cdot 10.800}{0,108}} = 1.800$$

Die kostenminimale Losgröße beträgt 1.800 Stück.

Aufgabe 3 (29)

Problemstellung
- Wesentliche Aufgabe der Terminplanung ist die Berücksichtigung der zeitlichen Aspekte des Produktionsablaufs.
- Aufgabe der Kapazitätsplanung ist es, Kapazitätsbeschränkungen bei der Terminplanung zu berücksichtigen.

Vorgehensweise
- Im Zuge der Durchlaufterminierung erfolgt die weiter konkretisierte Festlegung von Anfangs- und Endzeitpunkten für die einzelnen Arbeitsgänge der mengenmäßig fixierten Fertigungsaufträge. Kapazitative Beschränkungen werden dabei noch nicht berücksichtigt.
- Zur Lösung von Problemen der Durchlaufterminierung kommen Balken- bzw. Gantt-Diagramme sowie die bereits behandelten Netzplantechniken zum Einsatz.
- Im Rahmen einer Kapazitätsbelastungsanalyse werden die verschiedenen Ressourcen hinsichtlich etwaiger Überlastungen untersucht. Diese Situationen entstehen, wenn zwei oder mehrere Arbeitsgänge in einem Zeitraum um ein knappes Betriebsmittel konkurrieren. Das Überschreiten der verfügbaren Kapazität wird anhand sogenannter Kapazitätsbelastungsprofile ermittelt.
- Durch den anschließenden Kapazitätsabgleich werden Fälle der Überschreitung der verfügbaren Kapazität beseitigt. Mögliche Maßnahmen sind ein zeitliches Verschieben von Fertigungsaufträgen, die Verkleinerung der Losgrößen sowie Maßnahmen der zeitlichen Anpassung, bspw. Überstunden.

Aufgabe 3 (30)

Reihenfolgeplanung

- Aufgabe der Reihenfolgeplanung ist es, zulässige und zweckmäßige Reihenfolgen von Fertigungsaufträgen an den einzelnen Bearbeitungsstationen zu ermitteln.
- Die Zweckmäßigkeit wird anhand zuvor definierter Zielkriterien, z. B. Durchlaufzeit, gemessen. Die Zulässigkeit bezieht sich auf das Einhalten der bei einzelnen Aufträgen vorgegebenen technologisch bedingten Maschinenfolge.

Komplexität der Reihenfolgeplanung

- Die Menge der theoretisch maximal möglichen Reihenfolgen - als Maß der Komplexität - wird (bei Werkstattfertigung) nach der Formel berechnet:

    $m!^n$, mit m = Anzahl der Aufträge und n = Anzahl der Betriebsmittel

- Auch in praxisrelevanten Problemen wird die Zahl der Reihenfolgen so groß, daß sie und die zugehörigen Durchlaufzeiten, selbst mit leistungsfähigen Rechnern, nicht in angemessener Zeit ermittelt werden könnten.

Aufgabe 3 (31)

Verfahren zur Bestimmung der optimalen Reihenfolge

- Die oben beschriebene Komplexität von Problemstellungen der Reihenfolgeplanung bei Werkstattfertigung macht es unmöglich, Verfahren anzuwenden, die auf einer vollständigen Enumeration der Reihenfolgen beruhen. Lediglich für stark vereinfachte Problemstellungen bei Fließfertigung existieren einige Verfahren, die das Auffinden des Optimums (ohne vollständige Enumeration) garantieren.

Heuristische Verfahren

- Mittels Prioritätsregeln versucht man, möglichst günstige Reihenfolgen aufzufinden. Als heuristische Verfahren garantieren Prioritätsregeln nicht das Auffinden der bestmöglichen Reihenfolge. Auch eine Einschätzung der Güte dieser Lösung würde weitere Untersuchungen erfordern. Aufgrund der einfachen Handhabung haben Prioritätsregeln in der industriellen Praxis aber eine große Bedeutung.
- Beispiele möglicher Prioritätsregeln, die jeweils zur Verfolgung unterschiedlicher Zielsetzungen geeignet sind: Kürzeste Operationszeitregel sowie First come first served Regel, Kürzeste Restbearbeitungszeitregel und Geringste Schlupfzeitregel.
- Die Kürzeste Operationszeitregel besagt, daß falls an einer zu belegenden Maschine eine Warteschlange entsteht, jeweils dem Auftrag die höchste Priorität eingeräumt wird, der die kürzeste Bearbeitungszeit an dieser Maschine aufweist.

Aufgabe 3 (32)

Reihenfolge der Aufträge auf den einzelnen Maschinen, sortiert nach kürzester Bearbeitungszeit: Maschine 1: BCA, Maschine 2: ABC, Maschine 3: CAB

Dementsprechend lassen sich die Aufträge auf den einzelnen Maschinen einplanen. Die Durchlaufzeit der Aufträge beträgt insgesamt 11 Zeiteinheiten.

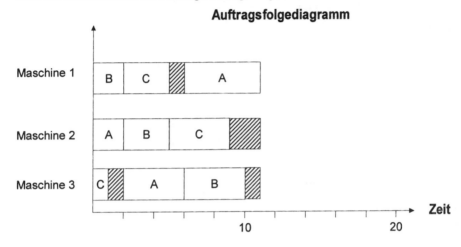

Stichwortverzeichnis

ABC-Analyse 170 f.
Aktionsparameter 30
Aktivitätenanalyse 102 f.
Analyse, morphologische 48 f.
Anpassung
  intensitätsmäßige - 127
  quantitative - 127 f.
  selektive - 128 f.
  zeitliche - 127
Arbeitsleistung
  dispositive - 89
  menschliche - 89
  objektbezogene - 89
Auftragsfolgediagramm 190 f.
Auftragsfreigabe 193
Automatisierungstechnik 143 ff.

Basisvariablen 164
Baustellenfertigung 140
Bedarf
  Brutto - 172
  Gesamt - 173
  Netto - 172
  Primär - 172
  Sekundär - 172
Bedürfnis 13
  -pyramide 13
Bereitstellungsplanung 159, 169 ff.
Beschäftigungsgrad 126
Bestellmengenplanung 175 ff.
Bestellpolitiken 178 ff.
Betrachtungsweise, kinetische 117
Betriebsdatenerfassung 193
Betriebsgröße 132 ff.
Betriebsgrößenvariation
  dimensionierende - 134 f.
  multiple - 134 f.
Betriebsmittel 90
Betriebswirtschaftslehre
  entscheidungsorientierte - 25
  Forschungsansätze der - 25

Black Box 5
Brainstorming 47 f.

Daten 53
Deckungsbeitrag 161
Dienstleistungen 98
Differenzierung von Produkten 98
Dominanz 75 f.
Durchlauf
  -terminierung 185 f.
  -zeit 185
Durchschnitts
  -ertrag 108
  -kosten 123

Effektivität 79
Effizienz 75, 78 f., 103, 113
Einzelfertigung 97
Elementarfaktoren 89 ff.
Elementarkombination 118 f.
Emanzipation 88 f.
Entscheidung 26 ff.
  bei Mehrfachzielen 74 ff.
  echte Führungs - 27
  Gruppen - 27, 78
  Individual - 27
  unter Risiko 27 f., 66
  unter Sicherheit 27, 66
  unter Ungewißheit 28, 66
Entscheidungen, sequentielle 68
Entscheidungs
  -alternative 29, 45 ff.
  -alternative i. e. S. 30
  -alternativen, effiziente 76
  -baum 70
  -baumverfahren 70
  -lehre 25
  -matrix 65
  -modelle 64
  -parameter 29, 54
  -parameter, endogene 29
  -parameter, exogene 29

-prozeß 30
-regeln 66
-situation 28 ff.
Ergiebigkeitsprinzip 15
Ertrag 106
Ertrags
　-gebirge 108
　-gesetz 106
　-isoquanten 108, 115 f., 120 f., 127
Extremierung 33

Fabrik
　-layout, Variabilität des 152
　virtuelle - 155 ff.
Faktorpreise als Kosteneinflußgröße 137
Faktorqualität 136 ff.
Faktorvariation
　partielle - 106 ff.
　totale - 108 ff.
Feinterminierung 188
Fertigung, produktionsmittelorientierte - 140
Fertigungs
　-insel, flexible 144 f.
　-linien, flexible 145
　-organisation 139 ff.
　-segmente 146 f.
　-segmentierung 146 ff.
　-system 139
　-system, flexibles 144
　-techniken, flexible 144 ff.
　-zelle, flexible 144
Flexibilität bei Fließfertigung 151 ff.
Fließ
　-bandfertigung 140
　-fertigung 140 ff., 150 ff.
　-güter 98
Forschung
　angewandte - 101
　Grundlagen - 101

Geschäftsprozesse 6 f., 53
Gozinto-Graphen 172 ff.
Graph 71
Graphentheorie 71

Grenz
　-ertrag 107
　-kosten 123
　-produktivität 107
　-rate der Substitution 120
Gruppenfertigung 148 ff.
Güter
　freie - 13
　knappe - 13

Hierarchie 6

Information 52 ff.
Informationen
　Fehlende Sicherheit von - 54
　Unbestimmtheit von - 54
　Unvollständigkeit von - 53 f.
Informations
　-beschaffungsvorgänge 55
　-betriebe 46
　-grad 53
　-stand 53, 65
Innovationen 99 ff.
Insourcing 10
Instabilität bei Regelung 57 f.
Instrumentalvariable 30
Intensitätssplitting 131 f.
Inventionen 99
Isokostenlinie 120

Job
　Enlargement 152
　Enrichment 148 f.
　Rotation 152
Just-in-Time-Prinzip 153

Kaizen 150
Kanban-System 154
Kapazitäts
　-abgleich 186 f.
　-belastungsanalyse 186 f.
　-planung 186 ff.
　-terminierung 186 ff.
Knappheit 13
Kommunikation 42

Kompromißmodelle 76 ff.
Konnektivität 4
Konsumtion 7
Kontrolle 64 f.
Kooperation 155
Kosten 104
   -begriff, pagatorischer 104
   -begriff, wertmäßiger 104
   -einflußgrößen 125 ff.
   -funktion, s-förmige 123 ff.
   -isoquanten 120
   -theorie 104 f., 120 ff.
   -verläufe 128
Kreiskausalität 58
Kürzeste-Operationszeit-Regel 190 ff.

Lean Production 146
Leontief-Produktionsfunktion 113 f.
Limitationalität 110, 115
Losgröße 138, 181
   gleitende wirtschaftliche - 182 f.
Losgrößenplanung 181 ff.

Maschinenbelegungsplanung 188 ff.
Maschinenbelegungszeit 185
Mass Customization 97
Massenfertigung 96
Materialbedarfsplanung
   programmgebundene - 171 ff.
   verbrauchsgebundene - 175
Materialklassifizierung 169 f.
Maximin-Regel 66
Mengenanpasser 29, 35, 50 ff.
Mengenrelationen 172
Minimalkostenkombination
   bei limitationaler Produktion 122 f.
   bei substitutionaler Produktion 120 ff.
Minimax-Regel 66
Mittelhomogenität der Zwecke 14
Modell
   der optimalen Bestellmenge 176 ff.
   der optimalen Losgröße 181 f.
Modellbildung, rekursive 7, 69
Modelle 49 ff., 64 ff.

Beschreibungs - 49
Entscheidungs - 49 ff., 64 ff.
Erklärungs - 49 ff.
ikonische - 50
mathematisch-formale 50
verbale - 50

Netzplantechnik 72 ff., 185 f.
Nichtbasisvariablen 164
Nichtnullsummenspiel 67
Normung 98, 138
Nullsummenspiel 66
Nutzentheorie, multiattributive 77 f.

Ökonomität 18
Opportunitätskosten 104, 167
Optimalitätsprinzip 68
Optimierung
   dynamische - 68
   ganzzahlige 68
   lineare - 67, 160 ff.
Organisation, virtuelle 156
Organisationstypen der Fertigung 139
Outsourcing 10, 154

Patente 100
Pivotspalte 165
Pivotzeile 165
Planung 61 f.
   Ausgleichsgesetz der - 133
   operative - 62
   rollende - 62 f.
   strategische - 62
Planungsrechnung, lineare 160 ff.
Potentialfaktoren 93 f.
Prioritätsregeln 189 ff.
Problemlösung, rekursive 7, 57
Produktfunktion 103
Produktion 7 ff., 87 ff.
   analytische - 95
   durchlaufende - 95 f.
   linear-limitationale - 113
   räumlich konzentrierte - 156
   räumlich verteilte - 156
   synthetische - 95 f.

von Dienstleistungen 97 f.
Produktions
-faktoren 89 ff.
-faktorsystem nach Gutenberg 89 ff.
-faktorsystem nach Kern und Fallaschinski 92 f.
-funktion vom Typ A 106 ff.
-funktion vom Typ B 110 ff.
-funktion vom Typ C 117 ff.
-funktion vom Typ D 119
-funktion vom Typ E 120
-koeffizient 113, 161, 172
-kontrolle 193
-netzwerke 155 ff.
-planung 157 ff.
-programm als Kosteneinflußgröße 138
-programmplanung, operative 159 ff.
-programmplanung, strategische 158
-prozeßplanung 159, 181 ff.
-steuerung 160, 193 f.
-system 9 f.
-verfahren 94 ff.
Produktivitätsgrade 16 ff.
Produktlebenszyklus 99 f.
Produktorfunktion 103
Programmierung, mathematische 67 f.
Projektplanung 72 ff.
Prüfung 63
Punktbewertungsmodelle 77 f.

Qualität 101 f.
  Produkt - 101
Qualitäts
  -sicherung 102
  -zirkel 49

Rationalprinzip 15
Regel
  -größe 57
  -strecke 57
Regelkreise
  in der Produktion 60
  vermaschte - 61
Regelung 57 ff.

Reihenfolgeplanung 188 ff.
  bei Fließfertigung 189
  bei Werkstattfertigung 189 ff.
Rekursion 7, 10
  bei dynamischer Optimierung 69
  beim Gozinto-Verfahren 174
  in Entscheidungsprozessen 31
  von Information 53
Rentabilitätsgrade 20
Repetierfaktoren 94
Rückkopplung 57
Rüstzeit 151, 185

s,q-Politik 179
s,S-Politik 180
Satisfizierung 33
Schlupfvariable 163
Schutzrechte 100
Scoring-Modelle 77 f.
Serienfertigung 97
Shareholder Value 26, 44
Simplex-Verfahren 163 ff.
Sortenfertigung 96 f.
Sparprinzip 15
Spezialisierung 138 f.
Spieltheorie 66 f.
Standardisierung von Produkten 98
Stellgröße 57
Steuerung 56 ff.
Störgrößenaufschaltung 59
Strukturplanung 72
Stückgüter 98
Stücklisten 172
Substitutionalität, periphere 106
Sukzessivplanung 158
Synchronisation 87
Synektik 48
System 3 ff.
  offenes - 4
  sozio-technisches - 10 ff.
  Sub - 3
  Super - 3
  Um - 5
Systemsicht 2 ff.

Szenariotechnik 55

t,q-Politik 178
t,S-Politik 180
Technizität 18
Teileverwendungsnachweise 172
Teilproduktivitäten 17
Terminplanung 159, 184 ff.
Transportwegeoptimierung 69 f.
Typung 98, 138

Übergangszeit 185
Überwachung 63 f.

Vektor-Maximum-Problem 75
Verbrauchsfunktionen 110 ff., 117, 129
Verfahren, heuristische 182
Verfahrenswechsel 114
Verfügbarkeitsprüfung 193
Virtualität von Organisationen 155 f.
Vollenumeration 70
Vorschlagswesen, betriebliches - 49

Werkbankfertigung 139
Werkstattfertigung 140 ff.
Werkstoffe 90 f.
Willensbildungszentren 39 ff.
Wirtschaften 13 ff.
Wirtschaftlichkeitsgrade 18 f.
Wissen 1 f., 52
Wissenserwerb 1

Zeitplanung 72
Zerstörung, schöpferische 99
Ziel
  -ausmaß 33
  -beziehungen 34 ff., 44
  -beziehungen, partielle 35
  -beziehungen, totale 35
  -bildungsprozeß 41 ff.
  -dimensionen 32
  -gewichtung 77
  Haupt - 37
  -indifferenz 34
  -inhalt 33
  -komplementarität 34
  -konkurrenz 34
  Neben - 37
  -system der Unternehmung 43 f.
Ziele 29, 32 ff.
  der Kapitaleigner 39
  der Mitarbeiter 39 f.
  der Unternehmensführung 40 f.
  Ober - 36
  Unter - 36
  Zwischen - 36
Zweckhomogenität der Mittel 13